高等学校经济管理类主干课程教材·人力资源管理系列

员工关系管理

第3版

苏　磊　孙美佳　王春艳　李新建　等——编著

中国人民大学出版社
·北京·

前言

随着信息与通信技术的深入应用，企业经历数字化转型之后，员工的工作性质发生了根本性变化，工作变得更加复杂、动态与相互依存化。一种新的经济秩序与经济格局正在逐步形成，人力资源管理者需要准备应对一个具有更多边界的商业世界。员工关系管理作为人力资源管理的一项重要职能活动，需要进行改革与创新，从企业战略全局角度，助力组织系统性变革，灵活应对各种挑战，构建和谐的劳动关系氛围，重塑员工关系管理价值。当前，90 后和 00 后新生代员工逐渐成为职场主力军，他们的思想观念、行为模式与以往的员工具有明显的代际差异，被尊重、被授权、被宽容的诉求较为强烈。员工关系管理如何突出以人为本，既充分激发员工主动性，又引导员工行为主动与企业目标保持一致，增强组织发展的凝聚力与战斗力，成为当今企业面临的重要挑战。并且，近些年员工关系管理课程逐渐在我国高等院校人力资源管理专业培养方案中得到重视，国内高校经济管理类专业开设员工关系管理课程的比例呈现增长趋势。

本书以员工关系管理为主题，以党的二十大精神为指导，围绕员工关系管理的基本理论与知识，结合理论与实践领域的最新研究成果，为经典的员工关系管理实践赋予了新的时代内涵，同时引入了中国优秀企业员工关系管理案例作为参考。希望本书能够帮助中国企业人力资源管理者在员工关系管理实践中应对压力与挑战，实现企业高质量发展。

本书第 3 版的修订力求突出内容的实践价值，注重员工关系管理的新动态与新发展，充分体现中国特色社会主义新时代背景对员工关系管理课程内容提出的新要求，这些特点反映在以下几个方面：

第一，融入思政元素。本书结合中国情境，将党的二十大报告中强调的广泛践行社会主义核心价值观、保障人民当家做主、支持和规范发展新就业形态、完善劳动关系协商协调机制、完善劳动者权益保障制度等融入教材内容，提升读者的爱国情怀与政治担当。

第二，清晰阐述员工关系管理的实践发展脉络。本书的章节设计明确了员工关系管理的两条发展脉络：一是以人为本的人力资源管理模式向以工作为本的人力资源管理模式的转变；二是以冲突和寻求外部解决途径为特征的劳动关系处理模式向以利益相关者之间的合作和追求内部矛盾化解为特征的员工关系管理模式的转变。目的在于使员工和企业管理者在实现企业目标的过程中能够更好地处理和协调企业与员工、管理者与被管理者、员工与员工之间的关系，促进构建和谐的劳动关系。

第三，彰显员工关系管理的热点问题与新趋势。本书结合新时代背景下员工关系管理领域的热点问题，详细阐述了员工关系管理的发展趋势。例如，更新了新生代员工的心理特征变化趋势，更新了非正式雇佣员工关系改善对策，增加了新生代员工的管理策略，增加了我国女性就业及员工关系管理发展历程，增加了员工援助计划在中国的发展历程，增加了员工工作压力的最新理论观点等。

本书由苏磊、孙美佳、王春艳、李新建主持编写，天津财经大学商学院企业管理专业硕士研究生李承昊、王雪、刘家玉、任义冉参与了编写工作。在编写本书的过程中，我们参考了国内外众多专家、学者的著作与观点，并尽可能详细地标明了出处。同时，我们得到了各大院校负责本课程的同人的帮助，他们给出了很多建设性意见。中国人民大学出版社对本书的编写和出版给予了长期的支持与帮助，在此我们表示衷心感谢！

由于编者水平有限，本书不足之处在所难免，敬请广大读者多提宝贵意见，以便再版时修订。

苏　磊　孙美佳　王春艳　李新建

目 录

第5章 员工纪律、惩戒及不良行为管理

第6章 员工参与管理

第7章 员工关系中的沟通管理

第8章 员工抱怨、申诉与劳动争议处理

第9章 员工职业安全健康管理

第10章 工作压力与减压管理

第1章
绪 论

| 学习目标 |

● 了解员工关系是企业内各利益群体之间的一种特殊关系，其协调与否，关系到企业人力资源能否合理开发和使用，企业与员工能否共同发展，企业目标能否最终实现。

● 了解员工关系管理是企业人力资源管理的基本职能之一，其职责和工作任务贯穿人力资源管理的各个环节和全过程。

● 明确企业员工关系管理的模式与运作因企业性质、环境、发展阶段和员工特征等有所不同，且必须遵照一定的法律法规、规章制度和工作目标进行有效的管理和协调。

● 明确企业内外部环境变化对员工关系管理的影响，结合时代特征和企业特征，寻找促进员工关系和谐的途径与方法。

第1节 员工关系管理的内涵、目标与角色定位

在决定企业发展的各种要素之中，人力资源已成为第一要素。企业管理归根到底是对人的管理；人力资源需要与其他资源完全不同的特殊的管理思维和方式。换言之，作为企业核心资源载体的员工，其积极性和创造性的发挥必须建立在和谐的劳动关系与人际关系的基础之上。无论隶属于哪个行业，所有制性质如何，处于哪个发展阶段，健康和优秀的企业都具备一个共同的特征——拥有和谐的员工关系。企业因人而生，因人而盛。员工关系管理是企业人力资源管理的一项基本职能，在此需要对员工关系及其管理的核心概念、管理目标和角色定位等做出系统与明确的界定。员工关系管理有效的企业可以吸引和留住优秀员工，可以提高劳动生产率，降低缺勤率和离职率，减少劳动争议和劳资冲突，提升员工士气和忠诚度，最终实现员工和企业的互惠与共赢。

一、员工关系的内涵与特点

（一）员工关系的内涵

学术界对“员工关系”（employee relations）尚未有权威或统一的内涵界定。基于不同的研究目的和管理需要，我们可将员工关系做广义和狭义之分。广义的员工关系经常与雇佣关系（employment relations）、雇主-雇员关系（employer-employee relations）、产业关系（industrial relations）以及劳动关系（labor relations）等概念混合使用；狭义的员工关系主要指企业或企业管理者与内部员工之间建立在雇佣或工作合作基础之上的关系。

本书所涉及的员工关系是从狭义的角度所做的界定，主要是指员工与企业之间基于工作合作过程而建立的一种相互影响和互相约束的关系。这种关系以雇佣契约为基础，以工作组织为纽带，主要表现为在企业既有管理过程中的一种人际互动关系。其实质是企业中各利益相关群体之间的经济、法律和社会关系的特定形式。

（二）员工关系的特点

1. 员工关系以企业与员工之间的和谐劳动关系为基础

追溯西方劳动关系的演变历史可以看出，早期的劳资矛盾和激烈对抗曾给企业正常发展带来许多不利影响，正是在劳资双方的长期冲突和力量博弈中，管理方逐渐意识到缓和劳资冲突、提倡劳资合作无论是对企业还是对员工而言，其正面影响都远大于负面影响。因此，强化人力资源管理，维护企业与员工的关系成为当代企业追求的主要目标之一。

和谐的劳动关系是员工关系的基础，但员工关系管理的目标要高于和宽于劳动关系管理的目标，它需要企业和管理者进行多方面的建设与努力：以员工为主体和出发点的企业工作与管理流程，健康文明的人际关系氛围，多元包容的劳动关系管理，开放有效的沟通与交流渠道，广泛的民主管理参与，人性化的工作环境和适度的压力与情绪管理，追求员工工作-家庭平衡、积极有内涵的企业文化，以及以企业与多样性员工群体的利益协调和共同发展为目标的管理理念与管理行为等。因此，从历史与逻辑统一的视角可以看出，员工关系管理是基于但又在某些方面超越劳动关系管理的一项企业管理职能，是当代企业人力资源管理系统的重要组成部分。

2. 员工关系主要表现为企业内部的工作和人际关系

与劳动关系和雇佣关系不同，员工关系主要表现为企业内部的关系，但它不局限于员工与企业之间，还表现为管理者与被管理者之间、上级与下属之间、同事之间，以及企业员工与客户、家庭成员等多元利益相关者之间的关系。对这些关系的协调和管理都会影响员工的工作态度、工作行为，以及员工个体、团队和企业绩效。

3. 员工关系本质上是以工作合作为纽带的利益关系

员工关系本质上体现为员工与企业之间的利益关系，它是劳动关系在企业内部的表现形式，但是这种利益关系一般不表现为外在的对抗和冲突。与传统的劳动关系的不同之处在于，现代企业的员工关系是建立在或者试图建立在劳资双方利益一致的基础之上，并受到劳动契约约束与保护的工作合作关系。

二、员工关系管理的内涵、性质与目标

（一）员工关系管理的内涵和性质

1. 员工关系管理的内涵

员工关系管理是指为保证企业及利益相关者目标的实现，对涉及企业与员工之间、管理者与被管理者之间、员工之间以及员工与客户之间的各种工作关系、利益冲突和社会关系进行协调与管理的策略、制度、体系及行为。

2. 员工关系管理的性质

员工关系管理的内涵体现了其基本属性。

（1）员工关系管理是人力资源管理的一项基本职能。员工关系管理贯穿员工管理的各个方面，是人力资源管理的基础与核心职能之一，同时也为人力资源系统的其他管理职能，例如招聘、培训、绩效管理、薪酬福利管理、职业安全健康管理等，提供和谐的员工关系前提和保障。

（2）提倡从员工角度制定管理策略和措施。当代员工关系管理倡导劳资之间，员工与企业、团队之间的关系和利益协调，强调通过非强制性的、柔性的、激励性的方法和手段来管理员工的态度、行为及绩效。

（3）在合理的规章制度和组织规则下进行。员工关系管理具有鲜明的两面性：一方面，为保证正常的工作和生活秩序，企业需要运用规章制度、行为规范等手段约束员工的行为；另一方面，企业应该通过协调、援助、关爱以及互惠合作等方式，实现对员工的权益保护和行为激励。

（4）含有"去工会化"的意图与性质。西方产业关系和人力资源管理实践的发展体现了这一特点。员工关系管理暗含这样一个基本假设：在企业内部，管理者通过积极努力，可以有效协调企业与员工之间的关系，避免和内化员工与企业之间的对抗与冲突，或者说，企业管理者试图在现代商业环境下，通过非工会或非外部集体性行动来满足企业员工的利益需求和权益诉求。

（二）员工关系管理的目标

一些学者曾对员工关系管理的目标做过界定。例如乔治·米尔科维奇（2002）认为，员工关系管理是"通过消除障碍使员工积极参与公司事务并且遵守公司纪律，以提高公司效率的活动"。约翰·布里顿和杰弗里·高德（2005）提到，员工关系管理"是指一系列人力资源管理行为，它通过雇员介入决策和进行纪律管理来使雇员的承诺变得可靠，并与组织的目标和标准保持一致"。综合来看，员工关系管理的目标可归纳如下。

1. 推行以员工为本的管理理念

与传统的以工作为中心的人事管理不同，员工关系管理更重视从员工角度的管理。例如，关注员工工作价值观的变化、员工的个体和群体差异、员工工作满意度的提升，

以及和谐工作关系和家庭关系的构建等，这些都是以员工为本的管理理念的体现。

2. 实现人力资源管理宏观目标与微观目标的结合

人力资源管理的宏观目标是实现企业战略、提升组织绩效，而微观目标是对员工绩效的有效管理和行为激励。不同的目标导致人力资源管理模式的差异。重视员工关系的人力资源管理更强调宏观目标与微观目标的结合，更强调员工的态度、行为、情绪和心理契约管理，并且提倡民主管理、员工自我管理和差异化管理等。

3. 促进人力资源管理职能的深层次开发

广义的员工关系管理超越了传统的管理框架，起着补充、扩大和深化人力资源管理职能的作用。相对而言，它更强调对员工的服务而非控制职能，更提倡人本而非物本管理，更注重提升人力资源部门在企业中的地位和作用。

4. 倡导和谐劳动关系以及员工与企业双赢

和谐是中国传统文化的基本理念，它是社会主义现代化国家在社会建设领域的价值诉求，是社会主义核心价值观的重要内容，是经济社会和谐稳定、持续健康发展的重要保证。成功的员工关系管理能够有效防范与协调劳动争议，发展和谐劳动关系，维护企业员工队伍的稳定性，促进员工与企业之间平等合作、互利共赢，使企业保持健康持续发展的良好势头。

三、员工关系管理在人力资源管理中的角色定位

作为人力资源管理的一项基本职能，员工关系管理在人力资源管理中的角色定位如图1-1所示。

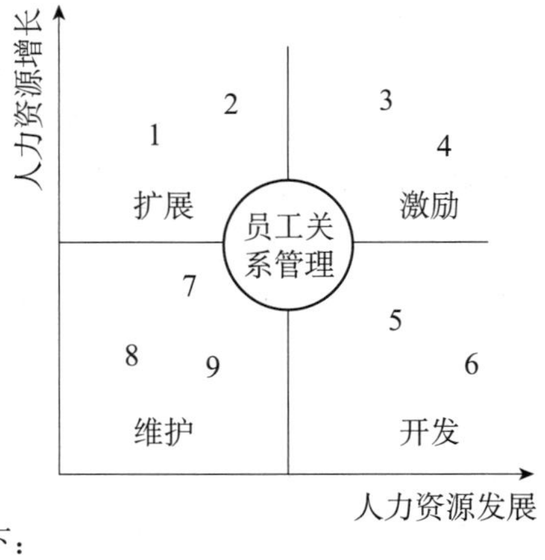

图中数字代表内容如下：

1.员工招聘；2.企业文化；3.薪酬管理；4.职位评价；5.员工培训；6.生涯设计；7.员工流动；8.绩效评估；9.职业安全与健康

图1-1　员工关系管理在人力资源管理中的角色定位

根据图1-1，可从两个视角理解员工关系管理与人力资源管理之间的关系。其一，企业人力资源管理活动可以沿着纵、横两个维度进行类型划分，其中纵向代表企业人力资源增长（主要是规模扩张的角度），横向代表企业人力资源发展（主要是质量提升的角

度)。依据两个维度的组合管理，员工关系管理分为扩展、激励、开发和维护四个基本类型。其二，若将人力资源管理职能作为一个流程，员工关系管理贯穿人力资源管理流程的所有环节。换言之，员工关系管理始于人员的招聘甄选，终于员工和企业终结劳动关系。

(一) 人力资源扩展中的员工关系管理角色定位

人力资源扩展主要指新员工的引进和安置环节。这一环节的员工关系管理工作主要从对劳动法律法规的遵循、新员工的价值观与企业文化契合度的提升、劳动契约关系的建立和入职管理等方面展开。

1. 从价值观契合的角度确定新员工的招聘录用

一般情况下，员工对企业愿景的认同度越高，个人与企业价值观的契合度越高，员工与企业的关系越和谐。企业吸引人才的各种政策及其实施是员工关系管理的重要组成部分，包括在人员招聘过程中制定完善的制度与人才引进计划、规范的甄选流程和标准，以及恰当的职位描述和评价标准等。

2. 确立以法律为基础的员工关系

甄选结束后，需要以订立劳动合同的方式确认员工与企业之间的雇佣关系，包括劳动合同的签订、续订、终止、解除和变更等，这些都是员工关系管理的基础工作。随着新员工的到来，在相应的培训开发、奖惩、流动管理等工作中，也可能会涉及劳动争议的调解、仲裁和诉讼处理等，这些都属于在劳动法律法规框架下所进行的员工关系管理活动。

3. 新入职员工的引导培训与组织社会化

新员工的引导培训和入职管理，也称新员工的组织社会化阶段，其核心任务是让员工尽快进入工作和组织角色，即不仅要做到人与岗位的匹配，而且要做到人与组织的匹配。这就需要将新员工的组织社会化工作摆在首要地位，使员工认同组织的价值观和组织文化，并尽快融入组织氛围和工作角色之中，为组织与员工之间的和谐关系奠定基础。

(二) 人力资源激励中的员工关系管理角色定位

人力资源激励主要通过薪酬管理、职位评价等管理实践，实施对员工态度、行为和绩效的激励。所谓激励，不仅包括高薪酬和高福利，还包括员工对组织各项激励政策和奖励措施的认知与认可。

1. 促进物质激励与精神激励的结合

单纯的物质激励手段有误导员工行为和引发内部恶性竞争的可能，但一味的精神激励亦有片面性。在激励管理中应强调物质激励和精神激励、内在激励和外在激励的有机结合，其中对员工的精神激励则主要依靠员工关系管理来实现，包括对员工的认可、尊重、关爱和援助等。组织对员工特别是核心员工的激励，一般采取综合性的措施，例如实施员工整体薪酬激励计划、工作-家庭平衡计划、员工参与和管理赋权等。这些方式的使用，有助于弥补单纯的物质激励的缺陷，提高员工的整体满意度。

2. 提升人与职位的匹配度

员工关系管理可通过职位设计和职位评价等环节来提升员工与工作的契合度。例如，加强岗位的动态柔性管理，推行职位轮换、工作扩大化、工作丰富化和以员工为中心的工作再设计等措施。这些管理手段可避免工作内容单调的负面影响，产生积极效果：为员工提供更多的发展机会，使员工掌握更多的技能；增进不同岗位员工之间的相互理解，提高协作效率；使员工从工作中获得内在激励和成就感，从而加深对企业战略、组织使命及企业文化的认同。

（三）人力资源开发中的员工关系管理角色定位

人力资源开发主要通过员工技能培训和职业生涯设计促进员工的个人发展，实现员工个人和组织的共同成长。

1. 促进多层次的员工能力开发

人力资源开发包括多层次、多方位的培训和能力开发活动，例如，基于职位和不基于职位的技能培训、产品和服务知识培训、管理技能开发或领导力培训、企业文化培训以及构建学习型组织等。这些都属于员工能力提升管理实践。企业以往比较重视对员工知识、技能和能力的开发，随着社会的发展，对员工态度、行为、职业素质及胜任力的开发受到越来越多企业的重视。人力资源开发实践与员工关系管理结合进行，成效会更为显著。

2. 增强员工的职业成功感

职业生涯设计是人力资源开发的一个重要组成部分。它从员工个人与组织目标相结合的视角来透视员工职业与岗位、职务之间的纵向匹配与横向契合关系。为员工进行职业生涯的设计和开发，体现了企业对员工个人发展的关心、认可和支持，不仅有助于企业目标和个人发展目标的实现，而且会促进企业内部各群体之间关系的和谐。

在员工技能培训和职业生涯设计中加入员工关系管理视角，有助于员工实现个人的发展目标，不断追求自我价值，感受事业成功和自我成长的快乐，同时能够强化员工的心理契约，增强员工的组织承诺。

（四）人力资源维护中的员工关系管理角色定位

人力资源维护涉及员工流动、绩效评估、职业安全健康管理等多项职能。相对而言，这些管理活动更为敏感，对新生代员工尤为重要。强化与该环节相关的员工关系管理，可防范员工与企业及管理者的矛盾和冲突，提高管理效能。

1. 员工流动中的员工关系管理

员工流动特别是员工主动离职，是员工关系管理需要特别关注的环节。员工主动离职和企业辞退员工（劳动合同的过失性和非过失性解除）除了按照相关的法律和制度程序处理，还应该注入更多的情感管理和人文关怀。例如，进行面谈沟通可以尽量弱化离职员工与企业的对立和冲突；妥善做好留用人员的工作，可避免裁员之后引起的负面连锁效应；制定相关的离职人员召回政策等，可以促成企业与离职员工的长期合作关系。

2. 绩效评估中的员工关系管理

绩效评估在人力资源管理中是一个非常重要且敏感的管理职能，它处于人力资源管理系统的中枢环节，与很多职能如晋升、奖惩、培训和报酬管理等密切相关。绩效评估过程涉及诸多员工关系的协调和处理，包括对绩效优秀员工的激励和对绩效不佳员工的处理等。

3. 职业安全健康管理中的员工关系管理

职业安全健康管理是员工关系管理的重要职能。对一些安全风险大的行业和企业来说，“安全第一”是首要原则；对高新技术企业来说，压力和心理健康管理具有越来越重要的意义。在管理过程中，不仅要注重操作程序和专业技术的培训，更重要的是要树立以人为本、以员工为重的理念。

与传统的人力资源管理职能相比，在组织日趋扁平化和柔性的环境下，员工关系管理被赋予了更多的内涵。例如，新生代员工关系管理、知识型员工关系管理以及非正式雇佣员工关系管理等。这些管理实践更符合多样性的员工需求，也更具时代特色。

第2节　员工关系管理的职能体系构建

构建企业员工关系管理的职能体系，明确各管理活动的标准、分工和主要内容，是企业员工关系管理的基础。

一、员工关系管理职能体系

（一）构建原则

企业员工关系管理的职能体系构建需要依照以下原则。

1. 实用性与专业性相结合

在员工关系管理中，每个企业都有自身的特点，没有通用的管理模式，但在企业间也有共同的原则和规律可供遵循。因此，在一些特定的管理环节和管理项目中，除了要针对本企业的特点进行有的放矢的管理，坚持专业设计和由专业人员管理的原则，会获得更佳的效果。

2. 专职性和精简性相结合

在大企业中，应该配备拥有专业背景和热心员工关系的专职管理人员，简称员工关系（ER）经理或专员，并有必要设置职能部门和一线的对口管理人员。此外，虽然人力资源职能外包是一种趋势，但一些涉及员工关系的核心管理职能最好不要外包，可以采用联合管理的模式。对于一些需要专业人员设计和管理的项目，例如员工压力管理和心理健康项目，要处理好外包与自我管理的关系。对于需要外包的职能，要挑选合适的外包商并配备本企业专职人员进行有效的监督和管理。

3. 管理与服务相结合

在不同的发展阶段，员工关系管理的性质和特征不尽相同。例如，传统的“以工作为中心”的模式比较强调“管理”或“控制”的职能，而“以人为中心”的模式比较强调“服务”的职能。咨询、服务、沟通、参与、双赢等是现代员工关系管理所提倡的理念和行为。

（二）员工关系管理的职能体系设置

员工关系管理是人力资源管理的基本职能之一，该职能体系的构建根据企业性质和规模而有所差别。我们以大企业的职能体系设置为例进行说明，如图1－2所示。

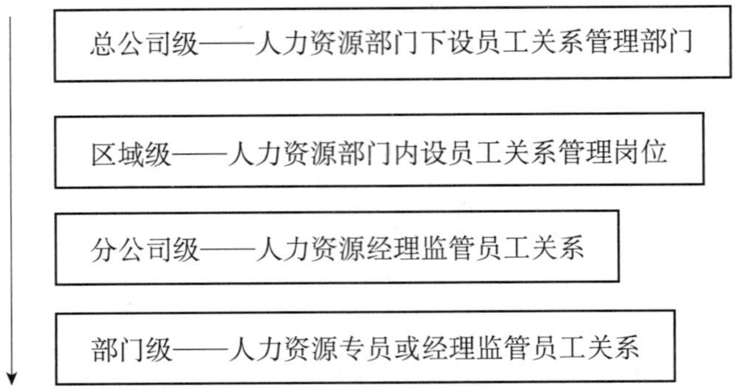

图1－2　员工关系管理职能体系设置

1. 总公司级的员工关系管理职能设置

在一个下设多个机构的集团公司中，总部的人力资源部门下应设置专门的员工关系管理部门，搭建由专业人员组成的管理平台和管理系统，负责对下辖区域分支机构或分、子公司员工关系管理工作的监督指导。

2. 区域级的员工关系管理职能设置

区域级机构的人力资源部门也需要专门的岗位和人员（如员工关系经理）负责员工关系管理。该岗位应单独设置，由上级公司（如总公司）的员工关系经理对其工作进行垂直指导。

3. 分公司级的员工关系管理职能设置

在区域级机构下辖的分、子公司中，因为岗位设置有限，一般由该公司的人力资源经理或主管负责员工关系管理。在员工关系管理职责方面，上级机构或公司的员工关系经理有对其监督指导的职责。

4. 部门级的员工关系管理职能设置

在一些大公司相对独立的事业部中，没有独立的人力资源部，但设置有行政专员、人力资源专员或人力资源业务伙伴（HRBP）等。在该层级中，员工关系管理最好不在行政性的工作职责中，而由部门经理直接负责。

小规模的公司也可参照此结构设置员工关系管理职能。需要说明的是，一些企业的员工关系管理并不完全是内部职能，还有一些外部职能和跨职能的协调工作，例如与合作商的关系协调，与企业文化、劳动关系、沟通管理及民主管理等部门的工作交叉等。对此没有固定的范式，因企业需要而异。

（三）员工关系管理的职能角色分工

1. 职能角色分工框架

一般而言，员工关系管理需要五个角色的沟通和参与，即高层管理者、员工关系经理（或人力资源经理）、直线经理、员工和员工组织，它们构成了员工关系管理的一般框架，如图 1-3 所示。

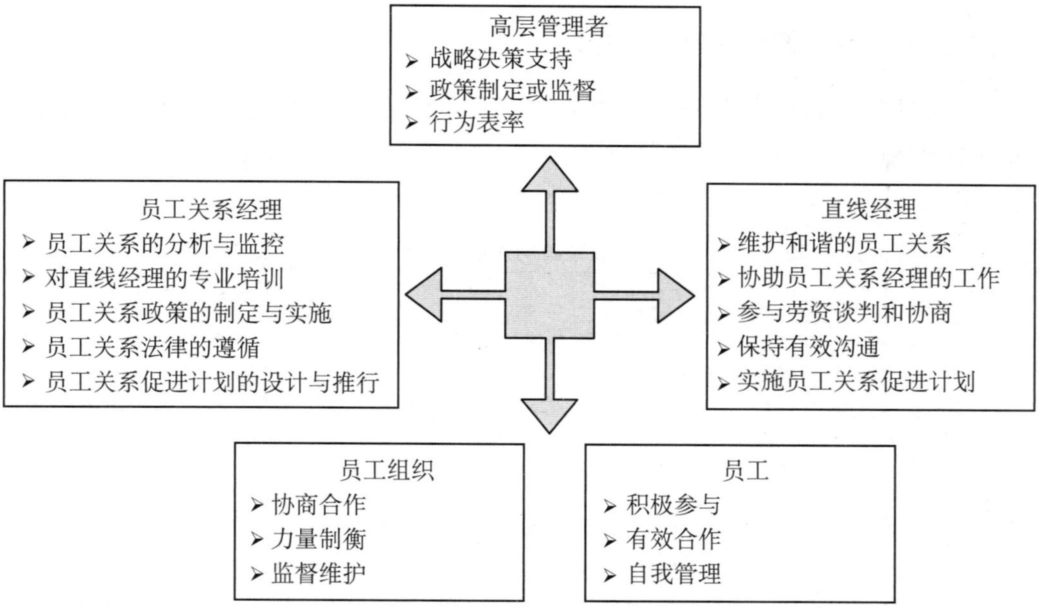

图 1-3　员工关系管理中的角色分工

2. 各角色职责及承担的工作内容

在企业员工关系管理中，各职能角色相关工作职责如下：

（1）高层管理者。在员工关系管理中，高层管理者主要承担战略决策支持、政策制定或监督、行为表率等职责。

（2）员工关系经理。作为专职人员，员工关系经理在员工关系管理中扮演核心角色，主要职责为员工关系的分析与监控、对直线经理的专业培训、员工关系政策的制定与实施、员工关系法律的遵循以及员工关系促进计划的设计与推行等。

（3）直线经理。直线经理是员工关系管理中的实施者和直接维护者，所承担的职责主要包括维护和谐的员工关系、协助员工关系经理的工作、参与劳资谈判和协商、保持有效沟通以及实施员工关系促进计划等。

（4）员工。员工是员工关系的主体之一，他们既是管理和服务的对象，又是主要的管理参与者。自我管理是现代员工关系管理的重要特征之一。

（5）员工组织。工会及职工代表大会等员工组织在员工关系管理中的角色界定值得关注。鉴于员工关系与劳动关系之间有性质上的区别，也有工作内容上的交叉，员工组织作为员工利益的代表，应该在员工关系管理中主要扮演合作者和员工利益维护者的角色。所谓合作者的角色，包括帮助企业和管理者协调好企业、管理者与员工之间的关系，推动实施各种有利于员工关系发展的计划和方案等；所谓员工利益维护者的角色，是指当企业或雇主一方出现无视或忽视员工利益保护或不利于员工关系协调的政策、制度和行为时，员工组织应该站在员工一方，督促、协助和采取措施处理好各种可能出现的矛盾与冲突。

二、员工关系管理者的角色行为与素质要求

（一）员工关系管理者的角色行为

一个成功的员工关系管理者，要扮演好三个角色：其一是专家的角色；其二是员工服务者的角色；其三是变革推动者的角色。这三种角色的具体行为和工作成果要求如表 1-1 所示。

表 1-1　员工关系管理者的角色、行为与工作成果要求

角色	行为	工作成果要求
专家	运用法规、专业知识和技能研究开发人力资源产品和服务，对企业员工关系及相关方面进行诊断，为管理问题的解决提供咨询和建议	把握员工满意度 提升企业人力资源开发与管理的有效性
员工服务者	与员工沟通，及时了解员工的需求，为员工提供及时有效的支持	增强员工的忠诚度和组织承诺
变革推动者	参与变革与创新以及组织变革（并购与重组、组织裁员、业务流程再造等）过程中的人力资源管理实践	提高员工对组织变革的适应能力 妥善处理组织变革过程中的各种人力资源问题，推动组织变革进程

资料来源：中国就业培训技术指导中心，北京奇正表格企业管理顾问有限公司．员工关系管理．北京：中国劳动社会保障出版社，2007.

（二）员工关系管理者的素质要求

根据角色的行为要求，员工关系管理者应具备相应的知识、技能和个人品质等基本素质，如表 1-2 所示。

表 1-2　员工关系管理者的素质要求

维度	基础要求	专业要求
知识	了解劳动法律法规、政策 具备人力资源管理专业知识和组织行为学、人事心理学相关知识	满意度调查和分析 激励理论和实践 裁员管理 文化整合 员工心理辅导
技能	协调能力 沟通技巧 学习能力	变革管理 人际关系管理 冲突管理 危机管理 员工关系技术和实践

续表

维度	基础要求	专业要求
个人品质	对企业价值观身体力行 诚实可信 独立，有判断力 关心他人 可靠 有团队精神 主动	分析性思维 自我控制 影响他人 应变能力 成就动机

资料来源：中国就业培训技术指导中心，北京奇正表格企业管理顾问有限公司．员工关系管理．北京：中国劳动社会保障出版社，2007.

从表 1-2 可见，员工关系管理者不仅需要具备企业所规定的职位角色，而且应该具备相应的职业资格技能，包括国家、行业协会规定的相关职业资格和专项职业能力等。

三、员工关系管理的工作内容

根据国内外一些企业的管理实践，可将员工关系管理者的基本工作内容概括如下。

（一）劳动合同及其相关的员工关系管理

（1）雇佣协议和劳动合同的管理，包括劳动合同管理方面的制度建设，依法具体办理劳动合同的签订、续订、变更、解除和终止手续，并关注在劳动合同签订与解除过程中相关的员工关系问题。

（2）员工信息库的建设，包括收集、整理和公布劳动合同订立、履行、变更、解除、终止等信息。

（3）集体协商的推行和管理，包括制定相关的规章制度，安排集体协商日程，完善集体合同草案的内容，以及解决相关的合作和争议问题。

（二）员工离职和裁员管理及相关的员工关系协调

员工离职管理是由劳动关系的解除或终止而产生的管理行为。具体内容如下：

（1）员工主动离职管理，包括对离职原因、离职影响、离职风险的记录和跟踪，以及相关的员工关系协调与管理等。

（2）员工被动离职（即辞退）管理，包括对违纪员工、试用期不符合条件的员工、不胜任工作的员工及不能执行劳动合同的员工进行管理和员工关系协调等。

（3）裁员及其过程中的员工关系管理，包括裁员类别界定、裁员方法选择、裁员实施步骤及裁员过程中员工关系管理等。

（三）纪律、惩戒及员工不良行为管理

（1）纪律和惩戒管理，指企业规章制度的建设及具体实施过程中的管理行为，包括制定纪律管理的规章制度、管理流程等，对员工进行国家法律法规、企业规章制度和自律管理的教育、培训，对违纪员工依照法律和规则进行处理，等等。

（2）“问题员工”管理，包括对“问题员工”的行为界定、甄别和特殊管理处理策略。

（3）防止员工不良行为，主要表现为防止毒品、酒精滥用，防范工作场所暴力和性骚扰、职场排斥等。

（四）员工参与和沟通管理

员工参与是提高员工积极性和主动性的重要方法，是实现产业民主的有效途径。

（1）建立员工参与机制和管理推进制度等。员工沟通贯穿员工关系管理的各个环节，建立和完善员工沟通制度和管理体系是推进员工参与的基本保障。

（2）选择恰当的方式推进员工参与管理活动。

（3）建立多种员工沟通渠道，培训管理者和员工的沟通技巧，消除阻碍员工关系协调的沟通障碍。

（五）员工抱怨、申诉和劳动争议处理

员工抱怨、申诉和劳动争议处理是从制度上构建和谐劳动关系的途径与渠道之一，它与员工参与和沟通管理相配合，共同促进员工与企业在沟通和交流方面的规范与畅通。

（1）员工抱怨和情绪管理。员工抱怨是通过非正式方式表达的对企业或管理者的不满。抱怨管理在员工关系中异常重要，需要依据相关的原则和制度处理，以避免对员工情绪造成不良影响。

（2）员工申诉。申诉是员工通过正规渠道表达对企业和管理者的意见与不满。企业需要依法建立正规的员工申诉处理制度和程序，以保证将员工的意见和不满降至最低水平。

（3）劳动争议处理。许多员工关系问题涉及劳动争议处理。企业需要依据相关的法律妥善处理员工雇佣、离职、薪酬福利、劳动保护、培训、晋升以及民主管理等各方面所涉及的劳动纠纷和劳动争议等，同时进行劳动关系和员工关系的危机防范。

（六）员工保护与员工援助

该领域的工作内容丰富，也是近年来非常受关注的员工关系管理领域。

（1）员工职业安全健康管理。职业安全管理主要包括安全生产管理和安全事故防范与处理；健康管理主要包括职业病和心理疾病防范。

（2）员工压力管理。主要针对员工工作压力造成的心理压力进行减压管理，例如提供心理咨询和心理问题治疗等。

（3）员工援助计划的制订与实施。主要从组织角度帮助员工解决工作和生活中的问题，例如通过推进员工援助计划，帮助员工克服困难，让员工以充沛的精力和积极的心态从事工作。

（4）员工工作-家庭平衡计划。员工工作-家庭平衡计划属于员工援助计划的一个特殊组成部分，其主要目的是正视员工的工作与家庭角色冲突，实施在工作-家庭平衡方面的组织干预等。

（七）员工满意度调查与分析

员工满意度调查实质上是从被管理和被服务对象的角度评价企业员工关系管理的质量。

（1）定期或在必要的情况下进行员工满意度调查。

（2）诊断企业员工管理的状况，发现员工关系管理中的问题，分析问题产生的根源。

（3）制订员工关系改进计划，并对计划实施效果进行评估。

（八）非正式与特殊群体的员工关系管理

非正式与特殊群体的员工关系管理，有许多特点和关键环节需要格外关注，这是未来员工关系管理的重点。

（1）非正式员工的雇佣选择与管理。包括企业选择非正式雇佣的原因、非正式雇佣的形式和管理特点研究等。

（2）非正式雇佣员工关系问题。主要涉及雇佣合同和雇员关系、劳动报酬和劳动时间安排、劳动条件、职业安全健康、无歧视和平等待遇以及非正式雇员在工作组织中的人际关系等方面的问题。

（3）非正式雇佣员工关系改善对策。主要包括与法律和政策相协调、倡导职场公平、推行劳动标准，以及提倡雇主的社会责任和人性化管理等。

（4）劳务派遣员工的员工关系管理。企业除了依法对劳务派遣员工进行管理，还应该本着协商合作的原则，协调好三方关系，使劳务派遣员工也能和正式员工一样受到公平的对待，使其在企业中发挥应有的作用，做出应有的贡献。

（5）多元化员工关系管理。随着劳动力市场的变化，女性员工、新生代员工等日益成为员工队伍的主体。对这些多元化员工群体的关系变化，需要及时关注，加大管理投入。

第3节 员工关系管理环境及其变化

所谓员工关系管理环境，主要指员工关系管理的直接或间接影响因素和实施条件，可分为外部环境和内部环境。前者指企业外部影响员工关系及其管理的环境和因素，一般包括政治与政策环境、法律与制度环境、宏观经济环境、技术变化、社会文化环境、工会组织等；后者指企业内部影响员工关系及其管理的环境和因素，主要包括组织结构、工作环境、企业生产经营战略、管理者和管理方式、企业文化等。

现代企业员工关系管理的内外部环境因素趋于复杂和多变，而且各种因素往往交织在一起，综合产生影响。

一、员工关系管理外部环境及其变化

（一）政治与政策环境

政府作为雇佣关系系统中的“第三方”，通过政策机制对企业的员工关系及其管理产生影响。政府的作用主要体现在以下方面：改变雇佣关系的运行规则；通过政策调节企业员工关系管理的一般环境；通过立法规范企业或雇主和雇员的行为等。在市场经济条件下，政府一般不会直接干预企业内部的员工关系管理活动，但可以通过法律法规等手段进行间接干预。

政策环境是指政府的各种方针政策，包括经济政策、就业政策、教育培训政策等。这些政策的实施也会直接和间接地影响雇佣关系和员工关系管理。比如，当经济政策的主要目标是充分就业和促进经济增长时，政府一般会通过法律法规等手段干预企业或雇主与雇员的谈判能力，刺激劳动力需求和工资的上涨。反之，如果政府实施的某些政策限制了经济的过快增长，则会导致劳动力需求和工资水平的降低，进而改变雇佣双方的力量对比。

在诸多政策中，就业政策对劳动关系和员工关系的影响最为直接。它可以通过对供求状况的调整改变雇佣双方在劳动力市场上的地位变化，也可以通过激励和约束性政策机制对企业内部员工关系管理产生影响。

（二）法律与制度环境

法律与制度环境是指规范雇佣双方行为的法律法规和规章制度等。特定的法律法规强制性地约束了雇佣双方的权利、义务和关系。

对员工关系有直接影响的是国家按照不同的分类标准将各个层次的关于劳动关系和社会保障的法律法规组合而成的法律与制度体系。下面结合我国的相关情况，分析劳动法律环境对企业员工关系管理的影响。

1. 劳动就业和劳动合同的相关立法

（1）劳动合同法在促进我国劳动关系的契约化，规范和调节劳动者与企业之间的雇佣关系方面发挥着重要作用。

（2）集体协商和集体合同制度是为了完善企业劳动关系的三方协调机制，发挥雇佣双方自主协调企业内部员工关系的作用。根据现行的《中华人民共和国劳动法》（以下简称《劳动法》）、《中华人民共和国劳动合同法》（以下简称《劳动合同法》）和《中华人民共和国工会法》等法律规定，职工一方与企业以及实行了企业化管理的事业单位可以就劳动报酬、工作时间、休息休假、劳动安全卫生、保险福利等事项，进行平等协调，签订集体合同。我国已经颁布的相关法规，例如《工资集体协商试行办法》《集体合同规定》等，对工资协议的期限，工资分配制度，工资标准和工资分配形式，职工年度平均工资水平及其调整幅度，奖金、津贴、补贴等的分配办法，工资支付的办法，变更、解除工资协议的程序，工资协议的终止条件，工资协议的违约责任，双方认为应当协商约定的其他事项等都做了具体规定。

（3）劳动标准和劳动保护制度。我国推行基本劳动标准，实行最低工资保障制度、工时制度以及对女职工和未成年工的特殊劳动保护制度等。这些对劳动者特别是弱势劳动群体的基本权益起到了强制性的法律保护作用。

我国劳动保护方面的法律还包括《中华人民共和国职业病防治法》（以下简称《职业病防治法》）、《中华人民共和国安全生产法》（以下简称《安全生产法》）、《中华人民共和国职业教育法》、《中华人民共和国残疾人保障法》、《中华人民共和国妇女权益保障法》（以下简称《妇女权益保障法》）等，在扩大就业、扶持困难就业群体、强化服务培训和促进公平就业等方面都做出了相关规定，为企业员工关系管理提供了法律依据。

2. 劳动保险制度的相关立法

在企业员工的养老保险、失业保险、医疗保险、工伤保险、生育保险等方面，我国相继颁布了一系列法律规定，对企业社会保险的覆盖范围、享受条件、支付方式、待遇标准、过渡办法和调整机制等做了规范，并确立了当前中国劳动保险制度的基本运行框架。此外，还建立了与之配套的劳动保障监察机制和劳动争议仲裁制度等。

（三）宏观经济环境

1. 经济全球化与逆全球化

依据经济合作与发展组织（OECD）的解释，经济全球化可以看作一个过程，在这个过程中，经济、市场、技术与通信形式都越来越具有全球化特征，而民族性和地方性正在减少。因此，经济全球化会造成资本、市场、技术和人员等生产要素在世界范围内高速流动和有机融合，也直接或间接地影响企业的员工关系管理。经济全球化的影响主要表现在以下方面：

（1）加剧了企业的国际竞争。经济全球化使国际竞争更加激烈，企业面临越来越大的压力。这些压力迫使企业纷纷寻求降低成本、提高产品和服务质量的新方法，不断采用和尝试新的雇佣模式。例如，采用弹性和多元的劳动力配置策略，即在核心企业中增加对技术和市场的快速反应能力，加大对高技能员工的使用，而将低技能的生产逐渐向发展中国家转移。全面质量管理、员工参与管理、客户关系管理等管理方法被越来越多的企业采用，也在一定程度上提升了员工关系管理的重要性和复杂性。

（2）提升了资源的配置与利用效率。经济全球化在促进世界市场的不断扩大和区域统一的过程中，使国际分工更加深化，有利于发挥各国的比较优势，促进国际市场的产品制造、规模生产、产业转移和资本与技术等生产要素的流动，对企业改进管理方式、提高劳动生产率、积极开发新产品、提高国际竞争力也有极大的推动作用。

（3）改变了劳动关系格局。经济全球化改变了资方、政府和工会的三方力量制衡机制。由于跨国公司在利用国际金融资本、科研和技术资源方面具有竞争优势，因此政府的影响力降低，一些国家工会的影响力自20世纪80年代以来也有不同程度的削弱，这对企业员工关系及其管理产生了重要影响。

（4）促进了人才的国际流动。经济全球化带来的人才在国际范围内的流动，对企业员工关系提出了跨文化管理的要求。员工文化背景的多元化促使传统的企业沟通、参与、谈判甚至冲突方式发生改变，并成为员工关系管理的新课题。

但是随着国际经济关系的变化，一些西方国家兴起了逆全球化的潮流，贸易保护、贸易壁垒、贸易战等加剧。这些都对世界经济格局产生了不利的影响，也影响了我国的劳动力市场和经济的稳定发展，带来了新的竞争和挑战。

2. 劳动力市场变化

（1）劳动力规模和供求结构变化。这一变化直接导致雇佣双方的力量消长，并影响了组织内部企业与员工之间关系的管理格局。特别是失业率的变动和结构性失业，对劳动市场力量的均衡状况形成了干扰，影响了就业者的工作预期。例如，当劳动力市场供大于求、失业率上升时，劳动参与率下降，劳资双方力量悬殊，企业作为强势一方没有与员工进行谈判或集体协商的动力和压力，工会和员工一方也没有讨价还价的能力，势必会对员工关系管理产生消极的影响。

（2）非正规就业增加。灵活就业群体的增加，加大了劳动力市场的分化，给员工关系管理带来了难度和风险。一般而论，非正规就业员工群体大多具有就业能力差、工作稳定性低和组织松散等特点，容易导致雇主在管理中实行双重标准和产生歧视行为。因此，在同一企业中，如果存在正式与非正式混合雇佣的情况，就要提高对员工关系管理的必要性和重要性的认识。

（3）劳动力队伍多元化。劳动力多元化是当今发展的趋势和主流，但也增大了企业管理的复杂性。随着经济全球化不断发展，不同代际、性别、民族、种族、文化和技能背景的员工加入同一工作场所，员工队伍日趋多元化，从而加剧了员工关系管理中的文化融合与文化冲突问题。同时，新生代员工逐渐成为劳动力市场的主力军，他们具有自身独特的价值诉求，这给传统的员工关系管理活动带来了新的挑战。

3. 产业结构变化

进入21世纪，发达国家和发展中国家的产业结构都在发生剧烈变化。传统制造业中以专业化和大批量生产为特征的生产方式已经被灵活、敏捷和差异化的生产方式取代。发达国家的一些生产制造职能被转移到发展中国家，并促成了发展中国家第一产业向第二产业的转移，以及第三产业的兴起，但同时也引发了由产业资本转移所引致的动荡和风险。

现代服务业的发展改变了传统的以制造业为典型代表的员工关系管理模式。在以服务和客户为主导的组织中，员工关系管理的水平和质量对员工与组织绩效的影响更大、更直接，员工对企业员工关系管理实践的感受又影响对顾客的服务质量。高知识、高技能和年轻化的员工队伍成为企业人力资源管理和员工管理的主体。

（四）技术变化

企业员工关系管理的技术环境包括产品和服务的生产工序、工作方式及其引起的资本密集程度、工作复杂性和多样性、知识技能水平的变化等。这些因素也可以对员工关系管理产生不同程度的影响。目前被关注最多的，如互联网、大数据和人工智能技术的应用，颠覆了传统的技术环境、商业环境，乃至企业内部的管理模式，当然也包括人力资源和员工关系管理。

1. 技术变革对工作方式的影响

知识经济条件下的技术变革不仅使制造业、交通业、通信业以及相关行业大规模生产和经营的成本不断降低，也提高了企业产品定制和产品多元化的能力，其结果是大批量的产品市场逐渐分裂和更加不稳定，产品的质量和特殊化的服务成为主要的竞争武器。信息技术的发展使工作模式发生了根本性变革，越来越多的工作方式超越了时间和空间的限制，也给员工关系管理带来新的挑战。

2. 技术变革对员工工作角色和知识技能的影响

技术变革对员工工作角色和知识技能提出新的要求。例如，数字智能生产系统能全面实现生产过程的自动化，将制造过程的各环节有机结合在一起；多元化产品和特殊化服务的提供不仅要求员工掌握多样性的知识、技能和学习能力，也需要更多的跨岗位、跨职能和跨专业人员之间的合作；互联网的发展使工作过程超越时空的限制，对员工的质量要求不断提升，人员规模需求不断下降。“新技术排挤工人”问题产生，并将日益加剧。

3. 新技术对组织柔性和团队管理方式的影响

新技术使组织柔性不断增强，越来越多的虚拟组织和网络组织替代了传统的科层制组织，团队化工作不断增多。工作方式的改变要求企业赋予管理者和员工更多的决策权力和相应的责任，并需要强化沟通管理和员工参与管理，提高员工处理人际关系和协作的能力。

4. 网络技术对传统管理职能和沟通方式的影响

大数据、人工智能、云计算时代，网络技术的发展使员工对工作信息的接触更加容易，线上线下混合工作方式日益普及，管理决策日趋分散化，管理者直接控制员工的难度越来越大，相应地，这要求管理者从指挥命令的角色向授权和协调的角色转变。上下级之间、管理者和员工之间的沟通方式也发生了变化，直接的、面对面的沟通更多地变为虚拟的、网上的沟通交流。

5. 技术变革对员工之间竞争和心理压力的影响

新技术在提高工作效率和减轻体力劳动的同时，加大了对脑力劳动和情绪控制的需求，这使得员工之间基于知识、能力和人际关系等方面的竞争加剧，加大了员工尤其是知识员工的心理压力，因此，减压和情绪管理日趋重要。

6. 信息技术对人力资源管理模式和管理工具的影响

在信息技术的支持下，越来越多的企业引进了员工管理大数据平台、E-HR 和 E-Learning 等人力资源管理系统。这些先进工具的使用增强了管理规范性，提高了效率，但同时减少了职能管理部门与员工直接沟通的机会和渠道，员工的一些真实信息难以被及时捕捉，员工的诉求和意愿传达受到一定的阻碍。

（五）社会文化环境

社会文化环境是一个综合的概念，核心由各国、各地区、各种族和民族占据统治地位的风俗习惯、观念、信仰等文化和价值观组成。文化因素的影响是潜在、久远和深层次的。企业应关注社会文化因素对员工工作价值观和员工关系管理方式的影响。

1. 社会文化与员工关系管理

关于员工关系管理与社会文化因素关系的探讨，主要基于文化差异的视角，包括员工之间在语言文字、风俗习惯、审美观念、价值观念和宗教信仰等方面的差异。随着全球化的推进，员工队伍日趋多元化，文化差异不容忽视，跨文化的员工关系管理地位逐步上升。

2. 教育水平与员工关系管理

教育水平是国民文化素养的决定性因素之一，不同教育水平的员工表现出不同的文化素质，具有不同的价值取向、工作态度和工作习惯等，这决定了企业员工关系管理方式的差异与选择。

我国改革开放后出生的青年员工成为知识员工的主体。他们一般具有个性突出、工作自主性和创新意识强等特点，企业需要采取与之匹配的管理方式。随着员工整体文化素质的提高，传统等级制的、命令式的管理方式逐渐向注重授权、团队合作、强化沟通、为员工提供良好的发展机会等新管理方式转变。

3. 工作价值观与员工关系管理

从一定意义上讲，特定组织员工的工作价值观反映了国家和民族价值观的某些特征。全球经济一体化发展虽然融合了一些国家的企业管理方式或规则，但国家和民族之间的文化差异仍根深蒂固，并深层次地影响员工关系管理。此外，90后和00后新生代员工所具有的工作价值观和行为方式与老一代员工明显不同。这些既是影响企业员工关系管理的文化环境因素，又是当前员工关系管理必须面对的问题。

（六）工会组织

工会是员工的代表，是与雇主或企业进行交涉和协调的组织，工会的性质及作用的发挥直接影响员工关系管理。按照行为边界和影响层次，工会可分为企业工会、职业工会和产业或行业工会等。一般而言，企业工会对员工关系管理的影响较大，其职能主要包括以下方面。

1. 组织规模的扩充和制衡职能

工会的一项重要职能就是努力扩充组织规模、发展会员，工会的规模与雇主对工会的认可度之间存在相互制约关系。根据西方国家的经验，会员多、规模大的工会容易得到企业和社会的认可，并更能保证工会在劳动关系中的权力基础。因此，扩大会员数量、规模和层次是工会实力和职责的体现。

2. 员工权益维护职能

各国劳动法都明确规定工会的基本职能是代表和维护劳动者的权益。工会维护职工合法权益的最主要手段是集体谈判，并产生两种形式的集体协议：第一种是有关职工切身利益的协议，如工资水平、工作时间、工作方式等；第二种是在雇佣过程中出现问题时的相关程序协议，包括集体劳动争议、个人申诉和惩戒行动的解决程序等。

3. 教育培训职能

工会承担着对员工进行教育和培训的职能，包括社会和职业道德、公民意识教育以及相关的技术、技能和参与管理的培训等，也承担着维护员工受教育权益的职能。工会教育职能的发挥直接关系到员工的当前和长远利益，有利于满足员工多方面发展的需求。

4. 权力监督职能

工会享有监督权，可参与企业管理，并对企业依法经营和管理进行监督。对于企业违反劳动法律法规、侵害员工利益的行为，工会作为员工代表可与企业进行交涉或请求当地政府依法处理和仲裁。

5. 关系协调职能

工会（代表员工）承担着劳资纠纷调解、劳动关系协调等多项职能，同时在处理员工与管理方、客户方以及其他利益相关者的关系的过程中，也发挥着协调者的作用。

二、员工关系管理内部环境及其变化

企业内部环境一般是指企业经营管理边界内的，由硬件设施和软件因素共同组成的企业经营场所和管理运行系统等。相对于硬件场所和环境，企业管理的软件系统对员工关系管理的影响更大。员工关系管理的内部环境一般包括组织结构、工作环境、企业生产经营战略、管理者和管理方式、企业文化等。

企业内部环境之所以与员工关系管理的关系更为直接和密切，主要在于：第一，员工关系管理系统本身就是企业运营管理的子系统之一，两者之间有相互依存和互相作用的关系；第二，员工关系管理渗透在企业管理的各个环节，每个管理子系统都会直接或间接地影响员工关系管理的运行效果，员工关系管理也以保障企业内其他管理环节的运行为起点和归宿；第三，软环境受外部环境因素变化的影响较大，尤其是在社会经济快速转型时期。

（一）组织结构

组织结构是指对于人员和工作任务进行分工、协调与合作的制度性安排。不同类型的组织结构决定了不同的员工关系管理模式和管理特点。例如，官僚制组织结构的主要特征是标准化和等级森严，强调效率、经理决策和信息自上而下传播。与该类组织结构相匹配的员工关系管理模式一般具有以下特点：层次多但形式单一，有限的员工参与和自我管理，上下级之间的沟通以指示为主，纪律规则严明刚性，尽可能避免劳动争议，冲突发生后依职权快速处理等。显然，在官僚制组织结构下，员工的话语权弱、参与度低，因此需要工会具有完备的职能和权力代表性。扁平化组织结构主要通过减少组织层级来提高组织效率，这种结构具有更强的适应性，提倡员工更多地参与公司事务。大中型高科技企业、新兴产业多采取这种组织结构。与该类组织结构相匹配的员工关系管理模式具有以下特征：员工参与程度高、员工沟通渠道快速便捷、员工在劳动争议中更有发言权等。在扁平化组织结构下，由于员工享有的权利较多，工会的作用有所弱化。

工作团队是一种新型的组织形式，它主要通过成员的合作产生积极的协同效应。中小型项目导向型企业、研发单位和咨询公司多采用这种组织结构。这种结构的组织一般人数少、规模小，所有工作和问题都可在团队内部解决；团队领导被赋予更多的职责和权力；注重成员之间的协调与沟通，团队成员有较充分的发言权和参与机会。

（二）工作环境

工作环境可分为物理或硬件环境和人文或软件环境，它们都可对员工关系管理产生影响。工作场所硬件环境的影响，可以办公布局为例。一些企业在部门间实行互通开放型的办公布局，有利于部门或团队之间的员工交流和沟通，但发生矛盾和争议的可能性也相应增加；反之，在部门或团队之间采用相对封闭的办公布局，虽然不利于员工多元化的沟通和参与，但可能便于部门或团队内部的管理。工作场所的软件环境也称人文环境，包括人员结构、规章制度、非正式组织等，这些因素都影响员工关系管理体系的构建及其运行效果。

（三）企业生产经营战略

近年来，各国企业的劳资关系呈现多元化趋势，即使在同一时期的同一行业中，不同企业的劳资关系也可能截然不同。这说明，劳资关系的性质与企业所选择的生产经营或业务战略不无关系，并对员工关系管理产生影响。

关于企业生产经营战略的分类，我们仅以美国学者波特（Michael Porter）的划分方法进行说明。波特将企业生产经营战略划分为低成本战略和差异化战略。前者以少品种、大规模生产的规模经济为主导战略，主要将生产过程划分为范围相对窄的特定工作任务单元，以取得劳动力成本优势；后者主要是用灵活的生产技术生产小批量、多元化的优质产品。不同的生产经营战略很容易形成不同的劳资关系①，并影响员工关系管理类型。选择低成本战略的企业必然要寻找有效降低成本特别是削减人工成本的管理方式，与此对应，企业很可能采取一种以监督、控制和刚性为特征的管理方式，极力降低对员工的物质激励，并约束员工的自主性和自由度。选择差异化战略的企业需要培养员工的创新意识和奉献精神，为此，需要提高员工的参与、自我管理和分享意识，并加大对员工的激励力度，给予其更多的自主权等。因此，企业生产经营战略与员工关系管理与人力资源管理系统密切相关，且会随着外部环境的变化而调整。

（四）管理者和管理方式

广义的管理者包括企业各层次的管理人员，他们既是企业生产经营的决策者，也是管理方式的制定者和执行者。管理方式和管理风格直接或间接地对员工关系产生影响，关系到员工与企业之间的合作关系、员工参与管理的程度和方式、员工对企业的诚信以及企业对员工的支持等，这些因素又反过来影响员工的工作能力、态度和行为。

珀塞尔和格雷（Purcell and Gray，1986）把与员工关系相关的管理风格定义为组织更倾向于采用的与雇员单独或是集体打交道的方式，并分为以下类型：传统主义者、复杂的专制主义者、立宪主义者、协商者和标准的现代人。② 上述不同的管理风格决定了员工关系及其管理模式的特征。在传统主义者的模式下，雇主与雇员及工会之间通常是一种对抗关系，雇主对员工的剥削和控制明显，给员工支付低于平均水平的工资，提供更少的培训投入、较差的工作条件和工作安全保障等。复杂的专制主义者的管理风格相对传统主义者而言较为仁慈，雇主通常会为员工提供高于平均水平的工资和良好的工作条件，实施内部晋升政策，为员工提供职业发展机会。然而，该管理风格有去工会化倾向，主张实施能够诱发员工对组织的承诺、热情以及忠诚的人力资源管理政策。复杂的现代

---

① Arthur J B. The link between business strategy and industrial relations systems in American steel mini-mills. Industrial and Labor Review，1992，45（3）.

② 李维斯，桑希尔，桑得斯．雇员关系：解析雇佣关系．大连：东北财经大学出版社，2005.

人的管理风格认可工会，但也分成两类：以北美为代表的立宪主义者管理风格和以欧洲为代表的协商者管理风格。二者的主要区别是后者对工会的态度更为积极。标准的现代人的管理风格的主要特征是，对员工关系问题采取随机应变的策略，没有明显的员工关系战略，管理方法多为临时性和实用主义的，即在同一组织的内部，管理风格随时间和场所的变化而改变。这种管理多见于有收购和多元化发展经历的大型企业集团。

（五）企业文化

企业文化是指企业在长期经营管理实践中形成并通过各种活动表现出来的共同理想、价值观念和行为准则等。也可以认为，文化是作为特定群体的企业组织认识问题、解决问题和调节矛盾的典型和特有的方式。与一般文化的内涵相似，企业文化也分级和分层，其中国家和地域文化会直接或间接地融合与体现在企业文化之中。

企业文化的结构可分为表层文化、中层文化和深层（隐性）文化等。表层文化指一些可视的客观形式和现象；中层文化可理解为企业的规范与共有价值观，它与企业的正式组织和管理制度相辅相成，是对正式制度的补充、强化和贯彻；深层（隐性）文化则表现在企业员工的共有价值观和行为规范之中。

企业文化并非抽象和独立存在的，它与企业管理政策和管理实践联系密切，特别是企业的特定群体文化会受到企业内部因素的深刻影响。企业文化势必影响员工关系管理，尤其是深层次地影响企业的管理理念、方式、行为及评价标准等。

三、我国员工关系管理环境变化及其影响

当前我国仍处于经济社会的转型期，各种问题和矛盾多发，形成了我国特定的劳动关系和员工关系管理环境，并对企业员工关系管理产生了极大的影响，包括正面和负面的影响。

（一）员工关系管理环境的变化特征

1. 法律和政策环境的变化

近几年是我国劳动法律制度建立和完善的关键时期。2005 年之前，我国在该领域只有《劳动法》、《中华人民共和国企业劳动争议处理条例》（以下简称《企业劳动争议处理条例》）、《劳动保障监察条例》、《集体合同规定》、《最低工资规定》等法律和法规，远不能满足对劳动关系和员工关系进行法律协调的需要。从 2005 年起，《劳动合同法》、《中华人民共和国促进就业法》（以下简称《促进就业法》）和《中华人民共和国劳动争议调解仲裁法》（以下简称《劳动争议调解仲裁法》）的立法工作相继展开。2008 年 1 月 1 日，《劳动合同法》和《促进就业法》开始施行。其中《劳动合同法》对我国企业的员工关系管理起着非常大的作用，它以专项立法的形式对劳动合同、雇佣方式、薪酬待遇、辞退裁员、劳务派遣及非全日制员工管理等相关的劳动关系和劳动争议处理进行了明确的法律规定；《促进就业法》旨在规范劳动就业管理，构建一个公平、无歧视的就业环境；《劳动争议调解仲裁法》则是为了公正及时地解决劳动争议，保护当事人合法权益，促进

劳动关系和谐稳定而制定的专项法律。除此之外，与劳动关系相关的法律法规等也不断完善。

这些法律法规的颁布和实施，对我国当代企业的劳动关系和员工关系管理起到非常大的作用，企业与员工之间的关系趋向法制化，规范和约束了雇佣双方的用工行为和劳动行为，提高了市场机制在劳动力市场中的配置效率。劳动关系的法制化是劳动力市场完善的主要标志之一，日臻完善的法律体系保证了市场机制对我国劳动力资源配置的基础性作用，体现了法律对弱势群体的保护。

2. 劳动力市场的变化

长期以来，我国劳动力市场处于供大于求与结构失衡并存的状态。以往我国劳动力供大于求的主要原因是人口结构年轻化、劳动适龄人口比重大、农村劳动力向城市转移迅速等。伴随着人口老龄化、产业结构调整等，引起劳动力市场供需关系变化的主要因素也在改变，尤其是高新技术的发展对劳动力质量的要求提高而对数量的需求相对下降。

企业对人才需求的变化，使得劳动力市场的结构性失衡越来越突出，一些企业急需的人才短缺，而仅具有一般性技能的劳动力大量闲置，加剧了劳动力市场的二元结构特征，造成职业隔离、劳动者收入差距扩大、投资者兴趣降低等问题，加大了企业员工关系协调与管理的难度。

3. 企业用工形式的变化

近些年，我国企业的用工形式发生巨大变化，传统和典型的用工方式被颠覆。随着劳动用工制度的改革，越来越多的企业采取以劳动合同工为主、劳务工为辅的用工格局。常见的用工形式包括无固定期限合同工、短期固定期限合同工、劳务派遣员工、临时性和季节性合同工等。除无固定期限合同工之外，其他用工形式基本上属于柔性或非典型雇佣方式。

柔性或多元化雇佣方式迅速扩展的动因有多种，例如人工成本的攀升、竞争压力的增大、产业转型升级的加速、市场环境不确定性因素的增加以及劳动者特别是新生代从业者工作价值观的变化等。尽管我国的《劳动合同法》和《促进就业法》以及 2014 年正式实施的《劳务派遣暂行规定》等对劳务派遣人员和非全日制员工管理进行了很多规制，但与正式员工相比，非正式雇佣员工关系管理中的问题多、处理难度大，需要寻找更为有效的协调机制和管理模式。

4. 劳动关系协调机制的变化

目前国际上最为通行也相对完善的劳动关系协调机制是雇主（组织）、雇员（组织）、政府的三方机制。建立健全三方机制已经成为我国政府完善社会利益协调机制的目标之一。按照国际劳工组织的定义，该机制是指政府、雇主组织和工会通过一定的组织机构和运作机制共同处理劳动关系问题，如劳动立法、相关经济和社会政策、就业与劳动条件、工资水平、劳动标准、职业培训、社会保障、职业安全健康、劳动争议处理等。鉴于关系三方有不同的利益诉求和价值取向，在劳动关系和员工关系管理等方面难免会出现分歧和矛盾，为了协调各自的利益，需要一种制度和机制来处理分歧，通过协商、对话来达到妥协与合作。我国的三方协调机制正在不断完善之中。

5. 企业社会责任意识的提高

企业社会责任这一概念于 20 世纪 30 年代提出，其基本内涵是企业除了承担法律责任，还需要承担社会责任。这些责任可以看作社会对企业的一系列期望和要求，并随着社会的发展而变化。企业社会责任可分为外部责任和内部责任。外部责任主要是企业与社会和公众之间的关系以及应承担的角色、职责等。例如企业应该维护社会公正，承担保护环境和社会安全的责任，促进对弱势群体利益的保护以及促进工作和家庭之间的平衡等。内部责任主要是提倡在劳资和谐的理念下，妥善处理企业与员工、管理者与被管理者以及员工之间的关系等。

社会责任感是一种组织观念和文化特质，它反映着企业的社会形象，是组织的核心竞争力所在。它不仅可以增加企业的社会知名度和公众信任度，而且有利于吸引和留住有价值的员工，创造良好的员工关系管理环境。

（二）环境变化下我国企业员工关系管理的新特点

伴随着内外部环境的变化，我国企业的员工关系管理在当代显示出以下主要特征。

1. 人本管理成为人力资源管理的哲学基础

在人力资源管理职能与角色转变的过程中，人本管理日渐引起人们的关注，并应用于人力资源管理实践，诸如人力资源经理成为员工的代言人、将员工作为人力资源部门的内部客户，以及通过让员工满意提升客户满意度等新的管理理念已注入人力资源管理与员工关系管理之中。

2. 知识员工成为员工关系管理的主要对象

传统的员工关系管理多关注普通或蓝领员工，奉行以协调劳资纠纷、维权、裁员辞退处理等问题为主的管理思路。新经济时代，知识员工和新生代员工所占比例明显上升，由此也产生了一些新的管理现象与问题，诸如技能和能力开发多元化、职业生涯以自我发展为主导、工作压力加大、忠诚度和敬业度降低以及核心员工跳槽引发知识和技术流失等。对这些问题的处理不能再固守以往的原则和方式，需要寻找新的解决途径。

3. 工作与家庭平衡被纳入员工关系管理的视野

工作与生活之间的冲突历来是员工关系管理关注的问题。传统的人力资源管理，单纯将员工作为一个可配置和使用的、能够为企业创造价值的资源，更多地强调通过降低对家庭生活的需求满足来调节工作与生活的冲突，忽视了员工作为完整的人所具有的多方面需要。工作与家庭平衡观念的树立，促使企业更多地从支持和帮助的角度，用心解决员工的家庭和生活问题，以换取员工更高的组织认同和更多的工作投入。因此，与之相关的员工援助计划、减压和心理关怀行动等，成为员工关系管理的重要内容。

4. 人员和管理多元化成为员工关系管理的新挑战

改革开放以来，我国企业的员工队伍结构越来越多元化，不仅年龄、性别等人口学特征，而且民族、种族、宗教信仰等文化特征的差异也越来越明显。这一变化使得企业管理开始从多元化和包容性的视角关注一些与员工关系管理相关的敏感问题。例如，不同员工群体的平等对待问题，性别、年龄代际及社会身份导致的“玻璃天花板效应”和晋升公平问题，跨文化管理以及相关的企业伦理和社会责任问题等。这些在以往不被关注或者得到的关注不够的问题，在新的商业环境下也逐步被纳入员工关系管理之中。

□关键术语

员工关系　员工关系管理　员工关系管理环境

□复习思考题

1. 什么是员工关系管理？
2. 员工关系管理的目标是什么？
3. 简述员工关系管理的职能体系与工作内容。
4. 员工关系管理的内外部环境由哪些要素组成？
5. 试举例说明外部环境变化对我国企业员工关系管理的影响。

□案例分析

中国书店：文化孕育和谐环境，发展激发和谐活力

中国书店成立于1952年，是新中国第一家国有古旧书店，是传统文化的守护者，也是“书香北京”的践行者。

作为一家文化企业，中国书店始终把构建和谐劳动关系作为企业发展的重要一环，以文化孕育和谐环境，以发展激发和谐活力，以制度保障和谐秩序，以创新打造和谐愿景，实现了职工与企业共生共长、社会与经济效益双丰收的良好局面。

以文化为载体，孕育和谐环境

中国书店坚持以人为本的管理理念，秉承“以店为家、店荣我荣”的企业精神，以“弘扬、传承、繁荣、发展、创新、诚信、和谐、辉煌”为企业发展指南，以传统文化基因延续和谐，以历史责任助推和谐，以党建文化凝聚和谐，以文化活动构建和谐。设立古籍修复工作室，“师授徒、传帮带”培养技术骨干；设立“党员讲学小课堂”，开展一对一谈心，建立微信公众号和“职工之家”，做到不让一人掉队落伍；改善职工工作条件，组织多种形式的文体活动，营造优越工作环境，赢得职工普遍赞誉。

以发展为牵引，激发和谐活力

中国书店坚持古旧书经营主线，突出出版、拍卖两个重点经营方向，不断拓展经营领域、创新经营方式，科学制定工资分配方案，确保一线职工收入水平逐年增长，在图书零售行业始终处于相对领先，让职工共享企业改革发展成果。制定《职能部室绩效工资发放办法》《后备干部管理规定》等制度，根据职工工作实际定薪表彰，完善后备干部及人才的培养与管理，激发职工主人翁意识。

以制度为根本，保障和谐秩序

中国书店严格执行劳动法规，实现合同签约率100%。有关劳动合同的签订、续订以及变更等事项，都及时与职工沟通，并充分听取职工本人及用人部门的意见和建议，保证企业和职工双方的合法权益。将企业中长期发展规划、职工福利等涉及职工切身利益的事项置于职工的广泛参与监督下进行，充分利用职代会加强民主管理，高度重视职工提出的合理建议。成立劳动争议调解委员会，保障职工权益，多年来未发生一起劳动关系突发事件和群体事件。

以创新为导向，打造和谐愿景

中国书店建立系统科学的人才引进、选用、奖惩管理制度和激励机制，为企业的发展积蓄后备力量。出台在职学习培训管理办法，鼓励职工参加职称、资格等考试，并对通过者给予奖励，定期组织职工进行技能培训。每年组织“五星集体”“五星职工”服务品牌创建活动，发现身边典型，表彰先进个人，宣传先进经验，激发广大职工创先争优的热情。

资料来源：和谐劳动关系十大典型案例发布．(2019-11-12). https://rsj.beijing.gov.cn/xwsl/mtgz/201912/t20191206_920098.html.

讨论题：

中国书店的案例能为企业构建和谐劳动关系带来什么样的启示？

第 2 章

员工关系的确立与劳动合同管理

| 学习目标 |

● 了解劳动合同管理是员工关系管理工作的基本内容之一。

● 明确劳动合同具有主体的特定性、管理关系的隶属性、内容的合法性、物质帮助权第三人享有，以及劳动权利和义务的统一性和对应性等基本特征。劳动合同按期限不同，分为固定期限劳动合同、无固定期限劳动合同和以完成一定工作任务为期限的劳动合同。

● 了解劳动合同的内容是指以契约形式对劳动关系双方的权利和义务的界定。劳动合同的条款分为必备条款和约定条款。

● 明确劳动合同管理包括劳动合同的订立、履行、续订、变更、终止和解除等环节。

第 1 节　劳动关系的确立与劳动合同

一、劳动关系的确立是员工关系建立的基础

尽管学术界和实践界对员工关系及其相关概念的使用不统一，但是比较一致的看法是，企业与员工之间劳动关系的确立是员工关系建立的基础，而这种关系联结的纽带一般是劳动合同。因此可以这样认为，员工关系建立的基础是劳动关系的确立，而劳动关系的缔结需要以劳动合同为载体。

（一）劳动关系的内涵

劳动关系是指由雇佣行为产生的关系。它是在作为劳动力所有者的劳动者与作为生产资料所有者的企业或雇主之间，为进行生产和经营，实现劳动力与生产资料之间的结

合而建立的一种社会交换及契约关系。

（二）劳动关系的主体

劳动关系一般分为个体劳动关系和群体劳动关系。个体劳动关系主要指劳动者个体与雇主或企业之间的关系，这种关系也被称为狭义的劳动关系。在这种关系中有两个主体：雇主与雇员。从形式上看，两个主体之间结成平等的交换关系：劳动力作为一种商品，是劳动关系双方买卖的对象；劳动者作为劳动力的所有者，有依法按照约定为企业或雇主提供劳动的义务，相应地，也有获得劳动报酬及其他待遇的权利；雇主有依法按照契约支付劳动者报酬及其他待遇的义务，也有要求劳动者提供劳动的权利。群体劳动关系，又叫集体劳动关系，是在个体劳动关系存在和发展的基础上形成的，即劳动者通过行使团结权，组成工会来实现自我保护，并进而平衡和协调劳动关系。群体劳动关系的一方是工会组织，另一方为雇主或雇主组织，是团体对团体的关系。双方主要通过集体谈判和集体协商的形式来体现其构成和运行。

（三）劳动关系的载体

所谓劳动关系的载体，是指劳动者与企业确立劳动关系、明确双方权利与义务的法律契约形式。最为通用的契约形式是劳动合同。用人单位自用工之日起即与劳动者建立劳动关系，不论是否订立书面劳动合同，双方都形成了劳动关系。劳动者与用人单位之间签订了劳动合同，如果是在用人单位用工之前签订，则自用工之日起生效，属于附期限的劳动合同；如果是在用工之后签订，则劳动合同期限自用工之日起计算。

劳动者成为企业的雇员，企业即承担了对员工进行管理的权利与义务，个别或内部的劳动关系在某种意义上也就转换为员工关系。

二、劳动合同的特征、种类及内容

员工与企业之间劳动关系的确立和存续是员工关系存在的基础，而建立劳动关系，应当订立书面劳动合同。因此，劳动合同管理是员工关系管理的基本内容之一。我国现行的《劳动合同法》对劳动合同的特征、种类及内容都进行了具体规定。

（一）劳动合同的基本特征

劳动合同也称为劳动契约，是劳动者和用人单位确立劳动关系、明确双方权利和义务的协议。员工进入企业工作，企业应根据《劳动法》《劳动合同法》等劳动法律法规，依法订立劳动合同，从而对员工和企业双方当事人产生约束力；如果发生劳动争议，劳动合同是员工关系管理者处理劳动争议的直接证据和依据。除合同文本外，企业和员工双方还可以协商制定劳动合同的附件，进一步明确双方的权利、义务的具体内容，附件和合同文本具有同样的法律效力。

劳动合同是合同的一种，它具有合同的一般特征，即同时约束双方的法律行为而不是单方的法律行为；合同是当事人之间的协议，只有当事人在平等自愿、协商一致的基础上达成一致时，合同才成立；合同是合法行为，不能是违法行为；合同一经签订，就具有法律约束力；等等。劳动合同除具有这些一般特征外，还有其自身的基本特征：

（1）劳动合同的主体是特定的。主体一方必须是具有法人资格的用人单位或能独立承担民事责任的经济组织和个人（雇主）；另一方是具有劳动权利能力和劳动行为能力的劳动者（员工）。

（2）劳动者和用人单位在履行劳动合同的过程中，存在管理中的依从和隶属关系，即劳动者一方必须加入用人单位一方，成为该单位的一名员工，接受用人单位的管理并取得劳动报酬。这体现了劳动合同的身份性质。一般而言，劳动者在同一时期只能与一个用人单位签订劳动合同，如果要和另外的用人单位签订劳动合同，必须先和原单位解除劳动关系（非全日制劳动者的劳动关系除外）。

（3）劳动合同的性质决定了劳动合同的内容以法定为多、为主，以商定为少、为辅，即劳动合同的许多内容必须遵守国家的法律规定，如工资、保险、劳动保护、安全生产等，而当事人之间对合同内容的协商余地较小。

（4）在特定条件下，劳动合同往往涉及第三者的物质利益，即劳动合同内容享受的物质帮助权，如劳动者死亡后遗属待遇等。①

（5）劳动合同内容具有劳动权利和义务的统一性和对应性。没有只享受劳动权利而不履行劳动义务的，也没有只履行劳动义务而不享受劳动权利的。一方的劳动权利是另一方的劳动义务，反之亦然。

（二）劳动合同的种类

劳动合同的类别有多种划分方法。

（1）根据订立合同的具体目的不同，可分为录用合同、聘用合同、借调合同、内部上岗合同、培训合同等。

（2）根据在同一份劳动合同上签约的劳动者人数不同，可分为个体劳动合同和集体劳动合同。

（3）根据劳动合同的期限不同，可分为固定期限劳动合同、无固定期限劳动合同和以完成一定工作任务为期限的劳动合同。

第一，固定期限劳动合同，是指用人单位与劳动者约定合同终止时间的劳动合同。具体是指劳动合同双方当事人在劳动合同中明确规定了合同效力的起始和终止时间。劳动合同期限届满，劳动关系即告终止。如果双方协商一致，还可以续订劳动合同，延长期限。固定期限劳动合同可以是较短时间的，如半年、一年、二年，也可以是较长时间的，如五年、十年，甚至更长时间。不管时间长短，劳动合同的起始和终止日期都是固定的。具体期限由当事人双方根据工作需要和实际情况确定。

固定期限劳动合同具有适用范围广、应变能力强等特点，既能保持企业与员工劳动关系的相对稳定，又能促进人力资源的合理流动，使资源配置合理化、效益化，是实践中运用较多的一种劳动合同。常年性的工作、要求保持连续性及稳定性的工作、技术性

---

① 韩智力．员工关系管理：案例、诊断、解决方案．广州：广东经济出版社，2007.

强的工作，适宜签订较长期的固定期限劳动合同。一般性、季节性、临时性、用工灵活、职业病危害较大的工作岗位，适宜签订相对短期的固定期限劳动合同。

第二，无固定期限劳动合同，是指用人单位与劳动者约定无确定终止时间的劳动合同。无确定终止时间，是指劳动合同没有一个确切的终止时间，劳动合同的期限长短不能确定，但并不是没有终止时间。只要没有出现法律规定的条件或者双方约定的条件，双方当事人就要继续履行劳动合同规定的义务。一旦出现了法律规定的情形，无固定期限劳动合同同样能够解除。这种合同适用于工作保密性强、技术复杂、需要保持人员稳定的岗位。对于用人单位来说，这种合同有利于维护其经济利益，减少频繁更换关键岗位的关键人员而带来的损失。对于劳动者来说，有利于实现长期稳定就业，也有助于其钻研业务技术。

第三，以完成一定工作任务为期限的劳动合同，是指用人单位与劳动者约定以某项工作的完成为合同期限终止条件的劳动合同。用人单位与劳动者协商一致，可以订立以完成一定工作任务为期限的劳动合同。一项工作或工程开始之日即为合同开始之时；此项工作或工程完毕，合同即告终止。如以完成某项科研任务为期限的劳动合同，临时性、季节性用工的劳动合同。合同双方当事人在合同存续期间建立的是劳动关系，劳动者要加入用人单位集体，参加用人单位工会，遵守用人单位内部规章制度，享受工资福利、社会保险等待遇。这种劳动合同实际上属于固定期限的劳动合同，只不过表现形式不同。

一般在以下几种情况下，用人单位与劳动者可以签订以完成一定工作任务为期限的劳动合同：

- 以完成单项工作任务为期限的劳动合同；
- 以项目承包方式完成承包任务的劳动合同；
- 因季节原因临时用工的劳动合同；
- 其他双方约定的以完成一定工作任务为期限的劳动合同。

（三）劳动合同的内容

劳动合同的内容是指以契约形式对劳动关系双方的权利和义务的界定。由于权利和义务是相互对应的，一方的权利即为另一方的义务，因此劳动合同往往从义务方面表示双方的权利义务关系。

1. 劳动合同内容界定的主要权利

劳动者享有平等就业和选择职业的权利、取得劳动报酬的权利、休息休假的权利、获得劳动安全卫生保护的权利、接受职业技能培训的权利、享受社会保险和福利的权利、提请劳动争议处理的权利、依法参加和组织工会的权利以及法律规定的其他劳动权利。相应地，用人单位需要平等择优录用职工、按时足额支付劳动报酬、保证劳动者休息休假、提供安全卫生和劳动保护的条件等，以保障劳动者能够实现法律规定的相应权利。

2. 劳动合同内容界定的主要义务

（1）劳动者的主要义务。

第一，劳动给付的义务。包括劳动给付的范围、时间和地点。劳动者必须按照合同约定的时间、地点亲自提供劳动，有权拒绝做约定范围以外的工作。

第二，保密义务和竞业限制。劳动者应具有职业道德，保守用人单位的商业秘密和与知识产权相关的保密事项。与用人单位约定竞业限制条款的劳动者，在解除或者终止劳动合同后，如果用人单位启动竞业限制条款，并在竞业限制期限内按月给予劳动者经济补偿，劳动者应履行相应约定，在竞业限制期限内（最长不超过二年），不得到与本单位生产或者经营同类产品、从事同类业务的有竞争关系的其他用人单位，或者自己开业生产或者经营同类产品、从事同类业务。

第三，掌握劳动安全卫生知识与提高劳动技能的义务。通过接受劳动安全卫生教育培训，掌握劳动安全卫生知识和提高技术技能，既是劳动者享有的权利，也是劳动者必须履行的一项法定义务。这就要求劳动者自觉地接受劳动安全卫生教育培训，不断适应生产活动的知识和技能要求。

第四，发现事故隐患和职业危害并及时报告的义务。在可期望的范围内，劳动者还必须照顾和维护雇主利益，劳动者发现事故隐患或者其他不安全因素，应当立即向现场管理人员或者本单位负责人报告。这项义务要求劳动者不仅要具备对各类事故隐患的识别能力，还必须具有强烈的责任心和大局意识。

（2）用人单位的主要义务。

第一，劳动报酬的给付义务。用人单位应按照劳动合同约定的支付标准、支付时间和支付方式按时足额向劳动者支付劳动报酬，不得违背国家有关最低工资的法律规定及集体协议规定的最低标准。

第二，照料的义务。用人单位应为劳动者提供保险福利待遇，提供休息休假等，保障劳动者享有职业培训权、民主管理权、结社权等，并为行使这些权利提供时间和物质条件保证。

第三，提供劳动条件的义务。用人单位有义务提供符合法律规定的生产、工作条件和保护措施，如工作场所、生产设备等其他便利条件，提供劳动保护设备等。[①]

第四，执行国家劳动标准，提供相应的劳动条件和劳动保护的义务。劳动条件是指劳动者完成劳动任务的必要条件，如必要的劳动工具、工作场所、劳动经费、技术资料等必不可少的物质技术条件和其他工作条件。在劳动保护方面，为了保障劳动者在劳动过程中的身体健康与生命安全，凡是国家有标准规定的，用人单位必须按照国家标准执行，合同约定只能高于国家标准。

在上述义务中，给付劳动和支付劳动报酬是劳动合同的主要义务。除劳动义务外，劳动者和用人单位双方还负有忠诚义务。如在形成劳动关系的过程中，用人单位应如实告知劳动者与劳动合同有关的工作内容、岗位要求、工作地点、工作时间、劳动报酬、职业危害和劳动条件等。对可能产生职业病危害的岗位，还应当告知职业病防护措施和待遇等内容，并在劳动合同中载明。劳动者则应当按照用人单位的要求，如实说明与劳动合同直接相关的就业现状、健康状况、竞业限制等情况，如实提供自己的居民身份、学历、工作经历、职业技能等证明。员工的忠诚义务和雇主的照料义务一样，表明劳动关系并不局限于以劳动换取报酬，而是一个集诸多权利和义务于一体的法律关系，因这

---

① 程延园．员工关系管理．上海：复旦大学出版社，2004．

种法律关系，双方当事人都负有尽可能维护另一方利益的义务。用人单位可以通过增强劳动者的责任感促使其长期、准时、出色地履行劳动义务。

3. 劳动合同的条款

劳动合同的内容具体表现为劳动合同的条款。劳动合同的条款可分为必备条款和约定条款（即可备条款）。

（1）劳动合同的必备条款。劳动合同的必备条款是指法律规定的劳动合同必须具备的内容。在法律规定了必备条款的情况下，如果劳动合同缺少此类条款，劳动合同就不能成立。《劳动合同法》规定的必备条款包括：

第一，用人单位的名称、住所和法定代表人或者主要负责人。用于明确劳动合同中用人单位一方的主体资格，确定劳动合同的用工主体。

第二，劳动者的姓名、住址和居民身份证或者其他有效证件号码。用于明确劳动合同中劳动者一方的主体资格，确定劳动合同的从事劳动工作的一方。

第三，劳动合同期限。劳动合同期限是双方当事人相互享有权利、履行义务的时间界限，即劳动合同的有效期限。劳动合同期限可分为固定期限、无固定期限和以完成一定工作任务为期限。劳动合同期限与劳动者的工作岗位、内容、劳动报酬等都有密切关系，更与劳动关系的稳定紧密相关。合同期限不明确则无法确定合同何时终止，如何给付劳动报酬、经济补偿等，会引发争议。因此，一定要在劳动合同中明确双方签订的是何种期限的劳动合同。

第四，工作内容和工作地点。所谓工作内容，是指劳动法律关系所指向的对象，即劳动者具体从事什么种类或者内容的劳动。这里的工作内容是指工作岗位和工作任务或职责。这是劳动合同的核心条款之一，是建立劳动关系极为重要的因素。它是用人单位使用劳动者的目的，也是劳动者通过自己的劳动取得劳动报酬的缘由。劳动合同中的工作内容条款应当规定得明确具体，便于遵照执行。如果劳动合同没有约定工作内容或约定的工作内容不明确，用人单位将可以自由支配劳动者，随意调整劳动者的工作岗位，难以发挥劳动者的所长，也很难确定劳动者的劳动报酬，造成劳动关系极不稳定。因此，工作内容是劳动合同中必不可少的。工作地点是劳动合同的履行地，是劳动者从事劳动合同中所规定的工作内容的地点，它关系到劳动者的工作环境、生活环境以及就业选择。劳动者有权在与用人单位建立劳动关系时知悉自己的工作地点。因此，工作地点也是劳动合同中必不可少的内容。

第五，工作时间和休息休假。工作时间是指劳动时间，即在企业等用人单位中，必须用来完成其所担负的工作任务的时间。一般由法律规定劳动者在一定时间内（工作日、工作周）应该完成的工作任务，以保证最有效地利用工作时间，不断提高工作效率。合同中规定的工作时间条款包括工作时间的长短、工作时间方式的确定，如是 8 小时工作制还是 6 小时工作制，是日班还是夜班，是实行正常工时制、不定时工作制还是综合计算工时制。工作时间上的不同安排，对劳动者的就业选择、劳动报酬等均有影响，因此成为劳动合同不可缺少的内容。

休息休假是指企业等用人单位的劳动者按规定不必进行工作，可自行支配的时间。休息休假是每个国家的公民都应享受的权利。我国现行《劳动法》第三十八条规定：“用人单位应当保证劳动者每周至少休息一日。”休息休假的具体时间根据劳动者的工作地点、工作种类、工作性质、工龄长短等各有不同，用人单位与劳动者在约定休息休假事项时应当遵守《劳动法》及相关法律法规的规定。

第六，劳动报酬。劳动合同中的劳动报酬，是指劳动者与用人单位确定劳动关系后，因提供了劳动而取得的报酬。劳动报酬是满足劳动者及其家庭成员物质文化生活需要的主要来源，也是劳动者付出劳动后应该得到的回报。因此，劳动报酬是劳动合同中必不可少的内容。劳动报酬主要包括以下几个方面：

- 用人单位工资水平、工资分配制度、工资标准和工资分配形式；
- 工资支付办法；
- 加班、加点工资及津贴、补贴标准和奖金分配办法；
- 工资调整办法；
- 试用期及病、事假等期间工资待遇；
- 特殊情况下职工工资（生活费）支付办法；
- 其他劳动报酬分配办法。

劳动合同中有关劳动报酬条款的约定，要符合我国有关最低工资标准的规定。

第七，社会保险。社会保险是政府通过立法强制实施，由劳动者、劳动者所在的工作单位或社区以及国家三方面共同筹资，帮助劳动者及其亲属在遭遇年老、疾病、工伤、生育、失业等风险时，防止收入的中断、减少和丧失，以保障其基本生活需求的社会保障制度。由于社会保险由国家强制实施，因此成为劳动合同不可缺少的内容。

第八，劳动保护、劳动条件和职业病危害防护。劳动保护是指用人单位为了防止劳动过程中的安全事故，采取各种措施来保障劳动者的生命安全和健康。国家为了保障劳动者的身体安全和生命健康，通过制定相应的法律和行政法规、规章，规定劳动保护；用人单位也应根据自身的具体情况，规定相应的劳动保护规则，以保证劳动者的健康和安全。

劳动条件主要指用人单位为使劳动者顺利完成劳动合同约定的工作任务，为劳动者提供必要的物质和技术条件，如必要的劳动工具、机械设备、工作场地、劳动经费、辅助人员、技术资料、工具书以及其他一些必不可少的物质、技术条件和其他工作条件。

职业病危害是指用人单位的劳动者在职业活动中，因接触职业性有害因素如粉尘、放射性物质和其他有毒、有害物质等而对生命健康所产生的危害。根据我国现行《职业病防治法》第三十四条的规定，用人单位与劳动者订立劳动合同时，应当将工作过程中可能产生的职业病危害及其后果、职业病防护措施和待遇等如实告知劳动者，并在劳动合同中写明，不得隐瞒或者欺骗。

第九，法律、法规规定应当纳入劳动合同的其他事项。

（2）劳动合同的约定条款。所谓劳动合同的约定条款，是指对于某些事项，法律不做强制性规定，可由当事人根据意愿选择是否在合同中约定的条款，劳动合同缺乏这种条款不影响其效力。劳动合同可以将这种条款作为可备条款。劳动合同的某些重要内容关系到劳动者的切身利益，但这些条款不是在每个劳动合同中都应当具备的，所以法律不能把其作为必备条款，只能在法律中予以特别提示。劳动合同除规定的必备条款外，用人单位与劳动者可以协商约定试用期、服务期、保守商业秘密、补充保险和福利待遇等其他事项。这里所规定的试用期、服务期、保守商业秘密、补充保险和福利待遇都属于法定可备条款。

第一，试用期。试用期是指对新录用的劳动者进行试用的期限。用人单位与劳动者可以在劳动合同中就试用期的期限和试用期期间的工资待遇等事项做出约定，但不得违反法律有关试用期的规定。我国《劳动合同法》第十九条规定，劳动合同期限三个月以上不满一年的，试用期不得超过一个月；劳动合同期限一年以上不满三年的，试用期不得超过二个月；三年以上固定期限和无固定期限的劳动合同，试用期不得超过六个月。同一用人单位与同一劳动者只能约定一次试用期。以完成一定工作任务为期限的劳动合同或者劳动合同期限不满三个月的，不得约定试用期。试用期包含在劳动合同期限内。劳动合同仅约定试用期的，试用期不成立，该期限为劳动合同期限。

第二，服务期。服务期是当事人双方约定的，对劳动者有特殊约束力的，劳动者因获得特殊的劳动条件而应当与用人单位持续劳动关系的年限。用人单位为劳动者提供专项培训费用，对其进行专业技术培训的，可以与该劳动者订立协议，约定服务期。劳动者违反服务期约定的，应当按照约定向用人单位支付违约金。违约金的数额不得超过用人单位提供的培训费用。用人单位要求劳动者支付的违约金不得超过服务期尚未履行部分所应分摊的培训费用。用人单位与劳动者约定服务期的，不影响按照正常的工资调整机制提高劳动者在服务期期间的劳动报酬。

第三，保守商业秘密和竞业限制。商业秘密是不为大众所知悉，能为权利人带来经济利益，具有实用性并经权利人采取保密措施的技术信息和经营信息。在市场经济条件下，用人单位用人和劳动者选择职业都有自主权，有的劳动者因工作需要，了解或掌握了所在用人单位的技术信息或经营信息等资料，用人单位可以在合同中就保守商业秘密的具体内容、方式、时间等与劳动者约定，防止自己的商业秘密被侵占或泄露。用人单位可以通过与员工签订保密协议、脱密期协议或约定竞业限制条款等方式与其约定保密义务。其中竞业限制是指员工在解除或者终止合同后的特定期限内，不得到与本单位生产或者经营同类产品、从事同类业务的有竞争关系的其他用人单位，或者自己开业生产或者经营同类产品、从事同类业务，即限制了员工的自由择业权，对员工从事的行业和工作进行了限制；而原用人单位则需要向员工支付竞业限制的经济补偿。《劳动合同法》规定，竞业限制期限不得超过二年，适用于重要涉密岗位，例如高级管理人员、高级技术人员和其他负有保密义务的人员。劳动者违反竞业限制约定的，应当按照约定向用人单位支付违约金。

第四，补充保险。补充保险是指除国家基本保险外，用人单位根据自己的实际情况为劳动者投保的一种保险。它用来满足劳动者高于基本保险需求的愿望，包括补充医疗保险、补充养老保险等。补充保险的投保依用人单位的经济承受能力而定，由用人单位自愿实行，国家不做强制的统一规定，只要求用人单位内部统一。用人单位必须在参加基本保险并按时足额缴纳基本保险费的前提下，才能实行补充保险。因此，补充保险的事项不作为合同的必备条款，由用人单位与劳动者自行约定。

第五，福利待遇。福利待遇包括住房补贴、通信补贴、交通补贴、子女教育等。不同的用人单位福利待遇有所不同。福利待遇已成为劳动者就业选择的一个重要因素。

鉴于劳动合同种类和当事人的情况非常复杂，法律只能对劳动合同的条款进行概括，无法穷尽劳动合同的所有内容，因此当事人可以根据需要在法律规定的必备条款之外对有关条款做新的补充性约定。

案例 2－1

某公司招聘工程师王某，在录用通知书上注明试用期为六个月，试用期工资为 3 200 元，试用期后工资为 4 000 元。王某入职后，公司没有与其签订劳动合同。五个半月后，公司以试用期不合格为由解除了与王某的劳动关系。王某随后提起劳动仲裁，要求某公司支付未签订劳动合同的双倍工资差额 18 000 元，支付违法解除劳动关系的赔偿金4 000 元，补足工资差额 4 400 元。

最终结果，劳动争议仲裁委员会支持了王某的全部申诉请求。

资料来源：王勤伟．劳动争议实务操作与案例精解．2 版．北京：中国法制出版社，2015.

点评：

首先，某公司在与王某建立劳动关系后，不与王某签订劳动合同，我国《劳动合同法》中明确规定，用人单位与劳动者已经建立劳动关系，未同时订立书面劳动合同的，应当自用工之日起一个月内订立书面劳动合同。该公司显然违反了上述规定。并且，用人单位自用工之日起超过一个月不满一年未与劳动者订立书面劳动合同的，应当向劳动者每月支付二倍的工资。

其次，该公司只在录用通知书上与王某约定六个月的试用期，并未与其签订劳动合同，所以该试用期不成立，王某已工作的五个半月的劳动报酬应当按照试用期满后的工资支付。

最后，该公司以试用期不合格为由，单方解除与王某的劳动关系，缺乏相应证据，系违法解除劳动关系。根据我国《劳动合同法》的相关规定，该公司应按照经济补偿标准的二倍向劳动者支付赔偿金。

第 2 节　劳动合同的订立和续订

一、劳动合同的订立原则

劳动合同的订立，应遵循以下原则。

（一）合法原则

合法是劳动合同有效的前提条件。所谓合法，就是劳动合同的形式和内容必须符合现行法律法规的规定。一是劳动合同的形式要合法，如除一些非全日制用工外，劳动合同需要以书面形式订立。如果是口头合同，当双方发生争议，法律不承认其效力，用人单位要承担不订立书面合同的法律后果。二是劳动合同的内容要合法。如果劳动合同的内容违法，劳动合同不仅不受法律保护，当事人还要承担相应的法律责任。

（二）公平原则

公平原则是指劳动合同的内容应当公平、合理。在符合现行法律法规的规定的前提下，劳动合同双方公正、合理地确立双方的权利和义务。有些合同内容，相关劳动法律法规往往只规定了一个最低标准，在此基础上双方自愿达成协议，就是合法的，但有时合法的未必公平、合理。还应注意的是用人单位不能滥用优势地位，迫使劳动者订立不公平的合同或接受一些霸王条款。

（三）平等原则

平等原则就是劳动者和用人单位在订立劳动合同时在法律地位上是平等的，没有高低、从属之分，不存在命令和服从、管理和被管理关系。只有地位平等，双方才能自由表达真实的意思。当然，在订立劳动合同后，劳动者成为用人单位的一员，受用人单位的管理，处于被管理者的地位。这里讲的平等，是法律上的平等或形式上的平等。在劳动力供大于求的形势下，多数劳动者和用人单位的地位实际上做不到平等，这就要求用人单位要坚持依法和自律的原则，在订立劳动合同时不附加不平等的条件。

（四）自愿原则

自愿原则是指订立的劳动合同完全是出于劳动者和用人单位双方的真实意志，是双方协商一致达成的，任何一方不得把自己的意志强加给另一方。是否订立合同、与谁订立合同以及合同的内容都要本着双方自愿约定等原则。根据自愿原则，任何单位和个人不得强迫劳动者订立劳动合同。

（五）协商一致原则

协商一致原则就是用人单位和劳动者要对合同的内容达成一致意见，一方不能凌驾于另一方之上，不得把自己的意志强加给对方，也不能强令、胁迫对方订立劳动合同。在订立劳动合同时，用人单位和劳动者都要仔细研究合同的每项内容，进行充分的沟通和协商，解决分歧，达成一致意见。只有劳动合同体现双方的真实意志，双方才能忠实地按照约定履行合同。现实中劳动合同往往由用人单位提供格式合同文本，劳动者只需要签字就可以了。格式合同文本对用人单位的权利规定得较多，比较清楚，对劳动者的权利规定得较少，有些模糊。因此，在使用格式合同时，劳动者要认真研究合同条文，并就某些约定条款与用人单位具体磋商。

（六）诚实信用原则

在订立劳动合同时要诚实，讲信用。在订立劳动合同时，双方都不得隐瞒真实情况，更不容许有欺诈行为。用人单位招用劳动者时，应当如实告知劳动者工作内容、工作条件、工作地点、职业病危害、安全生产状况、劳动报酬以及劳动者要求了解的其他情况；用人单位有权了解劳动者与劳动合同直接相关的基本情况，劳动者应当如实说明。

二、劳动合同的订立程序

劳动合同订立程序和其他合同订立程序的主要区别在于，劳动合同的被要约方在开始时是不确定的，需要首先确定被要约方，即确定与用人单位签订劳动合同的劳动者才能完成要约承诺的全过程。确定要约人是人力资源招聘甄选录用程序的连续环节之一。劳动合同的订立程序如图 2-1 所示。

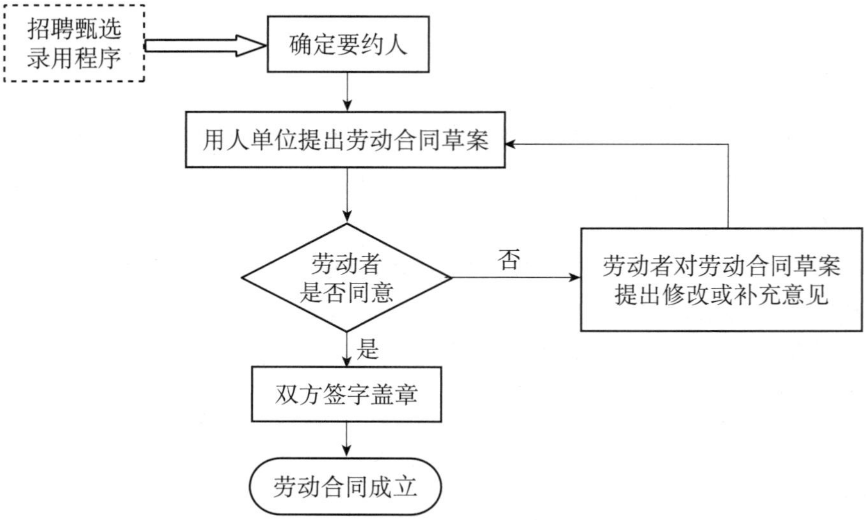

图 2-1　劳动合同的订立程序

劳动合同签订的一般规则是，用人单位提出劳动合同草案，劳动者如果完全同意，即视为承诺；如果劳动者对劳动合同草案提出修改或补充意见，双方要经过新的要约——再要约，就劳动合同的内容反复协商，直至最终达成一致协议。经协商，就劳动合同的内容取得一致意见后，双方签名、盖章，劳动合同成立。

三、劳动合同的续订

（一）续订条件

劳动合同期满，如果双方协商一致，可以续订劳动合同。续订劳动合同，双方可以就劳动合同的具体内容和条款重新进行协商，也可以在不改变上期劳动合同的内容的情况下进行续订。续订劳动合同不得约定试用期。

（二）续订程序

一般的劳动合同续订的程序如下。

1. 用人单位发出续订意向

用人单位根据考核情况，在劳动合同到期前做出续订合同与否的决策。如果续订合同，应该在合同到期前 30～60 天时间里向劳动者发出“劳动合同续订意向书”；对一些关键岗位的员工，应该在合同到期前更长的时间里提前发出续订意向书。

2. 员工做出续订决定

员工收到用人单位的续订意向书后，决定是否与其续订劳动合同。如果同意续订，则在“劳动合同续订意向书”的回执上签署“同意续签”的意见后反馈给人力资源部门。

3. 双方协商后签订

劳动者与用人单位双方重新对合同的内容、条款进行考虑或协商，达成一致意见后，双方签字、盖章，合同成立，续订程序结束。

（三）劳动合同与录用程序中其他相关文本文件的区别

在企业人力资源录用实践中，有时会用到录用通知、就业协议书、员工手册等文本文件，这些文件与劳动合同有密切关系，但是并不能替代劳动合同。

1. 录用通知与劳动合同

很多用人单位在录用员工的实践中使用录用通知（offer letter），也可以称为录用信、邀请函、录用意向书等。“offer”的含义是要约——希望与他人订立合同。因此，录用通知一旦发出，就对用人单位产生法律约束。

但是录用通知不等同于劳动合同，不能替代劳动合同。在劳动者没有选择接受之前，它对用人单位构成单方约束力，而劳动合同是用人单位和劳动者的双方协议。录用通知包含了劳动合同的部分内容，双方应当按照录用通知的内容签订劳动合同，但也可以在协商一致的基础上修改或变更。在劳动合同签订后，用人单位可以选择使录用通知失效，或将其作为劳动合同的附件继续有效。但录用通知与劳动合同有不一致的情形时，必须使录用通知失效。

从发出录用通知到签订劳动合同之间存在时间差，这段时间里劳动关系建立与否，取决于劳动者的意志。因此在书写录用通知时，应特别注意一些细节。例如，除可将劳动合同的一些关键条款（如薪酬、福利、岗位、职责等）写入外，还可以附解除条件，如回复期限、劳动者提供的资格证明文件真实性、能够提供办理用工手续的有效文件等。这样，如果企业在签订劳动合同前，发现有符合解除条件的情况，可以及时终止建立劳动关系。在签订劳动合同后，如果试用期内发现此类情况，也可以作为不符合录用条件的情况处理。[①] 有些企业在续签劳动合同时，为了表示程序的正规性，为合同即将到期的员工重发录用通知，这会使续签合同流程烦琐，没有必要。

2. 就业协议书与劳动合同

就业协议书是针对应届毕业生初次就业的协议，是由学校作为见证，毕业生与用人单位签订的一份意向性协议。就业协议书与劳动合同在主体、内容、签订时间、目的、

① 韩智力．员工关系管理：案例、诊断、解决方案．广州：广东经济出版社，2007.

适用法律等方面不同[①]，不能视为正式的劳动合同。

（1）主体不同。就业协议书适用于应届毕业生与用人单位、学校三方之间，学校是就业协议的见证方或签约方；劳动合同只适用于劳动者（含应届毕业生）与用人单位之间，与学校无关。

（2）内容不同。毕业生就业协议书的内容主要是毕业生如实介绍自身情况，并表示愿意到用人单位就业；用人单位表示愿意接受毕业生；学校同意推荐毕业生并列入就业方案，而不涉及毕业生到用人单位报到后应享有的权利和承担的义务。劳动合同的内容涉及劳动报酬、劳动保护、工作内容、劳动纪律等方面，劳动的权利和义务规定具体、明确。

（3）签订时间不同。一般来说，就业协议书在毕业生就业之前签订，而劳动合同往往在毕业生到用人单位报到后签订。

（4）目的不同。就业协议书是毕业生和用人单位关于将来就业意向的初步约定，是对双方的基本条件以及即将签订的劳动合同的部分内容的大体认可，是高校编制毕业生就业方案和将来毕业生与用人单位双方订立劳动合同的依据。

（5）适用法律不同。毕业生和用人单位如果因就业协议书的内容发生争议，除根据协议本身内容外，主要依据现有的毕业生就业政策和法律对合同的一般规定加以解决；双方如果因劳动合同的内容发生争议，应依据《劳动合同法》来处理。

（6）效力不同。就业协议书只是毕业生在“择业”过程中签订的协议，其效力始于签订之日，终于毕业生与用人单位签订劳动合同之时。劳动合同的有效期是劳动者与用人单位以合同方式确定的，除法律规定的情形外，双方不得随意变更、中止。对毕业生来说，到用人单位报到后，在双方签订劳动合同之后，原就业协议书随之失效。从这点来看，就业协议书不能替代劳动合同。

3. 员工手册与劳动合同

员工手册是用人单位向劳动者告知重要的规章制度的形式之一。员工手册的内容一般包括劳动合同管理、工资管理、社会保险、福利待遇、工时休假、劳动纪律以及其他劳动管理规定和流程等。

有的用人单位将重要的规章制度作为劳动合同的一部分，因此有时把员工手册作为劳动合同的附件。在这种情况下，用人单位需要注意，员工手册或规章制度如有修订，应该公示并告知员工，保证作为劳动合同附件的员工手册是修订后的有效版本。

四、无效劳动合同的确认和处理

（一）无效劳动合同的确认

无效劳动合同是指由当事人签订成立而国家不予承认其法律效力的劳动合同。一般合同一旦依法成立，就具有法律约束力；无效合同即使成立，也不具有法律约束力，不发生履行效力。导致劳动合同无效的原因有以下几种。

---

① 韩智力．员工关系管理：案例、诊断、解决方案．广州：广东经济出版社，2007.

1. 违法订立

劳动合同因违反国家法律、行政法规的强制性规定而无效。包括：

（1）用人单位和劳动者中的一方或者双方不具备订立劳动合同的法定资格。

（2）劳动合同的内容直接违反法律法规的规定。

（3）劳动合同因损害国家利益和社会公共利益而无效。主要指与国家制定的关于劳动者最基本劳动条件的法律法规，包括最低工资法、工作时间法、劳动安全与职业卫生法等相违背。

2. 欺诈和威胁订立

劳动合同因当事人采取欺诈、威胁等手段订立而无效。

欺诈是指一方当事人故意制造假象或隐瞒事实真相，欺骗对方，诱使对方形成错误认识而与之订立劳动合同。欺诈的种类很多，包括：

（1）在没有履行能力的情况下签订合同。如根据《劳动法》的规定，从事特种作业的劳动者必须经过专门培训并取得特种作业资格。如果应聘者没有这种资格，提供了假的资格证书，就构成了欺诈。

（2）一方当事人负有义务向对方如实告知某种真实情况而故意不告知。

威胁是指一方当事人以将要发生的损害或者以直接实施损害相威胁，迫使对方处于恐怖或者其他被胁迫的状态而签订劳动合同。威胁可能涉及对生命、身体、财产、名誉、自由及健康等方面的危害。

案例 2-2

张某通过严格的应聘程序，被一家大型企业录用，双方签订了为期三年的劳动合同。合同履行一年多后，企业发现张某在应聘时使用了假文凭，因此辞退张某。张某不服，他觉得自己虽然是一个专科生，但实际能力并不差，在试用期间受到领导的多次表扬就是一个明证。让张某疑惑的是，自己完全能够胜任工作，而且双方签订了劳动合同，难道就因为使用了假文凭，用人单位就可以随时解除劳动合同吗？

点评：

《劳动法》第十八条规定，采取欺诈、威胁等手段订立的劳动合同无效。无效的劳动合同，从订立的时候起，就没有法律约束力。《关于〈中华人民共和国劳动法〉若干条文的说明》第十八条对劳动合同中的欺诈作了如下定义：“欺诈”是指：一方当事人故意告知对方当事人虚假的情况，或者故意隐瞒真实的情况，诱使对方当事人做出错误意思表示的行为。《劳动合同法》规定，用人单位有权了解劳动者与劳动合同直接相关的基本情况，即与劳动合同履行存在实质性关联的事项，包括劳动者个人身份信息及反映劳动者工作能力、技术熟练程度的工作履历、资格证书或健康资料等。劳动者应当按照用人单位的要求，如实说明与劳动合同直接相关的就业现状、健康状况、竞业限制等情况，如实提供自己的居民身份、学历、工作经历、职业技能等证明。但婚姻、生育状况通常与劳动合同的履行没有必然关系，属个人隐私。

本案例中，用人单位在认为应聘者确实有该文凭的情况下，才做出了录用决定。应聘者故意隐瞒真实情况的行为使单位做出了违背其意愿的错误表示。因此，张某在应聘过程中的做法是欺诈行为。当用人单位发现员工因使用假文凭而受聘，同时又不能容忍这种欺诈行为时，可以以合同一开始就无效为由解除与该员工的劳动关系，并无须支付任何补偿。

案例2-3

2012年，王女士到一家培训中心应聘。由于担心单位会在录用时对未生育的妇女差别对待，王女士在填写求职登记表时，将婚育状态一栏填写为“已婚已育”，并虚报了子女信息。经过几轮面试，王女士顺利入职培训中心，并签订为期两年的劳动合同。此后，王女士的工作表现一直不错，工作能力也得到单位认可。直到2013年2月，王女士经医院检查后被诊断为怀孕，遂将这一情况告知单位。培训中心得知情况后，虽然强调是否生育与王女士竞聘的岗位无关，但仍以王女士虚报个人资料为由，与其解除劳动合同。

点评：

本案例中，培训中心已明确表示王女士生育的情况与是否录用无关，因此可以认定单位并非相信已生育的虚假陈述而与其签订劳动合同。故王女士因就业压力虚报个人生育状况不应被认定为欺诈，培训中心也就无权据此解除劳动合同。

---

3. 霸王条款式合同

用人单位免除自己的法定责任、排除劳动者权利的劳动合同无效。通常表现为，劳动合同简单化，法定条款缺失，或仅规定劳动者的义务，有的甚至规定“生老病死都与企业无关”“用人单位有权根据生产经营变化及劳动者的工作情况调整其工作岗位，劳动者必须服从单位的安排”等霸王条款。

劳动合同是否有效，由劳动争议仲裁委员会或者人民法院确认，其他任何部门或者个人都无权认定。

（二）无效劳动合同的处理

无效的劳动合同从订立的时候起就没有法律效力。确认劳动合同部分无效的，如果不影响其余部分的效力，其余部分仍然有效。劳动合同双方当事人对劳动合同法律效力发生争议时，应由劳动争议仲裁委员会或人民法院确认。劳动合同被确认为无效后，应及时处理。

1. 确认全部无效还是部分无效

对于全部无效的劳动合同，制作无效劳动合同确认书，终止仲裁审理程序；对于部分无效的劳动合同，以裁定方式终止仲裁程序，有效部分按仲裁程序审理。

2. 分清造成无效的责任

对无效劳动合同造成的损失，应分清责任轻重，分别采取返还财产、赔偿损失的责任处理方式。劳动合同被确认为无效后，劳动者已经履行劳动合同的，用人单位应当支付相应的劳动报酬，提供相应的待遇。劳动报酬的数额参考用人单位同类岗位劳动者的劳动报酬确定，用人单位无同类岗位的，按照本单位员工平均工资确定。

因用人单位的过错导致劳动合同无效的，不仅要求用人单位支付劳动报酬、社会保险、经济补偿以及其他劳动者应享受的待遇，同时还要对其给予相应的制裁。在合同被确认无效后，如果因为劳动者的过错导致劳动合同的无效而给用人单位造成损失的，劳动者应当赔偿用人单位的财产损失。

3. 重建有效合同

在法律允许和当事人愿意的情况下，双方可以重新建立合法有效的劳动合同关系。

若劳动合同全部无效，应采取撤销合同的处理方式。全部无效的劳动合同是国家不予以承认和保护的，应通过撤销合同来消灭依据该合同而产生的劳动关系，即劳动合同整体被确认无效。如正在履行的合同，要停止履行。对于已履行的部分，劳动者付出了劳动的，用人单位应当向劳动者支付相应的劳动报酬。劳动报酬的支付，参照本单位相同或相似岗位劳动者的劳动报酬，按照同工同酬的原则确定。劳动合同全部无效而用人单位对此有过错的，如果当事人双方都具备主体资格，劳动者要求订立劳动合同的，在撤销无效的劳动合同的同时，用人单位应当与劳动者依法订立劳动合同。

若劳动合同部分无效，不影响其他部分的效力，其他部分仍然有效，则应该修改劳动合同。修改劳动合同的处理，适用于被确认部分无效的劳动合同及程序不合法而无效的劳动合同。劳动合同中的某项条款被确认无效，该项条款不得执行；应依法予以修改。修改后的合法条款应具有溯及力，溯及该合同生效之时。

五、无固定期限劳动合同的签订

（一）签订原则

1. 用人单位与劳动者协商一致

在用人单位与劳动者协商一致的基础上，可以订立无固定期限劳动合同。这是指在遵循平等自愿、协商一致的原则下，只要用人单位与劳动者协商一致，没有采取胁迫、欺诈、隐瞒事实等非法手段，符合法律的有关规定，就可以订立无固定期限劳动合同。

2. 符合法律规定

在法律规定的情形出现时，劳动者提出或者同意续订劳动合同的，应当订立无固定期限劳动合同。

（二）签订条件

按照我国现行《劳动合同法》，在以下三种情形下，如果劳动者主动提出续订劳动合同或者用人单位提出续订劳动合同并且劳动者同意的，除劳动者提出订立固定期限劳动合同外，应当订立无固定期限劳动合同。

（1）劳动者在该用人单位连续工作满十年的。

（2）用人单位初次实行劳动合同制度或者国有企业改制重新订立劳动合同时，劳动者在该用人单位连续工作满十年且距法定退休年龄不足十年的。

（3）连续订立二次固定期限劳动合同，且劳动者没有《劳动合同法》第三十九条和第四十条第一项、第二项规定的情形，续订劳动合同的。

除了以上情形，还有一种视为无固定期限劳动合同的情形，即用人单位自用工之日起满一年不与劳动者订立书面劳动合同的，视为用人单位与劳动者已订立无固定期限劳动合同。需要注意的是，虽然已经视为用人单位与劳动者订立了无固定期限劳动合同，但并不代表用人单位已经与劳动者签订了劳动合同。这是《劳动合同法》对用人单位怠于签订劳动合同的情况所做的处罚性规定。

劳动合同订立后，用人单位和劳动者应该全面履行劳动合同。用人单位变更名称、法定代表人、主要负责人或者投资人等事项，不影响劳动合同的效力，劳动合同应当继续履行。用人单位发生合并或者分立等情况，原劳动合同继续有效，劳动合同由承继其权利和义务的用人单位继续履行。

案例 2-4

2009 年 11 月 15 日，上海某跨国公司开始到全国各地高校进行校园招聘。三天后，南京某高校的大四学生孙某与该公司签订了三方就业协议，该三方就业协议明确约定，该学生毕业后到上海总公司或其在苏州的子公司工作，否则需要承担相应的违约金。2010 年 6 月 20 日，孙某毕业离校，该公司告知其到上海总公司报到，进行专业技术学习，一个月后派往苏州子公司正式上班。2010 年 6 月 25 日，孙某抵达上海向该跨国公司报到，在结束一个月的专业技术学习后，于同年 7 月 25 日前往苏州子公司上班。2010 年 8 月 15 日，苏州子公司与孙某签订了为期三年的书面劳动合同，合同约定的起止时间为 2010 年 8 月 15 日至 2013 年 8 月 14 日。那么，孙某与该公司的劳动关系于何时建立？孙某是与哪一家企业（总公司、子公司）建立的劳动关系？

资料来源：王勤伟．劳动争议实务操作与案例精解．2 版．北京：中国法制出版社，2015.

点评：

《劳动合同法》第七条规定，用人单位自用工之日起即与劳动者建立劳动关系。用工之日，一般是指劳动者开始向用人单位提供劳动的时间。入职报到通常被认为是开始提供劳动的起点，也因而被认为是建立劳动关系的时间，即用工之日。2009 年 11 月签订三方协议，只是用人单位与劳动者就此后双方建立劳动关系约定责任，况且尚未毕业的在校大学生并不具备劳动合同主体资格，因此三方协议签订并不意味着用工开始。至于 2010 年 8 月劳动合同订立，只能说劳动关系得到了书面上的确认，并不意味着劳动关系从劳动合同订立之日起即存在。

通常认为，关联企业之间劳动关系识别应该区别于一般企业，孙某到上海总公司报到的时候就已经知道自己以后的工作地点在苏州子公司，在上海只是进行前置性的专业技术学习，但专业技术学习本身就是履行劳动义务的行为。因此，2010 年 6 月 25 日孙某到上海总公司报到入职的时间就是用工之日，也即他与苏州子公司建立劳动关系的时间。

第 3 节　劳动合同的变更、终止和解除

劳动合同的变更、终止和解除也是劳动合同管理的重要内容。根据我国现行的《劳

动合同法》，劳动合同的变更、终止和解除管理有以下规定。

一、劳动合同的变更

（一）劳动合同变更的含义和性质

劳动合同的变更是指劳动合同依法订立后，在合同尚未履行或者尚未履行完毕之前，经用人单位和劳动者双方当事人协商同意，对劳动合同内容做部分修改、补充或者删减的法律行为。劳动合同的变更是原劳动合同的派生，是对双方已存在的劳动权利和义务关系的发展。

劳动合同的变更是在原劳动合同的基础上对其内容做部分修改、补充或者删减，而不是签订新的劳动合同。原劳动合同未变更的部分仍然有效，变更后的内容就取代了原劳动合同的相关内容，新达成的变更协议条款与原劳动合同中其他条款具有同等法律效力，对双方当事人都有约束力。

（二）劳动合同变更的情形

1. 契约双方协商一致

一般情况下，只要用人单位与劳动者协商一致，就可变更劳动合同约定的内容。在变更劳动合同时，用人单位和劳动者之间应当采取自愿协商的方式，不允许合同的一方当事人未经协商单方变更劳动合同。如果在协商过程中有任何一方当事人不同意所要变更的内容，则该部分内容的合同变更不能成立，原有的合同依然具有法律效力。在变更过程中，双方还必须遵循与订立劳动合同时同样的原则，即合法、公平、平等、自愿、协商一致、诚实信用。

2. 客观情况发生重大变化

劳动合同订立时所依据的客观情况发生重大变化，致使劳动合同无法履行，是劳动合同变更的一个重要事由。所谓劳动合同订立时所依据的客观情况发生重大变化，主要是指：

（1）订立劳动合同所依据的法律法规已经修改或者废止。

（2）用人单位方面的原因。用人单位经上级主管部门批准或者根据市场变化决定转产、调整生产任务或者生产经营项目等。

（3）劳动者方面的原因。如劳动者的身体健康状况发生变化、劳动能力部分丧失、所在岗位与其职业技能不相适应、职业技能提高了一定等级等，造成原劳动合同不能履行，或者如果继续履行原合同规定的义务对劳动者存在明显不公平的情况等。

（4）客观方面的原因。主要有：由于不可抗力的发生，原劳动合同的履行成为不可能或者失去意义；由于物价大幅上涨等客观经济情况变化，劳动合同的履行会花费太大代价而失去经济上的价值；等等。这些客观原因的出现使得当事人原来在劳动合同中约定的权利和义务的履行成为不必要或者不可能。

（三）劳动合同变更时应注意的问题

1. 有效时间

劳动合同的变更必须在劳动合同依法订立之后，在合同没有履行或者尚未履行完毕之前的有效时间内，即劳动合同双方当事人已经存在劳动合同关系的情况下进行。如果劳动合同尚未订立或者已经履行完毕，则不存在劳动合同的变更问题。

2. 双方变更

劳动合同允许变更，但不允许单方变更，任何单方变更劳动合同的行为都是无效的。

3. 合法合规

用人单位和劳动者约定的劳动合同的变更内容必须符合国家法律法规的相关规定。

4. 书面形式

变更劳动合同必须采用书面形式。劳动合同双方当事人经协商后对劳动合同中约定内容的变更达成一致意见时，必须订立变更劳动合同的书面协议，任何口头形式达成的变更协议都是无效的。劳动合同变更的书面协议应当指明对劳动合同的哪些条款做出变更，并应明确劳动合同变更协议的生效日期，书面协议经用人单位和劳动者双方当事人签字盖章后生效，以免双方当事人因劳动合同的变更问题而产生争议。

5. 及时变更

劳动合同的变更要及时进行。提出变更劳动合同的主体可以是用人单位，也可以是劳动者，无论是哪一方要求变更劳动合同，都应当及时向对方提出变更劳动合同的要求，说明变更劳动合同的理由、内容和条件等。如果应该变更的劳动合同内容没有及时变更，原订立的条款继续有效，往往会使劳动合同不适应变化了的新情况，从而引起不必要的争议。一方当事人得知对方变更劳动合同的要求后，应在对方规定的合理期限内及时做出答复，不得对对方提出的变更要求置之不理。

（四）劳动合同变更的程序

劳动合同一方当事人要求变更劳动合同相关内容的，应当将变更要求以书面形式送达对方，对方应在规定的合理期限内及时做出答复，逾期不答复的，视为不同意变更劳动合同。劳动合同变更的具体程序如下。

1. 一方当事人以书面形式提出申请

首先由劳动合同的一方以书面形式提出劳动合同变更要求，另一方在规定的期限内予以答复。

2. 双方签订变更协议

合同双方签订变更协议后，变更后的劳动合同方能生效。

3. 合同文本保存

变更后的劳动合同文本由用人单位和劳动者各执一份。

二、劳动合同的终止

劳动合同的终止是指劳动合同履行完毕或者出现法定劳动合同终止条件，双方当事人结束劳动关系的行为。

（一）劳动合同终止的情形

有下列情形之一的，劳动合同终止：

（1）劳动者和用人单位间签订的劳动合同的权利和义务履行完毕，劳动合同期满。固定期限的劳动合同有明确的起始和终止时间，终止时间到了，劳动合同就可以终止。以完成一定工作任务为期限的劳动合同，工作任务的结束之日，便是劳动合同的终止之日。但值得注意的是，在实践中，劳动合同的终止会涉及劳动合同的续签问题等。

（2）劳动者主体资格灭失情形。主要包括两类：第一类是劳动者开始依法享受基本养老保险待遇的；第二类是劳动者死亡，或者被人民法院宣告死亡或者宣告失踪的。由于劳动者主体资格灭失，形成劳动关系的劳动者主体一方缺失，自然劳动合同不具备继续履行的条件，劳动合同终止。

（3）用人单位主体资格灭失情形。主要包括两类：第一类是用人单位被依法宣告破产的；第二类是用人单位被吊销营业执照、责令关闭、撤销或者用人单位决定提前解散的。由于用人单位主体资格灭失，劳动合同不具备继续履行的条件，继而劳动合同终止。在该情形下，由于劳动者自身并不存在过失，依据这一项终止劳动合同的，用人单位应当向劳动者支付经济补偿。

（4）法律、行政法规规定的其他情形。

案例 2-5

××公司在劳动合同中约定："每年甲方（用人单位）有两次民主评议，如乙方（劳动者）两次评议均未通过（通过的标准为 80 分）则被淘汰，合同即终止，甲方无须向乙方支付任何费用。"该公司以李某某经民主评议而被淘汰为由终止劳动合同。

点评：

《中华人民共和国劳动合同法实施条例》（以下简称《劳动合同法实施条例》）第十三条明确规定："用人单位与劳动者不得在劳动合同法第四十四条规定的劳动合同终止情形之外约定其他的劳动合同终止条件。"案例中该公司的规定违反了《劳动合同法实施条例》第十三条的禁止性规定，应属无效。故该劳动合同终止事由没有法律依据，属于用人单位违法解除劳动合同，依据《劳动合同法》第八十七条规定，应向李某某支付赔偿金。

（二）劳动合同逾期终止的情形

劳动合同逾期终止是指劳动合同期满，但因一些规定情形的出现，导致劳动合同应当续延至相应的情形消失时终止。主要包括如下情形：

（1）从事接触职业病危害作业的劳动者未进行离岗前职业健康检查，或者疑似职业病病人在诊断或者医学观察期间的。经职业健康检查后未发现职业病或诊断后治愈的或观察期满排除职业病的，才可以终止劳动合同。

（2）在本单位患职业病或者因工负伤并被确认丧失或者部分丧失劳动能力的。丧失或者部分丧失劳动能力劳动者的劳动合同的终止，受劳动能力丧失的程度影响，需按照国家有关工伤保险的规定执行。劳动者因工致残被鉴定为一级至四级伤残的，用工单位不得终止劳动合同，直至劳动者达到退休年龄。被鉴定为五级、六级伤残的，经工伤职工本人提出，并由工伤保险基金支付一次性工伤医疗补助金，由用人单位支付一次性伤残就业补助金后，该职工可以与用人单位解除或者终止劳动合同，但如果工伤职工本人没有提出，不管其劳动能力是否恢复，劳动合同不得终止。被鉴定为七级至十级伤残的，劳动合同期满可终止，但由工伤保险基金支付一次性工伤医疗补助金，由用人单位支付一次性伤残就业补助金。

（3）患病或者非因工负伤，在规定的医疗期内的，女职工在孕期、产期、哺乳期的，劳动合同期限届满时，企业不得终止劳动合同。劳动合同的期限应自动延续至医疗期、孕期、产期、哺乳期期满为止。

（4）在本单位连续工作满十五年，且距法定退休年龄不足五年的，劳动关系保留到劳动者退休。

（5）员工在基层工会任职或作为职工协商代表期间，劳动合同期满，不能立即终止。基层工会专职主席、副主席或者委员自任职之日起，其劳动合同期限自动延长，延长期限相当于其任职期间；非专职主席、副主席或委员自任职之日起，其尚未履行的劳动合同期限短于任期的，劳动合同期限自动延长至任期期满（任职期间个人严重过失或达到法定退休年龄的除外）。参与集体协商签订集体合同的职工协商代表在任期内，劳动合同期满的，企业原则上应当与其续签劳动合同至任期届满。职工代表的任期与当期集体合同的期限相同。

（6）法律、行政法规规定的其他情形。

（三）劳动合同终止的程序

1. 提前预告

劳动合同期满前，如果企业一方不再希望与员工续订劳动合同，应当提前按照相应的法律规定，将“终止劳动合同意向书”送达员工；如果企业希望续订而员工一方不再希望与企业续订劳动合同，则员工应在人力资源部门出具的“续订劳动合同意向书”的回执联上签署“不同意续订，到期终止”并反馈给人力资源部门，以便员工和企业为后续相关事宜进行准备工作。

2. 出具书面通知书

法定的劳动合同终止的情形出现，或者劳动合同终止的约定条件出现，则人力资源部门向员工出具“终止劳动合同通知书”。

3. 规定期限内办理手续

企业与员工应该在终止劳动合同 7 日内办理离职相关手续。如果是企业一方不愿意续订而终止劳动合同，或者是由于用人单位出现被依法宣告破产、用人单位被吊销营业执照、责令关闭、撤销或用人单位决定提前解散等情况而终止劳动合同，企业需要向员工支付经济补偿。

4. 出具终止合同证明

在离职相关手续办理完后，企业人力资源部门为员工出具"终止劳动合同证明"，通常称为离职证明。离职证明中应当写明劳动合同期限、解除或者终止劳动合同的日期、工作岗位、在本单位的工作年限等信息。值得注意的是，依照相关法规，该证明应符合不损害员工利益原则，而且必须经过员工本人许可，不能随意添加其他内容。否则，离职员工可以拒绝接受，并要求公司依法重新开具。对于签订了保密协议和竞业限制协议的员工，应当在离职证明中注明，以便新用人单位能够清楚地了解到这方面的信息，规避由此引发的劳动纠纷。

案例 2－6

周某原是一家销售公司的客户经理，由于个人原因从该公司辞职，但是公司认为他辞职后会带走大量客户信息，因此不同意其辞职并拒绝为他开具离职证明。后来周某向劳动保障监察部门投诉后，公司才为他开具离职证明。但是在离职证明上，该公司写了一些对周某不利的事项。公司的这种做法对吗？

点评：

《劳动合同法》第五十条规定："用人单位应当在解除或者终止劳动合同时出具解除或者终止劳动合同的证明，并在十五日内为劳动者办理档案和社会保险关系转移手续。"根据法律规定，为劳动者出具离职证明，是用人单位的法定义务。如果因为用人单位没有出具而给员工造成损失的，就要承担赔偿责任。因此，该公司应依法及时为周某开具离职证明。

《劳动合同法实施条例》第二十四条规定："用人单位出具的解除、终止劳动合同的证明，应当写明劳动合同期限、解除或者终止劳动合同的日期、工作岗位、在本单位的工作年限。"除这四个"必备条款"，用人单位如果增加另外的内容，导致劳动者名誉和其他合法权益受损，也将面临法律风险。

三、劳动合同的解除

在劳动合同履行过程中，可能会出现劳动合同未到期，当事人双方或单方提前终止劳动合同效力的法律行为。劳动合同的解除分为双方协商解除、用人单位单方面解除、劳动者单方面解除等几种情况。

（一）双方协商解除劳动合同

劳动合同的协商解除是指用人单位与劳动者在完全自愿的情况下，互相协商，在彼此达成一致意见的基础上提前终止劳动合同的效力。在劳动合同履行的过程中，如果未发生特殊情况，但双方认为继续履行劳动合同已经没有必要时，可以在协商一致的情况下解除劳动合同，这是契约自由原则在劳动关系调整中的具体体现。协商解除具有以下特点。

1. 平等解除的请求权

双方当事人具有平等解除合同的请求权，即员工和企业都可主动向对方提出解除劳动合同的请求。

2. 协商一致后解除

必须经双方当事人平等自愿协商一致达成协议，才能解除合同，任何一方不能将自己的意志强加给对方。

3. 不受非法条件约束

双方当事人在劳动合同协商解除时不应受任何非法条件的约束，只要不违反法律法规的规定，不损害他人利益即可。协商解除只要达成协议，即可即时解除，无须提前通知。

4. 企业提出要支付经济补偿

关于协商解除劳动合同，如果由企业提出解除劳动合同，须依法向员工支付经济补偿；由员工提出解除劳动合同的，企业则无须支付经济补偿。

（二）用人单位单方面解除劳动合同

1. 过失性解除

过失性解除是指因劳动者的过失而使用人单位单方面解除劳动合同。劳动者有下列情形之一的，用人单位可以解除劳动合同：

（1）在试用期间被证明不符合录用条件的；

（2）严重违反用人单位的规章制度的；

（3）严重失职，营私舞弊，给用人单位的利益造成重大损害的；

（4）劳动者同时与其他用人单位建立劳动关系，对完成本单位的工作任务造成严重影响，或者经用人单位提出，拒不改正的；

（5）因《劳动合同法》第二十六条第一款第一项规定的情形致使劳动合同无效的；

（6）被依法追究刑事责任的。

上述情形是由劳动者本身的原因造成的，用人单位有权随时解除劳动合同。过失性解除，不受提前通知期的限制，不受用人单位不得解除劳动合同的法律限制，不给予经济补偿。

2. 无过失性解除

劳动者有下列情形之一的，用人单位在提前三十日以书面形式通知劳动者本人或者额外支付劳动者一个月工资后，可以解除劳动合同：

（1）劳动者患病或者非因工负伤，在规定的医疗期满后不能从事原工作，也不能从事由用人单位另行安排的工作的；

（2）劳动者不能胜任工作，经过培训或者调整工作岗位，仍不能胜任工作的；

（3）劳动合同订立时所依据的客观情况发生重大变化，致使劳动合同无法履行，经用人单位与劳动者协商，未能就变更劳动合同内容达成协议的。

上述情况下，劳动者主观上并无重大过错，主要是客观情况发生重大变化、劳动者身体不好或者能力较差，致使劳动合同无法履行。用人单位可以解除劳动合同，但要提前三十日以书面形式通知劳动者本人，并受到用人单位不得解除劳动合同的限制，要依法给予劳动者经济补偿。

3. 经济性裁员

根据我国现行的法律，用人单位有下列情形之一，需要裁减人员二十人以上或者裁减不足二十人但占企业职工总数百分之十以上的，用人单位应当提前三十日向工会或者全体职工说明情况，听取工会或者职工的意见后，裁减人员方案经向劳动行政部门报告，可以裁减人员：

（1）依照企业破产法规定进行重整的；

（2）生产经营发生严重困难的；

（3）企业转产、重大技术革新或者经营方式调整，经变更劳动合同后，仍需裁减人员的；

（4）其他因劳动合同订立时所依据的客观经济情况发生重大变化，致使劳动合同无法履行的。

4. 裁员时优先留用人员

裁减人员时，应当优先留用下列劳动者：

（1）与本单位订立较长期限的固定期限劳动合同的；

（2）与本单位订立无固定期限劳动合同的；

（3）家庭无其他就业人员，有需要扶养的老人或者未成年人的。

用人单位在六个月内重新招用人员的，应当通知被裁减的人员，并在同等条件下优先招用被裁减的人员。企业决定实施经济性裁员时，要提前书面通知劳动者，用人单位不得单方面解除合同，并须向劳动者支付经济补偿。

5. 用人单位不得单方面解除劳动合同的情形

劳动者有下列情形之一的，用人单位不得解除劳动合同：

（1）从事接触职业病危害作业的劳动者未进行离岗前职业健康检查，或者疑似职业病病人在诊断或者医学观察期间的；

（2）在本单位患职业病或者因工负伤并被确认丧失或者部分丧失劳动能力的；

（3）患病或者非因工负伤，在规定的医疗期内的；

（4）女职工在孕期、产期、哺乳期的；

（5）在本单位连续工作满十五年，且距法定退休年龄不足五年的；

（6）法律、行政法规规定的其他情形。

（三）劳动者单方面解除劳动合同

为了保障劳动者择业自主权，促进人才合理流动，劳动者可以单方面提前解除劳动合同。

1. 提前通知解除

劳动者提前三十日以书面形式通知用人单位，可以解除劳动合同。劳动者在试用期内提前三日通知用人单位，可以解除劳动合同。提前通知解除劳动合同，必须遵守法定程序，体现在两个方面：

（1）遵守解除预告期。劳动者在享有解除劳动合同自主权的同时，也应当遵守解除合同预告期规定，提前三十日通知用人单位才能有效，即劳动者在书面通知用人单位后还应继续工作至少三十日。这样便于用人单位及时安排人员接替其工作，保持劳动过程的连续性，确保正常的工作秩序，避免因解除劳动合同影响企业的生产经营活动，给用人单位造成不必要的损失。否则，将会构成违法解除劳动合同，可能承担赔偿责任。

（2）书面形式通知用人单位。无论是劳动者还是用人单位，在解除劳动合同时都必须以书面形式告知对方。这一时间的确定直接关系到解除预告期的起算时间，也关系到劳动者的工资等利益，所以必须采用慎重的方式来表达。

在试用期内，劳动者与用人单位的劳动关系处于一种不确定状态，劳动者对是否与用人单位建立正式的劳动关系仍有选择的权利。为此，劳动者在试用期内，发现用人单位的实际情况与订立劳动合同时所介绍的实际情况不相符合，或者发现自己不适于从事该工种工作，以及存在其他不能履行劳动合同的情况，劳动者无须任何理由，可以通知用人单位予以解除劳动合同，但应提前三日通知用人单位，以便用人单位安排人员接替其工作。

2. 即时解除

用人单位有下列情形之一的，劳动者可以随时通知用人单位解除劳动合同：

（1）未按照劳动合同约定提供劳动保护或者劳动条件的；

（2）未及时足额支付劳动报酬的；

（3）未依法为劳动者缴纳社会保险费的；

（4）用人单位的规章制度违反法律、法规的规定，损害劳动者权益的；

（5）订立的劳动合同无效的；

（6）法律、行政法规规定劳动者可以解除劳动合同的其他情形。

用人单位以暴力、威胁或者非法限制人身自由的手段强迫劳动者劳动的，或者用人单位违章指挥、强令冒险作业危及劳动者人身安全的，劳动者可以立即解除劳动合同，不需要事先告知用人单位。

综上，用人单位有过错，或者劳动者的合法权益受到了侵害，法律规定可以随时解除劳动合同，没有时间上的限制。

□关键术语

劳动关系　劳动合同　劳动合同订立　劳动合同变更　劳动合同终止　劳动合同解除

□复习思考题

1. 简述劳动关系、员工关系与劳动合同的关系。
2. 劳动合同的基本特征和种类有哪些？
3. 劳动合同内容界定的劳动者和用人单位的义务主要有哪些？
4. 劳动合同的订立原则是什么？
5. 试分析劳动合同与录用通知、就业协议书、员工手册之间的区别和联系。

6. 你认为劳动合同解除有哪些情形？应关注哪些要点？

□ 案例分析

连签二次劳动合同，必须签无固定期限劳动合同？

王某自 2004 年 8 月来到大祥文化服务公司工作，双方签订了两年期限的劳动合同，2005 年、2007 年双方先后办理了二次续订同期限劳动合同的手续，合同至 2009 年 7 月止。2008 年 5 月，王某被提升为办公室主任，工资提高到 4 500 元/月。2008 年 12 月公司进行年终考核，王某未能通过考核，被定为不能胜任工作。参加公司安排的培训后，2009 年 2 月王某重新上岗。没过多久，王某在公司进行的半年度考核中再次被定为不能胜任工作。公司考虑到王某是老员工，且在工作期间未出现违纪行为，便没有做出解除劳动合同的决定。

2009 年 6 月底，该文化服务公司提前 30 天向王某发出了终止劳动合同告知书，通知王某与公司签订的劳动合同于 2009 年 7 月 31 日期满终止不再续订，并要求王某按期办理工作交接手续，领取两个月工资的经济补偿。王某随即以连续二次续订为由提出续订无固定期限劳动合同。在遭到公司拒绝后，王某向劳动争议仲裁委员会提请仲裁，要求恢复劳动关系，签订无固定期限劳动合同。

仲裁结果是，大祥文化服务公司终止劳动合同的行为符合法律规定，劳动争议仲裁委员会最终裁决，驳回了王某的请求。

案例焦点之一：准确认识“连读订立二次”的起算时间

《劳动合同法》第九十七条规定：“本法第十四条第二款第三项规定连续订立固定期限劳动合同的次数，自本法施行后续订固定期限劳动合同时开始计算。”本案中的王某虽然在 2005 年、2007 年连续二次办理了续订劳动合同手续，但并不符合《劳动合同法》中规定的计次时间，这也是劳动争议仲裁委员会驳回王某要求签订无固定期限劳动合同的原因所在。

“连续订立二次固定期限劳动合同，就应签订无固定期限劳动合同”早已是老生常谈，目前大多数企业人力资源管理工作者对“连续二次订立”的起算时间都有了深刻的认识。但由于劳动者的维权意识持续高涨，盲目提请劳动争议仲裁的事件仍然屡有发生，这也给企业带来了不少麻烦与困扰，不但大大增加了企业人力资源部门的工作量，而且提高了企业劳动争议的发生率，给企业声誉带来了损失。所以，各企业在用工的同时，也应当注意对员工有选择性地加强劳动法律宣传与解读。

案例焦点之二：符合法定起算时间，就必须签订无固定期限劳动合同吗？

企业大可不必过于惧怕签订无固定期限劳动合同。根据《劳动合同法》第十四条第三款，如果劳动者有该法第三十九条和第四十条第一项、第二项规定的情形的，即使已经是连续订立二次固定期限的劳动合同，也可以不签订无固定期限劳动合同。所以，在本案中，王某被文化服务公司考核评定为不能胜任工作，经过培训后，仍不能胜任工作的情况，也是不符合订立无固定期限劳动合同的有关规定的。当然，企业也不能为了规避签订无固定期限劳动合同，就随意借用法律规定，无依据、无标准地以员工有上述情形为由，拒绝签订无固定期限劳动合同，否则反会引火上身。同时，企业也应当认识到无固定期限劳动合同并不是员工的“铁饭碗”，也是可以依法解除的劳动合同，企业与员工签订无固定期限劳动合同也并非就是对自身的束缚，而且《劳动合同法》强调的核心是劳动关系相对的稳定，而非绝对的稳定。

资料来源：连签二次劳动合同，就必签无固定合同？.（2019-09-16）. http://lawyers.66law.cn/s2106d685d707a_i485615.aspx.

讨论题：

根据案例材料，为什么企业不必过于惧怕与劳动者订立无固定期限劳动合同？

第 3 章

员工离职与主动离职管理

| 学习目标 |

- 明确员工离职的内涵、类型和影响。
- 认识员工主动离职率高给企业造成的不利影响，加强企业对员工离职的管理工作。
- 分析员工主动离职的原因与影响因素，制定规范的员工离职管理流程。
- 针对具体问题进行有的放矢的管理，降低员工流失造成的损失。

第 1 节　员工离职的内涵、类别与影响

随着社会经济发展和劳动力市场的完善，员工流动成为越来越普遍的现象，有常态化趋势。但员工频繁的流动，特别是核心员工主动离职，会给企业带来非常不利的影响。因此，对员工离职进行有效管理，是员工关系管理的一项重要工作，也是企业实现人力资源管理目标的必要条件。

一、员工离职的内涵界定

对员工离职的内涵有不同的界定，有狭义和广义之分。

（一）狭义离职

狭义的员工离职可以概括为“从组织中获取物质收益的个体终止其组织成员关系的过程或行为”，即指员工在离开就职组织的同时，与组织终止了雇佣关系。

（二）广义离职

广义的员工离职是指员工作为组织成员的职位、工作任务或身份等状态的改变。包

括两种情况：其一，员工离开现有组织；其二，员工离开或转换现有岗位，例如晋升、降级、组织内的平级转岗等都被纳入广义的离职概念之中。

广义离职与狭义离职的区别在于：在维持与组织雇佣关系的条件下，员工发生了工作岗位的变化。由此可以将广义的员工离职称为员工流动，即反映员工从一种工作状态到另一种工作状态的变化，包括工作岗位、工作地点、职位职务、工作对象和工作性质等方面的变化。

本书所指的员工离职主要就狭义离职而言，即员工与组织终止雇佣关系的离职行为。

二、员工离职的类型

依据不同的标准，员工离职有不同的分类。按照员工离开组织的意愿，可以分为主动离职、被动离职与自然离职；按照员工离职的行为差异，可以分为显性离职与隐性离职；从管理角度，按照主客观原因，可以分为可避免离职与不可避免离职。此外，按照离职人数，可以分为个体离职和群体离职。

（一）主动离职、被动离职与自然离职

1. 主动离职

主动离职也称辞职，是指由员工做出最终离职决定的离职行为。主动离职可分为功能性离职与非功能性离职两种。所谓功能性离职，是指员工个人想离开组织，而组织也不刻意挽留的离职行为；非功能性离职也称功能不良性离职，是指员工个人想离开组织，但组织希望阻止的离职行为。

2. 被动离职与自然离职

被动离职是指离职的决策由企业或管理者做出，员工是在非自愿情况下离开工作岗位，即由解雇、开除、辞退、裁员、病残等原因造成的离职。

自然离职一般指由与组织的雇佣合同到期、到达退休年龄或病残死亡等自然原因引起的员工离职行为。员工自然离职区别于员工主动离职，也非组织强制性要求的离职行为。

（二）显性离职与隐性离职

1. 显性离职

显性离职是指员工事实上已经中断了与企业的雇佣契约关系，包括主动离职和被动离职。

2. 隐性离职

隐性离职是指员工没有与组织终止雇佣契约关系，但又不在本组织内任职的离职行为。例如临时性下岗职工，不符合法律规范的内退职工，以及将人事关系挂靠在组织内，但在其他组织任职和获取报酬的职工。

（三）可避免离职与不可避免离职

1. 可避免离职

可避免离职是指经过组织或员工个人的努力，可以不发生的离职，如由工作条件不如意而导致的员工离职，由决策失误导致经营不善引发的裁员等。这些离职行为主要原因在企业，而不在员工，如果企业采取措施积极预防可减少此类离职现象发生。

2. 不可避免离职

不可避免离职是指由一些不可抗拒或不能改变的原因导致的员工离职，如由员工怀孕分娩、非工伤事故性死亡、重病致残而导致的临时性或永久性离职等，这些离职行为主要原因在员工，而不在企业，企业单方面也很难减少和避免。

在员工关系管理中，这些离职现象及其造成的影响都是关注的重点，尤其应关注由组织原因引起的离职及可避免的离职现象与行为。

（四）个体离职与群体离职

1. 个体离职

个体离职是指员工个体离开就职组织的行为。

2. 群体离职

群体离职是指两个或两个以上的组织雇员基于共同的社会过程和决策，在相近的时期内离开一个组织的行为。

三、员工离职的影响

员工离职会对社会、组织和员工个人带来多重影响，这些影响既有正面的，也有负面的。即使是员工主动离职，排除是不合法或“恶性跳槽”行为，也可能有合情合理的一面。但是对企业而言，主动离职行为的负面影响要大于正面影响（见表 3－1）。

表 3－1　员工主动离职的影响

	正面影响	负面影响
社会	促进人才流动 增进知识、技能的交流与扩散	影响劳动力市场秩序 影响社会稳定
组织	有利于员工竞争 促进人-职匹配 提高员工素质和能力 提高人力资源配置效率	造成人才短缺 核心人力资源流失 人力成本损失 对未离职员工造成负面影响
员工	寻找新的发展机会 实现个人职业生涯目标 满足员工个性化需求	增加流动成本 增加心理压力 增加流动风险

就一般情况而论，这些正面影响和负面影响的发生还需要一定的情境和条件，与企

业的性质、经营与管理方式等有密切关系。

第2节 员工离职率与离职成本测量

一、员工离职率及其测量

对员工离职程度和影响后果的衡量指标包括员工离职率、员工留存率及离职造成的员工损失率等。

（一）员工离职率

员工离职率一般用某一特殊时期的离职百分比来表示。员工离职率的种类很多，每一种离职率往往代表不同的离职类型，采用适当的员工离职率进行纵向跟踪或横向比较分析，对有效管理员工的离职问题非常重要。常用的员工离职率衡量指标如下。

1. 总离职率

总离职率的测量包括以下内容。

（1）期内离职人数占同期平均员工数的百分比，计算公式为：

$$\frac{\text{期内离职人数}}{\text{同期平均员工数}}\times 100\%$$

（2）期内任用人数占同期平均员工数的百分比，计算公式为：

$$\frac{\text{期内任用人数}}{\text{同期平均员工数}}\times 100\%$$

（3）期内离职人数与任用人数平均数占同期平均员工数的百分比，计算公式为：

$$\frac{(\text{期内离职人数}+\text{期内任用人数})/2}{\text{同期平均员工数}}\times 100\%$$

（4）不包括期内临时离职的离职人数占同期平均员工数的百分比，计算公式为：

$$\frac{\text{期内离职人数}-\text{期内临时员工离职人数}}{\text{同期平均员工数}}\times 100\%$$

在分析员工离职现象的时期变化时，需要对总离职率进行跟踪和定期测量，并进行长期的趋势分析和同业比较。在使用这些指标时应注意排除季节性及其他临时性变动因素的影响。

2. 主动离职率

主动离职率是某一特定时期内员工主动离职发生频率的计算指标，计算公式为：

$$\text{主动离职率}=\frac{\text{期内主动辞职人数}}{\text{同期平均员工数}}\times 100\%$$

3. 辞退率

辞退率为某一特定时期内企业辞退员工的发生频率，计算公式为：

$$\text{辞退率}=\frac{\text{期内被辞退人数}}{\text{同期平均员工数}}\times 100\%$$

4. 可避免离职率

可避免离职率是指组织通过管理行为可以避免的主动离职率的计算指标，计算公式为：

$$可避免离职率=\frac{期内可避免的离职人数}{同期平均员工数}\times 100\%$$

以上离职指标可以观测员工离职，特别是主动离职的发生强度和发生频率，为企业有效控制人员的流失提供依据。

（二）员工留存率及损失率

员工留存率及损失率是从保留员工的角度对员工流动测量的指标。在设计指标时，采用了人口学中同批人或同队列人的统计方法，便于对特定组织在一定时期内发生同样行为的同批人进行跟踪研究。这一统计分析思路被借用到对流失员工特征的分析中，包括以下指标。

1. 同批员工留存率

该指标指在一定的服务期内同批留下的员工比例，计算公式为：

$$同批员工留存率=\frac{同批进入员工留存人数}{同批进入初始时员工数}\times 100\%$$

2. 同批员工损失率

该指标指在同一组织内发生同样行为（例如同时进入该企业）的员工的损失比例，计算公式为：

$$同批员工损失率=\frac{同批进入员工流失人数}{同批进入初始时员工数}\times 100\%$$

两个指标之间的关系为：

$$员工留存率=1-累计员工损失率$$

二、员工离职成本及其测量

无论是员工的非自愿离职还是自愿离职，即辞退或辞职行为，都会发生各种直接和间接成本，并构成员工的总离职成本。在离职管理中，离职成本是组织需要控制和掌握的重要指标之一。

（一）员工离职成本的含义与计算特点

1. 含义

离职成本有狭义和广义之分。狭义成本是指由员工离职而发生的或将要发生的企业经济利益的总支出；广义成本，除此之外还应包括经济性的利益损失，主要包括离职补偿金（或赔偿金）、违约赔偿金、解雇安置费、离职前的低效成本和职位空缺成本等。

2. 计算特点

离职成本不同于财务会计中一般意义的成本。后者主要是基于目的物的成本，如产品成本、材料成本、固定资产成本和无形资产成本等，这些成本的计算都是以“过去实际发生”的经济事项形成的目的物作为计算对象。而离职成本是基于事件的成本，在时空上不受“过去实际发生”的限制。它可以在离职期间的任何一个时点来考察，即离职成本可以是包括过去、现在和将来的时空范围内所发生的成本。

现代管理会计比较重视离职成本的计算，如同质量成本、责任成本、环境成本等成本，离职成本也应该属于管理会计的成本范畴之一，在人力资源管理中尤为重要。

（二）离职成本构成

离职成本主要由以下项目构成[①]：

1. 离职补偿金

离职补偿金是指因企业补偿被辞退员工的经济损失而发生的或将要发生的现金支出或其他形式的成本支出。

2. 违约赔偿金

违约赔偿金是指企业员工因违反劳动合同或协议自行辞职而应赔付给企业的现金或其他形式的利益。这是人力资源离职成本的一个抵减项目。

3. 解雇安置费

解雇安置费是指企业为妥善安置被辞退员工而发生的或将要发生的企业现金支出或其他形式的成本支出。

4. 离职前的低效成本

一般来说，从企业决定辞退一名员工或员工决定离开企业到付诸行动会经过一段时间，在这段时间里该员工可能因情绪或行为消极抵触、外出找工作等原因降低劳动生产效率，进而导致企业的利益损失。

5. 职位空缺成本

职位空缺成本也称岗位空缺成本，是由员工离职而导致的职位空缺现象产生的成本。由员工离职导致该职位及相关职位上的产出受损，会使企业遭受经济损失。职位空缺成本的含义也可表述为：职位空缺，使相应职位的劳动力投入和产出为零，或劳动力生产率降低，进而使企业收益减少引起的已经发生或将要发生的利益净损失。

不同类别的员工离职对应不同的离职成本。通常而言，违约赔偿金属于企业收益，但离职前的低效成本、职位空缺成本是员工主动离职经常涉及的企业成本项目；而离职补偿金（或赔偿金）、解雇安置费、离职前的低效成本和职位空缺成本是员工被动离职经常涉及的企业成本项目。

第3节　员工主动离职的影响因素及理论解释

员工离职的原因是多方面的，但主动离职和被动离职的影响因素大不相同。

---

① 唐棠．试析人力资源离职成本．财会月刊（理论版），2006（2）．

一、主动离职的影响因素

主动离职行为的产生是一个过程，引发离职意向可作为第一阶段，或者说离职行为的前因。主动离职管理首先需要关注对员工离职意向影响因素的分析与控制，以防范损失与风险。可以归结为以下方面。

（一）个体因素

个体因素包括个体特征以及与工作态度、工作压力和职业倦怠等心理过程相关的因素。

1. 个体特征

员工的个体特征对离职意向有较大的影响，例如年轻人比中年人、男性比女性有更强的流动倾向，受到干扰的因素更多。员工个体的人格特质也会对其选择离职产生影响，一般认为，自主意识强、不甘平凡、喜欢挑战和乐于追求新事物和新环境的人，更容易受到外部因素的影响。具有特殊技能，能独立胜任工作的人更容易摆脱组织和群体的束缚。

2. 工作态度

传统的最常用的用于预测员工离职的态度类变量是工作满意度和组织承诺，其次是工作参与度。工作满意度是源于个人的工作满足或符合其工作价值观的一种情绪性反应，往往可以有效地预测员工的离职意愿。工作参与度高的个人通常比较满意自己的工作，在工作中表现出积极情绪并保持正常准时出勤。这类员工通常认为个人的目标同组织的目标是一致的，并很少会想到放弃这份工作，通常期望在未来继续为同一组织工作。员工个人对组织的主观感知和组织与个体偏好的匹配程度，也会对员工的组织认同和去留意愿产生影响。

3. 工作压力和职业倦怠

工作压力是指当个人在工作场所感知到面临的问题在自身能力范围之外时所产生的反应。工作中的巨大压力会使员工在身体和心理上产生抵触，改变正常心理与生理状态，如产生工作倦怠。而工作倦怠会使员工产生心理损害、失去自尊，工作不满足感亦会逐渐增加。此种情形长久持续下去，通常的结果就是员工更换工作，甚至完全不从事这一行业。

（二）组织因素

组织因素大致包括两类：一类是与人员管理相关的制度和规则等，例如薪酬福利、晋升培训和职业发展、企业效益、工作条件等；另一类是管理水平、管理方式、领导风格、组织文化等。在此我们仅讨论第一类因素。

1. 薪酬福利

企业的薪酬和福利水平是吸引和保留员工的关键因素之一。但是影响员工满意程度的不仅在于报酬的多少，还涉及相关的报酬公平问题，包括薪酬内部公平、薪酬外部公平、薪酬与贡献的相符程度，以及对福利制度的满意程度等诸多方面。按照亚当斯（J. S. Adams）的公平理论，员工会将其所得与公司内其他员工、公司外同类员工以及自己所做的贡献进行比较，如果比较后感觉到不公平，就会产生离职意向。

2. 晋升培训和职业发展

员工为了实现自己的职业目标，希望在组织里得到理想的培训、晋升和职业发展。比如，培训可以更新员工的现有知识，增强员工的组织承诺，提高员工的工作满意度，以此降低离职率。但培训也可以成为员工选择离开组织的推力。

3. 企业效益

企业当前和未来的经营状况是影响员工去留的重要因素之一。对很多年轻员工而言，对自身的职业忠诚高于对组织的承诺。当企业效益不好、行业无发展前景时，他们极易产生离职倾向。而对期望流入人员的企业而言，效益高和预期前景好等因素，则会是员工流动最大的“拉力”。

4. 工作条件

员工的工作时间、工作环境、工作地点以及为追求工作-家庭之间的平衡选择便于照顾家庭的工作条件等，都是影响员工去留的因素。

（三）工作特征

随着文化素养和知识水平的提高，员工更加注重自身价值的实现，他们希望在工作中实现自我价值和获得成就感。相反，一些缺乏激励、工作内容单调、无挑战性、才能得不到发挥以及无法实现职业期望的组织和工作，容易使员工产生厌倦心理和离职倾向。此外，工作负担过重、工作常规化等也与员工离职相关。

（四）个体与组织的匹配程度

个体与组织的匹配程度主要指员工个体特征与工作氛围和组织氛围之间的匹配性，包括个体-职业、个体-主管、个体-群体匹配等。当个体特征与组织特征或环境特征匹配时，个体和组织都将会产生较高的绩效、满意度和承诺，员工离职意愿也会较低。如果员工认为不适应这些组织和工作因素，就有可能选择离开。

1. 企业文化

每个人都有自己独特的性格和价值观，组织也会有其自身独特的经营宗旨、价值观念和道德行为准则，这些因素组合在一起，便形成与众不同的企业文化。员工个人价值观与企业文化不匹配或者无法融合，就会引发员工的离职意愿。

2. 组织支持

员工在组织中没有归属感、遇到困难得不到上级关心、工作和业绩得不到认可，部门缺乏凝聚力与团队合作精神，企业过分重视论资排辈而有失公平以及组织公信度下降等因素，都会导致组织失去优秀的员工。

3. 人际关系

组织关系中人际关系和谐可以营造良好的工作氛围，有利于提高团队的整体工作效率，是影响员工离职倾向的重要因素之一。不良的人际关系越来越成为导致员工离开组织的重要因素。人际关系复杂、与上级关系不良、与同事之间存在矛盾，都会加大员工的离职倾向。

（五）外部环境因素

外部环境因素主要包括劳动力市场状况、组织外工作机会、就业形势等外界因素。本行业或相关行业人员供不应求，就业形势相对较好或组织外工作机会增多，都会对员工流动产生“拉力”作用，导致员工离职意向增强。劳动力市场的供需关系常常会成为影响员工离职的环境因素。在一个特定区域中，当人才的供给大于需求时，就业的竞争压力促使员工在产生离职意向时更加谨慎地做出决策。当人才的需求大于供给时，员工一旦产生了离职意向，就会更加容易地选择离职。在非工作因素中，亲属责任与离职呈负相关，有研究指出，个体的家庭责任感增强，离职的可能性就会减小。

二、员工主动离职决策的调节因素

员工产生离职意向后并不一定会立即离开企业，从产生离职意向到采取实际的离职行为还受到许多因素的调节。这些调节因素，如果处理得当就会成为主动离职的阻碍力量，否则就是离职的助力。因此，企业应该关注员工的离职动向，因势利导，发现员工有离职的苗头时就积极采取挽留措施，尽力改变员工的离职决策。这就是所谓在流动的“推力”和“拉力”之间增加“阻力”。从一定意义上说，员工主动离职的推力主要来自对本企业现状的不满，拉力主要来自企业外的诱惑或寻找新机会的预期。推动或妨碍员工做出主动离职决策的调节因素主要有以下三个。

（一）个体心理素质与外部环境支持

员工产生离职意向后是否选择最终离开，受到个性心理特征的影响。一些员工即使有离职意向，如果存在不自信（例如对自己的再就业能力缺乏信心）、心理承受能力不强、处理问题纠结或犹豫，以及有较强的不愿改变现状的惰性等性格特质，也会容易改变离职决定。这些心理表现越强烈，员工越需要寻找外部支持。此时，如果家人和朋友均不支持其离开，所在组织进行挽留干预，或者外部机会发生变化，则员工离开的意愿和可能性就会降低。

（二）流动成本与经济承受力

任何流动行为都会有成本。员工最终是否采取离职行为，还要受其经济承受能力和收入预期的影响。员工流动主要出于对未来流动收益的预期，但产生流动收益有一个过程，当员工经济承受能力不强时，如果马上辞去工作，可能使家庭或个人生活陷入困境。因此，在员工产生离开现有企业的意愿，但未能提前得到离职收益补偿（流入企业支付）或未来收益确定性较差的情况下，其离开企业的可能性较小。

（三）组织保留干预措施

组织所做的努力也会对员工最终的去留产生重要影响。如果组织努力挽留，并尽量满足员工的需求，同时给员工一些必要的承诺，会使得员工离职的阻力增加，唤起员工对企业的归属感，达到挽留员工的目的。

三、员工主动离职的经典理论解释

有关员工离职问题的研究涉及管理学、心理学、经济学和社会学等多个学科的基础理论，应用一些经典理论可以对员工离职现象进行理性解释，提高管理意识。

（一）期望理论与员工离职行为

期望理论由美国心理学家弗鲁姆（Victor Vroom）20 世纪 60 年代中期提出。该理论认为，只有当人们预期到某一行为能给个人带来有吸引力的结果时，个人才会采取特定的行动。组织中成员对同一种需要的满足会有不同的态度与行为，按照期望理论的解释，这主要取决于个体对这种需要以及接受预期奖赏能力的期望，即取决于期望值和效价的乘积。期望理论对员工离职行为的解释基础是自我利益，认为每一个员工都在寻求获得最大的自我满足；其核心是双向期望，管理者期望员工的行为，员工期望管理者的奖赏。这表明个体的任何行为都不应是随机或随意的，而是由某些原因引起的。

用期望理论解释员工的主动离职行为，可以认为离职是由员工在原有企业中的某些期望没有得到实现，或者对流向的目标企业有可以满足需要的预期而导致的。因此，组织为了达到挽留员工的目的，需要有效引导员工的行为，在员工能力与需要之间寻找匹配，尽力帮助员工满足其需要。

（二）社会交换理论与员工离职行为

社会交换理论是霍曼斯（George C. Homans）、古尔德纳（Alvin W. Gouldner）等人借用经济学概念来解释人的行为关系的一种社会心理学理论。该理论认为，人与人之间的互惠关系构成社会生活中的动力机制，社会关系中的双方为了获得利益就需要对已获得的利益进行回报，这种需要被用作社会互动的“启动装置”。因此，社会交换指的是存在于人际关系中的社会心理、社会行为方面的交换，其核心是互惠原则。该理论所指的报酬与成本并不只限于物质财富成本，也包括体力与时间的消耗、放弃享受、忍受惩罚和精神压力等，即报酬也可能是心理财富（如精神上的奖励、享受或安慰等）与社会财富（如获得身份、地位与声望等）的形式。其解释公式为：

后果＝报酬－代价

根据该公式，如果双方所得到的后果都是正向的，则关系将持续下去；如果双方或一方所得到的后果是负向的，彼此之间的关系将出现问题或解体。

社会交换理论对员工离职行为的解释是，员工与企业之间的关系不仅是一种体力和智力的物质性交换，还是一种基于多重互惠的心理或精神方面的交换。这种理论认为，离职是有离职意愿的员工可能在现有组织中遭遇到了这种交换的不对等，或者对负向结果存在预期而导致的一种社会交换关系的解体。因此，为了留住员工，企业应该加大对员工的回报，增强员工的交换公平感。

（三）公平理论与员工离职行为

亚当斯的公平理论是企业报酬公平原则的重要理论基础，可借此解释员工因分配或对待不公平引发的主动离职行为。公平理论指出，员工与企业作为社会交换的双方，在很多时候不是追求绝对的利益平等，而是追求一种投入产出的对等。在双方交往中，如果一方发现自己的收益与投入之比与对方的两者之比大致相同，则会认为实现了公平分配，获得心理平衡，交往也会继续；如果发现自己的两者之比低于对方，则会产生抱怨或愤怒等消极情绪，并会采取一定的行动（如减少投入或中断交往）；如果发现自己的两者之比远高于对方，则会产生内疚感，并设法采取补偿行为（如增加投入），以保持心理平衡。

公平理论对员工关系管理的启示是，做到对员工的报酬及对待上的公平和无歧视管理，是激励和稳定员工的重要因素；员工对组织的满意度低或离职意愿强，有时可能不是因为收入低或工作压力大，而是他们感知到了某些不公平的对待。

（四）心理契约理论与员工离职行为

心理契约理论最早由施恩（E. H. Schein）提出，它的基本假设是：组织与员工之间是一种互惠互利的类似于契约或承诺的关系，双方均需要有一定的付出，也需要得到一定的收益。虽然这种关系不像经济交换那样依赖于明确具体的规定，但人们在内心中会以社会规范和价值观为基础进行相应的衡量和对比。责任是交换中的基本要素，当相互的责任对等时，或者说付出和回报等值时，可以维持一种长久和稳定积极的关系；如果一方觉得自己的付出没有得到应有的回报，则会对相互关系造成消极的影响。这种交换不仅局限在明确的经济利益方面，如员工为企业工作，企业为员工支付报酬，还包括一些更为含蓄的非物质性和精神方面的交换，如相互之间的信任和体谅、长久的联系等。

员工关系管理包括对两种契约关系的管理：其一是因劳资双方签订了法律契约而产生的权利与义务关系；其二是基于道义和情感而产生的心理契约关系。对员工主动离职行为而言，企业更应关注对员工心理契约的管理。

第 4 节　员工主动离职的防范对策与管理流程

一、员工主动离职的防范对策

（一）挽留优秀员工

对优秀员工的挽留是核心要务，应贯穿日常员工关系管理的全部工作环节，应注重如下方面。

1. 物质与事业共同留人

报酬管理的好坏是影响企业员工流动的重要因素，因为它是员工从事工作的物质利益前提，与其实际利益密切相关，直接影响和决定员工的工作态度和工作行为，是影响员工对组织归属感和信任感的重要条件之一。企业能否制定和实施具有竞争力与公平性的薪酬制度，对于吸引、维系和激励优秀人才为组织服务，调动员工的积极性和主动性，促使员工完成组织的目标至关重要。

整体薪酬管理是现代薪酬管理的重要策略，其注重对优秀员工采用综合激励机制，以发挥各薪酬要素的互补功能。对一些需要保留的核心员工，可采用股权激励和企业年金等长期激励薪酬，以达到通过“金手铐”留住优秀员工的目的。当前员工的工作价值观已发生变化，他们追求物质待遇，也看重事业成功和精神层面的需求。因此，单纯的物质激励不足以达到长期留住员工的目的，需要实施多种激励手段。

2. 晋升激励与工作挑战性

内部晋升也是留住人才的一种方法，如果企业一味强调从外部获取人才，不注重内部晋升机制，或者在晋升中一味论资排辈，缺乏公正，都有可能将一些感到晋升无望的年轻人或有能力的人排挤走。

增强工作挑战性是指为员工提供更多的技术和能力发展的机会，以及一些具有任务多样、自由度大、反馈及时等特点的工作。对年轻、能力强的员工而言，工作的挑战性越强，工作的热情和积极性越高。反之，会使员工感到厌烦、兴趣减弱、缺乏成就感等。但对任何工作的设计需要适度，如果责任和任务过重或压力太大，也容易使员工产生挫败感。

组织扁平化成为未来的发展趋势，其后果之一是员工的晋升机会减少。因此，有意识地采取工作扩大化策略可以降低员工对单一重复性工作的反感，有助于员工多元化技能的培养，增强员工的责任感、自信心和人际交往能力。工作丰富化是指通过给员工授权，让其对自己工作的计划、组织、执行、控制和评价等环节承担更多的责任和义务。这是增加工作纵深和促进员工参与管理的一条有效途径，其目的是培养员工在组织和工作中的自主性、独立性、责任感和主动性。

3. 员工发展与职业生涯开发

员工能否留在企业，关键在于能否看到自己和组织的未来。对此，组织可以给员工提供以下帮助：将员工的职业规划与组织规划结合起来，增强员工的工作满意感和组织忠诚度；为员工提供更多的培训机会，开发员工的技能和潜在能力；依据员工的学历、资历和职位等为员工制定晋升路线，铺设多通道的职业发展阶梯，使员工对组织有更强的忠诚度和信任感。此外，在职业生涯的不同阶段，组织应为员工提供职业指导和培训，以增强员工与组织的联系。

4. 提高员工与组织的匹配性

工作嵌入理论指出，员工的价值观、职业目标和对未来的规划都要与组织文化和工作要求相匹配，匹配度越好，员工在工作上越依附于组织，与组织的相容性越好，越不容易离职。因而，从员工-工作、员工-组织两个层面实现匹配有助于降低员工的离职倾向，实现员工留职。

5. 提供非工作支持

给予员工工作以外的支持，加强员工与组织的非工作联系，能够提高员工对组织的忠诚度。为员工家庭成员提供生活便利，为员工子女提供入学便利，为员工配偶提供工作机会，建立员工与组织间非工作的紧密联系，会增加员工对组织的好感和依附感。

（二）危机防范管理

企业应根据国家法律法规的规定，同员工签订相应的雇佣合同与合作协议，尽可能地规避员工离职给企业带来的风险和负面影响。

1. 离职处理的法律规范

对企业而言，在员工主动离职的法律规范方面，需要以《劳动合同法》为离职处理的法律准绳。相关的条款主要有三项：其一，签订劳动用工合同。在合同期内，企业不能无故辞退员工，员工也不应擅自离开企业。其二，要求主动离职的员工在离职时按照协议支付在职期间企业为其提供的培训费用等。其三，签订竞业限制协议。

竞业限制条款又叫不竞争条款或竞业避止条款，是雇主约束其雇员离职行为的一种劳动合同条款。条款签订的时间一般在劳动关系建立之前，即雇主与雇员签订雇佣合同之时，其作为雇佣合同的一部分存在，或者作为保密协议的特种条款独立存在；也可以在雇佣期间签订，或是在劳动关系结束之时，即雇主、雇员解除合同时签订。此条款是对劳动者择业自由的限制。具体来讲，就是劳动者在原单位工作期间或解除劳动关系后一定期限内，不得在竞争企业兼职、任职或提供咨询性服务，不得自行开展与原企业竞争的业务，不能从事原来岗位的工作，不能用其所掌握的原单位商业机密自办企业，不得引诱其他员工与自己一同辞职或者为个人私利或他人利益引诱本企业员工离职，不得为自己或他人利益抢夺本企业的客户，违反约定应承担相应的违约责任。

2. 风险防范管理

并非所有的主动辞职都是不合理的，也并非所有的辞职行为都一定给企业带来损失。但还是应采取相应的管理对策，降低过高的辞职率，避免群体辞职现象，将损失降到最小。

（1）重视离职事件。为了避免关键员工的主动离职以及带来负面影响，要注意对相关细节的防范，重视每一起辞职和离职事件，积极采取预防性管理措施。对离职事件的分析不能就事论事，要注意收集相关管理制度和政策实施中的问题，并关注事件之间的相互联系，尤其应避免“集体跳槽”和“恶性跳槽”事件给企业带来损失。

（2）重视离职面谈。对提出跳槽的员工进行离职面谈，尽量询问出离职的真正原因，特别是与企业的管理方式、管理程序、薪酬福利、培训开发等相关的制度政策的制定与实施问题。这些信息可为企业改进管理提供依据。

（3）降低离职影响。通过离职面谈获知员工离职的真实或主要原因之后，及时检查企业是否存在诱发员工离职的问题，如果存在，马上采取改善措施，避免其他优秀员工因同样原因产生离职行为。

（4）真诚挽留有价值的员工。对企业有价值的员工，要诚恳挽留，或者给出希望将来合作的承诺。对有回流意向且企业也需要的员工，可以实施招募辞职人员政策，以彰显企业在人才获取与保留上的包容文化。

二、员工主动离职的管理流程

虽然组织采用各种方法和手段来规避主动离职行为的发生及不利影响，但离职行为也是难以避免的。人力资源部门要建立相关的制度，规范员工的离职行为，将组织的损失降到最低。员工主动离职管理一般包括以下流程，如图3-1所示。

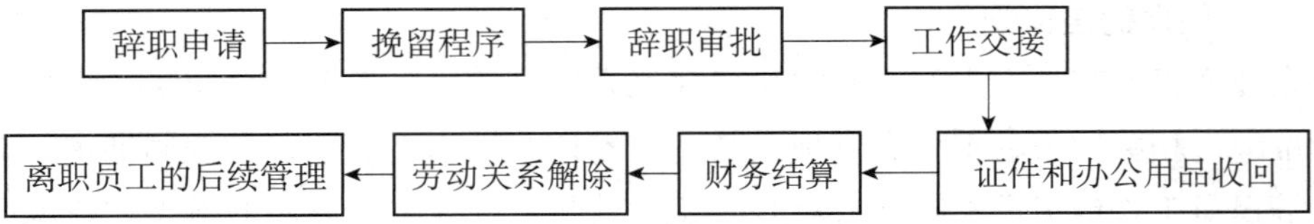

图3-1 员工主动离职的管理流程

资料来源：吴慧青．如何进行员工关系管理．北京：北京大学出版社，2004.

（1）辞职申请。要明文规定员工提交辞职报告的时间、辞职报告接收人和辞职报告的基本内容等。

（2）挽留程序。提出辞职的员工的直接主管应及时与辞职员工沟通，对于工作称职、业绩良好的员工极力挽留，并了解其辞职的原因，寻找解决的方法，减少企业因员工流失而造成的损失。如果直接主管挽留无效，则可由上一级主管人员审核是否需要挽留并根据情况做挽留谈话，还可以在批准辞职前为员工提供收回辞呈的机会，最大限度地挽留人才。

（3）辞职审批。经挽留无效或没有挽留必要的员工，可以进入辞职审批流程，按照相关程序进行审批。完成审批流程后，应将有关书面文件交人力资源部门确认。

（4）工作交接。人力资源部门收到书面审批文件后，通知有关部门主管安排辞职员工进行工作交接。交接工作完成后，由交接人员和负责人书面确认，方可视为交接完成。

（5）证件和办公用品收回。企业要收回工作证、名片，检查办公设备是否完好，收回办公用品、图书、资料、宿舍及车辆等，注意及时锁住企业的内网权限。

（6）财务结算。企业应与离职员工做好借款、贷款等应收款项，工资、奖金、福利，违约金，承诺合同期未满的补偿费用的结算等；处理好离职员工持有的股票、福利及长期激励等事宜。

（7）劳动关系解除。企业应按照法律和契约规定，为离职员工出具证明，办理退工手续，转调人事关系、档案、党团关系和各项社会保险关系等。

（8）离职员工的后续管理。员工同企业解除劳动关系后，从法律角度而言，不再是组织的成员，企业对员工的管理可以结束了。但是一些离职员工，尤其是主动离职员工，对企业仍然有长期价值和感情依恋。进行离职员工的后续管理不仅可以在员工刚离职时规避许多风险、在社会上树立良好的组织形象，还可以为企业积累重要的社会资源与合作伙伴。

三、离职面谈

离职面谈是指在员工离开公司前与其进行的面谈。离职面谈是离职管理的一个重要环节，特别是涉及主动辞职的员工时，不应忽视。

（一）离职面谈的目的与作用

1. 离职面谈的目的

（1）对员工离职原因有更深入的了解，以减轻离职给员工带来的负面心理及对企业形象的不利影响。

（2）发现企业员工管理中存在的问题，采取有针对性的措施加以纠正。

（3）对有价值的离职员工做最后挽留。

（4）帮助企业将离职人员的知识和经验转移给其接任者。

2. 离职面谈的作用

（1）体现企业管理的人性化。离职面谈是人力资源管理人性化的表现，要通过离职面谈给员工留下良好印象，使离职员工成为组织形象的宣传者。

（2）广泛听取员工意见，改善企业与员工的关系。面谈时，已决定离职的员工对企业可能没有太多的顾虑，愿意将平时的一些看法和意见和盘托出，或以发牢骚的形式讲出一些意见，这些信息对于提高管理水平是非常宝贵的，应客观和理性地对待。

（3）通过双向沟通缓解矛盾和冲突。离职前的沟通，可以将以往的误会、错误信息加以纠正和澄清，避免不必要的矛盾，也可以将可能发生的劳动争议解决在萌芽状态。

（4）给员工重新决策的机会。辞职可能是员工一时考虑不周的决策，或因为沟通不够形成误解而采取的冲动行为。进行离职面谈，对员工晓之以理，动之以情，给员工更多的时间冷静思考，也可能帮助员工改变离职决定。

（5）检验组织政策的有效性。通过离职面谈了解离职员工对组织政策的意见，特别是对一些新政策和改革措施的看法，例如当招聘、薪酬和管理方式发生改变之后，可以通过这种方式检验组织人力资源管理政策及其变化的有效性。

（二）离职面谈流程与关键管理环节

1. 离职面谈流程

离职面谈通常应在人力资源部门得到准确的离职信息备案后进行安排和处理。离职信息的来源会有多条途径，如员工本人、部门经理、公司领导、小道消息和公司外部信息等。从员工本人和员工主管处得到确切的离职信息后，人力资源部门就可启动离职面谈流程。具体如图3-2所示。

2. 关键管理环节

离职面谈流程包括以下几个关键环节：

（1）准备面谈方案。离职面谈的基础环节是面谈方案，由人力资源部门负责准备。这一环节需要收集全面的信息，确定面谈目标、内容、方式和处理意见等。具体任务为：向员工的主管经理了解情况，并了解和确认主管经理对离职事件结果的期望，与主管经理沟通初步的面谈方案；查询员工的劳动合同情况和附属协议情况（培训协议、保密协议、服务合约等），财务借款情况、设备领用情况、工作中涉及款项的应收应付情况等。

（2）和员工面谈沟通。在面谈中要专业，注意方式方法，进行平等交流和沟通。

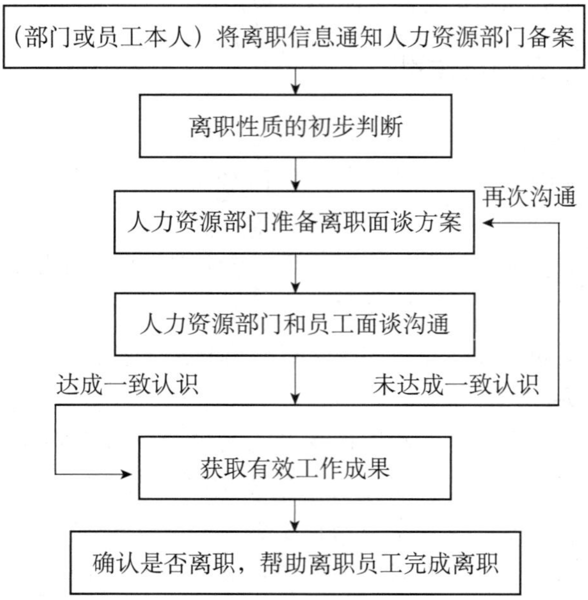

图3-2 离职面谈流程

资料来源：马丽．离职面谈：员工关系管理的关键环节．中国劳动，2004（4）.

（3）做出处理决定。根据了解的具体情况，判断离职的性质是辞职还是辞退，确定员工保留还是准予离开。

（4）办理离职手续。按照相关法律和公司政策为离职员工办理离职手续。

3. 面谈注意事项

（1）营造舒适的环境。员工工作时需要营造舒适的环境，离职面谈也需要营造舒适的环境。鼓励离职员工公开分享意见和想法，特别是对于工作中的流程和方法的批评。同时让他们知道，此次谈话将不会被公开，也不会让他们受到任何惩罚。

（2）尊重离职员工。人力资源部门与离职员工面谈应该是管理工作的一部分，这不仅能够听取员工的心声，获取员工的真实意见，而且有助于提升企业形象。因此，面谈时需要坚持公正、公平、和平的原则，尊重客观事实，尊重员工的心理感受，了解员工的心理，消除员工的对抗情绪，采用正当且恰当的手段来处理突发状况，以树立良好的企业文化形象。

（3）做好相应准备。面谈前，相关人员应详细了解面谈的程序以及离职员工的个人情况。主要包括使离职员工放松，清晰地说明面谈的目的，遵循结构化程序和尽力避免暗示性问题，还要做好面谈记录。另外，要尽量确保面谈免受干扰。应告知离职员工面谈结果只是用于企业更好地了解员工离职的原因，并据此制定新的留住员工的措施。

（三）离职面谈的内容

离职面谈的内容要根据离职的性质来确定。根据员工离职意愿的表达，离职面谈分为主动离职面谈和被动离职面谈两类。在主动离职面谈中，公司处于相对被动状态，员工因为已经有离开的心理准备，有可能合作愿望不强，人力资源部门在操作过程中应格外注意。沟通内容应包括以下方面。

1. 与离职相关的问题

就离职的相关问题，人力资源部门与员工进行交流。内容包括以下方面：人力资源部门了解的情况和对事实的看法，公司对离职事件的关注点，个人做出离职决定的原因和想法，个人对未来发展的考虑和设想。同时，人力资源部门要善意地提醒员工应注意违约责任、附属协议中的竞业限制条款等。

2. 与企业相关的问题

与企业相关的问题包括员工对公司发展前景、业界地位等的评价，对主管和同事的评价，对公司政策的评价。进一步确认员工离职的真实原因和可以挽留的余地。

3. 表明企业态度

人力资源部门要表达公司对员工离职意愿的反应：同意离职或希望做进一步劝留的努力，并肯定员工以往对企业做出的贡献，使员工了解公司的真诚态度和意愿，取得员工的工作配合。同时也应该对员工关注的问题进行耐心解答并提供咨询服务。

（四）离职面谈信息的处理

根据离职面谈的信息，分析公司的现状，找到改进工作的方向。

1. 进行书面总结

人力资源部门要将离职面谈的要点及时记录下来，将离职面谈报告按照规范的格式整理并分类保管，经过一段时间后进行批量分析。通过书面总结，可以发现一些规律性的问题，并观察和预测未来的员工流失状况。

2. 分析离职原因

根据谈话和调查，公司能够发现员工离职的真正原因。离职员工往往会在辞职报告上写一个所谓的原因，而真实原因只有在进行深入交流，甚至通过对一些细节和只言片语的观察才能找到。在分析离职原因时，不要仅注意一些表面现象或诱发原因，而是要深入挖掘导致这些现象的根源。如员工因为薪酬水平低而离职，而薪酬问题的背后根源有可能是公司的绩效考核机制不合理，或者薪酬分配管理不善等。

3. 研究改进方法

根据问题的实质确定有针对性的解决方法，并征得企业高层管理者的认可和支持。

四、离职员工价值损失评价与员工关系处理

（一）离职员工价值损失评价

不同的离职员工对企业的价值不同，企业需要对有价值的离职员工进行分析，并采取不同的对策。价值衡量的结果是将离职人员划分为不同的等级，构建离职员工金字塔模型。可以借鉴通行的顾客分级管理办法——ABC 管理法来划分离职员工等级。

1. 指标识别

可依据离职员工的能力素质、对企业的贡献大小、职位高低以及离职去向等确定衡量指标。

2. 等级定义

根据上述衡量指标，将离职员工按照对企业的价值由大到小分为A、B、C三个等级并给出各等级定义。等级定义要清楚地描述出不同等级离职员工的特征差异及其重要程度。一般定义等级的做法是从确定最高或最低等级开始。例如，将离职员工按照对企业的价值大小排列为金字塔形状，价值大的员工在底部，价值小的员工在顶部，金字塔依据离职员工的情况可能成为不同的形状，例如底部大的正金字塔形状、顶部大的倒金字塔形状等。一般而言，主动离职的多为正金字塔形状，辞退和裁员规模大的多为倒金字塔形状。

（二）实时监控和分级分类管理

1. 实时监控

要密切关注各价值层级员工的比例变化，即观察金字塔中各级的升降，以便进行动态管理和利用。通过每年一次的离职员工调查来了解离职员工的现状，包括现任职务、技能、对企业的贡献，甚至对所在单位的感受等。

2. 分级分类管理

分级分类管理是离职员工关系管理的关键，对不同级别的离职员工需制定不同的管理策略。比如，对A类员工，企业应重点投入，可制定个性化的管理策略。在离职员工离开后，企业要通过电话、信件等方式保持密切联系，或者根据自身情况设计别具特色的感情联络方式。对B类员工，企业可适当减少联系频次和感情投资，但也相应地观察员工变化，进行适当的感情投资。例如在年终时发送贺卡、邀请其参加大型庆典活动等。对C类员工，企业尽可能在其心目中保持正面形象，避免出现负面口碑。

（三）重视离职员工的关系维护

离职员工关系如果处理较好，这些员工仍然可作为企业的资源，从而做到使离职员工流而不失。

1. 将离职员工作为再雇佣来源

与雇佣新员工相比，再次雇佣离职员工的成本要低，而且一旦重新建立雇佣关系后，离职员工为公司效力的时间往往会比新人更长。例如，一些企业实施的“回聘”制度很有借鉴价值，即充分利用离职员工特别是离职顶尖人才资源。因为这些员工已经熟悉企业文化、公司业务，较之新进员工能降低招聘和培养成本，所以企业非常重视对这些“好马”采取“回头”策略，并有一套科学完备的招募制度。

2. 依靠离职员工介绍合适人选

离职员工了解公司的文化及需求，由离职员工介绍的应征者，可能比较适合公司的职位要求，可以为公司减少招聘费用。

3. 将离职员工作为“外部资源”

由于前任员工具有丰富的知识素养和从业经验，能够帮助企业紧跟市场和技术潮流，抓住宝贵的投资机会，因此，他们也是企业创新的智力源泉。一些高科技企业投巨资于前任员工身上，依靠他们向企业提交商业计划，抢先获取有用的信息和创意；也有一些企业通过与前任员工保持紧密联系，利用他们的社会资源获取商业信息。例如，麦肯锡咨询公司不惜斥巨资培育广泛的离职顶尖人才关系网，公司专门编制了一本“麦肯锡校友录”，即离职员工的花名册。这一措施为公司带来了丰厚的知识资本回报。

4. 使离职员工成为公司的特殊公关人员

在对企业外部舆论的影响力方面，离职员工的作用不可忽视。例如，离职员工在新单位和新岗位上表现出色可以给原企业带来好的声誉；企业可以依靠离职员工树立企业形象、宣扬企业理念等。

5. 维护留任员工的信心与士气

企业与离职员工保持良好关系，会向留任员工传达出正面的信息：企业善待所有员工，包括主动离开的员工和不得不辞退的员工，以增加留任员工对企业的认同感和忠诚度。

□ 关键术语

员工离职　员工离职率　离职成本　主动离职管理　离职面谈

□ 复习思考题

1. 如何界定员工离职的内涵和类型？员工主动离职对企业有何影响？
2. 员工离职率的测量方法有哪些？
3. 如何测量员工离职成本？
4. 员工主动离职的影响因素有哪些？
5. 企业如何有效管理员工的主动离职行为？

□ 案例分析

高新技术企业如何维系与离职员工的关系

高新技术企业在离职员工关系处理上有着与众不同的企业文化，早期摩托罗拉的“好马也吃回头草”制度就曾被业界推崇。伴随着互联网时代的到来，人员流动更为普遍。处理好与这些难得的人才之间的关系，有着极为重要的意义：他们可能在未来为你的企业带来巨大的机遇与转折；在你“人才饥渴”之时，他们可能重回企业助力或者为你推荐合适的候选人；更为重要的是，企业在这个问题上的一举一动均代表着企业的声誉、口碑与文化内涵。

摩托罗拉：“回旋镖”员工再雇佣

“回旋镖”员工是指那些离开公司以后又返回公司的人。虽然中国有句古话叫“好马不吃回头草”，但现在很多企业针对主动辞职员工设立的“回聘”制度证明了这句话的意气用事。摩托罗拉中国公司有十几名员工，包括中高级管理人员，都是与摩托罗拉小别之后再次“回头”的。

摩托罗拉不会对辞职员工有成见，而是一定问清楚他们为什么辞职，如果是公司内部问题，一定会引以为戒。与此同时，摩托罗拉的“回聘”制度鼓励主动辞职的员工“好马要吃回头草”，尤其欢迎是核心人才的前雇员回公司。因为前雇员已经熟悉企业文化、公司业务，较之新进员工降低了不少招聘和培养成本。很多重返摩托罗拉的员工还会受到公司的重用，原因之一是公司认为他们在离职期间转换了公司与工作岗位，会带来更多其他企业的新经验和新做法，摩托罗拉多元化的企业文化欢迎不同的经验分享与贡献。

为此，摩托罗拉设计了一套科学完备的“回聘”制度。明确“回聘”的目的是给拥有公司需要的工作知识和技能的前任员工提供工作机会，它的适用范围是所有主动提出辞职的前任公司常规雇员。但是，在雇佣前任员工时也必须严格遵守有关条例和步骤。例如，重新聘用的员工必须符合下列条件：符合目前职位要求，工作表现良好，辞职原因合理，人力资源部门负责证明该员工以前工作表现及辞职原因，提供的岗位应该基于重新雇佣员工所应该填补的空缺。

为了鼓励核心人才回归，公司对回聘人员制定了如下服务年限计算办法：假如前雇员在6个月之内被重新聘用，以前服务年限将累计计算；如果超过6个月，仅按照以前的服务年限提供奖励。如此计算服务期是因为员工的服务年限和个人的福利紧密挂钩。

对于赔偿和福利，摩托罗拉也制定相应的办法：6个月之内员工被重新聘用，赔偿和福利按照实际工作天数计算；超过6个月员工被重新聘用，赔偿和福利按照新员工标准计算；重新招聘职位或级别高于原先等级的员工，赔偿和福利一律按照新员工标准执行（不管是否满6个月）。

腾讯：用“南极圈”圈住前员工

“南极圈”是腾讯离职员工社交圈的代名词，最初由前腾讯员工潘国华创建。2014年，“大众创业、万众创新”的浪潮风起云涌，那些离职的“老企鹅”中有不少人创业成功，这给了潘国华很大的启发：为什么不把“南极圈”商业化，做成一家公司呢？早先从网易走出的李学凌创办了欢聚时代（YY）、唐岩创办了陌陌，这些公司都成功在美国上市。2013年之后越来越多的腾讯系创业企业出现：桔子理财创始人肖文杰是前腾讯财付通总监，腾讯第18号员工李华创办了富途证券，优刻得（UCloud）联合创始人及CTO都曾担任腾讯的技术总监……看到这样的机会，潘国华心生一念，将“南极圈”做成一家公司，打造一个创投平台。“南极圈”商业化之时——2014年10月，腾讯及时注资，成为公司股东之一。

公司成立后，“南极圈”主要服务于腾讯的离职员工，从事创业服务工作，提供一站式孵化、招聘、融资、公关等服务，还提供创业平台和免费的孵化空间。与此同时，“南极圈”还帮助离职员工回流到腾讯系，或者发现和帮助由离职员工创办的早期有潜力的项目。公司能够接触到的腾讯系创始人有近千人，孵化了几十个项目。而在成立公司之前，“南极圈”已经在创投圈和猎头圈小有名气，为红杉、IDG、经纬、真格、北极光等几十家风险投资机构，提供了近200个腾讯离职员工创业项目的对接。

离职员工进入“南极圈”需要进行验证审核，要有推荐人，明确告之哪年入职，在哪个部门从事哪项业务，在腾讯时的领导是谁，审核后才能入群。“入群其实只是个仪式，一旦确认是腾讯员工，我们会提供很多免费的帮助。”前腾讯员工，“南极圈”的合伙人李晖说。“南极圈”的订阅号标签特征鲜明，以创业为主，订阅者包括腾讯在职和离职员工、投资人以及外部的创业者，连马化腾等腾讯创始人也在其中。

“腾讯的光环对早期创业是有帮助的，但业务需要自己开展。”李晖说。“南极圈”学习国外YC孵化器的模式，孵化初创企业，同时占有几个点的股份，共同成长。此外，公司也在拓展合作，在北京、上海、长沙等地都设有合作的孵化器。

阿里巴巴：校友圈里建设生态

2010年，阿里巴巴离职员工圈开始出现，主要通过QQ群把对老东家有感情的员工聚到一起，发展到后来人数越来越多，诞生了各个子群，逐渐成长为规模化的社会组织，起名为“前橙会”。若要入会，需要凭阿里巴巴的工号。目前，“前橙会”已经形成“社群+培训+资本”的商业模式，社群中有投资人、创业者，也成立了直投基金，帮助项目融资，提供媒体宣传。

2018年底，阿里校友会被命名为“102班”，这是所有离开了阿里巴巴的阿里人的共同名字。其寓意为校友永远是阿里巴巴102年梦想道路上的同行者。

阿里巴巴对离职员工的管理并未随员工离职而结束。在员工离职后，阿里巴巴采取了以下措施与员工保持联系：(1) 保留工号。就像明星球员的荣誉号码一样，阿里巴巴为离职员工永远保留工号。(2) 保持链接。阿里巴巴会发微信和邮件给离职员工，并跟他们确认常用的联系方式。让员工离职之后依然感觉到自己好像没有离开阿里巴巴，还存在一个链接。(3) 离职员工大会。阿里巴巴每隔两年会举办离职员工大会。在离职员工大会上，阿里巴巴依然会感谢这些在阿里巴巴工作过、付出过的人。(4)“102班”离职员工生态圈。离职员工是对阿里巴巴的文化、状态、价值观最了解的，“102班”离职员工生态圈让大家能够在里面找到适合自己的立足点，去创业和合作。

离职员工变忠实“校友”

一直以来，管理咨询公司会像大学对待毕业生那样对待离职员工，通过校友制度保持联系帮助其完成过渡，为未来的职业成功做好准备。管理咨询公司这么做的原因很明显：以前的员工会成为未来的客户。其实，其他行业的公司也有类似的动因，前员工可能会再回来工作，或者将来成为客户、供应商、在职员工的导师以及公司品牌大使。2019年PeoplePath（之前名为Conenza）和康奈尔大学联合发布的一份报告表明，约1/3的企业前员工会以客户、合作伙伴或供应商的方式和之前的雇主保持联系，公司15%的新员工来自过去员工的推荐或返回的离职员工。

现在很多公司都将员工视为大学生，如为办公室配备运动器械以及其他校园生活的标配，为员工提供免费食物，发放印有公司商标的运动服，等等。

企业校友计划方式和规模各不相同。一些由公司员工监管，并有具体的会员准则和会费；另一些只是由企业建立网络社群，前任员工自己负责维系；最有野心的公司会提供整套校友设施。波士顿咨询公司、微软和德勤使用社交媒体、专门的校友网站和公司简报确保前员工与组织保持联系。这类平台可以用来展示过去和现任员工的成就，许多采访对象都指出这种方式很激励人心。例如，曾供职于克利夫兰美联储的员工说，即便在离开前公司十多年后，“在新闻上看到前公司的重要事件或重大进步，仍然感到和那里工作的人息息相关”。

校友计划通过重聚等活动为员工创造了维持社交关系的机会。有些公司还会为校友继续提供折扣优惠和员工辅助项目等福利，如领英的所有员工都享有领英高级会员。参加校友计划的员工更有可能为公司推荐新员工，或再回来工作。德勤等公司甚至以现金方式奖励成功推荐新员工入职的校友。公司还可以请校友来做项目，担任付费导师甚至从事全职工作。研究显示，更多雇主可以从定制化的校友项目中获益。

资料来源：宽容：好马请吃回头草．（2009－01－19）．https：//hr. bjx. com. cn/html/20090119/169115. html；腾讯“南极圈”、阿里“前橙会”、新浪“长浪人”……大公司离职人的另类生态圈．（2017－03－24）．https：//www. sohu. com/a/130074813－160373；DachnerAM，MakariusEE. Turn departing employees into loyal alumni：A holistic approach to offboarding. Harvard Business Review，2021，March-April.

讨论题：

1. 请分析高新技术企业维护与离职员工关系的必要性。
2. 结合案例内容，请谈谈其为企业主动离职管理工作带来的启示。

第4章

员工解聘与裁员管理

| 学习目标 |

● 了解员工解聘管理的对象和内容，包括对违纪员工、试用期不合格员工、各种预告和不可预告解除劳动合同的员工以及经济性裁员等员工的辞退。

● 明确对员工的解聘一定要以法律、企业规章制度和客观事实为依据，同时要严格按照事先规定的管理流程进行，应格外慎重处理解聘与裁员中的员工关系问题。

● 明确裁员的性质、管理原则和管理技巧。了解裁员是企业应对不确定的外部环境，提高人力资源效率的一种管理手段；明确员工的裁减必须按照相关的法律规定进行，并且要尽量体现人性化的特点。

第1节　解聘及其员工关系管理

一、解聘的对象与管理依据

根据我国现行的《劳动合同法》，所谓解聘，是指企业对违纪员工、试用期不合格员工、各种预告和不可预告解除劳动合同的员工以及经济性裁员等员工的辞退行为，即由企业或用人单位主动提出的与员工解除劳动契约的行为。对员工的解聘管理是员工关系管理中十分敏感和棘手的工作，在处理中一定要以相关法律、企业的规章制度和客观事实为依据，避免管理不善给组织带来不必要的麻烦，甚至引起法律纠纷。

（一）违纪员工的解聘管理

1. 法律依据

根据现行《劳动合同法》，严重违反用人单位的规章制度，严重失职，营私舞弊，对用人单位造成重大损害的，用人单位可通过开除、除名等方式来解除劳动合同。

2. 管理要点

用人单位对违纪员工行使劳动合同解除权需要注意以下几点：

（1）制定符合法律的、符合实际和易操作的员工奖惩办法。违纪员工的解聘不能违反法律规定，必须要有明确的、合法的规章制度存在，对解聘处罚的行为及处理要求应在员工手册上有明文规定，同时还必须满足法律法规要求、符合人之常情。

（2）针对企业实际，对违纪的内涵和行为表现要进行严格的界定和程度规定。需要解聘的员工必须是违纪行为达到企业制度所规定的严重程度或者给企业造成了重大损害的；而且被解聘的员工必须是经过教育和行政处分无效的，已从一般违反制度处理发展到需要严重违反制度处理程度的。

（3）违纪员工的解聘处理要严格按照程序进行。例如，需要给解聘员工申述的机会，在违纪解聘处理中要有记录和证据收集，解除员工的劳动合同要事先通知工会或员工组织等。

（二）试用期间员工的解聘管理

1. 法律依据

根据现行《劳动合同法》，试用期内员工无须理由即可提出解除合同，但必须提前三日提出书面申请；企业可以随时解聘试用期内的员工，但也要证明员工不符合录用条件。

2. 管理要点

一些企业不太重视对试用期员工的劳动合同管理，而且一些员工如果愿意留在应聘企业，也会在该时期内刻意做出一些好的表现，对此企业更应加强规范管理，特别是要注意及时解聘不符合企业标准的员工，以避免其转为正式员工之后加大企业的解聘成本。具体的管理细节包括：

（1）对录用条件进行明确规定，在招募员工时严格按照岗位任职条件和胜任能力进行筛选和录用。

（2）对试用期员工进行严格和专门的绩效管理，不仅应考核员工的任职能力，还应注重考察员工的职业操守、价值观和人际关系能力，并尽可能对考核情况有详细的记录。

（3）严格按照试用期合同规定的时间程序进行管理，对不符合标准的员工，在试用期间尽早做出相应的解除决定。

（三）预告解除劳动合同的员工管理

1. 法律依据

根据现行《劳动合同法》，预告解除劳动合同是指在劳动合同履行期内，发生了以下三种需要解除劳动合同的情况，企业须通过预先书面通知员工的方式，在经过三十日之后才可解除劳动合同的行为：其一，劳动者患病或者非因工负伤，在规定的医疗期满后不能从事原工作，也不能从事由用人单位另行安排的工作的；其二，劳动者不能胜任工作，经过培训或者调离工作岗位，仍不能胜任工作的；其三，劳动合同订立时所依据的客观情况发生重大变化，致使原劳动合同无法履行，经用人单位与劳动者协商，未能就变更劳动合同内容达成协议的。这些情况都属于无过错性解除合同。

2. 管理要点

对上述三类情形下的员工解聘管理，特别需要注意以下方面：

（1）患病员工医疗期满之后解除劳动合同。按照法律规定，在员工患病期间，企业是不能解除劳动合同的。医疗期满之后，如果员工可以继续从事原工作，或者可以从事由企业另行安排的工作，劳动合同关系继续有效；如果员工既不能从事原工作，也不能从事由企业另行安排的工作，企业可以解除劳动合同。

（2）对不胜任工作员工的解聘。对这类员工的解聘比较复杂，操作难度大，需要注意的问题是：首先，企业对“不胜任工作”要有科学的标准和可操作的明文规定。一般在企业制定的绩效考核办法中有所规定。其次，解聘不胜任工作员工要经过培训和岗位调换程序，证明员工确实不适合在本企业工作，方能做出解聘处理。最后，对不胜任工作员工的解聘要按照法律规定提前书面通知，并支付经济补偿。

（3）因客观情况发生重大变化而解除的劳动合同。所谓客观情况发生重大变化，是指在订立劳动合同时所依据的客观情况发生了变化，致使劳动合同无法继续履行。例如自然条件、原材料或能源的供给条件、生产设备以及劳动安全卫生等客观条件，在劳动合同订立之后履行之中发生了异常变化，使得合同行使的客观基础丧失，合同目的不能实现。在这种情况下，允许劳动者或用人单位解除劳动合同。

根据这一原则解除的劳动合同应具备两个条件：其一是不可预知，即在订立劳动合同的时候不能预见到；其二是不可归责，即客观情况发生的变化不是任何一方的责任。即使如此，在合同解除之前，企业还需要做以下工作：与员工协商能否变更合同内容、预告解除合同、安排其他工作，以及支付经济补偿等。

总之，在上述三种预告解除劳动合同的情况下，企业需要注意的问题是：第一，在规定时间内以书面形式提前预告员工；第二，积极寻找变更合同内容的办法和途径；第三，制定详细的管理规则，做好基础性管理工作；第四，按照法律标准支付必要的经济补偿。

（四）不可预告和裁员解除劳动合同

1. 法律依据

根据现行《劳动合同法》第四十二条，劳动者有下列情形之一的，企业不能以预告解除和裁员解除的条件为由与员工解除劳动合同：

（1）从事接触职业病危害作业的劳动者未进行离岗前职业健康检查，或者疑似职业病病人在诊断或者医学观察期间的；

（2）在本单位患职业病或者因工负伤并被确认丧失或者部分丧失劳动能力的；

（3）患病或者非因工负伤，在规定的医疗期内的；

（4）女职工在孕期、产期、哺乳期的；

（5）在本单位连续工作满十五年，且距法定退休年龄不足五年的；

（6）法律、行政法规规定的其他情形。

由于劳动者在劳动关系中处于弱势地位，因此这样的规定更有利于保护劳动者的合法权益。但是不得解除不是说就是“铁饭碗”，只是相对而言。

2. 解决方法

上述限制用人单位解除劳动合同的情形，只是适用于用人单位不得依照非过错性解除和经济性裁员的规定解除劳动合同，如劳动者有过错的话，还是能够解除的。

如果劳动者发生了工伤、职业病等情形应当先进行鉴定，鉴定完毕后与公司协商，协商不成可以向本单位劳动争议调解委员会申请调解，调解不成，当事人一方要求仲裁的，可以向劳动争议仲裁委员会申请仲裁。对仲裁裁决不服的，自收到裁决书之日起十五日内，可以向人民法院提起诉讼。

二、员工解聘的原则与流程

解聘是离职方式中最强硬、最困难和最纠结的形式。无论从员工的角度还是企业的立场看，都是如此。从员工角度讲，虽然被企业解聘也可能会找到更合适的工作，离开现有企业也并非绝对是一件坏事，但解聘属于员工非自愿流出，是违背员工意愿的事情，而且解聘后要找到心仪的工作并非易事；从企业立场看，即使解聘不满意的员工也很困难，而且要付出多项成本。当解聘被认为是解决问题的必要方法时，管理者应依法快速做出决策，避免员工不安定和不满情绪的扩大及加大工作难度。为此，可遵循以下管理原则和管理流程。

（一）解聘管理原则

企业在决定解聘员工时，应遵循以下管理原则。

1. 有据，以法律为依据

解聘的第一个原则是以事实为根据，以法律为准绳。我国相继出台了《劳动法》《劳动合同法》《促进就业法》等一系列与员工解聘管理相关的法律、规定和条例，这些都对解聘管理和相关的员工关系管理起着严格的规范和协调作用。人力资源部门要严格依法管理，与当地的政府机构和劳动部门建立密切的关系，及时得到法律和政策方面的咨询与支持。

解聘员工要有符合法律的理由，企业要本着公正、协商的态度处理解聘问题，只有根据事实才能说服被解聘的员工，其他员工才不会受到影响。如果以强势和压服的姿态随便处置员工的解聘，不仅会激化与被解聘员工的关系，也会影响企业在留任员工中的形象。

2. 有义，考虑员工的尊严

在解聘员工时，应充分顾及被解聘员工的尊严与体面，减少因被解聘而给其带来的不快，同时也可减少被解聘者对公司的潜在威胁。

3. 有力，处理果断，态度坚决

对解聘员工明确表达公司立场，不要拐弯抹角，一旦决定，立即实施。尤其是对有违规行为的员工，态度更应坚决果断。

（二）解聘管理流程

当企业需要解聘员工时，可能会解聘表现正常的员工，也可能会解聘那些在正常工作情况下表现不太好、绩效不佳的员工。在这种情况下，企业要本着规范和风险防范的原则制定解聘员工的工作流程，从而实现企业各部门的统一协调运转，得到更有效的资源配置。具体的员工解聘流程如图 4-1 所示。

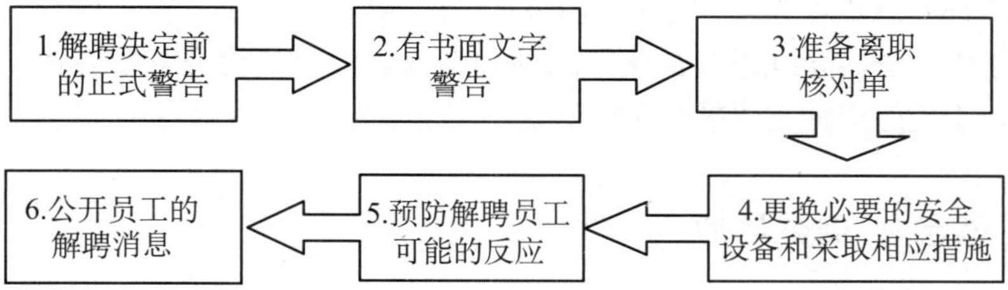

图 4-1　员工解聘流程

1. 解聘决定前的正式警告

在做出解聘决定之前，要与员工进行正式沟通，让员工有心理准备，避免搞突然袭击。特别是对那些因犯了错误而被解聘的员工，在采取解聘决定之前要提出正式警告和相应的处理措施。

2. 有书面文字警告

对业绩不佳和有违规行为员工的解聘，仅有正式的口头警告是不够的，还要有经过双方签字确认的书面警告，并向员工出示《解除劳动合同通知书》。只有具备这些条件，企业才具有解聘员工的法律资格。

3. 准备离职核对单

员工到人力资源部门领取离职核对单，书面的离职核对单包括《离职手续办理单》《离职员工工作交接单》《岗位离职资产交接单》等，告知员工办理离职手续和工作交接，如内网注销、归还办公室钥匙、交接文件、去财务部门结算等。离职核对单也是书面离职通知单，它能够帮助员工疏解紧张的心理，妥善处理好离职事宜。

4. 更换必要的安全设备和采取相应措施

解聘员工应在约定的交接时间内，首先办理完本部门的工作移交，并按照《离职手续办理单》分别到其他部门办理交接手续，办理完成后由人力资源部门核算薪酬和福利；另外，解聘员工后，企业要注意马上更换/新其所属部门的密码锁、门卡、计算机安全系统等，同时收回解聘员工的钥匙、证件等。

5. 预防解聘员工可能的反应

一些被解聘的员工因为不是自愿离开企业的，可能会有冲动反应或不理智行为，相关人员要提前做好准备和风险预防工作。

6. 公开员工的解聘消息

人力资源部门须在确认所有离职手续已办妥后，为离职员工开具《离职证明》，办理社保和公积金转移手续；还要事先准备好在适当的时机将解聘消息公开，并做好留任员工的工作，以防止不属实的小道消息传播，引起其他人员的误解。

第 2 节　裁员及其员工关系管理

在现代企业中，裁员已不是个人“业绩差”或企业“濒临破产”的代名词，而是经常作为一种经营或管理手段。组织从生存和发展的角度去裁员，是为了降低人工成本，提高劳动生产率和渡过难关。伴随着竞争的加剧，裁员更成为一种管理常态和惯例。如果企业不能本着合法、合理或人性化的原则和态度进行裁员管理，极易在实施过程中损害双方利益，引发劳资冲突，破坏企业形象。

一、裁员的概念、类型与特点

（一）裁员的概念

裁员是指企业基于自身的人力资源需求，以非员工意愿单方面解除聘用合同的方式，裁掉不适应企业发展或相对冗余的员工，终止与其的雇佣关系的行为。裁员是一种“理性的人力资源缩减或退出行为”，是企业为了保持自身的持续成长和发展所采取的措施之一。裁员的目的主要是缩小人员规模，降低人工成本，提高效率，改善企业绩效。

（二）裁员的类型

根据裁员的动机可以把裁员行为划分为经济性裁员、结构性裁员和优化性裁员三种类型。

1. 经济性裁员

经济性裁员是指市场因素或者企业经营不善，导致经营状况出现严重困难，盈利能力下降，企业受到生存和发展的挑战，为降低运营成本，被迫采取的裁员行为。

2. 结构性裁员

结构性裁员即由企业业务方向和市场变化导致内部组织结构重组、分立或撤销进而引起的集中性人员削减。结构性裁员的依据是原有的产品和服务遇到市场需求变化，需要及时对产品线进行调整、压缩、撤销而裁减生产人员，同时也减少相关配套服务、管理支持部门的人员。结构性裁员既可能发生在企业困难时期，也可能发生在快速成长的转型时期。

3. 优化性裁员

优化性裁员是企业为保持人力资源的质量并优化结构，根据绩效考核结果解聘不合格员工的行为。优化性裁员的目的是淘汰不适合岗位的人员，调剂出岗位空缺并补充新的人员。裁员的对象通常是业绩不佳、人际关系不好、团队合作能力差的员工。

《劳动合同法》所规定的裁员主要指经济性裁员和结构性裁员，对于优化性裁员则不能够参照裁员规定进行处理，而应当按照劳动合同解除的一般规定来执行。

在三种裁员类型中，又可根据企业的决策行为分为主动裁员和被动裁员。一般而言，结构性裁员和优化性裁员属于主动裁员，经济性裁员属于被动裁员。

（三）裁员的特点

1. 经济性裁员的特点

从经济学的观点看，经济性裁员的数量是一个不确定的值，假设其他因素不变，则预期总利润越低，边际人均利润与正常年度人均利润的差距越大；只有当裁减足够数量的人员后，边际人均利润才能达到正常年度人均利润。因此，企业经营越困难，经济形势越严峻，裁员数量就越多，且随经济状况的恶化而加剧。当经济形势或企业经营状况好转后，裁员减少或停止。

企业发展周期一般可分为成长、兴盛和衰退三个阶段。经济性裁员一般发生在企业发展周期中的衰退阶段。在该阶段，虽然组织形态和管理系统仍稳定和正常运转，但经营业绩已明显下滑，尤其是劳动力成本和产品成本凸显，企业难以应付日常的费用支出，同时还急需研制开发新的产品或替代产品。此时人力资源部门需要适应组织变革和技术变革，全面裁减冗员、不合格人员和非生产性人员，帮助企业渡过难关。

另外，《劳动合同法》第四十一条对经济性裁员的适用条件进行了规定。

一是裁员必须符合法定情形，具体包括：（1）依照企业破产法规定进行重整的；（2）生产经营发生严重困难的；（3）企业转产、重大技术革新或者经营方式调整，经变更劳动合同后，仍需裁减人员的；（4）其他因劳动合同订立时所依据的客观经济情况发生重大变化，致使劳动合同无法履行的。只有符合上述法定情形之一，才能采取经济性裁员的方式。

二是裁员人数必须达到法定标准，即裁减人员在二十人以上或者裁减不足二十人但占企业职工总数百分之十以上。不符合法律规定的裁员人数条件的，不能适用经济性裁员的规定。

三是用人单位采用经济性裁员，需要征求工会或全体职工的意见，并向劳动行政部门报告。用人单位在符合经济性裁员的条件时，需提前三十日向工会或者全体职工说明情况，听取工会或者职工的意见后，裁减人员方案经向劳动行政部门报告，可以裁减人员。

用人单位只有同时符合以上三个条件，才能够进行经济性裁员，否则要承担违法解除劳动合同的法律后果。

2. 结构性裁员的特点

结构性裁员是由组织结构的重组、分立、撤销等原因导致的。组织结构变化需要裁减的人员一般是某项业务团队或某一职能部门的整体人员。通常依据企业的战略变化、人员结构、业务特点和企业文化等情况决定结构调整后的所需人员，进而决定企业结构性裁员的数量和水平。

结构性裁员一般发生在企业发展的兴盛阶段或衰退阶段。当企业处于兴盛阶段时，企业组织和管理健全，经营业绩稳定在较高水平，并创历史峰值。此时企业的最大需求是推动组织变革、技术变革和产品创新，延长企业兴盛期年限，避免过早进入衰退期，并尽快发现企业新的利润创造平台。因此，人力资源管理策略应是以组织变革为契机，吸引和留住创新人才、淘汰不合格人员、缩减非生产性人员。在衰退阶段，结构性裁员和经济性裁员往往同时进行。

3. 优化性裁员的特点

优化性裁员具有很强的期间性，通常以一个季度或年度为周期，一般发生在期末或年度绩效考核结束后，裁员数量通常根据个人或团队考核结果确定。

优化性裁员可发生在企业发展周期中的所有阶段，但在成长阶段的作用比较明显。该阶段企业的特征是经营规模不断扩大，组织形态和规章制度处于不断完善之中，企业需要通过人力资源开发形成竞争优势，以加速企业发展。因此，成长阶段的人力资源管理策略应是以引进高素质人才为主，鼓励创业、创新，充分发挥优秀人才的作用，同时不断淘汰能力和素质不符合要求的人员。

（四）对裁员的正确认识

第一，企业的变革是一种常态。市场是不断变化的，企业也要在变化中寻求获取持续竞争优势，谋求更大的市场发展。经营战略的转型、组织结构的变革和生产流程的重组是企业变革的重要组成部分，反映到人力资源方面，都会导致人力资源结构的变化，从而引起裁员。

第二，中国企业所面临的一个基本问题是人均效率低下，这与企业的粗放式经营与管理，靠资源和人力的大量投入来获取成长的增长模式是相适应的。未来中国企业要致力于提高人均效率，要从资源消耗型走向资源集约型，理性裁员是一个必然途径。

第三，人力资源区别于其他资源，它既有创造价值的一面，又有独特的一面。首先，人力资源有自我就业选择权，导致人才选择有利于其个人发展的企业。其次，人力资源会退化，如果企业员工过于稳定，员工创业激情就会衰减，员工能力在岗位上得不到提升，就会退化。最后，人力资源会沉淀，如果员工缺乏压力和动力，不再努力工作和学习，没有创新，员工就会从人才变成庸才。因此，通过裁员，可以铲除沉淀层，使组织的效率提高，这也是一个必然趋势。

第四，裁员是企业人力资源退出机制的重要组成部分，是企业竞争淘汰机制的内在要求。企业通过裁员，可以使员工感受到市场竞争压力，从而激发内在动力，使整个组织充满活力。

案例 4－1

徐某于2018年5月14日入职某公司，任职人力行政总监，双方签订了期限自2018年5月14日至2021年5月13日的劳动合同。该公司出具的、经徐某签字确认的薪资约定载明：“薪资标准：年薪250 000元，月工资占80％（月基本工资13 333元＋月绩效工资3 333元）；预留工资标准占20％，50 000元（该部分工资发放日期为2019年1月10日前，依此类推，若员工中途离职，按照实际工作的天数折算）。”徐某工作至2018年12月24日，公司向其支付工资至2018年11月30日。2018年12月24日，公司做出《关于公司停业的通知》并在公司微信群中发布，其中部分内容如下：“公司长期处于亏损状态，在注册资本完全亏损之后，公司股东后续提供的大额借款也陆续亏完了。公司实际上处于破产的状态。……股东们集体协商决定停止经营行为，已经明确承揽的业务除外。……请名单以外的员工，（1）向腾某和李某交接公司的各项资产和资料（包括公章、合同原件、项目资料等）；（2）与腾某和李某协商劳动赔偿事宜，公司将基于相应的劳动合同和法律规定进行赔偿。”

点评：

在本案例中，该公司以公司停业为由将徐某辞退，但未能证明辞退事由具备事实与法律依据以及履行合法程序。根据《劳动合同法》第四十一条的规定，所谓经济性裁员，在裁减人员数量上有限制性规定。用人单位在裁员之前，还需提前三十日向工会或者全体职工说明情况，听取工会或者职工的意见后，裁减人员方案经向劳动行政部门报告，方可裁员。此案例中，用人单位打着经济性裁员之名，行违法解除之实。

二、裁员的作用

裁员及裁员管理作为人力资源管理的一种手段，其作用如下。

（一）适应市场竞争的需要

合理的裁员是企业精简机构，降低运营成本，增强自身竞争实力的有效措施。由于各种原因，很多企业存在机构臃肿、人浮于事的问题。当经济运行状态良好、所处行业发展迅速、竞争压力不大时，这些问题的负面影响往往被忽视。一旦产品供大于求和产能过剩，市场竞争加剧，问题就会浮出水面，成为威胁企业生存发展的主要因素。而控制企业规模、通过“瘦身”降低人工成本也成为应对危机的手段。

（二）作为企业变革的工具

为适应外部环境的变化，企业必须进行经营战略、组织结构和生产流程的变革，包括人力资源规模和结构的调整。因此，裁员是企业适应变革的一项重要举措。

（三）提高人力资源配置效率

优胜劣汰是自然界和人类社会共有的客观规律，对企业也是如此。要想在激烈的市场竞争中避免被淘汰，就必须保持竞争所需的生机。合理的人员流动可以保证人力资源的配置效率，合理的人员退出机制则是保持员工队伍新陈代谢的必要手段。

（四）成为激励留职员工的手段

裁员会对留职员工产生深刻的影响，使其意识到自己的价值和能力，如果这时企业辅之合理有效的管理措施，则会激励他们积极参加公司的管理和决策；裁员之后的工作调整，给予员工新的发展机会，能够激发留职员工的工作和创造热情，帮助其树立新的价值观，重新找到归属感，优化团队管理。这是裁员取得的额外收获。

三、裁员的方法

（一）自愿离职法[①]

自愿离职法一般由企业制定离职补偿标准，员工自愿递交辞呈。离职补偿标准一般

① 柏培文，孟宪忠．企业裁员八法．企业管理，2005（9）．

会高于法律规定的要求，带有一定的补偿和赎买性质。自愿离职法的优点是有利于维护企业的形象，使员工有一定的安全感、尊严和自由度。但弊端在于，会促使一些有真才实干的人主动选择离职，拿着补偿金另谋高就，而平庸之人仍滞留在企业，并不能真正实现提升人力资源竞争力的初衷。自愿离职法通常适用于企业的经济性裁员。

（二）提前退休法

提前退休法是一种比较温和的裁员方式，由企业制定出标准和条件，促使一些年龄较大或能力较差但还没有达到法定退休年龄的员工，提前退出工作岗位。这些员工一般可以获得由企业给予的一次性补偿或者其他优惠待遇。提前退休法的优点是促进人员年龄配置的优化，通过经济补偿减少年老员工的离职损失。在执行中要避免与现行劳动法规发生冲突。

（三）绩效淘汰法

绩效淘汰法是一种刚性的指标性裁员方法，比较常用的是末位淘汰法。就是在年终绩效考核结果出来后，一定比例的绩效差的人员必须离开企业或者岗位。末位淘汰法的优点是促进员工之间的竞争，提高绩效；缺点是给员工带来压力，有可能造成员工追求短期行为、人际关系紧张和对企业忠诚度下降等负面影响。此外，末位淘汰法的合法性与合理性也遭到质疑。

（四）弹性裁员法

弹性裁员法是通过减薪、向下派遣员工等方式达到减员但不裁员的目的。常用的方法有以下几种：第一，全员自愿减薪代替裁员，其做法是在保持或降低人工总成本的情况下，不减少员工规模，但降低人均收入水平。第二，向下派遣式裁员，即通过把员工派到下属公司、合作单位或基层单位达到裁员目的。这样做的好处是能使有较高才能的员工进入所需要的岗位，而绩效不佳者离开关键岗位，提高员工-岗位的匹配程度。第三，用短期雇佣合同代替长期雇佣合同，使一部分员工成为非固定或非正规编制员工。但该方法在实施过程中也必须严格遵循现行劳动法规。

四、裁员的实施步骤

尽管企业的任何裁员行为都需要依据法律规范进行，但也应该针对企业实际，制定科学、合法和有效的实施方案，使裁员过程中企业和员工双方的损失降到最低。典型的裁员包括四个阶段：裁员方案设计阶段，选择/保留阶段，实施阶段，沟通阶段。[①]

（一）裁员方案设计阶段

该阶段的工作是评估裁员的必要性以及制定裁员的总体规划，通常工作步骤如下。

---

① 程延园．员工关系管理．上海：复旦大学出版社，2004.

1. 确定必要性与可行性

裁员是一项影响大、需要谨慎行事的工作。在实施前，一定要明确企业战略及目标，确定裁员的必要性和可行性。具体包括：第一，审核企业的业务战略与愿景目标，确定新的组织架构和人力资源配置模式；第二，对裁员的成本与收益进行评估；第三，列出具体岗位裁员的数目和依据。

2. 组建管理团队和制定时间表

组建裁员的管理团队是裁员工作的组织保障。裁员管理团队一般由企业的最高领导者或授权主要负责人担任组长，成员包括工会、人力资源部门、被裁员机构/部门的负责人等。同时要制定详细的时间表和操作步骤。依据一些企业的经验，为降低裁员的负面影响，一般方案设计和准备的时间长，但具体实施的时间短，行动迅速。

3. 设计详细的实施过程

裁员方案要对裁员过程进行详尽和具体的实施设计。第一，确定被裁员工名单和依据；第二，确定遣散费、补偿费的数量及法律依据；第三，制定保留/重新雇佣战略等。裁员方案确定后，向上级部门报告，向工会报备，实施双报程序。

4. 制定有效的沟通策略

为确保平稳裁员，要由专业人员制定有效的沟通策略。沟通内容包括公司战略、裁员原因介绍、裁员标准和裁员过程说明等；沟通方式包括员工会议、通知、信函和内部刊物等；沟通时机的选择要恰当，不要过度推延，不宜在年终奖发放之前进行等。

（二）选择/保留阶段

该阶段的主要工作是对裁员对象进行筛选确认，必须符合裁员原则，合法有效，按标准核算经济补偿。工作步骤如下：

（1）确定保留/裁减及评估过程，包括制定筛选标准、确定裁员对象等。

（2）确定被裁人员名单和保留人员名单。

（3）对各类人员名单进行再评估。

（三）实施阶段

实施阶段包括解聘人员的遣散工作和保留人员的再聘任工作。需要确定裁员的费用计划以及再招聘计划，包括遣散费、补偿费、额外工资的发放以及员工的轮岗和再招聘等问题。

1. 遣散方案实施

人员的遣散方案实施包括两个步骤：一是确定遣散费用的整体方案，包括遣散费用的计算依据、计算方式以及福利方案审定。按照通知要求，及时办理离职手续，由人力资源部门负责结算考勤工资和经济补偿，由财务部门按照程序打款。二是确定新职业或工作介绍方案，为被裁员工提供建议和咨询服务，提高他们对市场的了解和重新被雇佣的能力，以及在面试时提供尽可能的帮助等，以减少裁员的负面影响。

2. 保留/重新雇佣方案实施

该过程也包括两个步骤：第一，制定重新雇佣方案，包括阐明工作、薪酬和福利等问题，使员工及时了解企业动态，确定个人发展计划。第二，制定人员保留方案，包括构建新的员工保留机制、确定员工保留计划等。

（四）沟通阶段

该阶段要尽最大努力做好留任员工和被裁员工的沟通工作，以防发生意外事件。针对个别异常员工的问题，及时受理被裁员工的问题与申诉，调查问题原因，向上级汇报并形成处理意见，之后跟踪落实情况。

裁员工作，各级管理者必须自始至终基于事实清楚、方案合法、流程规范、资料齐全等原则，考虑到各种风险，并且做好应急预案，确保高效推进。被裁员工应及时关注裁员方案的合法性，特别是与部门领导及时沟通，确保个人的合法权益不受侵犯，能按时足额拿到工资和经济补偿等。如果个人权益无法保障，可以拿起法律的武器，通过仲裁或诉讼来维护权益。

第3节　解聘和裁员中的员工关系协调策略

在员工解聘和裁员中，要更加重视对员工关系的管理。因为这些不是单纯的终止雇佣合同行为，还涉及企业与员工之间的关系处理，以及企业声誉和形象的维护等。为简便起见，我们将两类被动离职（解聘和裁员）结合在一起，统称为解雇过程中的员工关系处理。

一、组织与人员保障

（一）设立专项员工关系主管

在必要的情况下，企业需要设立专门的离职、解聘和裁员的员工关系主管，专项负责管理工作，包括进行解雇中的依法管理、风险管理、建立和动态维护离职员工关系管理数据库、跟踪离职员工情况以及在可能的情况下召回离职员工等。

（二）利用第三方进行解雇处理

为了减少被动离职过程中的矛盾，特别是对较大规模的裁员行动来说，除了需要由组织高层决策和多部门的参与，还可以聘请专业咨询公司进行策划和组织实施。这样做有以下好处：一是可以避免直接的冲突；二是专业人员有经验、熟知法律，可以避免违规操作。但是需要注意专业咨询公司的信誉，并做好与内部管理人员的分工和关系协调。

二、法律遵从与合法解雇

（一）依法雇佣和解雇

随着我国相关劳动法律的不断完善，对解雇员工的程序处理和关系协调越来越规范，企业必须依法进行员工的解聘和裁员：首先，深入研究和掌握法律对解聘和裁员的标准和要求；其次，制定公平合法的裁员处理方案和程序；再次，在处理过程中，尽可能地规避劳动争议和冲突，特别是针对敏感人员和敏感事件要制定具体可行的防范对策；最后，在整个用工管理过程中遵循公平、公正和公开的原则。

（二）防范法律风险

企业严格按照法律，特别是《劳动合同法》进行解聘和裁员，有利于规避法律风险；否则有可能引发劳动争议，甚至会受到法律规制。防范法律风险可以采取以下措施：一是自劳资双方缔结劳动合同之时，就依法行事；二是在解除合同时以法律为准绳。管理者切忌有侥幸心理，不要认为在企业强势的情况下就可以无视和规避法律。对员工也要进行相关的法律教育，避免在解雇过程中发生极端和恶性事件。

（三）进行解雇合法性的评估

解聘特别是裁员工作结束后，企业要主动进行工作总结和效果评估，包括对解雇合法性进行评估。例如，英国的《雇佣法》中规定了三种形式的解雇：公平解雇、不公平解雇和错误解雇。其中，后两种解雇对雇佣双方都可能造成伤害。

对不公平解雇的概念，国外有相关法律进行界定，我国的法律也在逐步完善。例如英国将不公平解雇行为列了 16 条之多，其中包括参与工会活动、怀孕或分娩、工作转换、拒绝在周日工作、揭发错误和不法行为以及与兼职管理法相关的原因等。错误解雇主要是与雇主错误终止和破坏劳动合同的行为有关，一般包括雇主对即时解雇没有通知或通知不充分，定期合同到期前终止合同，特定任务的合同在任务完成前终止，没有遵守合同上的惩戒程序而以惩戒原因终止合同，没有遵循合同上的裁员程序而以裁员原因终止合同。[①]

人力资源部门应该按照我国现行法律标准和本企业实际情况，对解雇行为进行评估和检查，以免发生因解雇处理不当而导致的劳动纠纷。

三、重视解雇面谈

员工解雇面谈与主动辞职面谈不一样，企业在信息掌握方面占有主动地位，员工处于相对被动地位，其中最为关键的面谈目标是达成对离职方案的一致意见。因此，员工被动离职面谈更复杂和敏感，需要人力资源管理者综合运用相关学科的知识和方法。解雇面谈包括以下内容：

（1）告知公司的解聘决定和解聘理由；

（2）告知员工具体的解聘方案，涉及合同认定情况、工资支付、福利享用和工作交接安排等关键条款；

（3）听取员工的辩解，观察员工的情绪和心理变化，适时引导；

（4）对员工关心的实质性问题进行政策解答和咨询，向员工提供相应的政策帮助，

---

① 李维斯，桑希尔，桑得斯．雇员关系：解析雇佣关系．大连：东北财经大学出版社，2005.

必要时请专家从第三方的角度提供支持；

（5）在集体性裁员或成规模解聘时，可以引进法律专家和心理辅导专家共同参与，为员工提供面对突发失业情况的策略和心理辅导，帮助他们渡过抗拒、不认可现实的心理难关，防止出现意外事件，造成不良影响。

四、妥善安置被解雇员工

除了在解聘和裁员中按照法律行事，企业还应该给予员工更多的人文关怀，特别是对于那些由于企业方原因被解雇的员工，除了法律规定的条款，还应给予如下帮助：寻找新的工作机会，将解雇员工安置在新企业或介绍到其他企业中去；采用临时雇佣的形式安置一些员工；与职业中介建立联系，进行转岗培训和介绍工作等。对于因企业效益不好而裁减的员工，也应该承诺，当企业效益好转或人员扩充时，优先考虑重新招募这些被裁减的人员等。

做好解雇后的员工关系处理非常重要，有着重大意义。首先，对于在职员工有正面的激励作用，当出现解聘或裁员时，其他员工都在观望，想到自身处境，因此处理好与被解雇员工的关系，对其他员工会产生激励作用；其次，更能彰显企业文化，有利于提升企业形象和声誉；最后，有利于企业的业务发展，被解雇员工有可能会给企业带来一些相关的任务量。因此，解雇员工时要尽量使其得到公平公正的对待。

□ 关键术语

解聘　裁员　经济性裁员　结构性裁员　优化性裁员

□ 复习思考题

1. 企业在哪些情形下可以解聘员工？
2. 解聘员工的流程及注意事项有哪些？
3. 企业裁员有哪些类型？各有什么特点？
4. 企业裁员的法律依据和基本程序有哪些？
5. 如何正确处理解聘和裁员中的员工关系？

□ 案例分析

甲骨文中国研发中心的裁员风波

2019年5月7日，多位被裁员工向澎湃新闻记者确认，甲骨文北京公司上午召开会议，宣布参会员工均已被裁员。被裁员工早上收到的会议通知中，也没有说明会议内容，因此这一消息显得十分突然。

多位被裁员工表示，这次裁员，甲骨文在中国有研发中心的城市均有涉及，包括北京、上海、苏州、深圳、大连等。

有被裁员工称，甲骨文中国这次裁员主要裁的是研发中心人员，首批裁员约900余人，其中超过500人来自北京研发中心。一位了解甲骨文裁员情况的人士向澎湃新闻记者表示，整个甲骨文中国研发中心都要关闭，并称这是甲骨文美国总部的决定。甲骨文在中国的研发人员约 1 600 人。对此，甲骨文中国的一位公关经理向澎湃新闻记者表示："这个我们现在没有回应。"

本月内离职的员工补偿 N+6

此次甲骨文对离职员工的补偿方案，根据签解约合同的时间，分为三个等级。解约合同签得越早，补偿越多。一位被裁员工透露，"5 月 22 日之前签解约合同，是 N（工作年限）+6（个月薪酬）的赔偿，一个月后，即 6 月 7 日签是 N+1，再往后就只有 N 了。"

较为年轻的员工对这样的赔偿条件还算满意，"比国内其他企业好很多。"但一些级别高、年龄大的员工对这样的安排并不满意。他们表示，N+6 的赔偿条件看似很高，但对资深员工来说并不公平。

一位资深员工说："现在公司把（月）工资上限只打到 2.5 万元，很多级别高的员工，工资远远超过这个数。"更有年龄大的员工担忧，短时间内可能找不到工作。

员工表示公司仍在盈利

一位老员工表示："不理解公司为什么突然裁员，产品线上还在盈利。正常情况下，如果公司财报连续三年盈利，是不允许裁员的。"甲骨文被裁员工在公司现场提出的诉求包括："把工作机会留在中国""High Profit，Why Layoff（高利润为何裁员）""反对甲骨文只要中国市场，不要中国员工"。也有多位员工表示，自己对公司即将裁员的消息，有一定的心理准备。

现在，甲骨文正在与员工进行一对一对谈，对解约条件、诉求等进行进一步的沟通。

甲骨文全球裁员背后有何考量

需要指出的是，甲骨文正在推进的裁员计划并非仅在中国实施。一位甲骨文北京公司被裁员工向澎湃新闻记者表示，自己不属于中国研发中心，而是属于运维部门，归属印度团队。他也收到了裁员通知，自己的印度老板对此并不知情。

而在 1 个月前，甲骨文美国加利福尼亚州办公室产品研发部门就已经向监管部门提交了裁员文件。据外媒 CRN 3 月 26 日报道，美国加利福尼亚州监管文件披露，甲骨文将在该州永久裁员 352 人，裁员将从 5 月 21 日开始，包括 255 名甲骨文雷德伍德城总部员工和 97 名圣克拉拉办公室员工。文件中，甲骨文表示，公司"重新评估了其产品重点和技能组合的差距，由于这些原因，公司决定解雇产品研发部门中的特定员工"。文件中还提到，这一批被裁的员工绝大多数是软件开发人员。

裁员的同时，甲骨文也在招聘新员工。裁掉软件开发人员之后，甲骨文新招的员工很多是云服务领域的工程师。一位前员工告诉 CRN，很多新进公司的工程师来自微软 Azure 云部门和亚马逊 AWS 云部门，他们被付以高薪，试图改善甲骨文陷入困境的云服务部门。

甲骨文发言人赫林格（Deborah Hellinger）此前曾发布声明称："由于我们云业务的发展，我们将不断平衡我们的资源，重组我们的开发团队，以确保我们拥有合适的人员，为全球客户提供最好的云产品。"

资料来源：甲骨文中国研发中心大裁员：离职赔偿 N+6，资深员工不满．(2019-05-07). https://mq.mbd.baidu.com/r/U2G6nCf3Pi? f=cp&u=1a68d9e1158f35e2.

讨论题：

在本案例中，企业执行裁员工作存在哪些不足？

第 5 章

员工纪律、惩戒及不良行为管理

| 学习目标 |

● 明确员工纪律管理是企业为了保证正常的工作和经营秩序而对员工的行为进行规范的一种正式管理行为。

● 掌握员工纪律管理的原则。

● 了解员工违纪行为惩戒管理的原则、程序和要点，明确企业有责任和义务对员工的违纪行为进行惩戒管理。

● 重视对“问题员工”及其不良行为的规范管理，将其作为组织纪律和惩戒管理的重点。

第 1 节　员工纪律管理

一、员工纪律管理的内涵与类型

（一）纪律及员工纪律管理的内涵

1. 纪律的内涵界定

广义上说，纪律就是秩序。纪律是企业为了保证正常的工作和经营秩序而对员工的行为进行规范的一种正式规则。纪律并不意味着僵硬的规定和严格的条例，而是为了保证正常而有序的活动。良好的纪律能够确保企业及全体员工的根本利益，同时也能够防范某些侵犯他人利益和权利的行为发生。

2. 员工纪律管理的内涵和目的

员工纪律管理是指引导员工遵守企业的各项规章制度和劳动纪律，维护企业内部良好的秩序，并且凭借奖励与惩罚等措施纠正、塑造员工的工作行为，提高员工的组织纪律性，同时允许员工通过书面或口头的形式对企业的有关规定提出建议的一种正式管理行为。员工纪律管理在某种程度上对员工行为起约束作用，同时也有利于不断完善企业的管理方针，使其在动态发展中渐趋成熟。

（二）员工纪律管理的类型

纪律是一种行为规则。违纪行为的产生有多种原因，它常常与员工的不当行为和工作态度、管理者不恰当的管理方法以及组织不合理的政策和期望联系在一起。员工纪律管理强调“改变员工行为”的过程。根据其功能和作用，员工纪律管理可以分为预防性管理和矫正性管理两种类型。

1. 预防性的纪律管理

预防性的纪律管理也称事前管理，强调员工要遵守劳动标准和规则，并主张采用积极有效的激励方法，预防违规违纪的行为发生。

2. 矫正性的纪律管理

矫正性的纪律管理也称事后管理，指当员工出现违规行为时，为了阻止该行为的继续发生，或者防范类似行为扩散而采取的管理措施。矫正性的纪律管理偏重采取某些处罚形式，如警告、降职或降低报酬等对员工的违规行为进行矫正。

二、员工纪律管理的原则

维持并贯彻工作场所的纪律规则是管理者和员工双方的责任。管理者应按照合法、合情、合理和以教育为主的原则对员工进行纪律管理，员工也应该以遵守和维护纪律为己任，以确保纪律的严肃性、权威性和公正性。

（一）合法原则

任何企业的规章制度都必须符合国家现行的法律和法规。不能认为企业的制度和纪律是内部事务，可以不受法律的约束，更不能允许企业的规章制度与国家的法律法规相抵触。

（二）公平与合理原则

纪律管理中的公平有两个基本含义：其一，员工与企业平等互惠。虽然从管理执行的角度讲，企业是管理者，员工是被管理和约束者，但是纪律管理的实质是为了保障工作的秩序和效率，防范安全事故和劳动纠纷的发生。对管理者和被管理者来说，责任和义务都是双向的。传统的以劳资对立为基础，以管理者为权威的纪律管理原则是不可取的。其二，一视同仁。制度面前人人平等，在纪律管理中，对管理者的违规行为，特别是对其在管理中的违规行为进行纠正更为重要。

（三）程序化和公开透明原则

在纪律管理规则的制定和实施过程中，应该保证标准公开、程序公开和处理结果公开，否则起不到弘扬正气、奖优罚劣的作用。

（四）人性化和刚柔并济原则

确保纪律执行的规章制度应是刚性的，否则会缺乏效力；但是刚性过强未必效力最大。因此，在纪律管理中也要强调人性化和刚柔并济。主要体现在以下方面：在纪律制定时要充分发扬民主精神，让员工参与；在制度执行时要从尊重人、爱护人的角度出发；在对违纪员工进行处理时，要以教育为主，顾及其尊严和给其出路，不要一棒子打死，避免激化矛盾。

（五）热炉原则

纪律管理中比较常用的一个处理原则是“热炉原则”（hot stove rule），是指员工一旦犯错，最好能在30秒的时间内飞速给予反馈，也就是要趁着炉子没灭、立即燃烧的时候，提出警告并给予惩罚。“热炉原则”用来比喻建立良好纪律和秩序应遵守的一些原则：即时原则，对违纪员工要即时处理；预警原则，即规章制度要公开透明，让被约束者明了“什么是应该做的，什么是不应该做的”，如果做了不应该做的，就会受罚，同时作为管理者，在进行正式的处罚活动前有义务事先给予警告；一致性原则，即只要触犯规则，就会被处罚；公平性原则，即在规则面前人人平等。[①]

三、员工纪律管理的程序

（一）确立纪律目标

企业进行纪律管理，首先要确立纪律目标，作为引导员工工作行为的基准，主要包括绩效条件和工作规则，并定期审核其适用性情况。

（二）研究工作规则

工作规则主要包括：第一，与生产有关的规则，如作息时间、工作中禁止的行为、工作行为规则以及安全规则；第二，与生产间接相关的规则，如禁止兼职、赌博等。不论何种规则，都要经过缜密研究，详加规定。纪律规则应当公平合理，简单明确，避免模棱两可、含糊不清，造成执行中的困难。

（三）沟通目标和规范

企业要使纪律得到切实执行和遵守，就必须让员工了解。因此，企业必须与员工就绩效条件和工作规则进行细致沟通，让员工真正了解并参与其中，确保员工对规则支持并有实践意愿，这样一旦出现违规或疏漏，则可依规惩戒。

（四）检讨评估措施

该步骤乃是检讨和评估纪律规则与惩罚措施是否允当。工作规则和纪律细则必须定

---

① 程延园．员工关系管理．上海：复旦大学出版社，2004.

期修正，才能合乎时宜，此时应多参考员工意见，并减少不必要的繁文缛节，以增强其实用性。

（五）矫正员工行为

如果员工违反工作规则或纪律标准，就有必要采取行动，找出其表现低效或行为不当的原因，对症下药，矫正员工行为。

总之，纪律管理要循序渐进，严格落实。纪律管理是企业管理人员的主要责任，只有管理者负起维持纪律的完全责任，并采取必要的措施，才能达成组织的纪律目标。

四、员工纪律管理的意义

一般而言，任何组织成员的行为都必须符合组织的要求，才能达成组织目标，而为了保证目标的实现，就必须进行纪律管理。组织一旦建立良好的纪律，不但能够规范员工的行为，而且可提高士气，形成合宜的组织氛围，这就是纪律管理的功效。

当然，在纪律管理的要求下，大多数员工都能保持高度自我控制的能力，但也会有少数员工缺乏此种能力，此时只有通过惩戒以矫正其行为。因此，纪律管理应包含积极的激励与消极的惩戒。积极的激励能够激发员工的正当行为，而消极的惩戒则能够限制员工的不当行为，两者皆在规范员工行为，以便能维持良好的纪律。

第 2 节　员工违纪行为的惩戒管理

一、惩戒及惩戒管理的内涵和标准

（一）惩戒的内涵

从员工管理的角度，惩戒被定义如下：针对在工作绩效、职场行为和遵守规则等方面没有达到预期标准的员工，按照企业的管理规则采取的一种正式和带有惩罚性质的处理行动。实施惩戒管理是为了在纠正违规员工行为的同时，保护其他员工免受不公正和不合理的对待，同时也为企业和管理者提供筛除不符合标准的员工的机会。

（二）惩戒的标准

企业之所以对员工采取惩戒管理，主要是因为员工没有按照规则和契约履行其职责，或者没有达到与组织约定的标准。正是有了这个前提，管理者才能合理、正当地对员工采取惩戒措施。换言之，惩戒的前提是必须规定“什么样的行为会受到惩戒，什么样的行为不应该受到惩戒”。一般而言，员工受到惩戒是因为违背了三类规则。

1. 社会准则

员工的个人行为要受到一般性社会准则的约束。作为一个社会公民，要遵守社会准则，这些准则不仅约束员工的工作行为，也约束其工作之外的行为。例如，社会准则强制我们在工作之外的生活中不能威胁他人的生命和财产安全，不能侵犯他人的利益等，在企业中也是如此。打架斗殴、偷盗抢劫等被看作严重的违法违规行为，员工在工作场所内或工作场所外发生此类行为，都应受到惩罚。

2. 法律规则

国家的法律是对所有公民行为的规范和约束，员工违反了国家法律要受到法律的制裁，也要受到企业的惩罚。同时，如果员工在工作中发生与职务相关的违法行为，按照相关法律规定，雇主也因承担管理和指导责任而负有连带责任。

3. 组织规则

企业为了保障正常的生产和经营秩序，要制定和实施企业的制度和规则。无论是员工还是管理者，违反了企业内部的制度和规则，均属于违背契约的行为，都要承担相应的责任。

（三）受惩戒行为的类型

对受惩戒行为的类型的界定十分必要。尽管各企业对惩戒行为的规定有所不同，但主要可归纳为以下类型。

1. 非直接工作行为

这些行为与工作不直接相关，但也会对企业或员工管理造成不良影响。这些行为主要与一些员工不良品质和行为相关，如打架、偷盗、吸毒、诈骗等。此外，在工作场所的一些歧视行为，包括种族歧视、性骚扰等，都属于被惩戒的非直接工作行为。

2. 一般性工作行为

这些行为直接影响组织正常的工作秩序和工作氛围，包括旷工、缺勤和怠工等。例如，员工的无故缺勤或旷工，特别是一些持续、有规律的旷工加大了企业的运行成本；怠工主要表现为员工迟到、早退或“偷懒”“磨洋工”等，以及滥用组织的设施和资源等。这些都属于不遵守劳动契约的行为，纵容这些行为的发生会严重影响工作和生产的正常进行。

3. 不胜任工作或工作绩效差的行为

企业由于越来越重视绩效管理，通常会采用一些规则和措施提升员工的工作绩效，或者约束员工绩效不达标准的行为。但是影响员工绩效的原因很多，对未达标员工的处理也需慎重。如果不是员工违规行为所致，不主张采取硬性的惩戒程序，而应采取更为柔性的管理措施，如调岗、培训等。

4. 危及职业安全健康的行为

目前法律对企业员工职业安全健康行为的规范越来越重视，特别是在一些高危行业，不允许员工有任何违反规则的行为发生。这些行为不仅危害企业的利益，也伤及员工本人、同事、顾客及其他人员的安全健康，一些重大的事故甚至会造成严重的社会影响。对员工危及职业安全健康的行为不仅需要法律规制，还需要企业制定严格的管理制度，强化员工关系管理。我国的《安全生产法》《职业病防治法》及相关法律法规，都对企业与员工之间的责任、义务和权利做了法律规定。

5. 对企业利益和形象造成伤害的行为

这些行为主要包括泄露企业生产和经营机密、伪造记录、受贿和行贿以及捏造事实损害公司形象等。

二、员工违纪行为惩戒管理的原则

企业和管理者在对违规员工进行惩戒管理时，需要遵循以下原则。

（一）调查清楚后才能惩戒

在事件调查清楚前不能擅自启动惩戒程序，这一原则的贯彻是为了确保实事求是，防止草率和保证处理的客观公正。要以事实为依据，重视证据，严格按照规章制度进行处罚。

（二）保障当事人的知情权和越级申诉权

在整个事件的调查过程中和每一个必要阶段，都必须事先告知员工对事件处理的动机和理由，并给予员工申诉的机会，这一原则是为了保障员工的知情权和越级申诉权。

（三）公平公正

在对违纪员工的惩戒管理中，要确保事件处理的非歧视性和公平、公正。

（四）合法合规

在事件处理过程中，要严格遵循相关的法律法规以及企业的正式规则和程序。这一原则是为了保证处理的合法性和对契约的遵守。

（五）渐进惩戒

对违纪或行为不当员工实施渐进惩戒的原则，体现了在处理中以教育为主的人性化理念。在整个过程中，必须让员工感觉是被尊重的，管理者还要发出会支持他们改善行为的信号。

（六）教育为主，惩罚为辅

对于员工，应当以教育为主，即使处罚，也应本着“教育为主，惩罚为辅”的原则，主要是为了教育违纪的员工本人并对其他员工起到警示作用。

三、员工违纪行为惩戒管理的程序

企业要公平对待违纪员工，遵守法律法规渐进惩罚，教育为主，惩罚为辅；实事求是，依规处理；区别情节，分类对待。即在对违纪员工进行惩戒的过程中，要由轻至重，区分出不同的处理阶段。

阶段1：口头警告。对违纪行为较轻或者初犯者，通常会提出口头警告，并告知原因。在警告阶段，员工有上诉权，管理者要做好相关的档案记录。警告期一般为数月至半年。在警告期内，如果员工改正较好，可以取消记录。

阶段2：初次书面警告。如果违纪行为较严重或再次发生，员工将被书面警告。书面警告的内容包括惩戒原因、处理细节、对其改进的要求以及时限等。如果员工在指定期间没有令人满意的改进表现，公司还将对其采取后续阶段的处理。违纪员工接受初次书面警告时应被告知有上诉权，但警告文本的副本要存入个人档案。书面警告期比口头警告期长，一般为一年左右。书面警告期结束后，如果员工有较好的行为和绩效改进，将不会启动后续阶段的惩戒措施。

阶段3：再次或最后书面警告。如果在初次书面警告之后员工行为仍没有改进，或违纪行为较为严重，员工通常会受到最后一次书面警告。文本的内容和处理方式、期限等如同初次书面警告。

阶段4：解雇或停职。如果经历上述惩罚阶段之后，员工的行为和绩效改进仍然不明显，通常就会被解雇。解雇时员工会得到书面通知，内容包括解雇原因、雇佣结束的日期，并告知员工对此有上诉权。对于特别严重的行为不当，公司可即时解雇，而不需要事先通知本人或给予经济补偿。

对员工的违纪行为比较严重的情况，企业有必要进行调查和处理。在待处理期间，可以首先停止员工的职务，并相应停止发放全额或部分工资。停职期不应过长，待调查清楚之后，企业需要立即拿出相应的处理决定。一般认为停职本身并不是一种明智的惩戒行为。

在惩戒处理的每一个阶段，员工都可以针对处理决定进行申诉和上诉。申诉的程序通常是在规定的期限内，例如接到通知后三个工作日内，向直线经理和人事主管提出，并递交书面材料。部门经理听取上诉并且做出处理决定。如果可能的话，所有上诉都应该告知越级领导，或经过更高级别管理层的听证。在上诉审理中，任何处理只能复查但不能增加处理措施，并保存对所有惩罚和申诉处理的完整原始记录。

案例5-1

某公司员工吴某，一直以来大错不犯小错不断，先后违纪十余次，仅最近一年就有8次。每次吴某都向公司表示要改，但事情一过又继续犯错，结果受到公司一次口头警告、两次书面警告。后来，吴某与同事在车间里争吵斗殴，严重影响生产秩序。公司决定予以严惩，经同工会磋商后，通知吴某，称由于其不知悔改，多次违纪，决定将其辞退。吴某不服，申请劳动仲裁。吴某称，公司所称口头警告和书面警告，自己未收到。

公司认为，吴某刚刚进入公司时已经签收了《员工手册》，且公司此前对吴某的警告处罚均已告知，并扣发其奖金，处罚通知在布告栏公布，因此吴某完全清楚。公司同时提供了公司处罚制度、吴某各次违纪情况及处罚措施、吴某写的多份检讨、奖金扣发记录、工会的有关证明作为证据。最后，公司还出具了有吴某签名的两份书面警告处分的回执单。

最终结果，劳动争议仲裁委员会认为，吴某历次违纪事实清楚，该公司依据公司制度予以处罚并无不当，判决驳回吴某的仲裁请求。

四、员工违纪行为惩戒管理的要点

（一）对低绩效员工实施能力处理程序

1. 性质与特征

一些企业在惩戒员工的时候，除以该员工行为不当为理由外，还可能以绩效低下为理由。这种惩戒涉及的问题比较复杂，也较为敏感。导致员工绩效低下的原因很多，有可能是员工行为不当，例如偷懒、怠工，也有可能与管理者的管理行为有关，还可能是员工的能力问题或工作分配不当。因此，在对员工因绩效不佳进行惩戒时，需要转变以处罚为主的处理方式，提倡积极惩戒。

2. 能力处理程序的设计与假设

可以借鉴某些国家法律中的要求，在对低绩效员工进行正式惩戒之前，加入一个能力处理程序，以确定员工低绩效是因为其本身缺乏能力，还是因为其态度和行为不当。能力处理程序是一个双向过程，管理者和员工都有义务支持和参与，并要求员工通过能力处理程序的实施提高绩效。按照该程序的设计和管理假设，员工低绩效的能力问题可能是以下因素造成的：

（1）员工没有达到绩效协议中特定的标准，是因为员工自身的能力有限，而不是社会和企业没有提供适当的培训、支持或资源。

（2）员工没有通过工作所必需的能力测试。

（3）员工没有提供工作所必需的任职资格或执照。但是如果这是员工的有意行为或行为不当的结果，则可能诉诸行为程序。

3. 能力处理程序启动

在启动能力处理程序时，需要经过三个步骤：

（1）前期调查。该调查将考察绩效协议中的绩效标准，绩效的实际水平，企业和管理者提供的培训、支持和指导，为达到标准而提供的资源，没有达到标准的可能原因。

（2）获取调查结果。获取调查结果之后有如下可能：不需要采取进一步行动；需要在能力处理程序下采取下一步行动；需要在行为程序下采取下一步行动。一般的调查结果最可能导致第二种情况发生，即需要采取措施提高员工的能力，或者使员工从事与能力相匹配的工作。

（3）协商。员工和管理者之间就绩效标准、培训和支持、改进时限等达成一致。同时企业也会告知员工，如果其能力和绩效没有改进，企业将采取正式的惩戒措施。

此外，能力处理程序还要求在采取正式的惩戒措施之前，管理者应该证明已经提供了培训和支持；在正式的惩戒措施实施的各个阶段，要给员工提供充分的机会说明自己在工作中遇到的困难，以及管理者给予的帮助等。

（二）员工行为纠正与积极惩戒

1. 积极惩戒

积极惩戒是目前比较提倡的一种惩戒措施，它表明所谓“惩罚相当”的原则已经受到质疑，即管理者依靠惩罚起到纠正效果的愿望在现实中并未完全实现。传统的惩戒管理方式建立在劳资对立、以雇主为中心的管理模式之上，而许多管理实践证明，员工行为不当与管理者管理行为不当密切相关，管理者不应过多地依赖惩戒措施提高员工绩效，忽视其他能够纠正员工行为的有效手段。为此，一些企业在反思传统惩戒管理的同时，开发了积极惩戒的手段。

2. 非惩罚性处分

前面所提到的能力处理程序就属于一种“积极惩戒”[①]，此外还有“非惩罚性处分”方式。非惩罚性处分倡导的原则是责任、尊重和信任，通过在行为纠正过程中的激励使员工明白企业对自己的期望，并调整自己的工作态度和行为。在非惩罚性处分管理流程中，企业一般取消警告、训斥和停职等一系列传统惩罚手段，转而采取新的纠正流程。例如，当员工在工作中出现违规行为并造成不良后果时，应该采取以下步骤：

第一是“提醒”。用提醒而不是警告或训斥等方式使员工停止正在进行的违规行为。提醒包括两方面：一是提醒员工注意现有绩效和期望绩效之间的差距；二是让员工知道有责任立即停止不利于组织和团队的行为。

第二是“警告”，即对员工的违规行为进行警告并要求其纠正。告知员工做好本职工作、完成任务是应尽的责任，也是作为组织和团队的一员应该有的表现。

第三是“激励”。鼓励员工正视自己的不足，并对其付出的努力和改进行为给予及时鼓励。

尽管积极惩戒在实施中有一定的难度，需要管理者工作中更有耐心、更细致，也并非对所有的“问题员工”都有效，但是它代表了企业在员工关系改善上的一种姿态和努力，对协调劳动关系、缓和管理者与员工之间的对立情绪、强化以人为本的企业价值观都很有益处。

（三）员工惩戒管理中的管理者缺位行为与纠正

1. 管理者缺位行为产生的原因

在违纪员工惩戒管理中，一个比较普遍的问题是一些直接管理者不愿意或不主动对员工采取处理措施，造成在惩戒管理中的缺位行为。产生这种现象的原因与管理者的认知和态度相关：一些管理者认为，管理者的任务就是保证工作的完成，对属于员工个人行为的问题不应过多干涉；一些管理者认为，惩戒管理的成本太大，容易使自己陷入麻烦之中，或者畏惧员工的报复不敢管理。为此，很多管理者愿意当“老好人”，报喜不报忧，对员工的不良行为，特别是与工作绩效无关的违纪行为，采取视而不见的态度。

2. 管理者缺位行为的纠正

管理者的缺位行为不是完全没有理由的，但它影响对员工的监督和管理效能。对此，很多企业采取措施纠正这种行为。例如，对管理者进行惩罚技能的培训，提高管理者的人际沟通能力；通过设计有效的绩效考核体系，将管理者绩效考核与员工绩效考核相结合；等等。但是这种现象的纠正还有赖于创造规范管理的组织制度环境，以及构建和谐

---

① 程延园．员工关系管理．上海：复旦大学出版社，2004.

的员工关系氛围。

第3节 “问题员工”管理与员工不良行为防范

一、“问题员工”管理

(一)“问题员工”的界定和管理意义

所谓“问题员工”，带有某些歧视的含义，界定为“不合格员工”“不合适员工”“有心理或行为缺陷的员工”可能更恰当。这些员工一般表现为经常违反组织纪律，存在“反生产”行为，对工作氛围、人际关系和团队绩效造成不利影响。按照管理学中的“二八定律”，这些人往往是少数，却对企业和群体造成严重的负面影响。“问题员工”是管理的一大难题，既不能“一棒子打死”，全部开除，又要调动其工作积极性，提升其与组织的契合性。人力资源不但具有智力、知识、技能上的差距，还有情感类型的差异，具有人性的种种弱点，而恰恰是人力资源的这种复杂性，给了管理者发挥自身管理才能的巨大空间，因此，领导者要积极发挥主观能动性，以领导艺术引导员工行为，对“问题员工”进行价值开发，使之成为企业和组织发展的重要动力。

(二)“问题员工”的构成

“问题员工”的构成较为复杂，归纳起来大致有以下几类。

1. 不合格和不合适的员工

企业的员工包括合格员工和不合格员工两类，不合格员工未必是行为不良的员工，也可能是不适合岗位和组织的员工。对于不合格的员工，可以通过技能培训和管理教育使之转变为合格的员工，但行为不良且教育无效者则很可能成为企业不需要的“问题员工”。

2. 有性格缺陷的员工

一些员工有较为严重的心理问题和性格缺陷，长期积累就会导致某些越轨行为，甚至产生反社会的破坏和攻击他人行为。例如，经常违反工作条例，易怒，好斗，有攻击性等。

3. 有不良嗜好的员工

酗酒、吸毒和性骚扰等行为，不仅干扰正常的工作秩序，还破坏上下级之间、同事之间以及员工与客户之间的关系，给企业造成不良影响。

(三)“问题员工”的行为表现

“问题员工”多表现为经常性、有意识地做不受企业或团队认可的行为，主要包括：

(1) 不服从领导，不遵守企业的规章制度；

(2) 不负责任和推诿责任；

（3）只说不干，夸夸其谈；

（4）脾气暴躁，好斗，有攻击倾向和行为；

（5）挑拨离间，搬弄是非，造谣生事，破坏团结；

（6）蓄意破坏，对他人的安全和健康形成威胁。

（四）“问题员工”的甄别

“问题员工”的甄别是一个政策性和对管理能力要求很强的工作，一般需要遵从以下步骤。

1. 分类管理

“问题员工”也有性质与程度之别：有些属于有小毛病的员工；有些是缺点较多，但可以教育好的员工；有些则属于不可救药的害群之马，要适时清除出组织。

2. 公平对待

对“问题员工”要进行公平、客观和公正的评价，不要以歧视的眼光看待与自己意见不同的员工，或用刻板印象、晕轮效应等不正确的心态和方式去评价或界定这些员工。

3. 差别处理

对不同类型的“问题员工”，应该实施有区别的管理。管理者应该把握好自己的角色，努力提高自身的管理水平，对症下药，使“问题员工”转变为高绩效员工，进而使组织成为一个员工关系融洽的高绩效团队。

4. 企业诊断

导致“问题员工”产生的组织方面的原因是多种多样的，有制度的、政策的、措施的以及系统的。当出现问题时，企业首先应该从自身寻找原因，不能把责任一味地推到员工身上，总是希望采取不断换人的方法解决问题，这个方法短时间内有效，但是长期来看无助于解决企业中存在的根本问题。因此，企业应该改变观念，以问题为契机，诊断反思自身的问题，从而不断改善管理质量，提高绩效。

二、员工的不良行为防范

目前在许多企业中，越来越重视对员工不良行为的防范，这些行为往往具有群体性、集中爆发和危害深远等特点，需要特殊关注和处理。对这些不良行为的防范，属于员工关系管理和维护的重要内容之一。需要引起关注的员工在工作场所中的不良行为主要有毒品与药品滥用、酒精滥用、工作场所吸烟，以及工作场所的暴力行为、性骚扰和职场排斥等。

（一）毒品与药品滥用控制

1. 毒品与药品滥用控制的意义

随着毒品危害的日益严重和全球化趋势，越来越多的国家积极行动起来投入反对毒品制造、贩卖和吸食的行列之中。1987年12月，联合国第42届大会通过决议，将每年的6月26日定为国际禁毒日。我国的吸毒人群占比较小，但多是劳动适龄人口，可能是现在的或潜在的企业员工。

毒品主要是指一些非法药品，例如大麻、可卡因、冰毒等；吸毒是指对这些毒品的非法使用，也有的称为药品滥用。毒品与药品滥用对员工健康的危害性很大，给个人、家庭和企业都将造成不可估量的损失。吸毒和滥用药品的员工业绩表现极差，例如经常迟到、请假和旷工，增大健康福利费用开支，易发工伤事故和败坏企业形象等。

世界范围内，吸毒已经成为日益严重的社会问题。特别是近年来，吸毒人群增大，许多青少年加入其中，因吸毒致残或死亡的人数也急剧增加。毒品越来越大的不良影响已经引起企业的关注，毒品控制将会成为未来员工健康管理的一项重要内容。

2. 毒品与药品滥用者的行为表现

毒品与药品滥用者有许多不正常的行为表现：

（1）生理特征，主要表现为虚弱、疲惫、衣冠不整、经常打哈欠、目光呆滞、语言不连贯和不清晰、萎靡不振、步履不稳、有意识地遮盖胳膊、面颊潮红以及饭后或休息后的形象发生变化等。

（2）情绪特征，主要表现为经常情绪低落或异常焦虑、心态不稳定、多疑、喜欢抱怨、经常无控制地暴露感情以及饭后和休息后情绪变化大等。

（3）工作注意力，主要表现为经常无故缺勤或找借口缺勤、在工作时间内擅自离开工作场所、经常迟到早退等。

（4）劳动表现，主要表现为经常冒不必要的风险、易发生事故、工作质量不稳定、粗心和心不在焉、注意力不集中和记忆力减退、回忆指令和规程困难、重复地延误任务截止期等。

（5）与他人关系，主要表现为好争执、与人交谈时无故中断或采用不合适的方式中断、有暴力行为、经常找同事借钱、拒绝与主管谈论工作等。

了解这些特征和表现，不仅可以使管理者认识毒品对员工的危害，也有利于发现毒品或药品滥用者，及时采取有效措施加以控制。

3. 毒品与药品滥用控制措施

许多国家的法律明确规定对任何形式的毒品犯罪都严惩不贷，宣称不给贩毒和吸毒以可乘之机，同时规定企业有责任制定禁毒方案，并委托医疗机构对员工进行教育、培训及治疗。许多公司也制定了相应的措施控制吸毒行为。

（1）不雇佣吸毒者。一些企业在招聘员工时，对招聘者进行毒品检测，发现吸毒者拒绝雇佣。

（2）积极治疗感染者。对被雇佣以后染上毒瘾的员工采取强制手段戒毒，解雇拒绝接受治疗的员工。

（3）培训主管。对主管人员进行专业培训，使之能够发现吸毒行为，并及时报告给有关禁毒机构，挽救吸毒者。一些禁毒事例可以说明，吸毒者会不择手段地隐瞒自己的吸毒行为，没有经验甚至有经验的管理者也经常被欺骗，因此专职管理人员必须接受专业训练。例如，美国得州仪器公司实施了一项全面禁止毒品的政策，内容非常简单："不准使用任何非法药品（毒品）；不准非法使用合法药品（毒品）。"公司制定了四条实施标准：第一，政策实施要公平，对所有员工一视同仁；第二，让员工理解和明了政策的内涵及其理论依据；第三，员工必须能够理解政策，支持政策的制定与实施；第四，建立制度和监督系统保证政策实施到位，及时发现问题和解决问题。①

（二）酒精滥用控制

一些企业制定了酒精滥用控制方案，并且作为员工保健的一项重要内容。西方最初的员工援助计划也起源于对酗酒员工的纠正。由于文化不同，人们对饮酒有不同的认识。我国也有一些管理者认为，饮酒可以提高工作效率和处事能力，有助于拉近人际关系，增进与合作者的感情等。然而，对企业的正常经营和生产而言，酗酒对工作业绩有很大的负面作用，是安全健康事故的罪魁祸首。对员工而言，酗酒会使精神紧张，加大事故发生的风险，损害身体健康，甚至断送个人职业前程。按照医学的观点，酗酒不是一种简单的个人生活方式和爱好问题，而是以无法控制的强迫性为特征，是影响正常工作和生活的一种疾病。因此，企业应禁止员工在工作时间饮酒。

酒精依赖症有一个明显的特征是早期症状不明显，而当个人意识到自己是酗酒试图戒掉时，往往到了中后期，很难依靠个人的意志将其根除。因此，工作中的酒精控制方案一般由人力资源部门负责实施，并与健康方案结合在一起，采取综合治理的方式加以控制，包括制定严格的奖惩制度、适当利用专业人员和专门医疗技术等。

（三）工作场所吸烟问题

工作场所吸烟是目前较有争议的健康障碍问题之一，许多人也不能放弃吸烟行为。科学研究确认，吸烟是一级致癌因素，香烟和石棉及苯并列为致癌物。据世界卫生组织测算，目前全世界约有11亿吸烟者，占全球15岁以上人口的1/3，其中8亿在发展中国家，每年死于与吸烟有关疾病的人数达350万。我国吸烟人口众多，也是因吸烟导致高发疾病的国家之一。

企业禁止吸烟有两大目的：其一，保障工作场所的安全，防范火灾事故的发生。其二，保护员工的健康。员工在工作场所吸烟不仅有害本人及同事的健康，还会导致企业的医疗保险费用增加、旷工率上升和生产率下降。

但是禁烟行动不会像禁毒一样，得到民众的广泛支持，它在实施中会遇到阻力。因为戒烟从本质上讲更多地被归结为一种个人行为，所以企业在工作场所实施禁止吸烟制度时一般采用比较灵活的手段。例如，吸烟者和不吸烟者可以分开组成工作小组；设立专门的吸烟区；开办戒烟培训班；对戒烟成功者给予精神鼓励和物质奖励，以逐步建立一个无烟的工作环境和不吸烟的企业文化。对一些特殊行业或特殊性质的工作岗位应无条件严禁吸烟。

（四）工作场所的暴力行为防范

暴力行为是对员工职业安全健康的威胁之一。工作场所的暴力行为包括斗殴、严重伤害、强奸等。这些暴力行为给员工带来了生命和健康威胁，也给雇主带来了巨大的经

---

① 蒙迪，诺埃．人力资源管理：第6版．北京：经济科学出版社，1998.

济损失。

工作场所的暴力行为的受害者具有明显的职业和性别特征。资料表明，在受害人员中，销售人员最多，其次是服务人员和高级主管或经理。女性暴力死亡比例大于男性，女性的职业性死亡有很大比例来自暴力。虽然一些雇主对风险大的职业采取了限制招收女性员工的做法，但是对服务业和零售业而言，因为性别选择性大，比较适合招收女性员工，所以相对而言，这些职业的女性暴力受害率较高。①

对此，一些国家已经立法规定，雇主有义务保证员工的安全，并采取合理步骤阻止工作场所的暴力行为。杜绝工作场所的暴力行为是企业应尽的责任和义务。

（五）工作场所的性骚扰防范

性骚扰是一个广义的概念，一般被界定为被迫的和不受欢迎的与性有关的行为，例如性殷勤、口头或身体的性行为等。性骚扰不单指男性对女性的骚扰，也包括女性对男性的骚扰，但以前者为主。性骚扰给受害者带来的是身体和心理的双重伤害。员工发生在工作场所的性骚扰主要来自同事特别是上级。

1. 内涵界定及防范意义

工作场所的性骚扰除了一般意义的内涵界定，还特指在工作岗位上被骚扰者对性骚扰行为的态度所带来的职业影响。例如，如果屈从或拒绝这种行为，就会给被骚扰者在录用、就业环境、工作业绩、升职或加薪等方面带来有利或不利的影响等。

工作场所的性骚扰行为是一个比较严重和较为普遍的问题，不仅出现在一些小企业和管理不规范的企业中，在一些大的企业和公共管理机构也常有发生。一些行为不端者凭借其对下属的控制支配权力，给被骚扰者带来极大的伤害，也破坏了组织内部的团结与合作氛围，违反了社会公德，甚至导致极端的犯罪行为。对此，许多国家已经制定了严格的法律法规，禁止工作场所的性骚扰行为。《妇女权益保障法》第二十五条规定，用人单位应当制定禁止性骚扰的规章制度。

2. 防范措施及相关雇主责任

（1）企业的防范措施。主要内容包括：劳动合同中明确规定企业有义务禁止工作环境中的性骚扰；雇主及其管理人员不得有对其下属或员工的性骚扰行为；用人单位应当建立员工性骚扰申诉制度、程序及惩罚措施；用人单位要对员工进行相关的教育培训以防止工作中的性骚扰；用人单位有禁止性骚扰的法律责任等。

（2）雇主的防范责任。相关法律规定，雇主对职场的性骚扰行为承担防范义务。也就是说，如果在工作场所中发生性骚扰行为，不仅法律要对进行骚扰的人直接给予惩罚，而且知情的雇主如果对有性骚扰倾向和行为的员工不及时采取矫正措施，也要承担法律责任。这种责任被称为“雇主禁止性骚扰义务”。

之所以需要从法律层面强调雇主对性骚扰的责任和防范义务，主要是基于以下理由：一是性骚扰多发生在职场之中；二是职场中的性骚扰行为比较隐蔽，而且骚扰人和受害者往往有某种特定关系，例如发生在上级与下属之间、有密切工作关系的合作者之间；

---

① 蒙迪，诺埃．人力资源管理：第 6 版．北京：经济科学出版社，1998.

三是惧于某些关系和权力制约，受害者往往屈从和就范，这样会对安全的工作环境造成严重破坏。有鉴于此，如果缺乏有效的法律机制，雇主难以主动承担保护员工免受性骚扰的责任和义务。

（六）工作场所的职场排斥防范

1. 内涵界定及防范意义

职场排斥这个概念源于社会排斥，是人际偏离行为所衍生的职场“冷暴力”，指员工在工作场所中感受到的被其他人忽视或孤立的现象，属于普遍存在于职场中的一种非接触性精神伤害，是一种精神层面的攻击。在这个定义中，职场排斥代表的是员工的总体排斥感受，并没有严格区分具体的排斥源。一般而言，排斥源可能是多种多样的，既可以是领导，也可以是同事，甚至可能来自下属。

职场排斥并不少见，反而出现频次很高。在产业结构日趋服务化、新生代员工快速崛起、劳动力日益多元化等背景下，职场排斥在人力资源管理、组织行为学等研究领域逐渐受到关注。职场排斥中个体通过沉默、防止眼神接触、冷漠应对等方式，阻止组织内信息的有效传播，不仅给被排斥者带来受孤立的不良感受，而且损害组织的利益。

2. 防范措施

（1）员工方面。如果员工觉得自己正遭受职场“冷暴力”，一定要和同事们坦诚沟通，把让自己不舒服的行为指出，说出具体的需要，或向对方提出具体的请求；遭遇职场排斥后，不要委屈自己，不能长期压抑自己的真实情感，一定要勇于表达；如果真的不知道如何应对，应该更加关注自己的工作，提高能力。当自己取得显著进步时，周围的同事对你的态度也许会有改观。

（2）企业方面。减少职场排斥，对企业来说更需软硬兼施。“软”管理要求企业首先要培育包容多元的企业文化，给员工相互了解、支持的渠道；提高管理者素养，进行针对性培训；有条件的企业要健全 EAP 服务体系向员工提供心理支持。“硬”管理则强调企业需健全完善规章制度，明确拒绝职场排斥行为，包括员工在遭受职场排斥后具体需要记录哪些证据、企业会提供哪些帮助、求助流程是怎样的等；同时，完善相关监督和投诉机制，成立监督小组和投诉处理小组，并在机制中明确由谁监督、如何监督、向谁报告、之后事件如何处理等内容；最为关键的是，还需优化企业内部的沟通模式，尽可能打破层级沟通限制，减少员工沟通和反馈的难度，杜绝职场排斥行为的发生。

□关键术语

纪律管理　惩戒　热炉原则　能力处理程序　员工不良行为

□复习思考题

1. 为什么说企业进行员工纪律管理是必要的？
2. 员工哪些行为属于违纪行为？对这些行为如何处理？
3. 如何甄别“问题员工”？如何对他们进行有效管理？
4. 试述渐进惩戒原则的必要性与可行性。

5. 员工哪些行为属于职场的不良行为？可能造成哪些后果？

6. 对员工不良行为，管理者或雇主应如何提高防范意识和采取防范措施？

□ 案例分析

员工上班时间浏览无关网站被开除

2016 年 4 月 15 日，余某某入职某旅游公司，并担任行政经理一职。余某某正式入职后，与该公司签订了《劳动合同书》，该《劳动合同书》明确余某某的工资为 10 000 元/月（税前），此外还申明公司制定的一些行为准则与规章制度等。

在公司所制定的规章制度中，有这样一条规定："一个考勤月内，上班时间浏览与工作无关的网站达三次以上（含三次）的为严重违纪，公司可以解除劳动合同。"

在 2019 年的连续两个月时间内，身为行政经理的余某某再三违反公司规定，在上班时间内浏览与工作无关的网站，且次数已经达到三次以上。2019 年 7 月，公司抽查到余某某在上班时间内多次浏览与工作无关的网站，且次数高达六次，每次浏览的时间总计长达 100 分钟以上，其中最长时间为 252 分钟。

考虑到余某某的行为严重违反了公司的规章制度，给公司带来了不小的经济损失，因此该公司对余某某发出严重警告。

可余某某却置若罔闻，在 8 月的抽查中，公司再度发现余某某在上班时间内浏览与工作无关的网站，因此公司决定解除与余某某的劳动合同。对于公司单方面解除劳动合同的行为，余某某感到十分不满，于是将公司告上了法庭，并要求对方赔偿自己的经济损失 4.3 万余元。

法院一审认为，余某某已在平等自愿、协商一致基础上与公司签订了劳动合同，但是在工作的时间内未能遵守公司的规章制度，多次在上班时间内浏览与工作无关的网站，且浏览时间过长，严重违反了公司的规章制度。

考虑到劳资双方的对等性，公司既然已经支付余某某约定的酬劳，那么余某某也同样应该遵守公司的规章制度，因此法院驳回了余某某的上诉。

对于一审的结果，余某某心有不甘，于是他再次向法院提起上诉，并要求公司补偿他 4.3 万余元的损失费用。

法院二审认为，余某某主动确认了在上班期间内浏览与工作无关网站且高达三次以上的事实，余某某的行为显然已经违反了公司的规章制度，而公司主动解除与余某某之间的劳动合同并不违反法律，是完全合理的。

此外，关于余某某多次提出的 4.3 万余元的经济补偿完全没有依据，法院不予以支持，因此二审再次驳回了余某某的上诉。

法律延伸：劳动者因严重违反用人单位的管理制度被用人单位开除的，用人单位不需要承担经济补偿的责任，劳动者也无权要求赔偿。

依据《劳动合同法》第三十九条，劳动者有下列情形之一的，用人单位可以解除劳动合同：

（一）在试用期间被证明不符合录用条件的；

（二）严重违反用人单位的规章制度的；

（三）严重失职，营私舞弊，给用人单位造成重大损害的；

（四）劳动者同时与其他用人单位建立劳动关系，对完成本单位的工作任务造成严重影响，或者经用人单位提出，拒不改正的；

（五）因本法第二十六条第一款第一项规定的情形致使劳动合同无效的；

（六）被依法追究刑事责任的。

在本案中，余某某严重违反了公司的规章制度，在上班时间内多次浏览与工作无关的网站，对工作任务造成了严重的影响，且在公司与其解除劳动合同之前，公司已经对余某某发出了警告，可余某某却拒不改正，依旧在上班时间内浏览与工作无关的网站，按照相关法律，公司有权解除和余某某之间的劳动合同。

此外根据《最高人民法院关于审理劳动争议案件适用法律问题的解释（一）》第五十条的规定，用人单位根据劳动合同法第四条规定，通过民主程序制定的规章制度，不违反国家法律、行政法规及政策规定，并已向劳动者公示的，可以作为确定双方权利义务的依据。

在本案中，公司制定的“一个考勤月内，上班时间浏览与工作无关的网站达三次以上（含三次）的为严重违纪，公司可以解除劳动合同”这一规章制度并不违反国家法律、行政法规及政策规定，且该制度已经完整地向劳动者公示过，因此能够作为法院审理的依据。

劳动者的勤勉工作与用人单位的按时足额支付工资是双方对等的、基本的义务，该公司既然已经给余某某约定的薪资，那么余某某也应当遵守公司的规章制度，履行身为劳动者的基本义务。

综上所述，法院的判决完全是合理且公正的。

资料来源：认案释法：员工上班时间看无关网站被开除，索赔4.3万被法院驳回．(2022-05-25). https：//my.mbd.baidu.com/r/UgCLzoM1zy？f=cp&u=3f706a4ab1b55d3c.

讨论题：

案例中的公司是否遵循了员工违纪行为惩戒管理的程序？

第6章
员工参与管理

| 学习目标 |

- 了解员工参与的内涵、类型，以及意义和作用。
- 明确员工的民主参与主要包括决策参与和分配参与，是较高形式的员工参与行为，是工业民主思想的具体体现。
- 掌握员工参与管理的形式与典型模式。

第1节　员工参与概述

一、员工参与的内涵与类型

（一）员工参与的内涵

所谓员工参与，一般是指名义上不具有管理职权的员工参与企业经营决策或管理实践活动的制度、过程或行为。就参与主体而言，泛指的员工参与主体包括除组织内各级管理人员以外的诸多利益相关者，如供应商、客户以及其他相关社会组织等；特定的员工参与主体是指以不同方式参与企业经营和管理的非管理职务的员工。

员工参与有广义和狭义之分。广义的员工参与包括员工参与企业所有权的分配、参与企业决策和参与管理过程；狭义的员工参与则指员工参与具体的企业管理工作和管理过程。

（二）员工参与的类型

员工参与有层次和实践内容上的区别，主要如下。①

① Lawler. Choosing an involvement strategy. Academy of Management Executive，1995，2（3）.

1. 平行建议参与型

平行建议参与型（parallel suggestion involvement），即参与者超越原有的组织规定的职位而参与进入与原职位平行的新结构中。参与者在这些平行的结构中被授予工作的建议权，但没有决策权，仍受制于一种自上而下的管理体制。例如员工谏言、提出工作改进建议等。

2. 工作参与型

工作参与型（job involvement）主要是在工作过程中给员工更多的控制权限，故又称为基于产品的线性参与。具体指设计增强员工满意度和富有挑战性的工作形式，例如团队建设、工作自治、自我管理等，其目的在于调节工作过程和工作节奏，开发员工的能力，达到提高员工工作积极性和满意度的目的。

3. 高层次参与型

高层次参与型（high involvement）是指员工在企业中具有一些高层次参与的权力和行为，例如员工不仅参与工作和团队管理，而且参与组织决策。

另有学者按照四个要素或维度将员工参与的类型划分为信息分享、知识开发与培训、报酬和认可系统以及权力分享等。

二、员工参与的意义和作用

员工参与对企业和员工双方以及两者之间的关系都有积极的促进作用。

（一）体现了民主管理的本质

这一特征主要体现在员工或者员工代表参与企业决策和权力的分配与运用，对确定员工在企业中的位置、体现员工的政治和经济权力有重要的促进作用。

（二）有利于协调劳动关系

员工参与管理对于管理层、员工、工会三者的传统关系定位产生了重大的影响，从个人、群体和组织三个层次揭示了劳动关系管理在企业中以和谐与互惠为导向的新趋势，有利于构建新时代和谐劳动关系。

（三）促进人力资源管理效能提高

在组织结构日趋扁平化的竞争环境中，鼓励员工参与与职能和业务有关的日常管理决策，吸纳具有高胜任力和归属感的员工进入管理过程，是提升组织运行效率、增强组织开放性及环境适应能力的必然选择。

（四）有助于对员工的整体激励

现代激励强调物质激励和精神激励的统一，强调企业与员工之间的情感互动。在传统组织中，各项激励机制由管理人员单方制定，员工无权根据需要自主选择收益方式，还要承受不尽合理的制度约束。随着企业内外部环境和员工队伍的多元化，掌握关键技术和管理才能的员工日益成为企业的核心资源，让员工参与组织的各项管理，有利于对核心员工的激励。

（五）提高新生代员工的工作积极性

新生代员工的特点是自我成就意识较强、创新意识较强、心理需求多元化，他们较看重工作的意义、乐趣以及由此带来的成就感。企业可以通过员工参与管理，让新生代员工在工作中拥有更多的自主权、独立性和责任感来提升工作体验感，提高新生代员工的工作积极性，充分发挥其自身价值。

案例6-1

B公司董事会正在讨论是否关闭其下属的一家元器件加工厂，理由是这家工厂不能给B公司创造利润。如果这个决议得以执行，将会导致200名工人失业，这对于总人数只有700人的B公司而言是一个重大事件，会引起工人们的恐慌，从而造成更大的损失，显然这样的局面不是管理者所希望看到的。因此，管理层决定让工人决定自己的命运。于是加工厂由B公司管理层主持召开了一次职工大会，主要是宣读董事会的想法和倾听员工的意见。果然，关闭加工厂的提议一经宣读，会场便不再安静。管理层希望大家踊跃建言，帮助加工厂降低成本、增加利润以摆脱被关闭的命运。管理层预留了一周的时间，员工可以用书面报告把意见反映上来。管理层再三告之，元器件加工厂的命运掌握在广大员工手上，换言之，失业与否由员工自己决定。

一周以后，管理层收到了来自员工的多份报告，其中有生产第一线的工人、车间的管理者、采购部门的员工等。几份管理层认为重要的报告被呈送给董事会。管理层依据问题，健全了加工厂的管理制度，具体做法如下：

（1）采购实行招标及审批制度，收回部分下放权力，杜绝此环节的腐败给加工厂带来致命打击；

（2）员工按岗位要求进行统一上岗培训，根据考核及实际操作水平择优录取，以保障正常优质生产；

（3）管理人员制定其领导的部门的分目标，对加工厂的质量目标进行分解，上岗签订责任合同，完成不了目标任务者解雇或换岗；

（4）在工厂进行“保证质量，提高效益”的奖惩活动，如检验员岗位发现不合格产品的予以奖励，而放走不合格产品的则予以重罚或解雇。

两个月后，加工厂的产品一次检验合格率由原来的90%提高到97%，仅此一项便减少损失30余万元，清理不合格员工为工厂每月减少薪资发放达5万元，而采购环节每月更是降低采购成本近10万元。五个月后，整顿后的加工厂实现盈利。

资料来源：员工管理十大案例．（2012-12-26）．https：//wenku. baidu. com/view/ebc1e53943323968011c9245. html.

三、员工参与的思想起源与实践发展

（一）思想起源

1. 工业民主

员工参与的思想起源是西方工业民主。广义的工业民主是指在工作场所员工通过一定的组织和程序参与并影响决策，共享权力和责任的自我管理；狭义的工业民主是指由工人真正管理和控制企业，拥有工厂的所有权等。早期的工业民主多从狭义的角度界定，带有浓厚的工团主义色彩。管理理论的发展为工业民主拓宽了视野，并使重点转向通过在工作场所的人际关系运动来协调劳资之间的矛盾，发挥员工的积极性，从而使得工业民主具有广泛的内涵，员工参与成为工业民主的核心内容与劳资和谐的重要特征之一。

2. 政治与经济民主

早期的一些西方民主思想家提出，应该将政治民主和政治参与扩大到经济领域，特别是对一些被终身雇佣的员工而言，工作场所的等级、控制和服从关系，与西方政治制度下所宣称的民主和公平格格不入。因此，他们提倡与政治民主相对应的经济民主，主张将民主扩展到经济领域，扩展到工作场所中去。

3. 人本理念和伦理观

员工参与也是人本理念和现代企业伦理观念的体现。人本思想的核心是反对将对人的管理等同于对机器和工具的管理的传统管理模式，提倡雇员与管理者一样，必须有人格上的自由与平等，必须在职场中有参与管理和参与决策的权利。新企业伦理观认为，企业各利益相关者都以自身所拥有的专有性资本（物质资本或人力资本）投入企业，形成风险和利益分担的共同体。在这种利益结合下，每一个群体都有平等参与和决策的权利。

4. 人际关系与管理激励理论

现代人际关系和管理激励理论促进了员工参与形式和内容的发展，倡导在工作系统中，管理者和被管理者之间只是一种角色分工，没有本质的区别。在关系和谐、平等合作的组织中，员工的效率最高。现代企业管理理论更加强调人力资本在企业经营中的贡献和作用，解释了参与管理对知识型员工潜能和积极性发挥的重要性。

（二）实践发展

员工参与虽起源于西方早期的工业化国家，但在各国企业的实践中有着不同形式的发展和各自的特征。

（1）经济民主思潮的影响。员工参与企业决策、所有权及分配等高层次的实践主要起源于欧洲、北美的经济民主，与工人运动及集体谈判制度的建立和发展有关。例如，19世纪末期便在英国出现的集体谈判制度，包括员工参与所有权、参与管理和参与分配等多种形式，是第二次世界大战之后工业民主化运动的核心和结果，并逐步得到一些西方国家的法律承认和国际组织的认可。1951年，第34届国际劳工大会通过一项关于工业民主的决议，敦促会员在企业中设立员工和雇主共同参加的组织。

（2）对科层制的反思。员工参与思想的另一来源是日本等国的企业对科层制和泰勒制的反思，它是管理民主的体现。早期的员工参与制度主要针对科层制组织的一些弊端，发起于汽车、纺织等制造企业，主要目的在于调动一线员工的生产积极性，鼓励降低生产成本，促进研发和产品创新。例如在20世纪中叶，以丰田为代表的日本企业为了提升在国内和国际市场的竞争地位，在生产环节进行管理变革，打破了机器化大生产模式下为追求规模效应所形成的僵化的管理形式，改变了员工被动接受管理的状况。

（3）人力资源管理模式变革。伴随着知识经济的发展和战略性人力资源管理的变革，越来越多的员工参与形式被创造出来。

第一，团队建设成为组织建设核心，改变了组织内部的沟通方式，由自上而下的单向沟通转变为双向或多渠道、网状沟通。

第二，通过全面质量管理和质量圈等实践活动，促进一线员工参与组织战略目标的制定和执行过程，并在劳资双方间达成共识。

第三，倡导以人为本的组织文化建设，充分尊重员工的价值取向，通过不同程度的社会化过程，促使员工主动认同组织文化中的核心价值观，并在企业长期的发展中实现个人发展。

第四，全面树立以客户为中心的经营理念，倡导通过为客户创造价值实现组织与个人的互惠和多赢的理念。

（三）当代发展及驱动因素

在经济全球化和高速发展的市场环境中，员工参与管理早已突破了制造型和科层制企业的组织框架，这一管理理念开始被越来越多的企业认同，实践模式也不断发展。其主要驱动因素如下。

1. 知识型员工地位提高

高科技企业的崛起确立了知识型员工在企业中的主导地位，促使员工以新的形式和途径参与管理。例如，知识型员工凭借自身难以复制的人力资本价值和资本专有性，成为创新的载体与企业塑造可持续竞争优势的战略性资源。为了吸引、开发、保留和激励知识型员工，企业通过员工参与式管理实践，在工作设计、任务目标制定、薪酬管理和培训开发等方面，充分听取核心技术人员的意见，并通过诸如双通道职业生涯开发等激励手段，提升该类工作群体对组织愿景与战略目标的认同。

2. 经营模式转变

构建以客户为导向的生产和经营模式，提升员工服务的价值和参与式的工作方式。例如服务型企业中的一线客服人员，作为企业面向客户的直接信息传递者，其工作态度和服务质量直接影响客户的满意度。如果单纯依靠业绩指标和主管的监督，员工很难建立与服务对象的情感承诺。采取有效的员工参与形式，则可以提升员工的服务水平和服务质量。通过为客户创造价值、提高客户满意度，改进个人和组织绩效，实现客户、员工和组织之间的利益共享。

3. 组织形态变化

适应组织扁平化的趋势，构建学习型组织，促使管理方式由控制型向参与型转变。科层制组织下的管理方式是以纵向层级控制为特征的，排斥员工的参与；新型的组织形式，例如扁平化组织、团队合作以及网络和虚拟组织的发展，则提倡赋权、分权和自治，激励员工各层面和多种形式的参与。

第2节　员工民主参与的形式与典型模式

员工民主参与主要包括员工的决策参与和分配参与。决策参与主要指员工参与企业的决策和权力分配等；分配参与主要指员工参与企业的收益分配和利益分享。员工民主参与是一种高层次的参与，具有工业民主或产业民主的性质。其主要形式和具体内容包括工人自治、员工决策参与、员工收益参与等。

一、工人自治

（一）工人自治的性质与形式

工人自治是最高层次的工业民主形式，是工人共同所有、共同管理企业的制度和组织形式。西班牙蒙德拉贡联合公司、曾经盛行的南斯拉夫工人自治制度等，都是比较典型的工人自治模式。

（二）西班牙蒙德拉贡联合公司

1. 发展背景

西班牙蒙德拉贡联合公司是举世闻名的工人合作社，也是世界上最大的雇员所有集团。2023年拥有92家合作社，员工规模超过7万人，销售额达110.56亿欧元。蒙德拉贡是西班牙巴斯克地区的一个小镇，蒙德拉贡联合公司20世纪50年代初成立，到60年代末发展成为一个现代化的涵盖超市、保险、住宅、教育等领域的合作社。如今蒙德拉贡联合公司已发展成为集工业、农业和农产品加工业、商业、金融、教育和培训、科研和信息、服务等为一体的跨行业合作制联合体。公司被划分为金融、工业、零售和知识四大产业部门，是巴斯克地区最大和西班牙十大产业集团之一。

2. 所有制结构特征

蒙德拉贡联合公司是世界公认的“当代合作运动的典范”。很多经济学家纷纷到蒙德拉贡联合公司考察，用事实说明了在欧洲的市场经济条件下，工人合作制是可以生存和发展壮大的。蒙德拉贡联合公司具有以下主要特征：

合作社的所有权结构是通过内部资本账户来体现的。内部资本账户分为个人资本账户和集体资本账户。个人资本账户的初始资本来自社员交纳的入社股金，股金数量一般相当于职工2～3年的平均工资。集体资本账户的初始资本则来自政府或其他机构的捐赠和无偿调拨。

集体资本账户是企业不可分割的资产，长期保留在企业。当员工退休时，企业在规定的年限内付清其个人资本账户的全部余额。合作社成员不可以出售他们的股份。如果企业解体清算后仍有剩余，或赠予地方机构，或在全体成员（包括当时的成员和已离开企业的老成员）之间分配。

3. 分配机制及其改革

早期的企业利润分配一般原则是将纯利润的 70%分配到合作成员个人资本账户上，并按劳动贡献量而不是按照股份额大小，具体分到每个成员的个人资本账户，其中成员最高收入与最低收入的差距有严格限制，通常不超过 3 倍；纯利润的 30%分配到集体资本账户。一旦发生亏损，也根据相同比例由这两个账户抵偿。日常经营中合作社使用成员个人资本账户资金，参照现行银行利率水平支付利息，通常不超过同期利率 3 个百分点。

随着竞争的加剧，蒙特拉贡合作者的“工资铁律”逐步被打破，内部工资差别也在拉大，最高工资与最低工资之间的差距达到了近 10 倍。20 世纪 90 年代初，经理人员工资可以达到劳动力市场平均价格的 70%，并且采用公司制通用的组织和管理结构，合作社的经营朝企业化方向发展。

二、员工决策参与

较高形式的决策参与是指员工在一定范围内参与企业的资本构成、管理决策和利润分成。这是现代产业民主所提倡的员工在企业中分享管理权、分享利润和尊重人格三大原则的体现，也是员工分享权的具体化。分享管理权是指员工有权参与企业的经营决策和管理过程；分享利润是指员工有权参与企业的分配决策和参与企业的利润分配，即分享除工资以外的生产成果转化形式，例如分红和股票期权等；尊重人格是指劳动过程的管理要实行以人性化为目标的人本主义管理原则。①

劳动者参与立法可以追溯到德国 1891 年的《工商业法》，但作为一种正式制度则是第二次世界大战之后在一些欧洲国家逐步建立起来的。决策参与是指员工及其代表直接参与企业的经营决策。其具体形式如下。

（一）工人委员会制及“共决制”

员工代表参与决策的方式很多，比较普遍的是采取工人委员会制，即由工人选举的代表组成工人组织，进入企业决策的机制。德国之前的“共决制”最为典型，即员工代表享有企业的经营和管理决策权，可以与雇主共同讨论并决定企业的事务，实行管理民主制度。该国的相关立法历程分为以下阶段：19 世纪末开始倡导工人参与管理；1951 年通过《采矿冶金业共同决定法》，标志着工人参与制度的形成。该法规定，在1 000 名职工以上的煤炭和炼钢企业建立由劳资双方对等代表组成的监事会，作为企业的最高决策机构，实行“对等共决”。1972 年修正案的主要特征是加强了工厂委员会的地位。具体规定为工厂委员会具有知情权、共同决策权、审议通过权、合作权以及召开会议和签订企业协议权等，并赋予工会领导参加工厂委员会的权利。1976 年，政府又颁布了《职工共同决定法》，将共决制推向一般的中型企业，规定 2 000 名员工以下的所有企业，监事

① 常凯．劳权论：当代中国劳动关系的法律调整研究．北京：中国劳动社会保障出版社，2004.

会劳方代表占1/3，监事会下设立经理委员会，作为企业的法定代表机构，负责企业的日常生产经营管理工作，委员会成员由监事会以2/3的多数票任免。经理委员会中任命一名劳工经理，主要负责企业人事和劳资关系。此外，还有企业委员会、经济专门委员会、青年代表组等工人参与管理的专门组织。

（二）工人董事制度

董事会或监事会中的职工代表大会制反映了公司制企业最高管理机构中的工人参与制。欧洲一些国家的法律规定，需在企业董事会层次设立职工代表。在实践中，工人董事和监事制度有不同的运作形式，主要分为两个层次：高层次主要是在企业层次设立董事会一级的职工代表；低层次只在部门董事会中设立工人董事。

以董事会和监事会设立为特征的工人代表制建立的意义在于，工人董事作为员工和企业之间的联结体，在其中起沟通桥梁的作用。通过工人董事对企业决策进行参与和监督，并将员工的利益和要求反馈给企业决策层，达成了工人与雇主之间的协商与合作，限制并缓和了劳资之间的冲突。

工人董事制度是指由员工民主选举一定数量的员工代表进入公司董事会，代表员工参与决策和监督的制度。董事会中的员工代表称为工人董事，监事会中的员工代表称为工人监事。工人董事和工人监事有权参加董事会或监事会的各种会议，与资方代表、股东代表共同行使对企业的经营管理、销售、技术、劳动人事和财务等方面的决策权、监督权和部分人事任免权。具体职责和任务为：其一，对公司决策进行监督；其二，反映员工的意愿和要求，协调劳资关系；其三，平衡员工与投资者、管理者等利益相关者之间的关系；其四，促进员工与公司之间责任和风险共担、利益共享的机制。

西方一些企业自20世纪70年代就引入了工人董事制度，但发展并不理想。一方面，工人董事本身具有双重职责，作为董事需要对股东负责，作为代表必须对员工负责，这使工人董事经常处于角色冲突的境地。另一方面，由于一些企业的决策很少通过董事会的正式会议做出，或者董事会只能签署由高级管理人员提交的计划和决策，因此工人董事往往被排除在高级管理人员的会议之外，工人董事的职能依赖于高级管理人员提供的信息和建议，是有限制的决策参与。在这种情况下，工人董事难以发挥作用。

我国改革开放之后也逐渐引入工人董事制度，并将其作为职工代表大会制度的延伸和公司法人治理结构的重要内容。

三、员工收益参与

员工收益参与主要是指通过收益分享、员工持股等形式使员工分享企业经营收益，同时增强员工在企业决策中的影响。员工收益参与主要包括两种方式：一种是通过团队激励薪酬形式让员工参与收益管理，常见的形式包括斯坎伦计划、拉克计划、生产率提高分享计划等；另一种是通过员工持股等形式分享企业的利润，最为常见的有现金利润分享和员工持股计划等。

(一) 收益分享计划

收益分享计划（gain sharing plan）也称增益分享计划，是企业提供的一种与员工分享因生产率提高（例如工时减少）、成本节约和质量提高而带来的收益的绩效奖励模式。通常，员工按照一个事先设计好的收益分享公式，根据本人所属工作单位或群体的总体绩效改善状况获得奖金。收益分享是企业与员工团队分享生产率提高等带来的收益的一种手段，也是员工收益参与的重要途径。

到目前为止，收益分享计划由最初的仅注重财务结果发展到现在的注重多维度衡量标准，主要有以下方式。

1. 斯坎伦计划

斯坎伦计划（Scanlon plan）最初出现在20世纪30年代，由当时的美国俄亥俄州帝国钢铁厂工会主席约瑟夫·斯坎伦（Joseph Scanlon）提出。斯坎伦针对经济萧条提出了一个劳资合作计划，其要点是如果雇主能够使萧条时期倒闭的工厂重新开工，工会就同意与公司共同组成生产委员会，努力降低生产成本。斯坎伦计划由最初的劳资合作计划，演变为后来的专项团队分享生产和经营收益的薪酬激励方案。

作为群体激励计划，斯坎伦计划实施的意义在于强调参与式的管理模式，将员工和企业的关系建立在合作基础上，强调通过团队工作降低人工成本，提倡员工配合企业的生产管理，为现代的奖金分配和增益分享制度奠定了理论基础，提供了运作思路。

斯坎伦计划的构成要素有斯坎伦比、奖金数额以及两个运作委员会（即组建由管理人员和员工共同参加的生产委员会和监察委员会）。生产委员会的任务是审查有关成本节约的建议和行动，以及按照建议实施效果给予奖励；监察委员会的任务是促进管理者和员工之间的沟通，监督公司的绩效完成情况等。斯坎伦比是斯坎伦计划的核心要素，用公式表示为：

$$斯坎伦比=\frac{劳动力成本}{产品销售价值}$$

式中，产品销售价值为销售收益和盘存货品的价值之和。

例如，某企业每年的劳动力成本是4 400万元，同期产品销售价值是8 300万元（其中，销售收益为6 500万元，盘存货品的价值为1 800万元），则斯坎伦比约为0.53。

斯坎伦比提供的是一个增益分配基线，如果员工经过努力使劳动力成本与产品销售价值的比低于这个比例，则增加的部分就可以与企业按照一定的比例进行分享，员工将获得现金奖励。

斯坎伦计划在降低成本以及培养员工的分享和合作精神方面是极其成功的。即使经典意义的斯坎伦计划已经发生变化，但它的历史作用和实践价值应得到肯定。正是该计划的推行，促使管理者主动激发一般员工关心如何使企业成功，以及如何与企业分享成功的收益的动力，而不仅仅是让员工被动地生产与工作。

2. 拉克计划

拉克计划（Rucker plan）是在斯坎伦计划的基础上修订而成的。两个计划的性质基本相同，都强调通过物质报酬激励员工参与企业的生产和管理。与斯坎伦计划仅仅关注劳动力成本的节约不同，拉克计划将激励与许多方面的成本节约联系在一起，激励员工提高生产率。该计划的生产率衡量标准是附加价值的分配方式，即以经济附加价值的一定比例作为奖金的来源，核心要素是拉克比，其计算公式为：

$$拉克比=\frac{经济附加价值}{劳动力成本}$$

拉克计划的资金来源于经济附加价值的增长，因此，经济附加价值在拉克比中是作为分子出现的。正是由于引入了经济附加价值这一衡量企业生产率的指标，拉克计划得到了空前的发展并被广泛采用。

作为最初的收益分享计划，斯坎伦计划和拉克计划注重从生产率提高或者成本控制的角度对财务结果进行衡量，用历史的绩效标准来确定一个值得为之支付报酬的恰当绩效水平。这些计划通常被长期执行，并且主要在制造业中实施。

3. 生产率提高分享计划

生产率提高分享计划（improshare/improved productivity through sharing）也是收益分享计划的一种形式。该计划的原理与计件工资和计时工资的原理相似，是对单位产出的标准劳动工时进行测量，然后再分享节约下来的工时。生产率提高分享计划通常也是在制造企业中使用，且只适用于小时生产工人。与斯坎伦计划和拉克计划不同的是，它强调员工参与和集体创造价值，即当集体生产量增加或集体单位生产时间减少时，参与的员工将按照计划获得奖金。例如，如果在通常情况下，10 位员工在 5 周内能生产 200 单位产品，意味着生产 200 单位产品需要用 2 000 小时的时间（即 10×5 周×40 小时/周），即生产 1 单位产品需要 10 小时。按照生产率提高分享计划，如果员工现在生产 400 单位产品所耗费的工时是 3 800 小时，即比预期的时间 4 000 小时少用了 200 小时，则节约下来的 200 小时所对应的人工成本可以在企业和员工集体之间进行分享，员工按照计划获得相应的奖金。

生产率提高分享计划可以根据企业的实际和员工参与的条件设计，例如可以设定为员工参与产量增加、质量提高或销售量增长等指标。因为该计划设定的指标较为贴近工作实际，所以其实施效果比较好。

4. 收益分享计划的新发展

上述收益分享计划在工厂中引入了浮动薪酬，从而避免了基本薪酬的局限性。由于它们都有标准化的执行程序和行动规则，因此操作起来比较方便。虽然这些计划已经有多年的成功历史，但仍然存在很多问题。首先，这些计划假定环境是永久不变的，因此企业很少有机会对计划做出修改以适应需求的变化。其次，它们在设计上常常比较僵化和缺乏弹性，无法根据经济和市场的变化或者企业的经营需要做出反应。再次，这些计划的标准是为制造企业提供的，在工厂以外的场景中使用价值很小，计划的适用范围有限。最后，这些计划的建立是非常机械的，并非建立在员工和企业之间形成的以实现共同收益为目的的伙伴关系的基础之上，也未将员工参与作为成功的必要因素。

在这种情况下，收益分享计划有了新的发展，称作新一代收益分享计划。这种收益分享计划是对经营计划的收益的分享，它依据经营计划浮动薪酬模型，将更为广泛的经营目标作为核定收益分享资金来源的依据和确定报酬的标准。例如，某重工业企业为了改善成本管理绩效和提高环境绩效，创建了一种包括两个层次的收益分享计划。具体内容是：如果员工在成本管理方面的绩效实现了，则员工可分享收益总额中的50%会自动纳入收益分享基金，其余50%要看其他指标是否完成。如果预定产出水平达到了，有15%会划入收益分享基金；如果安全绩效指标达到了，又有25%会划入收益分享基金；如果未出现废气泄漏和污染环境的问题，最后的10%也会全额划入收益分享基金。也就是说，只有在所有的绩效目标都达到的情况下，员工才能全部分享可分享收益总额。

作为员工收益参与的未来发展方向，新一代收益分享计划的优点表现为：第一，它不是依据历史实践来制定发展目标和衡量标准，而是依据未来导向型目标来确定绩效衡量的标准。第二，此种收益分享计划的参与以及浮动薪酬计划中的绩效衡量指标，都取决于组织的目标以及实现组织目标所需要的组织结构，因此，为配合需要完成的工作本身的要求，组织可能会做出变革而不是局限于当前的组织结构。第三，此种收益分享计划可以根据环境的变化做出调整，每年审查一次，以适应组织的目标和需要的变化，确保计划继续执行。

（二）员工持股计划

员工持股计划（employee stock ownership plans，ESOP）是指由企业内部员工出资认购本企业股权，委托给员工持股管理委员会进行托管运作，从而达到员工参与企业管理、分享企业利润的一种股权形式。通过员工持股计划，员工与企业的利益融为一体，员工对企业前途充满信心，企业获得超常发展，员工也从持股中得到巨大利益。因为该项计划也具有对企业经营者、高层管理者及核心员工进行长期报酬激励的性质，所以受到广泛关注。

1. 基本功能

员工持股计划主要有以下功能：（1）使员工能以股东的身份分享企业利润，增加其对企业的归属感；（2）有利于改善员工与企业的关系，促进劳资和谐；（3）具有长期激励作用，留住核心员工；（4）建立企业与员工之间风险共担、收益共享的利益机制。

2. 主要类型

员工持股计划就涉及的员工范围而言，主要有三种类型：（1）全员持股计划。只要是企业法定的员工，并符合企业的基本要求，都可以成为员工持股计划的对象。其按照员工的资历、技能、职务及贡献程度等分配不同数额的认股权。（2）技术人员持股计划。为了吸引和保留企业的核心技术人员，企业专为技术人员实施股权激励计划。（3）管理人员持股计划。该计划涉及企业高层管理者和中层管理者。高层管理者的持股计划属于经营者报酬管理体系，即经营者年薪制的一个重要组成部分；中层管理者的持股计划则等同于技术人员的持股计划，主要是对管理人员进行长期激励。

3. 运作特征

员工持股计划在实施中有几个特征：（1）是员工参与利润分享和股权激励的手段，持股人或认购者必须是在本企业长期工作的员工；（2）有长期激励的性质，员工所认购的本企业股份一般不能随意转让、交易和继承；（3）参与人通常以工会或职代会社团法人名义享受企业利润分配，再由员工持股管理委员会按员工个人持股数额进行二次利润分配。

4. 中国情境下的企业员工持股计划

20世纪90年代以来，我国很多非上市企业和上市公司开始实施员工持股计划，但相对于针对管理层或公司核心人员的股权激励计划而言，针对普通员工的持股计划较少。2014年6月，证监会正式颁布了《关于上市公司实施员工持股计划试点的指导意见》。该意见指出，员工持股计划是上市公司根据员工意愿，通过合法方式使员工获得本公司股票并长期持有，股份权益按约定分配给员工的制度安排。员工持股计划的参加对象为公司员工，包括管理层人员。上市公司实施员工持股计划应当遵循公司自主决定，员工自愿参加，上市公司不得以摊派、强行分配等方式强制员工参加本公司的员工持股计划。

近年来，我国实施员工持股计划的上市公司数量不断增加，员工持股计划成为上市公司向市场传递信心的一个重要手段。此外，有公司通过低价购买回购股票的方式实施员工持股计划，让员工看到二级市场的股票价格与购买价格的差异，从而提高员工的参与积极性。

四、华为的内部虚拟股票机制①

在华为初创时期，创始人任正非就推行了员工持股机制。他坚持将分享利益、分担责任贯彻在华为的人力资源建设之中。华为实行的是虚拟股票机制，虽然其机制和操作方法与股票期权相似，但两者的区别在于，持有虚拟股票并不是认购公司的股票，仅是获取了公司未来分红的凭证或权利，没有表决权和所有权，也不能转让和出售。由于此类股权激励方案既能将公司股价与员工利益联系在一起，同时又不涉及股票的买卖运作，不存在违规嫌疑，因此，在我国目前的制度环境下不失为一种较好的长期激励方式。

虚拟股票机制对华为的崛起发挥了不可低估的作用。当前，任正非所持公司股份只有1.4%左右，其余全部由员工持股会代表员工持有。华为不是上市公司，分红和收益不必经过证券行业监督管理部门的审批。当员工离开公司时，可以将手中的股份转换为现金，公司不会拖欠。一旦离开华为，就不能继续持有华为股份。

据披露，华为内部股的分配情况为：30%优秀员工集体持股，40%员工按比例持股，剩余由新员工和低职位等级员工适当参股。员工要想得到股票分红，需要满足多个条件，并非"吃大锅饭"或"免费午餐"。《华为基本法》第十七条对股权激励与知识资本化的关系做了这样的表述：我们是用转化为资本这种形式，使劳动、知识以及企业家的管理和风险的积累贡献得到体现和报偿；利用股权的安排，形成公司的中坚力量并保持对公司的有效控制，使公司可持续成长。知识资本转化与适应技术和社会变化的有活力的产权制度，是我们不断探索的方向。我们实行员工持股制度。第十九条规定：股权分配要向核心层和中坚层倾斜，股权结构要保持动态合理性。按劳分配与按资分配比例要适当，分配数量和分配比例的增减应以公司的可持续发展为原则。

华为的人力资源管理几经改革和创新，虚拟股票机制也逐步趋于成熟与完善。例如，近几年华为对新进员工的股票激励改为TUP（time-unit plan），即每年根据岗位、级别

---

① 黄志伟．华为人力资源管理．苏州：古吴轩出版社，2017.

和绩效，分配一定数量的期权。虽然期权不需要员工花钱购买，但期权的有效期通常为 5 年，5 年到期后，TUP 会失效清零。这种做法被认为可解决员工，尤其是新员工的持续激励问题。

第 3 节　员工参与管理的形式与典型模式

员工参与管理最早起源于 19 世纪末英国的集体谈判制度，并在第二次世界大战后的工业民主化运动中逐步得到法律承认。员工参与管理是依据企业管理过程中的“分享管理”和“机会均等”原则发展而来的，其核心是员工有权参与涉及自身利益问题的决策和管理。

员工参与管理是指不具有管理职权的员工不同程度地参与组织经营决策及各级管理实践活动的制度、过程和行为，以激发员工的积极性，并最终提高员工工作效率和质量。通过参与管理，员工与企业的高层管理者基于平等的地位来研究和讨论组织中的重大问题，他们可以感受到上级主管的信任，因认识到自己的利益与组织发展密切相关而产生强烈的责任感。同时，参与管理为员工提供了一个受到别人重视的机会，从而给人一种成就感。员工因为能够参与商讨与自己有关的问题而受到激励。参与管理既对个人产生激励，又为组织目标的实现提供了保证。

与员工参与决策相比，员工参与管理主要是指员工在工作过程中的管理参与，其主要形式和内容包括员工自我管理团队、合理化建议制度、质量圈制度以及员工参与技术和产品创新制度。

一、员工自我管理团队

员工自我管理团队是对泰勒制反思之后采取的基于工人自治的工作管理方式，起源于 20 世纪 50 年代的英国和瑞典，而后在美国等一些国家的企业迅速发展。

团队通常由 10～16 人组成，他们承担着以前自己的上司所承担的一些责任。一般来说，他们的责任范围包括控制工作节奏、决定工作任务的分配、安排工间休息。彻底的员工自我管理团队甚至可以挑选自己的成员，并让成员相互进行绩效评估。随着组织的扁平化和平台化，员工自我管理团队愈加流行。此类团队不仅可以增强对外部的反应速度、提高组织的生产和创新能力，还能够使团队成员承担起原本由管理人员所担负的任务，如确定工作标准、分配职责、协调工作程序、监管工作过程等，从而增强了团队成员的自主权。

员工自我管理团队的核心是打破生产线的界限，取消工厂监工，赋予员工工作的权力和责任，并鼓励员工之间相互合作，集体完成任务。20 世纪 60 年代以来，在欧洲和美国的企业出现了两种有代表性的员工自我管理团队形式。

（一）自我指导团队

自我指导团队是在传统工作团队的基础上，通过增加员工的自我管理、自我负责、自我领导等特征，培育员工的自我管理行为。例如，20 世纪 70 年代，沃尔沃汽车公司引进半自治式的工人管理团队，发挥团队合作的效率优势。1988 年开始，将装配线改造为装配岛，工人不再在装配线上重复单一的任务，而是由 8～10 人构成一个小组，成员之间灵活协作，共同组装整车。理查德·哈克曼（Richard Hackman）认为这种团队中成员的自我管理行为由以下五个方面构成：

（1）对自己的工作成果负责；

（2）监控自己的业绩，持续寻求反馈；

（3）管理自己的业绩并对其进行纠正；

（4）积极寻求公司的指导、帮助和资源支持；

（5）积极地帮助他人改善业绩。

（二）自我管理团队

自我管理团队更强调赋权和员工自我管理性质，一般以项目导向和跨部门的合作为主要特征。例如，微软公司在日常工作中给员工提供了极大的自由，让每一个员工都感到自己的积极性被激发了。员工团队有极高的责任心和自我管理意识，只要给他们足够的空间和资源，他们就会主动完成任务。这种公平和富有挑战性的工作环境，激发了微软员工团队巨大的工作热情，这种热情就是管理员工的最佳方式。正是这种触发员工个人内在的自发控制和管理，使得微软始终保持高速运转的势头，占据着最有利的竞争位置。自我管理团队具有以下主要特点：

（1）自我管理，团队具有计划、组织、控制和人员安排等职责；

（2）自行分配工作，团队可以决定成员在什么时间、什么地点做什么工作；

（3）自行计划和安排工作日程，团队自己决定开始和完成日期，掌控工作进度和目标设定；

（4）自行制定与生产相关的决策，包括存货、质量控制和工作控制等；

（5）自行解决问题，例如产品和服务的质量问题、客户服务以及相应的问题。

按照赋权和参与管理的程度，自我管理团队还可分为半自治团队、自治团队。这些团队都必须具备以下基本特征：团队领导和成员必须具有较强的专业技能、人际关系技能、发现并解决问题的能力和决策能力。在团队内部实行自我管理、自我负责、自我领导和自我学习的运行机制，以保证共同实现团队目标。

案例 6－2

随着数智时代的来临，不仅组织及其成员的行为和工作方式会出现重大的变化，而且对员工个人的自我管理和自我领导能力也有了更高的要求。一支高效的自我管理团队需要具备以下要素：

（1）学习与培训自我管理的理论和方法；

（2）明确的团队目标；

（3）基本的资源保障；

（4）团队成员的能力与职位相匹配；

(5) 促进战略性思考的团队规范；

(6) 清晰的、吸引人的共同愿景。

二、合理化建议制度

合理化建议制度是指企业征求和处理员工对企业经营和管理建议的制度。通过合理化建议来提高企业经营绩效，也是促进员工参与管理的一种形式。

合理化建议能否成功实施，取决于企业所制定的有关制度和程序，包括对员工提交建议的接受渠道、评审及反馈程序，奖励机制，避免因方案未被采纳而使他们感觉受到挫折的系列措施等。最常见的方式是意见箱、意见表、海报、小册子及公司内刊等。处理员工合理化建议需要人力资源部门和直接上级同时做好沟通和反馈工作。下面介绍合理化建议制度的几个典型例子。

(一) 德国企业的员工合理化建议制度

1. 实施意义

员工合理化建议的概念最早由克虏伯（Alfried Krupp）于 1872 年提出，之后德国企业不断推出员工参与管理的合理化建议管理办法，并在实践中不断发展完善，形成了不同的管理模式。德国企业的员工合理化建议制度的内容包括所有以改进现行企业运行和管理体制、提高产品质量、简化工艺流程、节约材料和工作时间、提高安全健康和环境保护等为目的的具体建议。[①] 实施意义包括：

(1) 提高质量，降低成本，提高效率，促进安全等；

(2) 增强员工责任感和参与意识；

(3) 激发员工工作热情、创造性和团队合作精神；

(4) 创造和谐的劳资关系和企业文化。

2. 基本模式

德国企业的员工合理化建议制度的管理模式包括：

(1) 集中管理模式。企业建立专门的合理化建议管理办公室，任命专职经理负责收集员工的建议，并对员工提议进行指导，初审后转交企业合理化建议评审委员会。评审委员会由企业高层任命，成员包括专职经理、技术专家和工会代表。评审委员会的职责主要是对员工提出的合理化建议进行审核，并在此基础上提出是否采纳和给予奖励的方案。对于一些重要建议，还需要提交专家鉴定。

合理化建议的小额奖金，一般可由专职部门和评审委员会决定，大额奖金则需要奖金评审委员会讨论决定。该委员会由企业高层和部门经理、专职经理和员工代表组成。

(2) 上级主管模式。由各级领导直接负责员工的合理化建议，包括从收集、评审到确定奖金的全过程。该模式的优点是可以充分发挥一线领导的作用，但是对一些技术性

---

① 中国驻德使馆经商处．德企的合理化建议管理模式．中外管理，2007 (5)．

问题，需要业内专家做出评估鉴定，将奖金标准确定在适当的额度，超出授权标准时，由奖金评审委员会讨论决定。

（3）团队模式。也称主持人模式，其特点是成立一个分散的点子管理团队，由该团队对员工的建议进行评估和实施。点子管理团队可根据公司的组织结构和业务关系设立，由6～8人组成，其中包括一名经过专门培训的主持人和一名部门领导。主持人来自员工，但需要经过合理化建议管理培训，主要负责点子管理团队内部和外部的协调和联络工作。

点子管理团队收到员工的合理化建议之后，由主持人协调确定团队的评审事宜。由于领导本身就是点子管理团队的成员，因此可以很快地做出实施和奖励决定。团队不能解决的问题，则由主持人协调专家或上级决定。

企业对合理化建议的奖励，严格按照标准执行。其标准的设定类似增益分享的分配原则：企业拿大头，员工拿小头；贡献越大，比例越大。具体的实施标准按照建议实施之后第一年所节约的成本（扣除建议执行时所产生的设备改造等费用），分成不同的档次，体现多节约多奖励的原则。有些合理化建议（例如有关安全、环境保护、产品质量和公司声誉等的建议）无法直接估计其经济收益时，则按照为公司带来的间接效应制定不同的奖励等级。按照德国的《个人所得税法》，这些奖金不用纳税。

（二）柯达公司的员工合理化建议制度

美国柯达公司于1881年成立，曾是世界著名的公司之一。尽管在新技术冲击下，柯达公司经历了巨大的经营和市场变革，但其独特的员工合理化建议制度，还是有其历史价值和现实意义的。

1. 背景及意义

柯达公司员工建议制度的产生有某种偶然性，但体现了公司员工参与文化的精神实质。柯达公司成立之初，其创始人乔治·伊士曼（George Eastman）就收到过一份普通员工的建议书，呼吁生产部门将车间的玻璃窗擦干净。伊斯曼非常重视，认为这不是一件小事，而是体现了员工的积极性和对企业的关心。他立即召开表彰大会，表扬该员工，并建立了“柯达员工建议制度”。该制度一直流传，不断发展完善。100多年来，柯达公司员工提出的建议约200万条，被公司采纳的超过60万条。柯达公司为此发放的奖金每年都在150万美元以上。

推行员工建议制度的意义体现在两个方面：其一，促进产品开发、提升产品质量和推动安全生产、改进流程等，发挥其在提高生产率方面的作用。其二，促进上下级之间的沟通，提升员工的参与意识。公司的管理者认为，即使员工的建议没有被采纳，也会有两个好处：一是让管理者了解员工，知道员工在想什么；二是激励建议者，尤其是当员工知道他的建议受到重视时，会产生满足感、受尊重感，产生继续创新的热情。

2. 推行特点

柯达公司在员工建议制度推行过程中注意了以下关键点：

（1）重视制度推行的组织和程序保障。公司要求必须建立专门的机构来推行这一制度。公司成立由专职秘书和专门委员会组成的建议办公室，负责对建议进行审核、批准和奖励。员工可以非常容易地拿到建议表，将自己的建议填好后投到工厂的信箱中。如果员工不愿意公开姓名，也可以采取匿名的方式，建议者可以通过表的编号打电话查询处理结果，办公室也会定期公布员工建议采纳和奖励的结果。

（2）重视对员工建议的处理。对于员工的奖励，公司有严格的管理标准、管理制度和处理程序。员工提出建议之后，有关人员必须认真处理。一般的程序是由专职秘书及时把各项建议提交给有关管理人员和相关部门，由部门对建议做出处理决定。对没有采纳的建议，向员工本人反馈处理意见，说明未被采纳的原因。如果员工仍然坚持他的建议有价值，可向建议办公室再次提交更为充分的材料，重新复议。

（3）重视对员工建议的宣传和奖励。在公司，每个人都可以方便地领到关于员工建议制度及其奖励的小册子。对于被采纳的建议，定期在公司出版的刊物上发表，或张贴在公司的布告栏上。

（三）丰田公司的合理化建议制度

在丰田公司，合理化建议被当作一项非常重要的内容，并被赋予更深层次的含义。公司领导认为员工是改进生产的原动力，他们会不断提高产品的质量和生产效率，因此丰田公司的合理化建议制度面向全体员工，鼓励他们不断提出建议，改进生产流程，将自己提出的想法和建议付诸实践，创造更加安全和舒适的工作环境，生产出质量更高的产品。

在大多数公司，合理化建议制度的目的可能只是征求员工的意见和建议，增强大家的参与意识。但是丰田公司的合理化建议制度就像其“好主意，好产品”的口号一样，不仅充分调动全体人员共同思考和共同参与来改善生产活动及其效果，提高产品质量，降低生产成本，而且激励个人不断提高自身的能力，使生产现场充满生机和活力，增强全体人员对公司的忠诚感和归属感，最终为公司的发展壮大做出贡献。

丰田公司的合理化建议制度还使公司的高层有机会倾听底层的呼声，使高层的决策能够照顾到广大的基层员工，不至于忽视他们的存在，从而获得他们更广泛的支持。为此，丰田公司专门出台了一项制度：低一级员工可以绕过直接上级面向更高级别的领导提出建议，而这些建议一旦被采用，建议者会获得表彰和奖励。公司通过这些措施形成了强大的向心力和凝聚力，在这种氛围下，丰田的每一个员工都积极地为企业的健康发展献计献策。这些合理化建议的实施和应用给丰田注入了强大的创造力，使企业不断发展，成为全球汽车行业的巨无霸。

三、质量圈制度

质量圈（quality control circles，QCC）也称品质圈、质量改善小组等。最早由美国管理学家设计，由日本质量管理专家石川馨于 20 世纪 50 年代末提出。20 世纪 80 年代以来，欧洲、北美、亚洲的企业大力开展质量圈活动，卓有成效。

（一）定义与性质

质量圈是一种企业促进基层员工自主管理、全员质量管理及持续质量改善的管理活动，目的在于给予工人更多的运用他们的经验和知识的空间，给员工提供发挥他们智慧的机会，提高生产力和质量，协助企业建立质量文化，改善员工关系，培养员工的责任心。

质量圈是员工参与管理、提高企业生产效率的一个重要手段。随着企业实践的发展和对其内涵的深刻挖掘，质量圈确立了其在质量和持续改进管理中的重要地位，不仅提高了员工的质量意识和问题意识，而且提高了现场管理水平和员工士气。

（二）形式与内容

质量圈的一般形式为，由在一个特定工作场所的5～10名员工自愿组成一个跨部门的质量管理小组，定期召开会议讨论提高质量管理的方法，然后分工合作加以实施。在活动中，员工应用质量管理的简易统计手段和工具进行分析，以达到改善业绩的目标。

质量圈讨论会通常利用业余时间进行。每次会议确定一个质量改善主题，制定改善方案，方案实施周期为半年左右。方案达到的目标和改善的过程，以质量图标的方式展示出来。还可以通过筛选，进行公司层面的质量圈评比。

（三）特点

1. 明显的自主性

质量圈以员工自愿参加为基础，实行自主管理，自我教育，互相启发，共同提高。

2. 广泛的群众性

质量圈不仅包括领导人员、管理人员、技术人员，而且注重吸引生产、服务工作第一线的员工参加。广大员工在质量圈活动中群策群力，分析问题，解决问题。

3. 高度的民主性

质量圈的圈长可以是民主推选的，也可以由质量圈成员轮流担任；在质量圈内部讨论问题、解决问题时，圈组成员是平等的，不分职务与技术等级高低，高度发扬民主，各抒己见，互相启发，集思广益。

4. 严密的科学性

质量圈在活动中遵循科学的工作程序，步步深入地分析问题、解决问题；在活动中坚持用数据说明事实，用科学方法分析与解决问题。

（四）推行程序

推行程序大致遵循这样的流程：组建旨在解决具体问题的质量圈——定期或不定期讨论现场问题焦点——选择需要解决的主要问题——确定改善目标——制订目标达成计划——寻找问题原因——提出解决对策——跟踪、审核或修订问题解决效果——继续进行质量改进。

（五）成果评审

为了达到通过质量圈促进质量改进的目标，企业在实施中需要制定相应的评审标准，以激励活动的正常健康进行。评价标准一般按照过程人员组成、活动安排、领导力评价、资料运用、活动记录、活动效果、成员素质提升以及效果维持和巩固等方面设计，并据此进行全面的效果评估。

质量圈推行的意义是多方面的，不仅在于解决工作现场中的问题，提高效率、降低成本，还在于通过参与管理工作，提升员工自身价值，构建和谐的企业文化。

全球许多公司都使用质量圈，尤其是在制造业领域。最著名的例子是丰田汽车，它在几十年前拓展了这一概念的内涵。通用汽车、诺思罗普和西屋电气等公司也应用了此方法。

四、员工参与技术和产品创新制度

（一）3M公司的“15%规则”

在鼓励员工参与技术和产品创新的制度中，美国的3M公司执行多年的“15%规则”是经典的案例之一。

1. 公司背景

3M公司即明尼苏达矿业及制造公司（Minnesota Mining and Manufacturing Company），创立于1902年，总部位于美国明尼苏达州圣保罗市，是著名的产品多元化企业。该公司最早从事金刚砂开采，后发展成为在健康医疗、安全、电子、电信等行业领先的跨国企业。公司在20世纪末已拥有30多个技术平台，产品超过60 000种，几乎每个员工产出一种产品。公司重视新产品开发，每年有200～300种新产品问世。在创新转化上，3M公司规定，销售收入中的40%来自5年内开发的新产品，30%来自4年内开发的新产品，10%来自1年内开发的新产品。由此可以认为，技术创新是该公司持续发展的重要动力。

2. “15%规则”

在长达百年的发展中，3M公司形成了独特的管理制度和管理模式，“15%规则”为其中之一，即公司的科技人员，甚至普通员工可以把15%的工作时间用在自主选择的个人创意活动中，搞小发明创造。有创意的员工不仅可以得到资助，而且可以建立自己的事业发展分部。研发人员的项目被称为钟爱项目，公司提供1.5万美元作为种子基金启动项目。这一制度极大地调动了员工的积极性。

公司设立“15%规则”是为了不扼杀那些新的、看似同本职工作不相关的、来自普通技术人员和员工的创意。“15%规则”起源于一款名叫“便利贴”（post-it）的产品。虽然公司于1977年推出该产品，但它的研发创意可追溯到20世纪60年代——一位名叫西尔弗的技术人员被分派参与研究“聚合体黏着剂计划”。有一次，他在实验中意外地创造出一种黏性很差的聚合体，因为他对该种聚合体的用途不清楚，还以为发明失败了。1974年，西尔弗的一位同事弗赖伊为此项发明找到了“用途”，即用在便利贴上。便利贴投放市场后，很快受到消费者的青睐，该产品在1999年被《财富》杂志评为20世纪最佳产品之一，为公司赢得了丰厚的利润。

到20世纪90年代，3M公司员工的创造性和能动性结出了硕果：100多项核心技术转化为6万多种新产品，并在47个大类产品事业部下汇集了900个经营这些产品的创利中心。3M公司也从一家小企业发展成为一个多元化的跨国集团。

3. 创新文化

许多对3M公司进行研究的专家认为，该公司成功的真正秘诀不在于它的组织结构、管理和计划的独特之处，它和其他公司的最大差异在于拥有一种创新文化，而这一文化根植于对员工能力深刻、真诚和坚定的信任，并以此作为一系列组织政策和管理实践的基础。这种创新文化具有以下特点：

（1）鼓励员工创新，确保有创新的员工得到认可并受到奖励。

（2）激发员工的能动性，确认员工都有表现自我的动力，使每一位员工都能树立主人翁意识。

（3）采用能够激发员工创造性和积极性的管理制度和管理方式。

（4）建立员工内部创业制度，培养员工的企业家精神。虽然3M公司注重员工的发明和创造，但是创新创意能够最终实现商品化的并不太多。据公司统计，在公司产生的每10 000个创意中，实际启动的只有100个，最终走向市场的只有10个，而取得销售业绩的可能只有1个。公司之所以鼓励这项失败风险较高的活动，目的在于培养员工的创业精神和组织的创新文化。

（5）培育自律、不怕失败和挫折的企业文化。为了使员工的能动性与公司的总体目标保持一致，在培养员工的主人翁意识的同时，企业还注重培养员工的自律能力和团队意识，培育尊重员工、容忍员工的失败和挫折的企业文化，以激励员工的挑战精神和竞争意识。

（二）百度鼓励“小团队做出大事业”

2010年，为了充分调动基层团队成员的创新积极性，百度设置百度最高奖，主要针对总监级以下对公司产生卓越贡献的基层员工，奖励对象为10人以下小团队，鼓励“小团队做出大事业”。截至2022年，百度已经发46个百度最高奖，奖金总额超过3亿元。这是迄今国内互联网企业中给予基层员工的最高奖励。

百度信奉创新、协同、诚信的企业文化，并强调：（1）追求卓越：追求技术领先和业务卓越。（2）团队协作：以团队合作为基础，实现共同目标。（3）责任心：对公司、用户、同事、社会负责任。（4）激情创新：不断探索创新机会，勇于接受挑战。（5）开放分享：分享知识和成果，促进公司的共同进步。

百度注重构建和传承创业文化，以激发员工的创业精神。首先，百度鼓励员工勇于冒险和接受挑战，并为其提供了宽松的创新环境和资源支持，让员工有机会实现创业梦想。其次，百度注重员工的个人成长和学习，提供丰富的培训和发展机会，以培养员工的创新思维和领导能力。最后，百度倡导开放的沟通和分享文化，鼓励员工在团队中互相合作、互相学习，实现协同创新。

百度非常重视团队协作，并积极推动协同创新。首先，百度鼓励团队成员之间的密切合作和沟通。团队成员可以分享自己的专业知识和经验，互相学习和借鉴，共同解决问题和推动项目进展。其次，百度注重建立开放的工作环境和积极的团队氛围。团队成员之间可以自由表达意见和观点，倡导批判性思维和创新思维，鼓励不断尝试和改进。最后，百度还提供多种协同工具和平台，方便团队成员之间的协作和交流，加强团队协同创新的效果。

百度的创业文化激发了员工的创新思维和创业精神。员工在宽松的创新环境中有机会实现自己的创业梦想，追求卓越并勇于接受挑战。这种创业精神不仅促进了员工个人的成长和发展，也为企业的创新和发展注入了活力和动力。百度作为科技行业的领军企业，其创业文化和团队协作的实践对整个行业的创新和合作生态也有积极的影响。百度通过开放合作和共享资源，与合作伙伴共同推动行业的技术创新和应用发展。团队协作的精神也鼓励员工与行业内的其他机构和专家进行交流与合作，形成更加良性的创新生态，共同推动行业的发展和进步。

□关键术语

员工参与　收益分享计划　员工持股计划　自我管理团队　合理化建议制度

□复习思考题

1. 什么是员工参与？员工参与的意义和作用是什么？
2. 员工参与管理包含哪些内容？当前员工参与管理有哪些新趋势？
3. 简述员工参与管理的形式。
4. 简述员工民主参与的发展历程与基本内容。
5. 在数智时代背景下，如何构建高效的员工自我管理团队？
6. 我国企业有哪些成功的员工参与管理的经验？

□案例分析

天士力集团以一线员工参与为导向的班组建设项目

公司背景

天士力集团总部位于天津，成立于 1994 年，起步于现代中药制造，1998 年转制为股份制企业集团，核心企业天士力医药集团股份有限公司 2002 年在上海证券交易所上市。该集团公司目前形成了以大健康产业为主线，以国际化发展为方向，以生物医药产业为核心，以健康产品产业和健康管理与服务产业为两翼的产业格局。

与我国其他民营制造企业一样，天士力集团的员工队伍异常年轻化，在职员工超过 1.5 万，平均年龄只有 31 岁。尽管在当今竞争激烈的市场环境下，技术研发、资本运作、市场份额、管理创新及社会声誉等都是企业赖以生存和发展的核心竞争力，但是随着企业的快速发展，天士力的经营管理层越来越深刻地意识到，在现代制造企业中，有组织凝聚力、专业素养和创新精神的员工队伍更是组织最宝贵的资源，而活跃在生产一线的基层班组则是构成企业持续发展的“细胞单位”和“动力源”。调动基层单位发挥功能和作用，是班组建设的核心任务。为此，2012 年前后，天士力集团启动了由工会和人力资源部门牵头、一线部门配合的天士力集团班组建设项目。

班组建设特点与目标选择

重视班组建设是我国国有企业管理的一大特色，以往大多在国有大型企业中推行和实施，带有较强的行政干预色彩。例如，自2004年起，国务院国资委等就一直将“星级班组建设”作为国有企业和工会的主要工作任务，相继推出了“五型班组”“六型班组”建设模式。但是如何把这些班组建设模式成功嫁接到天士力这样的民营企业之中，是一个很有挑战性的课题。

在外出取经、认真学习、反复沟通的基础上，集团制定了针对本企业实际的基层班组建设方案，包括：班组建设方针——不断提升基层班组的执行力、创新力和凝聚力，使员工从思想、技术、技能和创新能力上得到提升，进一步促进企业健康、和谐、稳定发展；班组建设目标——构建体现工作和管理双元平衡的六型班组，例如，体现工作目标的技能型、质量型、创新型班组建设，体现管理目标的健康型、和谐型、学习型班组建设。各类型班组的建设目标和绩效衡量指标如表6-1所示。

表6-1 六型班组建设目标与衡量指标

班组类型	建设目标	衡量指标
技能型	● 员工具备丰富的生产操作经验和事故处理能力 ● 解决生产中出现的技术问题 ● 开展班组技术革新活动	● 技能比武活动 ● 持证上岗、一专多能、技师和本科以上人员比例 ● 职工发明家和“工人先锋号”
质量型	● 关注产品质量 ● 承担“监督上道、干好本道、满足下道”的责任 ● 员工质量目标清、岗位职责清、操作工艺清	班组全年达到： ● 无质量事故 ● 无人身伤害事故 ● 无投诉和质量问题反馈
创新型	● 持续学习理念 ● 技术创新氛围 ● 解决长期困扰工作的实际问题 ● 通过创新形成班组凝聚力	● 全面生产维护（TPM）提案参与率 ● 选树先进操作法 ● 申报发明专利
健康型	● 班组氛围健康向上 ● 员工遵守职业道德规范 ● 工作协作、生活互助、队伍稳定 ● 班组长正直、正派、公平、公正 ● 团队成员生理、心理健康	● 党员比例 ● 成员患病比例 ● 成员稳定率和离职率
和谐型	● 以人为本、关系和谐、工作协调、互助互爱的班组特色文化 ● 民主管理、民主参与意识和职业道德 ● 爱岗敬业、奋发向上、团结互助的班组氛围	● 民主生活会 ● 工会小组例会 ● 团队成员满意率 ● 优秀工会小组
学习型	● 倡导学习理念，“创建学习型组织，争做知识型职工” ● 形成工作学习化、学习工作化，以学习推动工作、以工作促进学习的氛围	● 班组学习园地 ● 技能考证 ● 技能比武 ● 师徒制

由集团工会统一制定六个班组类型的构建目标和考核标准，各一线班组在工会和人

力资源部门的指导下，根据自身的需要进行选择性构建。例如，对于一些特别需要强化质量管理的班组，将质量型班组建设作为第一目标；其他班组亦可将技能型或创新型作为第一目标。但无论何种排序，学习、技能、质量、创新、健康、和谐这些目标都必须兼顾，因此被称为六型班组建设。

班组建设的推行原则与实施特点

天士力集团对六型班组建设项目，实行以点带面、边试行边改进和逐步推进的策略。前期的准备阶段历时一年，以工会系统为主，经过周密的调研、访谈、问卷、宣传、研讨、组建、推进、展示等环节，选择 30 多个班组进行试点。经过两年左右的实践摸索，六型班组项目扩展到整个集团的所有一线部门。全集团组建了各类班组 130 个，有 2 000 多名一线员工参与其中。

天士力集团在班组建设中坚持以下原则，并体现出如下特点。

1. 班组建设目标的多元性与灵活性相结合

六型班组虽然不是天士力的原创，但在该公司有了发展和创新，即在集团确定的大管理框架下，针对班组的工作岗位实际和管理特点，自主选择班组建设的具体目标，确定建设的重点、难点和特点，突出班组建设各目标维度和管理环节之间的有机结合。

2. 班组建设的“硬件”与“软件”相结合

班组建设的“硬件”一般是指班组的设施提供与管理，即保证员工正常工作、学习和休息所必要的基础条件；“软件”管理包括八大管理，即现场管理、生产管理、设备管理、劳动管理、安全健康管理、质量管理、成本管理及学习与教育管理等。应该说，六型班组建设不仅将这八大管理任务进行了有机结合，而且超出了一般的班组管理目标，更加强调人文管理、自主管理及特色管理等“软性”管理。在实现工作目标的同时，突出管理目标的实现，通过班组建设提升普通员工的自我管理水平和基层管理者的领导能力。

3. 组织引导与员工自我管理相结合

在我国一些民营企业中，班组建设薄弱，导致员工与企业关系淡漠，团队凝聚力差，甚至会发生各种“反生产行为”和劳动争议事件。天士力集团在发展过程中也或多或少地出现过类似问题。要使员工与组织关系和谐，创建自我管理团队是有效途径之一。公司在基层班组建设中锁定了“一个目标、两条主线、三个意识、三种能力”：一个目标是以班组建设为载体凝聚员工力量；两条主线是强化员工主人意识，培养员工时代精神；三个意识是企业大家庭意识、诚信与责任意识、岗位专家意识；三种能力是精准执行能力、持续改善能力、同频共振能力。这些建设原则和建设目标的实质，是唤起基层员工的“参与、自治、互惠、合作”的民主管理意识，构建和谐的组织氛围。

4. 工作创新激励与员工职业素质开发相结合

企业的生命力在于创新，同样，“创新也是天士力的 DNA”。创新不仅是技术创新，也包括管理创新；创新者不仅是专业研发人员，也包括一线工人。通过班组建设，培养员工的创新意识，鼓励员工参与工作创新，解决生产和质量管理中的难题，培养“草根”技术能手，带动团队技术水平的提高，这些都是现代制造企业管理中不可或缺的任务。结合班组建设，公司通过多种机制激励员工的创新行为，包括从基层班组中选拔多名

“技术能手”“生产标兵”“一专多能星级员工”，激发一线员工的创新成就感；推广TPM员工提案，过半数员工提案得到应用，一些提案还获得集团科技创新奖或形成专利，使员工的技术创新得到物质和精神奖励，并为企业每年创造数千万元的经济效益；实行技术导师制，完善师徒制，保证了企业隐性知识和专属技能的有效开发与传承。

5. 团队建设与基层领导能力培养相结合

公司有100多个六型班组，意味着有100多名基层团队的领导者正在茁壮成长。他们大多是80后和90后新生代员工，也不乏在天士力工作了十多年的老员工。六型班组的建设提升了这些基层领导者的多种能力和综合素质，他们在实践中锻炼，成长为素质好、有责任心，技术精、专业水平高，讲原则、有自律性，办事公道、有群众基础的一线管理者。企业依靠他们形成了“个人带动班组，班组争当标杆”的良性竞争机制和浓厚的团队文化氛围。“火车跑得快，全靠车头带”，优秀基层管理者队伍的培养无疑是六型班组建设的丰硕成果之一。

资料来源：天士力集团工会。

讨论题：

结合案例分析，天士力集团如何以一线员工参与为导向实现班组建设。

第 7 章

员工关系中的沟通管理

| 学习目标 |

- 认识沟通在员工关系管理中的作用。
- 明确沟通的类型和有效的沟通渠道。
- 学习识别、防范和有效处理员工关系管理中的沟通障碍。

第 1 节　员工沟通管理概述

员工关系的改善依赖于管理者和员工之间开放式的、无障碍的持续沟通。有效的沟通有助于解决生产经营过程中的问题，促进不同群体间在组织内部和外部的相互了解，提升员工与企业共同面对复杂外部环境的能力，增强员工对组织战略和企业文化的认同感并提升工作效率。

一、沟通的内涵和特点

（一）沟通的内涵

沟通是人类社会交往的基本行为过程，是形成社会关系最重要的基础，更是人们达成合作目标的重要途径。沟通方式和形态多种多样，对其内涵的界定也不尽相同。目前引用最多的是美国学者桑德拉·黑贝尔斯（Saundra Hybels）在《有效沟通》一书中关于沟通的定义，即“沟通是人们分享信息、思想和情感的任何过程。这种过程不仅包含口头语言和书面语言，也包含形体语言、个人的习气和方式、物质环境，即赋予信息含义的任何东西”。这一定义指出了沟通的形成所必需的各项要素以及它们之间的关系，体现了沟通的基本内涵。因此，一般意义上的沟通可定义为，人与人之间通过语言、文字、符号或其他表达形式，进行信息传递和交换的过程。

（二）沟通的特点

（1）沟通是一种具有双向反馈功能的程序。通过沟通，可以将信息接收者的意见和建议反馈给信息发送者。

（2）沟通的信息多种多样。被传送的不仅有语言文字，还包括动作、行为以及思想、观点、态度和其他各种情报。

（3）沟通具有目的性。其主要目的在于加深沟通者之间的了解，增进群体和谐。

（4）沟通促进人际关系，同时沟通过程也需要人际关系的弹性和活力。

二、沟通的类型和构成要素

（一）沟通的类型

（1）按照信息沟通的渠道，可分为正式沟通和非正式沟通。

（2）按照信息沟通的媒介，可分为书面沟通、口头沟通和非语言沟通。

（3）按照信息沟通的方向，可分为垂直沟通、平行沟通和斜向沟通。

（4）按照信息发送者与接收者的地位，可分为单向沟通和双向沟通。

（二）沟通的构成要素

1. 信息

信息是沟通的主要内容，或者说是沟通的客体。在互联网和大数据时代，信息的流通与共享影响着社会生活的各个方面，社会发展、组织运行和个人生活都离不开信息的获取与使用。从广义上讲，沟通的信息包罗万象，不仅包括语言、文字、符号等，还包括思想、情感、态度或观点等，只要能在沟通双方之间流通并可以实现沟通目的的一切元素，都可以被赋予“信息”的含义。

2. 发送者和接收者

在沟通的过程中，发送者和接收者是沟通的主体。首先，必须有发送者发送信息形成沟通的起点；其次，必须有接收者接收信息形成沟通的终点，如此形成完整的沟通过程；最后，沟通还需要反馈环节，即接收者向发送者反馈接收信息的效果，这样才能形成有效沟通。

3. 沟通过程

信息在发送者和接收者之间流通需要一个过程，过程设计的有效与否直接决定了沟通效果的好坏。受不同主体或外在环境的影响，沟通过程往往是复杂的，由多个要素和环节组成。

三、沟通过程模型及沟通有效性

（一）沟通过程模型

沟通过程模型通常由九个要素构成，分别是发送者、接收者、信息、编码、沟通渠道、译码、反馈、环境和噪声等。各要素之间的运行关系如图 7－1 所示。

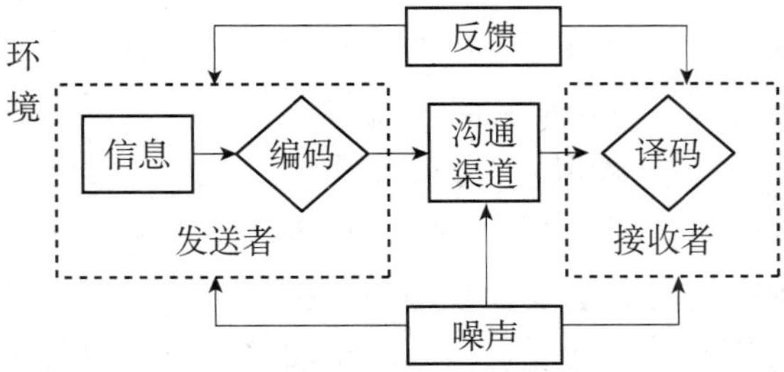

图 7－1　沟通过程模型及构成要素

（二）沟通要素及其功能特点

1. 发送者和接收者

发送者和接收者是沟通的主体，是信息的发送地和目的地，也是沟通通道的两个终端。

2. 信息

信息是沟通的核心和内容，是沟通形成的最直接动机和最终目的，没有信息，人们之间就没有沟通的动机和欲望，就不会形成沟通。同样，沟通一旦形成，其目的是传递彼此的信息，进行编码、译码、反馈等。沟通行为都是以信息为中心展开的。所谓有效沟通，其主要目的也是尽可能使人与人之间的信息能更加全面、准确和有效地传递。

3. 编码与译码

编码是发送者将信息与意义符号化，编成语言文字或其他形式的符号。译码与之相反，是接收者在接收到信息后，将符号化的信息还原，并理解信息的内容与意义的过程。完美的沟通应该是发送者的信息经过编码与译码两个过程后，形成的信息与之前的信息完全吻合，或称编码与译码之间的完全对称。

4. 沟通渠道

沟通渠道是指由发送者选择的传递信息的媒介物，也称沟通媒介。最常见的沟通渠道是口头语言和书面文字，如面谈交流时采用的口头表达形式，书面交流时采用的书信、文件等形式。随着现代通信技术的发展，多媒体和网络技术越来越多地应用于沟通过程。例如，一些用于人际交流的网络工具，像电子邮件、微博、微信等都成为重要的沟通渠道。除了文字方面的信息，情感、态度也属于沟通信息。若发送者通过表情和动作等传递信息，这时身体语言也成为沟通渠道。

5. 反馈

完整的沟通包括信息的成功传送与反馈两大过程。没有反馈的沟通过程容易出现沟通失误或失败。反馈是指接收者把收到并理解了的信息返送给发送者，以便发送者对接收者是否正确理解了信息进行核实。为了检验信息沟通的效果，即接收者是否正确、完整和及时地接受并理解所传达的信息，反馈是必不可少和至关重要的。在没有得到反馈以前，信息发送者无法确认信息是否已经得到有效的编码、传递、译码与理解。如果反馈显示接收者接受并理解了信息的内容，那么这种反馈称为正反馈，反之则称为负反馈。

6. 环境

沟通总是在一定的背景中发生，任何形式的沟通都会受到各种环境因素的影响。例如，在上级办公室与在公众场所采用的沟通方式存在很大区别。从某种意义上讲，沟通既是由沟通主体双方把握的，也是由背景环境控制的。对沟通过程产生影响的环境可以分为物理环境、心理环境、社会环境和文化背景。

物理环境指沟通发生的场所。不同的物理环境往往会形成不同的沟通氛围，特定的物理环境更是能造就特定的沟通氛围。心理环境指沟通双方的情绪和态度。社会环境指沟通主体双方的社会角色关系，以及对沟通发生间接影响的其他个体或人群关系。文化背景在现代信息经济时代尤其引人注目。随着越来越多的跨国公司的出现，不同文化背景的人在一个组织中工作，文化冲突增多，跨文化背景下的交流和沟通管理的重要性不言而喻。

7. 噪声

噪声是指干扰沟通正常进行的任何因素，它们严重妨碍信息沟通。噪声存在于沟通过程的各个环节，会造成信息的部分丢失甚至失真。

（三）企业沟通活动中的参与主体

从广义上说，企业在沟通活动中的参与主体包括组织内部和外部的所有相关者。不同的沟通主体有不同的沟通动机，同时掌握着一定的信息资源；在沟通活动中，他们既可能是信息的发送者，也可能是信息的接收者。从员工关系管理的角度，可将沟通参与者的范围限定在组织内部，主要包括高级管理人员、人力资源专员及员工关系管理专员、直线经理和一线员工四个群体。另外，组织外部还有其他相关者。

1. 高级管理人员

高级管理人员处于组织的高位层级，掌握大量有关企业整体经营状况的财务、管理和人员等方面的信息。在沟通活动中，高级管理人员根据传递信息和沟通动机的不同，借助各种渠道参与纵向和横向的沟通。其中横向沟通主要发生在高管团队内部，如董事会的例行会议、各执行董事间日常的信息交流等。沟通的目的在于传递有关企业战略层面的相关信息，协调不同职能和业务部门的资源配置和任务目标，统一组织的愿景和使命。

高级管理人员在纵向沟通中将企业的战略目标、部门绩效完成情况等组织层面信息向下级传达，并接受下属的信息反馈。信息的直接接收者既包括部门的直线经理，也包括一线员工。为了创建并保持和谐的员工关系，高级管理人员应积极鼓励员工表达对企业经营和管理的看法和态度，通过自下而上的沟通参与企业的日常管理和战略决策。在沟通渠道方面，高级管理人员对各种沟通工具的使用有最高的支配权，除了应用电话、网络等技术手段，还可深入各职能和业务部门，通过面对面交谈缩短与下属的沟通距离，及时、准确地了解员工的想法和态度。在直接参与沟通的同时，高级管理人员还应注意对沟通渠道的管理，及时诊断并清除信息正常流动的障碍，保持渠道的畅通。

2. 人力资源专员及员工关系管理专员

人力资源专员除直接参与不同方向上有关组织、群体和个人的沟通活动外，其主要任务在于为各沟通主体提供必要的培训与开发，提升其沟通技能。培训与开发的内容包括管理者的组织间沟通、组织开发中的人际沟通、跨文化沟通以及网络沟通技术的应用等。

在员工关系管理过程中，人力资源部门的各项管理实践担负着吸引、保留、激励和开发企业人力资源的职能。员工关系管理专员通过与员工在不同层面的沟通，可以了解其对工作的满意度水平以及对组织的承诺状况，为改善员工与企业的关系提供依据。

3. 直线经理

直线经理在纵向沟通中同时扮演着信息发送者和接收者的角色。作为信息的接收者，获取高级管理人员传递的战略目标和组织使命；作为信息的发送者，将组织目标和组织期待传递给部门员工。传统科层制的组织结构关注直线经理在沟通中的角色和作用，直线经理是高级管理人员和一线员工间信息传递的中间环节。出于保护自身利益的目的，直线经理可能会在沟通渠道上拦截部分有利于自己的信息。例如，限制员工掌握必要的组织信息，防止其通过晋升或培训开发等手段威胁到自己的权力地位和既得利益；隐瞒员工在工作中的不满情绪，阻止高层全面了解下属的意见等。

在横向沟通中，直线经理作为组织间沟通的主体，在沟通中的作用是促进不同部门在工作流程中的相互配合，化解部门矛盾。例如，直线经理在组织开发等活动中，需要与人力资源部门积极沟通，寻求必要的培训与开发支持，同时将本部门的组织和人员信息提供给人力资源专员，以便其制定有针对性的开发方案；在营销等竞争性较强的业务部门，直线经理需要站在企业全局的高度，通过主动沟通来分享有限的组织资源和市场信息。

4. 一线员工

和谐的员工关系在企业沟通活动中的体现是发挥一线员工作为信息发送者的作用，倡导自下而上、纵横交织的信息传递方式。例如，员工在掌握大量事务性信息的基础上，希望了解有关企业的财务状况、发展愿景等战略信息，并通过反馈，将个人的职业生涯规划、对组织战略以及管理制度等方面的态度传递给直线经理和高管人员，通过纵向的信息互动参与企业的管理活动。同时，员工在同事间的信息交流，能够促进其在工作中的相互配合，增进彼此的了解和信任，分享个人的专业知识、技能和价值观，从而更客观地看待自己，改善对组织的认知状况。

5. 其他相关者

此类参与主体包括在工作中需要建立关系的合作者、客户及相关人员。他们也直接或间接、或多或少地参与和影响企业内部的沟通过程。

（四）有效沟通的原则

为了减少沟通误差、防止沟通障碍，提高沟通主体的沟通技巧是非常重要的，特别是在人际关系交往中，需要遵循以下原则。

1. 准确性原则

沟通双方尤其是信息发送者在传递信息、表达意见时，要有换位思考的意识，即要从接收者的角度，考虑他们的个人特征、背景、情境和地位等，并挑选和运用适当的词汇，确保信息表达准确无误。

2. 完整性原则

不管迫于时间还是环境的压力，都要尽量确保表达的内容既全面又语言简练，关键内容不能省略或缺失。

3. 及时性原则

对于紧急信息要尽量减少传递的层级，保证沟通及时、迅速和快捷。

4. 策略性原则

沟通方式的选择对于沟通的效果有很大影响，要注意表达的态度、技巧和效果，选择恰当的沟通策略或方式。

第2节 沟通的意义及对员工关系管理的作用

一、沟通对提高管理有效性的意义

沟通在企业生存和发展过程中的作用是多方面的，从战略决策的制定及执行、日常的经营管理，到员工关系的改善，都依赖于各参与主体的有效沟通。

（一）有助于管理信息传递

对于管理者而言，传达管理信息是沟通最重要的功能。管理者在做出决策之前必须掌握所需要的组织和员工各方面的信息。建立有效的沟通机制是管理者了解组织当前形势，做出正确决策的保证。

（二）提高员工对组织战略的理解和执行

当前企业的竞争环境愈加复杂和多变，经营和管理理念不断变化，传统的单向沟通不利于信息在组织内的有效流动，加剧了员工和管理者间、部门间及员工间的矛盾，也阻碍了组织目标的实现。积极有效的开放式沟通是企业减少利益冲突，实现与员工双赢的基础与工具。

（三）适应员工队伍多元化管理的需要

员工队伍构成的多元化是不可避免的趋势。性别、年龄、民族、宗教、家庭及受教育背景等人口统计学特征，加之工作经历、岗位职责和权力等与工作有关的因素的差异，促使员工群体趋同性弱化，个体差异化特征凸显。这些差异使得员工关系管理的工作具有更高的复杂性和不确定性，仅仅依靠法定契约关系和集体谈判等方式难以满足组织对员工关系个性化管理的需求。为此，为员工提供参与不同形式的沟通的环境与条件，成为增进组织成员相互了解、化解个人和群体矛盾的有效手段。

二、沟通对促进组织协调的作用

（一）避免冲突和矛盾

组织中的冲突和矛盾十分常见，企业是员工的社交场所，是工作沟通和交流的平台，无效沟通或沟通不畅都会导致矛盾和冲突。组织的重要管理职能之一，就是要确保员工沟通的畅通有效，及时发现和处理员工之间或员工与组织之间的矛盾，避免冲突。

在处理工作中的人际关系时，管理者要善于运用缓解冲突的办法，如冷处理、支配、迁就、折中、妥协及合作协同等，以收到良好的效果。在采取积极方式处理冲突的过程中，沟通策略的运用必不可少。例如，在当事人发生冲突和矛盾时，组织充当第三方或沟通媒介的角色，为冲突双方搭建一种沟通渠道，有效地化解矛盾。

（二）创建和谐的人际关系和组织氛围

人际关系和组织氛围不仅影响个人和组织绩效，更是组织文化和价值观的构成要素。人际关系和组织氛围与信息沟通之间的关系密不可分，沟通的深度与开放度决定了人际关系的水平和质量，良好的人际关系有赖于沟通的有效性。沟通的开放度取决于三个因素，一是尊重个性，二是彼此间的信任，三是依赖于环境的影响，后两者的作用十分重要。例如，性格封闭的人面对心理医生，在一个完全放松的环境下，也会打开心扉。这说明病人对医生的信任和放松的环境非常重要。因此，组织应积极为员工创建能够提高自我开放程度的环境，促进员工的心理交流，营造和谐的氛围。下面是一些可借鉴的策略：开设人际关系与沟通培训课程，使员工了解沟通的原理；为员工提供宣泄情绪的机会，鼓励员工多表达自己的想法、态度甚至价值观；上级领导以身作则，提高沟通开放程度，使员工减轻心理负担和降低心理戒备；等等。

（三）构建和谐的企业文化

企业文化作为一种组织内员工共同遵守的伦理、价值观和规范等，体现于日常的工作和人际互动中，需要在纵向的层级结构间以及横向的员工群体间达成一致和形成认同。在员工关系管理实践中，要发挥不同沟通主体在企业文化建设中的作用。企业文化要与高管团队所倡导的战略导向相适应，并通过战略分解在组织间利用各种沟通渠道自上而下地传播到不同业务和职能部门中。部门经理和员工作为企业文化信息的接收者，将对信息进行加工，并根据自己的主观认知在同事和上级间进行相关的信息反馈，从而实现企业文化在企业内部的传播。

（四）提高跨文化管理效能

沟通对跨文化管理的意义更为重大。目前越来越多的企业面临跨文化管理的难题，即如何在不同的文化背景下，实现员工对组织文化的认同。有效的沟通管理可以改善具有不同文化价值观的员工群体间的关系，调和企业战略执行中的文化差距，缩小员工与管理者的权力距离，促进组织文化在员工群体间的认同和传播。

三、沟通对员工关系改善的作用

沟通管理是企业日常管理的重要环节，也是协调员工关系的有效途径之一。根据组织行为学的观点，有效沟通在组织管理中有四个重要的作用：控制、激励、情绪表达和信任。

（一）控制：规范员工的行为

在员工关系管理中，必须通过特定方式了解员工的行为倾向，防范员工不符合企业规范行为的发生。例如，要求员工遵守组织的劳动纪律和各项规章制度，让他们清楚自己的工作任务和岗位职责，及时了解他们的工作情况等，而这要靠组织中上下级的良好沟通来实现。

（二）激励：改进员工的绩效

员工绩效水平的提高是“实现目标—得到激励—实现新目标”的过程，而绩效行为的改进也是“没有达到标准—得到反馈或刺激—行为改进”的过程，无论是绩效水平提高还是绩效改进，其行为都要通过上下级之间、员工与管理者之间的充分沟通和反馈来实现。

（三）情绪表达：缓解员工压力和不满情绪

很多工作压力源于上下级和同事之间的关系不协调。有效的沟通可以消除沟通不畅导致的误解、矛盾和人际压力，也可以有效疏导员工的不满情绪。有效的沟通机制不仅能够引导员工建立良好的人际关系，而且能使管理者及时了解他们的不满情绪或抱怨来源，做出及时的反应并采取防范对策。

（四）信任：提高员工参与的积极性

在组织开发和员工参与管理的实践中，沟通能够改善员工对组织环境的认知，加强同事间、上下级间的合作关系，从而提升员工对组织目标的认同。在实践中，员工可以通过沟通的方式，将彼此的知识、经验以及所掌握的环境信息进行相互的交流，形成具有自发性的团队学习；也可以根据所处工作岗位和外部环境变化，对组织的战略目标做出不同的理解，并将此信息反馈给直线领导和企业管理者，从而有利于提高组织战略决策的合理性，有助于战略决策的执行。

第3节　员工关系沟通的渠道、网络与方式

企业中员工关系沟通的渠道可分为两种：一种是传递有关组织信息或与工作相关信

息的正式渠道；另一种是传递个人或社会信息的非正式渠道。在员工关系管理中，两种渠道并存。

一、正式沟通渠道

（一）正式沟通渠道及建立意义

正式沟通渠道是指明确规定的由组织创立的内部传递信息的沟通方式。该渠道传递的信息往往是与组织经营状况、政策变化、员工管理等相关的信息。传递形式主要包括上级命令、重要指示、政府官方文件和法令、组织的规章制度、公告通知、工作会议和协商接洽等。正式沟通渠道是否畅通直接关系着组织目标的实现、绩效水平的提高以及企业管理的有效性。

在正式沟通渠道中，信息的发出者一般是高级管理人员或部门主管。他们具有更多的决策权，同时掌控着组织内绝大部分资源和企业经营信息，主要从事企业的战略决策和执行监督。信息的接收者主要是部门经理和一线员工。这类人群虽然分属不同的职能部门和业务岗位，但处在组织的中下层级，更多地从事事务性工作，掌握较少的组织资源和管理决策权，任务特征是对与战略相适应的组织目标和个人目标的执行。

创建多种形式的正式沟通渠道，不仅可以确保上级命令通畅完整地传达到下级，及时接收并反馈下级的意见和建议，而且可为同事之间的沟通创建开放的社交环境。

（二）正式沟通渠道的实现形式

正式沟通渠道按照信息流向可以分为下行、上行和平行沟通三种形式。

1. 由上至下的下行沟通渠道

该渠道是最为常见的领导与下属的沟通渠道，指组织中的信息从高级管理层向中间管理层及基层员工流动的沟通方式。组织中的命令、新规章制度、工作计划和规划等信息都是通过这种渠道传递的。由上至下的沟通既有口头表述或面对面交流，也有以书面文字或网络作为媒介进行的交流。

由上至下的沟通渠道的实际应用很多，例如绩效管理中的工作目标，包括个人目标和组织目标的制定。高级管理人员就企业的战略决策与下属部门展开沟通，一般是先将整体的构想传递给员工；员工把接收到的信息加工为一种组织期待，并将其作为制定个人和组织近期和长远工作目标的指导性依据。

2. 由下至上的上行沟通渠道

该渠道是指组织中信息从低层流向高层的沟通方式，往往应用于员工向上级领导汇报工作进展，反映工作中遇到的问题，或提出意见和建议。由下至上的沟通渠道对组织的日常管理和员工关系协调十分重要，也是传统沟通管理中经常被忽略的环节。

不同的员工群体和个人在工作中存在特定的自我期待和相应的职业生涯规划。组织期待与个人期待的结合，依赖于管理者与员工的双向沟通，这也是个人职业目标和组织发展目标相结合的基础。为了提升员工的个人效能和组织效能，很多企业鼓励员工在目标制定的过程中通过不同的沟通渠道向人力资源主管或直线经理进行信息反馈，明确对组织、工作和人际关系的看法和意见，通过协商的方式解决诸如资源和权力分配、合作关系以及工作流程等与个人和组织目标相关的问题。部门内部的工作例会、日常的网络和通信手段、面对面的交谈，都可以作为沟通渠道，由员工自主选择。

由下至上的沟通方式具有以下优点：可以对管理者的工作绩效进行反馈；最大限度地倾听基层员工的意见和问题；使员工的不满情绪得到有效疏导和及时反馈；促进管理者与员工间的相互了解和信任；为组织扁平化和流程再造提供必要的管理基础。

3. 平行沟通渠道

该渠道是指组织中同一部门内部、不同部门之间的员工沟通或同级管理者之间的沟通。传统模式关注垂直沟通渠道的通畅，易忽视平行沟通渠道，而事实上后者在组织人员管理中很有必要。

在平行沟通中，员工既是信息的发送者，又是信息的接收者。部门内部需要运用多种信息互通方式消除个人认知差异，明确各自在目标实现过程中的角色定位和相应的工作职责。在部门之间更容易形成沟通壁垒，这与部门之间对彼此工作流程不了解，缺乏必要的非正式沟通渠道有关。因此，平行沟通渠道的建立有利于加强部门内部和部门之间的合作，实现在工作流程中的相互支持和组织资源的共享。

但平行沟通对于垂直沟通也有一定的消极或抑制作用。例如，当员工与组织目标一致，并认可组织分配的工作时，员工之间或部门之间的平行沟通能促进相互合作并且简化上下级之间的层级沟通，节省时间和人工成本，提高工作效率。而当员工带着不满的情绪工作，或是有意见无处表达时，有可能利用平行沟通避开与上级的接触，使上下级沟通渠道堵塞，管理者不能及时掌握信息，导致决策失误或工作难以推进。

二、非正式沟通渠道

（一）非正式沟通渠道及特点

非正式沟通渠道是指并非组织规定的，在自然状态下产生的，除正式沟通渠道之外的所有沟通形式。在某些情况下，员工可能更倾向于相信非正式沟通中的信息，而非企业正式公布的信息，这说明非正式沟通有以下特点：第一，在组织结构和权力控制之外，不直接受管理层的限制；第二，出于不同的利益与立场，有些员工认为通过这种渠道传递的信息比高层管理者的承诺更可靠；第三，从某种意义上讲，非正式沟通传递的信息更偏重基层员工的利益诉求。

非正式沟通渠道在员工关系管理中发挥着不可低估的作用。信息在这种方式下通常以“小道消息”的形式传播，如果这种消息是有利于组织的，那么它就成为组织正式沟通渠道的有益补充，可以在正式沟通之外给员工注入新激励。但如果非正式沟通没有得到积极的利用，其信息将以流言、谣言等方式传播，这些信息不仅不真实、不完整，还会歪曲管理者的意图，破坏组织形象，削弱员工积极和正面的情绪，破坏员工与组织或管理者的关系。

非正式沟通是把“双刃剑”，管理者要恰当运用这种沟通方式，尽量消除它的消极作用，利用它的积极作用，达到事半功倍的效果。尤其是在组织经营遇到困难、市场竞争激烈和社会环境复杂的情况下，员工心理变化大，更应该有效利用非正式沟通渠道进行正确引导。

（二）非正式沟通渠道的实现形式

管理者可以通过各种非正式沟通形式加强与员工的沟通。例如，到基层走动，与员工交谈、闲聊；走访员工的家庭，和员工共同就餐，参加联谊活动；建立微信群、朋友圈、兴趣社团等。通过这些非正式的沟通活动，企业管理者可以更多地了解员工的所思所想，拉近与员工的距离。

三、沟通网络

在沟通的发送者和接收者之间存在复杂的不同层级的关系，当沟通主体为群体时，便形成了各种沟通网络。沟通网络也有正式和非正式之分。两者的主要区别在于，正式沟通网络比较正规，主体明确，划分类型清晰；非正式沟通由于其自发性和主体的不确定性，没有清晰的网络结构。

（一）正式沟通网络及其类型特点

正式沟通网络是指在正式的组织中或群体中，信息可以从一部分人传递给另一部分人，形成各种沟通的网络模式，如链式、轮式、Y 式、环式和全渠道式等。

1. 链式沟通网络

在链式沟通网络中，沟通网络模式是直线的，即由下至上或由上至下地传递信息，是垂直层级组织特殊的交流方式，适合单线联系的群体。这种形式的沟通，信息是层层的直线传递，缺少交叉反馈，容易造成失真，会导致最终接收者接收到的信息与最初发送者的初始信息有很大差异。

2. 轮式沟通网络

轮式沟通网络的基本状态为群体稳定集中，每个成员只与占据中间位置的人沟通，与其余人不直接沟通，一般中间人代表主管，四周的人代表下属，即所有的沟通都发生在主管与下属之间。轮式沟通网络的特点是集中程度高，反映和解决问题的速度较快。但沟通渠道少，层级比较单一，会导致沟通不很顺畅，员工对沟通管理的满意度低。

3. Y 式沟通网络

Y 式沟通网络的特点是两位下属向一位管理者汇报，管理者的上面还有两位领导。这种沟通形式解决问题的速度比较快，但信息容易失真。Y 的分叉点角色多是由秘书、领导助理充当。

4. 环式沟通网络

环式沟通网络是指在一个沟通群体内，每一个人都从邻近的两位员工处接收信息并向他们发送信息，而不与其他人直接沟通。这种形式虽然沟通渠道比较单一，但是每位员工都可以随时接收信息，适合分散小组、突击队、咨询机构或特别委员会等组织形式的沟通。

5. 全渠道式沟通网络

全渠道式沟通网络是较为完善和全面的沟通形式。它允许所有的成员随意进行沟通，没有人以领导者或中心者的身份处于网络的核心位置，是一种全开放式的沟通网络。而且群体成员之间的沟通不受限制，所有成员都是平等的，彼此可以无差异地交流信息、交换意见。因为沟通渠道多，员工接收信息的满意度较高。

总之，在正式组织的沟通网络中，任务、环境、个人和群体绩效等是组成沟通网络的重要因素。管理者应根据员工的任务特点、工作目标等，视各种网络的功能特征，综合选择有效的沟通网络形式。

（二）非正式沟通网络及其类型特点

在非正式沟通渠道中，信息由一个人传递给另一个人时，可能无明确的目的性，但这种随意性和偶然性会使更多的人更容易地参与这种沟通网络。

组织中传统的非正式沟通的网络性不是很明显，但有它的独特形式，大致可以分为单线式、饶舌式、随机式和集束式。单线式就是指一个人将信息转告给第二个人，第二个人再转告给下一个人。饶舌式是指一个人将信息传播给其他所有人，这种渠道中往往有一个沟通的关键人物。随机式是指信息在几个人之间互相随意传递，没有特定的关键人物和传递路线，即想告诉谁就告诉谁，这种渠道中人与人之间的关系也是随意的，这种非正式沟通的网络性最为模糊，因此也最难控制。集束式即在信息传递过程中，有几个关键人物，再由他们传递给其他人，通常是一个人将信息先告诉另外几个人，这几个人再告诉周围的人，形成几个小网络组合式的沟通渠道。

在大数据和互联网环境下，所有的信息传递方式和渠道均被颠覆，时空和群体界限已被跨越，信息传播与意见交互空前迅捷，信息表达及员工诉求日益多元。而这些传播大多是以非正式沟通的渠道进行的，给组织沟通管理带来了极大挑战。

四、沟通方式

沟通方式是指组织管理者采取的与员工进行沟通的各种具体手段和方法。如果对这些方式进行有效使用，可以实现沟通目标，提高沟通效果。

（一）指示与汇报

1. 指示

指示是上级向下级发布命令的下行正式沟通方式，它相当于上级指令，具有权力强制性，要求下属在一定的环境下执行某项任务或停止某项工作。指示可以是具体的也可以是概括的，有书面的也有口头的，主要取决于具体情境及上下级的响应程度。一般来说，当指令内容过多或需要具体阐述时，或是管理者希望在传递的信息中附加一种权威等级的概念以便指令更好地被执行时，宜采用书面沟通形式，例如发布正式文件、内部信件等。如果命令内容倾向于概括笼统，而且无需权威概念，上下级有很高的互相信任和响应程度，则可以采取口头指示的形式。另外，对于有严格权力等级观念的，上级倾向于做具体的书面指示；而在发布命令的同时希望能给下属启发性指示的，多采取口头指示。

2. 汇报

汇报是指下级通过正式渠道向上级反映组织情况、工作进展或提出建议的上行沟通，可以分为口头形式和书面形式。和上级指示一样，一般性和较为随意的或工作进展中期的汇报可以采用口头形式；如果下级向上级汇报一段工作结束时取得的成绩，或说明工作中所遇到问题的严重性和希望提出的建议能被重视，则应采取书面汇报的形式。

现实中，指示和汇报多采用口头和书面相结合的方式。总之，不管采用哪种形式或多种形式结合，都应以保证发送者所要传达的信息完整、准确为前提。

（二）会议和上下级交谈

1. 会议

会议是最常见的组织内部交流沟通形式，它涵盖了上行、下行、平行和跨部门等多种沟通形式。会议为集体交流和沟通提供了正式的场所和机会，可以将组织和团队的指令快速集中地传达贯彻，也可以集思广益，使所有参与沟通的主体能在最短的时间内接收最大量的来自不同个体的信息。在会议上，通常会有观点和意见的相互冲突和碰撞，经过讨论交流后会形成统一的观点、行动目标和最终决策。

2. 上下级交谈

上下级之间的个别交谈也是常用的沟通形式，它与口头的指示和汇报不尽相同。个别交谈可以是正式的也可以是非正式的。如果上级要处理下级员工的个人问题或局部小团体矛盾冲突，通常采用这种形式，员工也可以用这种沟通形式向上级反映问题和看法。个别交谈的好处在于会拉近沟通双方的距离，能够更多地表达真实感受，增加领导与下属之间的亲切和信任感，减少信息不对称带来的误解或误会等。上下级交谈还可以作为会议沟通的补充形式，传递很多在公开场所不方便表达的信息。

（三）组织内部宣传物

组织内部宣传物是一种较为正式的沟通形式。一般正式组织都有自己的内部宣传物，例如内部刊物和宣传板、布告栏等。内部刊物如周报、期刊，都是反映和向员工展示组织的最新动向、重大事件或未来发展目标等的平台，多用于激励员工和鼓舞士气。内部刊物通常以一种文化、价值观的形式影响员工，加强他们对于组织目标战略的认识和对组织本身的认可。传统的宣传板、布告栏，现代的网站等，都是向所有员工发布信息和提示的沟通方式，具有成本低、沟通面广、信息准确等特点。除了通知和提示，很多组织利用这种方式发布一些有关奖惩方面的信息，以对员工起到激励或警示的作用。

（四）员工意见与建议

员工建议可通过传统的意见箱或投诉信箱等传统方式，以及电子邮件、QQ、微信等电子沟通工具传递。这是组织内部非常重要的沟通方法之一，是管理者及时聆听基层员工的心声，了解企业存在的问题的最好途径。这些方式给了员工诉说的机会，使员工能够及时发泄不满、排解压抑情绪，减少员工与组织发生冲突与矛盾的概率。意见箱让员工更多体会组织的民主、公平和开放，提高他们对组织的认同感，同时还可以实现组织内部的越级沟通。

（五）领导见面会和员工座谈会

定期的领导见面会和不定期的员工座谈会也是很好的正式沟通渠道。领导见面会能让有想法和建议的员工代表直接与主管领导沟通；员工座谈会则是为了给管理者创造与员工见面的机会，为获得第一手的员工真实思想和情感而设立的沟通渠道。这两种方式都可以避免由于组织层级障碍而造成的信息失真。通常情况下，员工座谈会是由上而下发起的，上级领导是沟通的主动方；领导见面会则是应下层的要求而安排的。

（六）其他沟通方式

除上述几种沟通方式之外，还有一些正式与非正式的沟通方式，例如郊游、联谊会、聚会等。这些渠道既能充分发挥非正式沟通的优点，又因为属于一种有计划、有组织的活动，组织领导者容易控制，减少了信息失真和扭曲的可能性。

五、网络技术与在线沟通

（一）网络技术的特点

网络技术是指通过互联网技术将全球范围内的分散信息资源汇集成一个庞大的数据库系统，实现资源的全面共享和有机协作，并且人们能够从中公开地读取并使用其资源且按需实时获取信息。随着网络技术的高速发展，移动互联网、移动社交平台和电子商务的广泛实践，人工智能、大数据、云计算、5G通信、IPv6、物联网、区块链等技术的不断演进，组织的管理沟通方式也在发生变化。网络技术由于其快速、准确且具有趣味性和娱乐性等特点，不仅受到组织管理者的青睐，而且深受员工的欢迎，极大地提高了组织沟通的效率。另外，网络也因其虚拟性特点，为非正式沟通提供了良好的平台。例如电子邮件、微信、QQ、微博等，都是快速便捷的非正式沟通渠道。网络技术具有以下特点。

1. 资源共享

计算机网络的出现使资源共享变得很简单，交流的双方可以跨越时空的障碍，随时随地传递信息。而且随着网络技术的发展，资源共享更加快捷，信息的类型也更加多样化。

2. 实现数据信息传输和集中处理

计算机通过网络可以将信息传递到服务器上，由服务器对这些信息进行集中处理，这样就大大加快了传输速度。

3. 实现信息的分布处理

负载均衡是网络的一大特长。在网络技术中，所有的信息都要传递到服务器上才能得到处理。一些大型网站由于访问量大，所用服务器的负荷也大。在这种情况下，网站可以将服务器放置在不同地域，这样就可以分担服务器的负荷，实现各服务器的负荷均衡。

4. 综合信息服务

不仅计算机网络能够提供人们所需要的各种信息，而且网络技术的智能化使得网络技术的应用范围越来越广，例如网上购物、联机会议等。

（二）在线沟通的特点

在线沟通主要指沟通主体通过基于信息技术的计算机网络实现信息沟通的活动。不同于传统的沟通渠道，信息发送者基于网络平台，上传文字、图表及声像材料等信息；接收者通过登录个人账号，查看并下载相关的网络信息，同时可通过网络平台进行信息反馈。由于具有开放、便捷、信息量大和低成本等特点，网络已经成为今天企业在生产运营过程中不可或缺的管理沟通工具，常见的企业在线沟通工具有钉钉、飞书、TIM、WeLink、云之家、企业微信、腾讯会议、Zoom 等。基于信息技术的现代网络沟通渠道具有以下特点。

1. 使用成本低，范围广

使用电子邮箱、钉钉、腾讯会议、微信等即时通信工具进行网络在线沟通，能够打破面对面沟通的时间和空间限制，节省传统通信的成本。一些企业采用虚拟办公的方式，鼓励员工在家中处理日常工作事务，通过网络实现个人和部门的在线沟通，保证了工作的正常运转，提高了员工的工作效率和工作满意度。另外，基于互联网的沟通渠道，采用局域和广域沟通相结合的技术手段，扩大了面对面沟通和电话沟通的范围，为企业的全球化经营提供了良好的沟通手段。

2. 沟通效率高，信息承载量大

互联网作为一种信息载体和传播工具，具有很强的兼容性；其承载的信息具有多元化和时效性的特征。依赖于快速的信息传输速度，宽带技术已经在企业中得到广泛使用，不同岗位的员工能够根据需要，通过网络以最短的时间发送并获取最丰富的信息。一些跨国企业通过网络开展全球范围内的人力资源开发，创办在线课堂，将丰富的管理理论、实践案例和应用技术上传，供员工随时下载学习，并提出反馈意见。这一点是电话通信和面谈等传统沟通方式所不可比拟的。

3. 信息可存储，准确性高

互联网能够存储即将发生或过往已发生的沟通信息，例如通过钉钉、微信等在线沟通平台，可以快速准确地查找以往的信息记录和文件，从而稳定地获取沟通信息内容，极大地提升了沟通过程中所传递信息内容的稳定性和准确性，使得企业成员在信息管理方面做到有据可循，同时能够降低信息甄别和反复确认所产生的沟通成本，有利于创建无纸化办公环境，减轻员工日常文件处理工作量。

4. 技术依赖性强，存在安全隐患

今天的企业已经成为信息高速公路上的一个节点，对网络沟通渠道的依赖不断加深。一旦出现服务器损坏或网络瘫痪的情况，企业内部的信息沟通系统也将暂时性崩溃，企业的正常运转将受到影响。企业在享受高效沟通的同时，也面临网络安全隐患。例如，网络黑客会出于商业或个人目的，利用互联网所固有的开放性特点，破坏企业的内部沟通系统，窃取商业机密。沟通渠道网络化的发展，也使得员工的工作环境和人际环境发生很大改变，很多员工无法适应技术的更新速度，容易产生心理或生理上的疲劳感。

第4节　员工关系管理中的沟通障碍与处理

有效的沟通障碍管理是为了及时消除沟通渠道中可能存在的技术和人为障碍，保持信息传递的畅通。在员工关系管理中，消除沟通障碍非常重要。

一、沟通障碍的类型

企业中的大部分工作是需要合作完成的，上下级之间、平级之间、内外部之间需要及时沟通和相互配合，而工作中的很多冲突和问题都是由沟通不畅造成的。管理者应当注意沟通中的障碍因素，及时有效地进行排除。

（一）语言运用障碍

语言运用障碍是指由语言表达不清楚或词汇使用不恰当而造成理解上的误差或歧义。沟通双方的个体特征（如性别、年龄、民族、种族及受教育程度等）和沟通时的情境因素都会影响双方的语言表达和信息理解。另外，不同工作领域的人可能会在沟通时运用专业术语，也会造成沟通障碍。

（二）信息过滤障碍

信息过滤障碍也是管理者面临的一大沟通障碍。它是指信息在传递过程中，因发送者的个人偏好或认知而被故意控制、修改甚至篡改，进而使信息失真的情况。例如，当下级向管理者汇报的时候，往往会按照自己所认为的上级意愿而对真实信息进行加工，使得高层管理者无法获得客观真实的信息，而且企业的层级越多，信息过滤障碍发生的可能性越大。

（三）沟通者心理障碍

沟通者心理障碍是指沟通双方因个性、生活环境、自身利益、职位以及社会地位的差异，造成的人与人之间的心理差异。及时清除沟通者心理障碍是确保沟通有效性的重要条件。

（四）时间压力障碍

沟通时由于时间紧迫，没有足够时间获得准确信息，也可能造成信息传递不清楚或不完整，从而影响沟通效果。

（五）信息阻塞障碍

信息阻塞源于信息过多，即接收者一次性地接收大量信息，或在特定的时间内接收过量信息，而导致接收者有可能漏掉一些重要信息，拖延处理信息的时间，或处理信息过于草率等。这些问题都会影响沟通效果，使双方需要花费更多的时间和精力进一步沟通，还可能引起不必要的冲突。在网络时代，信息阻塞属于常态，需要管理者冷静处理和及时应对。

（六）官僚制组织障碍

官僚制组织障碍源自组织结构的问题，是指由于机构层级多、部门复杂造成上下级信息不能及时传递或受到中间某些层级阻碍的情况。例如，员工反映的问题、提出的建议得不到准确和及时受理，从而延误工作。为此，企业多会通过组织扁平化、设立畅通的沟通渠道等来解决这种信息传递不畅的问题。

（七）沟通技巧障碍

沟通技巧障碍是信息发送者和接收者的沟通技巧欠佳造成的。信息传递者的表达能力差，词不达意，或是信息接收者聆听、理解能力不强等，都会造成理解偏差，导致沟通障碍。

二、沟通障碍的诊断与原因分析

（一）沟通障碍诊断的必要性与目的

在员工关系管理过程中，沟通障碍可能造成员工个人、群体和组织间的信息不对称，进而影响员工对组织信息公平的感知，破坏其与组织的心理契约和归属感。在行为方面，沟通障碍使员工无法准确、及时地获取组织对其工作的期待和完成情况的评价，容易造成员工的角色冲突和目标模糊，从而降低组织有效性以及员工个人绩效。企业现实情况中所存在的上下级关系紧张，同事间任务、责任相互推诿，正式员工与非正式员工群体间的矛盾以及部门间的利益冲突，都可能源于沟通障碍。各类组织功能紊乱的现象是造成沟通障碍的非技术因素。

沟通障碍诊断的目的在于分析组织中沟通活动的运行状况，辨别造成沟通障碍的技术原因和非技术原因，为消除障碍提出明确的任务目标。

（二）沟通障碍形成的原因

造成沟通障碍的原因，可归结为以下方面。

1. 沟通系统的技术缺陷

沟通系统的技术缺陷主要指系统中的沟通渠道构成单一，沟通渠道的设计不合理，缺乏多元性和互补性。单纯依赖一种沟通渠道可能限制信息传输的多样性和综合效率，同时容易造成沟通主体在沟通方式上的路径依赖。例如，面对面的谈话交流比较适合解决人际矛盾；电话沟通适用于信息的反馈和确认；网络平台更加便于对文字信息的传输和资料的暂时性存储；信件、凭单等纸面沟通方式能够体现企业经营的规范性和专业性。

随着企业外部技术环境的发展，多媒体沟通工具的使用周期在不断缩短，沟通系统需要进行必要的技术升级和日常的管理维护。服务器的载荷量、电脑的系统配置、电子邮箱的保密性和存储量等技术因素，将直接关系到沟通的速度和信息传输的安全性。网络沟通平台因缺乏必要的系统防护功能，可能遭受病毒的攻击。同时，沟通系统的开放性可能诱发沟通工具的滥用，使关键信息被窃取，也可能产生道德和伦理问题。

信息技术的发展虽然给企业带来了迅速便捷的沟通工具，但也会传递一些虚假、负面或有害的信息，给组织与员工的有效沟通带来不利影响。因此，如何过滤不良信息，保持信息传递的准确、真实和完整性，是信息技术发展所面临的重要问题。

2. 相关主体的沟通技能欠缺

组织成员沟通技能的欠缺也会形成沟通障碍：一方面是员工和管理者缺乏沟通技能的训练；另一方面是随着环境变化，不确定因素增多，沟通复杂性也会加大。例如，沟通者对沟通渠道、沟通对象、沟通活动的时间和地点的选择不当，对相关信息的甄别不够，沟通目的不明确等。员工在日益复杂的沟通活动中，可能选择错误的信息或接收对象；误发和错收电子邮件，延误沟通的正常进行；由于工作习惯和性格特征等，沟通者可能选择自己偏好的时间和地点进行沟通活动，没有考虑与沟通环境相匹配等。此外，处于复杂信息环境中的员工，常常对所传递信息的准确性和时效性缺乏甄别，容易导致沟通目标不清，影响信息接收者对信息的判断和加工，这一点会特别反映在需要相互配合的部门和员工之间。

3. 沟通距离过长

沟通距离是相关主体在沟通活动中可能存在的工作特征和个人特征差异。工作特征差异主要表现为不同的工作岗位、专业背景和管理职务。其中，在跨职能部门和团队沟通中，不同主体的专业和岗位差异是造成沟通障碍的重要原因。例如在纵向沟通中，高管层与基层员工的信息互动需要经过中层经理的上传下达，容易形成信息的拦截和遗漏。个人特征差异主要指沟通主体由年龄、性别、民族、籍贯、家庭状况和文化价值观等不同造成的沟通能力和沟通行为差异。跨文化沟通中所遇到的障碍很大程度上是该原因造成的。

4. 相关主体的沟通动机不同

沟通动机差异主要是由相关主体任务目标和利益冲突造成的。个人、群体和部门在工作环境中，掌握着不同的组织资源，拥有相应的权力和既得利益，在沟通活动中会怀有不同的动机，不排除一些故意隐瞒、歪曲甚至虚构信息的行为，其目的在于争取自身利益的最大化。在员工关系对立的组织环境中，管理者和员工因为缺乏信任和真实、全面的信息沟通，经常形成信息的垄断和不对称状况，致使员工不关心企业的发展目标和经营状况；管理者漠视员工的工作情况和个人需求；同事之间为了获得有限的组织资源和上升机会，传播虚假信息、造谣生事或诽谤他人、抬高自己等。上述现象都会形成沟通障碍，影响准确和及时地传递信息。

三、沟通障碍的处理

（一）沟通技术平台的建设

企业为了提升管理效率，希望更多的沟通活动基于网络等多媒体平台进行，沟通工具的技术含量成为保证沟通渠道畅通的重要因素。一些企业设立了首席信息官（CIO），同时设置了技术保障部，以监控企业沟通系统的运行状况，防止黑客利用计算机病毒窃取公司关键信息，同时还行使监督全体组织成员的沟通活动、及时删除沟通渠道中的错误操作和不良信息等管理职能。通过沟通工具的技术创新和系统整合，企业正在逐渐将传统的人际沟通方式与现代沟通手段相结合，充分利用各种沟通渠道的优势，提升系统的使用效率。信息管理系统和内部即时沟通平台的建设，使得各职能和业务部门在工作流程中的沟通活动和信息管理更加快捷、便利和高效。

（二）组织开发与沟通环境的营造

组织开发的目的在于通过对组织成员的培训与开发，形成彼此间的信任以及对组织价值观、行为规范的认同，使员工个人的目标与组织目标相一致。组织开发过程一般包括员工参与管理、流程再造、人力资源干预等内容，也包括员工沟通技能的培训与开发，以及员工关系的改善。为了提高组织沟通的效能，应该营造员工沟通环境，包括针对组织管理制度、管理体制、管理能力和组织文化等多领域沟通环境的开发，特别是与员工关系管理密切相关的组织环境开发，例如组织变革、雇佣方式变化和裁员等重大事件中的沟通环境开发。

（三）员工沟通技能的开发

沟通技能作为员工的一种通用性必备技能，可以依靠岗位培训获得，也可以作为管理技能开发的一项工作内容。具体如多媒体沟通工具的使用、部门间跨职能和跨文化的沟通技巧培训、团队领导力开发等。在组织提供的培训和开发中，员工能够充分交流知识、技能和工作经验，明确沟通目标，缩短沟通距离，也有助于化解潜在的人际和群体冲突，避免负面的组织政治行为，创造公平的组织人文环境。

□关键术语

沟通　沟通过程　沟通渠道　沟通网络　沟通障碍

□复习思考题

1. 有效沟通的原则有哪些？
2. 为什么说员工关系管理有赖于良好的沟通管理？
3. 在员工关系管理中，有效的沟通渠道和沟通方式有哪些？
4. 在员工关系管理中，沟通障碍形成的原因有哪些？如何消除沟通障碍？
5. 信息技术的发展会在哪些方面影响企业的沟通模式？

□案例分析

京东的沟通管理

如果企业内部各部门之间的沟通是割裂的，就容易滋生办公室政治，导致各部门各自为政，企业也就成了一盘散沙，用不着竞争对手刻意打压，企业自己就会快速灭亡。当前市场的局势是瞬息万变的，唯有高效的沟通，才能马上集结起所有管理者对最新的市场形势进行快速讨论、推演和决策，对最新战况做出最适当的应对，并最终在快速决策中取得胜利。

作为一个体系庞大、快速发展的电商企业，京东自然也深谙高效沟通的重要性。为了在京东内部培养开放透明的企业文化，京东在《京东人事与组织效率铁律十四条》中特意提出了一个内部沟通四原则。

1. 内部沟通时间分配“721原则”

京东发现，很多管理者都有一味向上沟通的问题，因此要求管理者对内部沟通的时间进行合理的分配：与下属的沟通时间要占到70%，而与平级沟通的时间只需要占20%，与上级沟通的时间只需要占10%。这样有助于促进管理者与团队或协同部门的沟通，有效提升团队的执行力和协同力。

2. 汇报讲层级

京东内部按照ABC原则实行两级管理机制，因此要求每个员工的工作汇报也要按照ABC原则逐层汇报，以杜绝越级汇报或漏级汇报的现象，保证决策的谨慎性和全面性。也就是说，如果C越过自己的直属上级B，直接向他的隔层上级A（B的上级）汇报工作，即使C得到了A的批准，但没有直属上级B的批准，A的批准也是无效的。

3. 沟通是平的

为了打破企业内部的管理层级官僚主义，保证沟通效率及有效性，京东致力于在内部搭建一个“内部沟通是平的”的沟通机制，鼓励员工在内部沟通（尤其是跨部门沟通）时不讲求级别对等，大胆沟通。

4. 谁牵头谁担责

为了减少团队内部的矛盾和冲突，京东在内部提出“项目谁牵头，谁就是负责人”的原则，要求项目牵头人负责项目的所有事宜：指挥、调动全公司资源，安排项目成员的工作任务，同时也承担项目出现问题或失败的最终责任。

此外，为了促进团队更好地进行沟通，京东还在内部充分使用了“六顶思考帽”的沟通方式，搭建了有效的沟通框架，确保了沟通的效率，也保证了内部讨论的充分和透彻。

资料来源：鲁克德．京东人力资源管理纲要．北京：华文出版社，2019.

讨论题：

沟通渠道按信息流向有哪几种形式？京东的沟通渠道属于哪一种？此种渠道的优势有哪些？

第8章

员工抱怨、申诉与劳动争议处理

|学习目标|

- 了解员工抱怨的内涵与特点。
- 认识员工抱怨的影响及其管理的重要性。
- 了解员工申诉的内涵与类型，明确员工申诉制度建立的意义与准则，掌握员工申诉的处理程序。
- 了解劳动争议的内涵，明确劳动争议的处理程序和相关预防措施。

第1节　员工抱怨管理

一、员工抱怨的内涵与特点

（一）员工抱怨的内涵界定

员工抱怨是指员工在工作中对感受到的不公平或不公正的待遇或行为，以非正式的形式表达出来的任何不满。该定义强调以下几点。

1. 抱怨与工作有关

员工所表达不满的范围限于与工作有关的问题，凡是与工作无关的问题，例如员工的私人和家庭问题，虽也可能产生抱怨或影响员工的工作态度与行为，但不纳入与员工抱怨直接相关的管理范围。

2. 抱怨是因个人感受到了不公平对待

抱怨是因为员工感受到了组织或管理者对自己直接或间接的不公平对待，而这些对待可能是真实存在的，也可能只是个人的感知。

3. 抱怨常以非正式的形式表达

员工抱怨应划定为以非正式形式表达的不满，例如，口头形式的牢骚、以非正规书面或电子网络等形式进行的抱怨、通过表情和肢体发泄的不满情绪等。以正式形式表达不满多通过员工申诉、投诉或向上级管理者报告等渠道进行。

（二）员工抱怨的特点

1. 抱怨是一种发泄

当员工认为自己受到不公正待遇时，会采取一些方式来发泄心中的怨气。抱怨是一种最常见、破坏性最小的发泄方式。但伴随着抱怨的升级，也可能出现降低工作效率、拒绝执行工作任务，甚至有破坏机器、设备等公司财物，以及损毁客户关系、组织声誉等过激行为。大多数的发泄一般只停留在口头的抱怨和情绪发泄；随着时间推移或问题解决，当员工情绪平稳后，抱怨也会随之减弱直至消失。

2. 抱怨具有传染性

个别员工的抱怨可能发展为群体抱怨。这种现象是因为抱怨者在抱怨时需要听众，并且要争取听众的认同，所以会自觉不自觉地夸大事件的严重性和影响范围，尽力将抱怨的内容与听众的利益联系起来。在这种鼓动下，会有越来越多的员工相信和认同抱怨者，最终加入抱怨者的行列。

3. 抱怨与个体性格有关

抱怨与个体性格的相关性可能大于与事件的相关性。同样一件事情，不同性格的人的反应和情绪波动差别很大。在工作中，员工有抱怨是经常性的，而且往往发生在同一批人身上。有些员工看问题极端，对任何事情都有看法，都不满意，甚至会因一件小事大动干戈，这是一种不正常现象或性格极端的表现。喜欢抱怨的人一般个性强、性格内向或者敏感，80%的抱怨都可能出自他们。

4. 抱怨是一种反馈

有些员工想反映一些意见或诉求，但由于某种原因，正式渠道不通，只能采取抱怨的形式传播给管理者。例如，一些刚进入职场的年轻人，因为环境和身份改变的不适应，喜欢抱怨。这些年轻一代较老一代人更具某些群体性的性格特征，如受过良好教育、有知识和个人见解、愿意发表自己的看法，而他们在企业中又往往被忽视，少有话语权。当遇到问题或对某些事情有看法又找不到正常的表达途径时，就会以抱怨的形式表现出来。

二、员工抱怨的缘由

引发员工在工作中抱怨的缘由很多，主要包括薪酬与待遇问题、工作环境或条件问题、领导或管理方式问题、同事间关系问题、部门或团队之间的协调问题等。

（一）薪酬与待遇问题

薪酬与待遇问题主要针对组织对员工的薪酬支付或报酬分配（包括支付标准、管理过程及分配结果）是否公平、公正和公开等。这是员工关系管理的一个基本方面。这些问题不仅体现在薪酬、福利等物质报酬方面，也体现在晋升、培训、嘉奖等非物质报酬方面。薪酬直接关系着员工的物质利益，是企业对员工物质回报的主要形式，员工对薪酬问题非常敏感，所以这也是最容易引发员工抱怨的领域。按照亚当斯的公平理论，如果员工感知到其与其他企业同类岗位人员、企业内部其他岗位同事，在薪酬水平、增长幅度、晋级幅度、加班费计算、年终奖金、福利待遇，甚至差旅费报销等方面存在差距，都可能产生抱怨。类似地，员工如果感知到在晋升、职业发展机会等方面存在被忽视或不公平对待的现象，也会产生抱怨。

（二）工作环境或条件问题

员工对工作环境和工作条件的抱怨几乎隐含在工作的各个方面，小到公司信笺的质量，大到工作场所的地理位置、工具和设施的分配以及管理和运行系统的状况等。工作环境是员工工作的基本条件，包括物质条件和非物质条件，一旦不利于员工工作开展或使其情绪受到影响，就特别容易引发抱怨。

（三）领导或管理方式问题

对领导者特别是直接领导者的管理方式和管理行为不满，也是员工抱怨的主要原因。一些领导者风格比较强硬，不太注意与员工的沟通或者领导艺术欠佳，更容易引起下属的抱怨。在很多情况下，即使问题不是领导者自身的原因，员工也会归结或迁怒到他们身上。

（四）同事间关系问题

在和同事相处时，员工的抱怨往往集中在工作交往密切的员工之间，例如，部门或团队内部员工之间的相互抱怨会更突出。引发的原因可能是工作分工或协作不当，与合作者的脾气禀性不合，以及与上级或下属之间存在沟通障碍等，这些都会影响员工之间的关系，成为抱怨的来源。

（五）部门或团队之间的协调问题

目前很多工作不是单一部门可以完成的，跨部门或跨团队作业越来越普遍，而当部门或团队之间出现利益冲突、工作衔接不畅和相互推诿扯皮现象时，也会导致员工抱怨情绪的产生。

三、员工抱怨的影响

员工抱怨对个人、团队和组织会产生不同的、双向的影响。一些影响可能是积极的，例如促进管理改进和管理者行为转变，但在大多数情况下会产生消极的影响。

（一）对个人的影响

抱怨是一种正常的心理情绪，当员工认为受到了不公正的待遇，就会产生抱怨，这种情绪有助于缓解心中的不快。抱怨并不绝对是坏事，特别是当管理出现问题的时候，给员工以抱怨的机会和进行妥善的处理，往往能够收到良好的效果。在这种情况下，抱怨是一种警示和提醒。

抱怨表达的是一种不满，在抱怨他人他事的同时，抱怨者也会产生一些消极的情绪。如果企业没有和谐的工作氛围，员工有怨气无法表达出来，情绪不佳，则先会隐性地表现出一些负面效果；随着心理压力增大，不满情绪积累且得不到释放，最终会以其他更激烈的形式爆发，给个人造成心理甚至生理上的不利影响。

（二）对群体的影响

抱怨成性的员工不是好员工，也不可能是持续绩效优秀的员工。同时，抱怨具有传染性，如果个别员工的抱怨没有及时被组织发现和解决，就会在群体中长期散布、蔓延，进而影响整个部门或团队的士气和工作积极性。

员工的抱怨特别是生成群体抱怨行为，如果没有畅通的申诉渠道和解决程序，很有可能造成管理者与被管理者之间的对立，甚至导致劳资冲突或引发群体性事件，给个人、企业及社会造成恶劣影响。

四、员工抱怨管理的重要性

（一）促进员工关系和谐

公司的很多问题都始于员工的抱怨，大多数抱怨与管理有关，如薪酬不合理、奖惩不明晰、制度不公平、管理人员能力差和素质低等。一个怨声载道的工作氛围对员工关系和团队精神的伤害非常大。因此，正确对待和及时处理员工抱怨，有利于促进组织与员工的关系和谐。

（二）有利于组织的长远发展

员工的抱怨至少说明了两点：一是组织在发展中出现了问题；二是员工在成长中有烦恼。这对于一个组织来说，是正常现象。员工有烦恼，说明员工在组织成长过程中和自身成长发展过程中遇到了不理解或自己解决不了的问题，需要得到上级的重视和支持。所以，抱怨并不可怕，可怕的是管理者没有体察到这种抱怨及缘由，或者对抱怨反应迟缓甚至反感，使抱怨的情绪蔓延开去，最终导致管理更加混乱与矛盾激化。因此，主要问题不在于是否有抱怨，而在于如何应对抱怨并及时处理。

（三）实现人本化管理

不管员工以何种形式进行抱怨，实质上都反映了员工与某些管理者之间的不和谐，或组织成员之间的利益冲突没有得到妥善解决。如果企业从员工角度看待这个问题，就会对抱怨有所理解，也会寻找到积极的处理方式。例如，一些企业定期进行的员工满意度调查（员工心态调查）就是将抱怨纳入人性化管理的有效途径。企业通过满意度调查，根据反馈结果了解员工满意和不满意之处，了解现存的管理问题，为采取对策提供第一手资料。这种做法既促进了组织的良性发展，又释放了员工的某些不满情绪。

五、员工抱怨处理的原则

基层管理者和直接领导者是员工抱怨的主要处理者。在抱怨处理中，要依靠制度、规则和良好的沟通反馈机制，更重要的是要依靠直接领导者的细心、耐心、诚心和娴熟的人际关系处理技巧。在员工抱怨处理中，可以遵循以下原则。

（一）倾听和信任第一

对于抱怨，管理者要认真对待，冷静倾听。要树立解决好员工的抱怨是管理核心问题的信念，怀着理性心态接受抱怨。抱怨无非是一种发泄，需要听众，而这些听众往往是抱怨者最信任的那部分人。对管理者来说，处理抱怨的最简单方式就是不带任何偏见和情绪地倾听。组织能够让下属无所顾忌地发表意见，是管理效果的体现，是获得员工信任的重要途径。

（二）了解起因，敢于面对

要尽量了解抱怨的起因，任何抱怨都是有原因的，尤其是出现合理抱怨的时候，它有利于管理者改进工作。如果这些抱怨是不恰当的，可通过劝说或与员工充分沟通将问题解决；如果这些抱怨是合理的，应及时改进工作。对于抱怨的调查要采取仔细认真的态度，注意倾听多方面的意见；对因为同事关系或部门关系产生的抱怨，要认真听取双方当事人的意见，不要偏袒任何一方。在没有完全了解清楚之前，管理者不应该做任何定论，过早的表态只会使事情变得更糟。

（三）有则改之，无则加勉

可以用“二八定律”来解释和处理抱怨。大约 80%的抱怨可以通过平等有效的沟通解决，因为这些抱怨是针对小事或不尽合理的地方，或者来自员工的情绪化行为。管理者在认真听取抱怨者意见的基础上，对问题做出认真、耐心的解答，可以消除绝大多数抱怨。另外大约 20%的抱怨则需要认真处理，这些抱怨可能是因为公司的管理出现了问题。在抱怨者情绪激动的时候，要尽量使其先平静下来，阻止不良情绪扩散，而后再采取有效措施。

（四）对事不对人

对一些员工的抱怨，不要凭借对其的刻板印象和员工的以往表现进行处理，而是要具体问题具体分析，要奉行对事不对人的原则。例如一些管理者对表现好的员工的抱怨愿意听取，而对表现不好的员工的抱怨置之不理。这种按照刻板印象处理问题的方式不仅不能消除抱怨，还有可能激化矛盾。

（五）果断处理，努力化解

前面提及，需要做出处理的抱怨中绝大部分是管理混乱造成的，员工个人的原因只占很小比例，因此规范和认真执行工作流程、岗位职责和规章制度等是处理抱怨的重要措施。在规范管理制度时，应采取民主、公开和公正的原则。公司的各项管理规范要让当事人参与讨论、共同制定；制定好的规范要向所有员工公开，并使之深入人心。只有这样才能保证管理的公正性。由员工失职造成的损失，对当事人的处罚要做到公正严明。一旦弄清楚抱怨的原因，应及时与员工沟通，防止不满情绪扩散。

第2节　员工申诉管理

申诉是员工意见和不满的另一种发泄渠道。如果员工感到自身没有得到公平对待，或对雇佣条件不满，就会影响员工的工作情绪和工作效率，增加意外事件发生的可能，严重打击士气。因此，需要制定员工申诉制度，强化申诉管理，使员工能够通过正常途径宣泄不满情绪，化解内部紧张关系，处理好劳动争议。

一、员工申诉的内涵与类型

（一）员工申诉的内涵界定

所谓员工申诉，是指员工以口头或书面等正式方式，表示对企业有关事项的意见或不满。它是用正式的、事先安排的方式，为澄清员工和企业管理之间的纠纷提供的一种机制或制度安排，有利于劳资双方在不同层次上协商，确保员工关系问题得到及时有效的解决。

（二）员工申诉的类型

1. 内部申诉与外部申诉

依据申诉对象，员工申诉可分为企业内部申诉和企业外部申诉，外部申诉即劳动仲裁。员工通过企业内部申诉渠道提出申诉，与向劳动仲裁机构提起的申诉不同：前者是依据企业制定的申诉制度和程序，在企业内部进行；后者则是在劳动仲裁机构的主持下，依据国家有关法律法规进行的申诉程序。

2. 个人申诉和集体申诉

依据申诉主体，员工申诉可分为个人申诉和集体申诉。个人申诉多是由管理方对员工的行为规制和惩罚不当引起的纠纷，通常由个人或工会代表提出。其内容范围包括整个雇佣关系存续过程中可能引发的任何争议。争议的焦点主要是触及了集体协议中规定的个人和团体的权利，如有关资历的规定、违反工作规则、不合理的工作分类或工资福利水平等。集体申诉是为了集体利益而提起的政策性申诉，通常是工会针对管理方（也可能是管理方针对工会）违反协议条款行为提出的质疑。集体申诉虽不直接涉及个人权利，但影响整个谈判单位的团体利益，通常是由工会委员会的成员代表工会提出。

二、员工申诉制度建立的意义

对企业而言，员工申诉制度的建立有以下意义。①

（一）依照正式程序维护员工合法权益

申诉程序是一种处理争议的机制。多层次申诉程序的安排，使得企业和员工双方能利用一切机会达成共识、解决纷争，而不是被迫地接受仲裁者的最终解决方案。从这一意义看，申诉的程序类似集体谈判的过程。

（二）化解员工情绪，改善工作氛围

申诉是为员工提供的一种表达不满的渠道和释放压力的策略。相对而言，申诉是一种较为温和而又规范的矛盾处理机制，它的负面影响小于抱怨。通过申诉制度，企业可以了解员工的需求，监测管理人员的管理水平，将矛盾化解在萌芽阶段。

（三）有效防范管理权不当使用

申诉是一种规范的员工抱怨处理的管理制度，体现了民主和公平管理的原则。员工被给予针对个人或管理问题进行畅所欲言的权利，不会顾虑因此受到上级的报复或不公平对待。

（四）提高组织解决问题能力

申诉可以作为解决组织内部冲突及问题的管理手段，避免因外力的介入或干预使问题扩大或恶化。管理者通过员工申诉制度，可以了解员工的情绪和行为动向，也可以通过事件的处理，总结经验，提高解决问题的能力。

三、员工申诉制度的建立准则

一般而言，内部申诉制度的建立和完善应遵循以下准则。

（一）申诉规则的制度化

企业申诉和执行程序必须制度化，这对于保护员工及企业的合法权益具有重要作用。按照现行的法律，企业在制定员工申诉制度的过程中，不能单方决定，必须征求员工或员工代表的意见。

（二）申诉责权的确定化

员工申诉制度中必须明确员工申诉的权利和义务，鼓励员工通过企业内部申诉提出

---

① 程延园．员工关系管理．上海：复旦大学出版社，2004.

问题，同时强调员工必须对自己的申诉行为负责。明确规则，可以使积极维护申诉制度的员工得到奖励，使破坏制度的员工承担相应的责任。

（三）申诉机构的正规化

申诉机构的正规化不仅能确保申诉渠道的通畅，也可使管理者通过正式渠道了解员工的工作和心理状况。非正式化的申诉运作会增加企业处理申诉问题的难度和成本，也易助长管理人员隐瞒和歪曲事实的不良风气。

（四）申诉范围的具体化

企业的申诉制度应具体明确哪些情况可以哪些情况不可以提起申诉，使管理者和员工了解申诉的问题所在，避免员工将本可通过正常管理渠道解决的问题也通过申诉方式提出。应及时对申诉问题做分类处理，使企业尽早发现和有针对性地解决不同性质和类别的问题。

（五）申诉程序的合理化

较为规范的申诉制度更适合规模大的企业，但任何组织都可以设计和选择适当的申诉程序，并体现以下特征：成员有机会表达意见；组织有接受意见并进行处理的机构或负责人；申诉处理依照正式的渠道和程序进行；问题处理能够反馈给申诉者，明示申诉处理过程及结果；组织定期整理和公布申诉处理的事件及问题特征，让成员了解申诉问题的重点及处理情形。

总之，在处理员工申诉时，把握如下原则和管理技巧，可以确保申诉制度的正常运行，并使员工对该项制度有信心，发挥其效用，包括：摒除本位主义，以公正、客观的立场处理员工申诉；掌握处理时效；答复员工问题时力求精确，切忌语意不明；为保护当事人的权益，应在员工提出申诉后和申诉调查期间对相关事项保密。

四、员工申诉的处理程序

（一）一般程序

处理申诉的程序，视企业规模大小、事情轻重，以及有无工会组织等有所不同。

图 8－1 为两种程序：第一种程序是由员工到直接主管，经过部门经理再到部门总监和企业领导；第二种程序则是由员工至企业人力资源部门（或是其他具有相似职能的部门）再到企业领导。

（二）处理阶段

通常情况下，员工申诉的处理程序包括四个阶段。[①]

---

① 程延园．员工关系管理．上海：复旦大学出版社，2004.

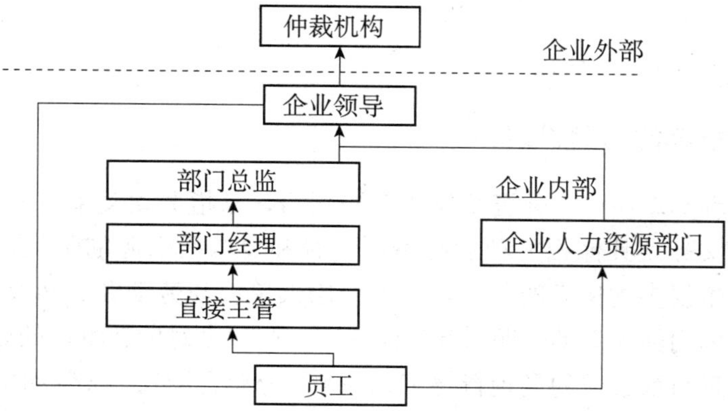

图 8-1 员工申诉的处理程序

资料来源：张晓彤．员工关系管理．北京：北京大学出版社，2003.

1. 受理员工申诉

由监督者、管理者与申诉者商谈，管理者在接受申诉的过程中，要了解申诉事件产生的关键原因。

2. 查明事实

管理者要查明争议事实，不得有偏袒，对双方的陈述都要认真调查了解。查明事实的方法如下：实地调查，与员工面谈；分析和检讨各项政策、规定和措施；检查员工资料；向有关人员了解情况；等等。

3. 解决问题

管理者在了解员工申诉的事实真相之后，应设法予以解决，并向当事人说明情况，防止员工误解。一般而言，解决员工申诉的方法主要有：(1) 调查与申诉产生有关的原因；(2) 对事实真相迅速了解清楚，做出解释；(3) 尊重申诉人，对员工的困境和苦恼表示理解和同情；(4) 对员工进行与申诉相关的培训，让员工了解申诉制度建立的目的和意义；(5) 帮助员工消除顾虑，解决问题。

4. 申请仲裁

如果员工的问题在组织内部得不到满意的解决，可以诉诸第三方或公权力进行仲裁。在我国，可经劳动争议仲裁委员会对争议进行裁决；仲裁之后如果双方当事人仍有不服，还可以在规定的期限内向人民法院提起诉讼。如果裁决被证明不实、不当、有重大错误或明显违反法律，则可以请求法院予以撤销。申诉仲裁大多属于自愿仲裁，当事人可以自由确定仲裁员。

第 3 节 劳动争议处理

党的二十大报告提出“健全劳动法律法规，完善劳动关系协商协调机制”，为更好构建和谐劳动关系提出了新要求。

一、劳动争议

（一）劳动争议的内涵界定

劳动争议又称劳动纠纷、劳资争议或劳资纠纷，是指劳动关系双方当事人之间，对劳动权利与劳动义务及其他相关利益有不同主张和要求而引起的争议。从各国情况看，劳动法中的劳动争议多指狭义的争议，一般指用人单位与劳动者之间及与工会之间，在劳动法调整的范围内因为劳动问题引起的纠纷。一些国家对劳动争议的处理有专门立法，我国劳动争议处理目前参照的是现行《劳动法》《劳动合同法》《劳动争议调解仲裁法》等法律和法规。

（二）劳动争议的主体与类型

劳动争议的当事人，一方为劳动者（又称职工）或其团体，另一方为用人单位或团体。也就是说，当事人必须是通过一定的法律事实（如签订劳动合同）建立劳动关系的用人单位及被其录用的劳动者。用人单位包括企业、事业组织、国家机关、社会团体等；当个体经营者雇请帮工时，亦可以作为用人单位一方当事人。劳动关系的另一方即员工，可以是员工个人，也可以是员工组织，如工会。若争议不是发生在劳动关系双方当事人或其团体之间，即使争议内容涉及劳动问题，也不构成劳动争议，例如，劳动者之间在劳动过程中发生的争议。因此，劳动争议可以分为两类：个别争议，即用人单位与劳动者个人之间的争议；集体争议，即用人单位与劳动者团体之间的争议。

（三）劳动争议的内容与调整范围

劳动争议的内容依据相关法律所涉及的劳动权利和劳动义务而确定，主要包括就业、工时、工资、劳动保护、保险福利、职业培训、民主管理和奖励惩罚等各方面。劳动争议依据我国现行法律，受理的范围是境内企业与员工之间发生的下列争议：

（1）因确认劳动关系发生的争议；

（2）因订立、履行、变更、解除和终止劳动合同发生的争议；

（3）因除名、辞退和辞职、离职发生的争议；

（4）因工作时间、休息休假、社会保险、福利、培训以及劳动保护发生的争议；

（5）因劳动报酬、工伤医疗费、经济补偿或者赔偿金等发生的争议；

（6）法律、法规规定的其他劳动争议。

此外，事业单位实行聘用制的工作人员与本单位发生劳动争议的，可参照《劳动争议调解仲裁法》执行；法律、行政法规或者国务院另有规定的，依照其规定。

二、劳动争议的处理程序

（一）一般程序

我国现行劳动争议处理程序，主要体现在现行的《劳动争议调解仲裁法》《劳动法》，以及《最高人民法院关于审理劳动争议案件适用法律问题的解释（一）》等法律、条例和司法解释中。

《劳动法》第七十九条规定："劳动争议发生后，当事人可以向本单位劳动争议调解委员会申请调解；调解不成，当事人一方要求仲裁的，可以向劳动争议仲裁委员会申请仲裁。当事人一方也可以直接向劳动争议仲裁委员会申请仲裁。对仲裁裁决不服的，可以向人民法院提起诉讼。"由此可知，我国劳动争议的处理机制是"一调一裁两审"的体制。

1. 调解

所谓调解，是指通过本单位的劳动争议调解委员会来解决劳动争议，争议双方矛盾在基层化解。调解委员会只能起调解作用，本身并无决定权，不能强迫双方接受自己的意见。

2. 仲裁

所谓仲裁，是指通过劳动争议仲裁委员会行使仲裁权，解决劳动争议。劳动争议仲裁具有强制性，是解决劳动争议的必经途径。

3. 两审

所谓两审，是指只有经过仲裁，争议双方才可向人民法院提起诉讼。劳动争议经过一次调解、一次仲裁、两级法院的审判即告终结。

在劳动纠纷处理实践中，企业内部劳动争议调解委员会的调解活动经常同员工申诉处理混合进行，不予区分。

（二）特殊主体发生的劳动争议的处理程序

特殊主体发生的劳动争议，例如，由于侵害女职工劳动保护权益而发生的争议。根据《女职工劳动保护特别规定》第十四条，女职工可以依法投诉、举报、申诉，依法向劳动人事争议调解仲裁机构申请调解仲裁，对仲裁裁决不服的，依法向人民法院提起诉讼。

各国劳动争议立法普遍规定，在发生非常情况时采用紧急调整方法，这是一种事后解决争议的措施。紧急调整的适用范围包括：劳动争议涉及公益事业，争议涉及的规模大而且性质特殊，损害国民经济的发展，损害国民的日常生活。在上述几种情况下，政府在必要时可采取强制仲裁。

案例 7-1

马某于 2018 年 8 月入职某公司任客服主管，双方签订书面劳动合同，合同期限三年，并约定马某月工资 3 350 元。2021 年 7 月起，马某因分娩休产假。产假期间该公司通知马某劳动合同期满终止。马某随即申请劳动仲裁，请求裁决确认该公司终止劳动合同的行为违法并要求支付赔偿金 20 100 元。

处理结果为：依法确认该公司终止劳动合同行为违法，支付马某赔偿金 20 100 元。双方当事人均未向人民法院提起诉讼，裁决书依法发生法律效力。

点评：

《女职工劳动保护特别规定》第五条规定，用人单位不得因女职工怀孕、生育、哺乳降低其工资、予以辞退、与其解除劳动合同或者聘用合同。依据《劳动合同法》第四十二条、第四十五条之规定，女职工在孕期、产期、哺乳期劳动合同期满的，劳动合同应当延续至孕期、产期、哺乳期期满时终止。本案中，马某与该公司劳动合同于产假期间届满，其劳动合同期限应延续至马某哺乳期结束。该公司在马某产假期间以双方劳动合同期满为由终止劳动合同，于法有悖，属于违法终止劳动合同。依据《劳动合同法》第四十七条、第八十七条之规定，用人单位违法终止劳动合同，劳动者可以要求用人单位依照经济补偿标准的二倍支付赔偿金。

女职工特殊保护是根据女职工身体结构、生理机能的特点以及抚育子女的特殊需要，给予劳动特殊权益的法律保障。用人单位在女职工孕期、产期、哺乳期内，不得随意解除终止劳动合同，女职工出现严重违反用人单位规章制度等符合依法解除劳动合同的情形的除外。现行劳动法律法规的立法精神是既要给予女职工特殊保护，又要维护用人单位依法依规开展的管理行为。本案对于在竞争激烈的职场之中，在男女平等前提下对女职工特殊时期给予特殊保护，维护女性平等的参与就业、参与国家生产建设的权利具有直接示范作用。

三、劳动争议调解

（一）劳动争议调解的内涵界定

劳动争议调解是指第三方依据一定的社会规范，在纠纷主体之间沟通信息，摆事实讲道理，促成纠纷主体相互谅解、妥协，从而达成最终解决纠纷的合意。劳动争议调解具有非强制性和非严格规范性的特点。我国法律规定，劳动争议案件的调解主要包括劳动争议调解委员会的调解、劳动争议仲裁委员会的调解和人民法院的调解。

（二）劳动争议调解机构

劳动争议调解机构为劳动争议调解委员会，它是设在企业内部的基层民间调解机构。根据现行《劳动法》，用人单位内可以自行设立劳动争议调解委员会，由职工代表、用人单位代表和工会代表组成。根据《劳动争议调解仲裁法》，企业劳动争议调解委员会由职工代表和企业代表组成。职工代表由工会成员担任或者由全体职工推举产生，企业代表由企业负责人指定。企业劳动争议调解委员会主任由工会成员或者双方推举的人员担任。

（三）劳动争议调解的程序

企业劳动争议的处理应按规定程序进行。首先，劳动争议发生后，当事人双方都可以自知道其权利被侵害之日起，以口头或者书面的形式向调解委员会提出申请，并填写“劳动争议调解申请书”。调解委员会接到申请书后，应立即审核该事由是否属于劳动争议，是否属于调解委员会的调解范围，调解请求与事实根据是否明确。审核后，受理与否都应尽快通知提出调解申请的劳动争议当事人。调解委员会受理调解申请后，必须着手进行事实调查。调解必须在查清事实、分清是非、明确责任的基础上进行。

事实调查的主要内容包括：劳动争议产生的原因、发展经过和争议问题的焦点；劳动争议所引起的后果；劳动争议的当事人双方各有什么意见和要求；劳动争议所涉及的有关人员及与争议有关的其他情况；企业员工对争议的看法；等等。经过调查后，劳动争议调解委员会以会议的形式实施调解。调解会议由调解委员会主任主持，有关单位和个人可以参会，协助调解。会议首先听取当事人双方对争议案件的陈述，然后调解委员会依据查明的事实，在分清是非的基础上，依据有关法律法规，公正地将调解意见予以公布，并听取当事人双方对调解委员会所公布的案件调查情况和调解意见的看法。而后进行协商，当事人双方经协商达成一致意见，可以达成调解协议。达成协议后，一方当事人在协议约定期限内不履行调解协议的，另一方当事人可以依法申请仲裁。调解委员会调解劳动争议的期限为十五日，即自劳动争议调解委员会收到调解申请之日起十五日内未达成调解协议的，视为调解不成。当事人可以依法申请仲裁。

四、劳动争议仲裁

（一）劳动争议仲裁的内涵与性质

劳动争议仲裁分为两部分——劳动争议和仲裁。仲裁一般针对可以由当事人处分的权益的争执，利用仲裁人的中立立场，求得公平合理和经济快捷的处理结果。如果劳动争议中的部分争议符合上述仲裁对象的特征，仲裁就可以引入劳动争议处理机制。

劳动争议仲裁制度是指依照国家劳动法律规定成立的劳动争议仲裁委员会作为第三方，遵循法律规定的原则和程序，对劳动关系双方发生的劳动争议进行调解和裁决的一项劳动法律制度。

（二）劳动争议仲裁机构

劳动争议仲裁委员会是我国目前专门的劳动争议仲裁机构。根据我国现行《劳动法》《劳动争议调解仲裁法》，劳动争议仲裁委员会由劳动行政部门代表、同级工会代表、用人单位方面代表组成。仲裁委员会下设办事机构，负责办理其日常工作，并设仲裁员名单。

（三）劳动争议仲裁的程序

劳动争议仲裁的程序主要分为四个阶段。

1. 提出仲裁申请

由劳动争议当事人向劳动争议仲裁委员会提出申请，要求依法裁决，保护自己的权益。提出仲裁申请，必须符合下列条件：第一，申请必须在规定的时效以内。根据现行《劳动法》的规定，提出仲裁要求的一方应当自劳动争议发生之日起六十日内向劳动争议仲裁委员会提出书面申请。第二，申请人必须与该劳动争议有直接利害关系。第三，申请人必须有明确的被申请人，以及具体的仲裁请求和事实依据。第四，申请的案件必须在受理申请的劳动争议仲裁委员会的管辖范围之内。

2. 仲裁机关审查

劳动争议仲裁委员会在收到当事人申请仲裁的书面申请材料后，必须进行认真的审查。劳动争议仲裁委员会收到仲裁申请之日起五日内，认为符合受理条件的，应当受理并通知申请人；认为不符合受理条件的，应当书面通知申请人不予受理，并说明理由。

3. 立案调查取证

仲裁委员会立案受理劳动争议后，应按相关法律法规，组成有一名首席仲裁员、二名仲裁员的仲裁庭。简单劳动争议案件，仲裁委员会可以指定一名仲裁员独任仲裁。仲裁庭成员应认真审查申诉和答辩材料，调查收集证据，查明争议事实。调查取证是仲裁活动的重要阶段，是弄清事实真相、明确案件性质、正确处理争议案件的前提和基础。调查主要是为了查清争议的时间、地点、原因、经过、双方争议的焦点、证据和证据的来源等。

4. 开庭审理

在调查取证的基础上，开庭审理。仲裁庭处理劳动争议，首先应当进行调解，促使当事人双方自愿达成协议。经调解达成协议的，仲裁庭将仲裁调解书送达双方。送达后的调解书具有法律效力。若达不成调解协议，则进行仲裁庭辩论。当事人按申请人、被申请人的顺序，围绕争议进行辩论，仲裁员根据情况，将辩论焦点集中在需要澄清和应该核实的问题上。为了进一步查明当事人双方的仲裁请求和争议事项，还必须进行仲裁庭调查。由证人出庭作证，仲裁庭出示证据等。仲裁庭根据最终的调查结果和有关法律法规做出裁决。

仲裁裁决一般应在收到仲裁申请的六十日内做出。对仲裁裁决无异议的，当事人必须履行。劳动争议当事人对裁决不服的，可以自收到裁决书之日起十五日内向人民法院提起诉讼。期满不起诉的，裁决书将发生法律效力。一方当事人在法定期限内不起诉又不履行仲裁裁决的，另一方当事人可以申请人民法院强制执行。

五、劳动争议诉讼

（一）劳动争议诉讼的含义与特征

劳动争议诉讼是以国家公权力解决劳资纠纷的典型机制，具有两个明显特征。

1. 具有国家强制力

劳动争议诉讼是在法院法官主持下进行的，以国家强制力来确定纠纷主体之间的权利义务关系以及法律责任的承担，同时以国家强制力保证纠纷主体履行生效的裁决。

2. 严格的规范性

劳动争议诉讼的开始、进行、终结及其他程序都必须严格依照各项法律进行，否则将受到法律的否定。同时，法院必须依据实体法对纠纷做出裁决。虽然法官可行使自由裁量权，但不能背离法律的整体秩序和精神。

（二）劳动争议诉讼机构

人民法院是处理劳动争议的司法机关。根据现行《劳动法》，当事人对仲裁裁决不服的，自收到裁决书之日起十五日内，可以向人民法院提起诉讼。人民法院对劳动争议案件有权进行审理。

（三）劳动争议诉讼的特征

国家强制力和严格的规范性蕴含着劳动争议诉讼的优点和局限。

主要优点为：劳动争议诉讼的强制力使纠纷能够得到最终解决，而严格的规范性满足了诉讼主体明确权利的要求，有利于保护民事实体权利，并且对纠纷的解决结果有很高的预见性，满足了纠纷主体的安全需要。另外，劳动争议诉讼在很大程度上消除了对社会统一规范的背离，满足了国家维护统一法律秩序的要求。

主要缺陷为：与其他方式相比，严格的规范性使得诉讼程序复杂烦琐，时间长、成本高；对纠纷主体自由意志有妨碍，容易造成纠纷主体在心理和情感上的冲突。

我国法律规定，我国的劳动争议诉讼适用民事诉讼程序，实行两审终审。

（四）劳动争议诉讼的程序

人民法院对劳动争议案件的审理，适用《中华人民共和国民事诉讼法》规定的程序，分为起诉与受理、调查取证、调解和开庭审理四个阶段。

1. 起诉与受理

原告向人民法院提出诉讼请求，要求人民法院行使审判权，以保护自己的合法权益。起诉人必须与该劳动争议有直接的利害关系，有明确的被告、具体的申诉请求和事实根据。劳动争议案件未经仲裁的，人民法院不予受理。人民法院只受理已经由劳动争议仲裁委员会裁决，当事人不服裁决的争议。人民法院在收到原告的起诉后，要对起诉依法进行审查，并决定是否受理。符合受理条件的案件应当在七日内立案，并通知当事人，立案之日起五日内将诉讼副本发送给被告，被告在收到之日起十五日内提出答辩状。经审查不符合起诉条件的，应当在七日内做出裁定书，不予受理；原告对裁定不服的，可以上诉。

2. 调查取证

人民法院要对劳动争议仲裁机关掌握的情况、证据进行核实，对争议有关的事实进行调查、取证，弄清事实。

3. 调解

人民法院审理劳动争议案件，根据当事人自愿的原则，在事实清楚的基础上分清是非，进行调解。达成调解协议的，由人民法院制作调解书。调解书经当事人双方签收，即发生法律效力，当事人必须执行。

4. 开庭审理

经调解不成的，或当事人在调解书送达之前反悔的，人民法院应及时判决。人民法院在开庭前三日将开庭时间、地点通知当事人和其他诉讼参与人。开庭要进行法庭调查，由当事人陈述争议事实，法庭出示有关证据，当事人双方进行法庭辩论。在辩论结束后，法庭做出裁决，并按规定向当事人发送判决书。

当事人若不服一审判决，有权在判决书送达之日起十五日内向上一级人民法院提起上诉。到期不提起上诉的，判决书将发生法律效力。

六、劳动争议的预防

（一）增强法律意识

劳动争议是企业经营管理中必然遇到的问题。企业资源有限，不可能满足员工提出的所有要求，对于员工非法和非分的要求，企业各级管理者必须拿起法律的武器维护自身的合法权益。

在人力资源管理实践中，有的企业管理者法律意识淡薄，以为劳动者的问题可以通过“非常”手段（例如吓唬甚至威胁等手段）来搞定，这是不可取的。

“合法经营，依法维权”，是企业各级管理者必须具备的最核心的法律意识。拿起法律的武器维护企业的合法权益，在“情与法”之间找到合理的平衡点，积极推动和解决劳动争议，学会换位思考，这些管理意识是企业管理者必须具备的。

（二）规范管理制度

制定科学规范的管理制度，通过民主发布流程确保制度的有效性，在员工违反公司管理制度时，企业能够提供必要的制度依据和管理依据，这是在劳动争议发生时，企业必须举证的内容。

要想建立规范的人力资源管理制度，首先必须认真学习与人力资源相关的国家法律法规。深刻理解和掌握这些法律法规，是做好人力资源管理的关键，更是企业制定规章制度的基础，因为任何违背国家法律的制度都是无效的。

另外，要对人力资源管理做出系统的问题诊断、提炼和总结，按照PDCA管理模式（计划→执行→检查→处理），按照问题的优先级循序渐进来推动人力资源管理问题的解决。

（三）加强内部培训

企业只有规范的制度是不够的，还必须对全体员工做好制度培训，让员工对制度知情。员工知情是仲裁时企业提交的关键证据。

企业可采取的培训方式灵活多样，例如：

（1）新员工入职时，由人力资源部门负责人系统讲解公司人力资源管理制度，培训证据包括《培训签到表》和《培训效果调查表》等。

（2）企业发布新制度时，必须做好员工培训。

（3）对涉及员工切身利益的制度进行调整时，也要做好全员培训。

（4）企业在制定《员工手册》时，可把关键制度、关键条款（特别是涉及员工切身利益的条款）列入手册中。

有条件的企业还可以把所有制度条款都浓缩在《员工手册》中，保证员工对制度的知情权。

（四）学会换位思考

企业如何对待员工，员工就会如何对待企业。在处理劳动争议过程中，比较刚性的处理方式是完全按照国家法律法规。那么企业能不能换一种角度，换位思考，考虑一下员工的感受，采用平等友好协商的方式来处理，最终达到企业和员工的双赢呢？这些都是值得我们认真思考的地方。

（五）掌握利益平衡

一个优秀的企业管理者，必须学会平衡企业和员工的利益，找到双方的利益平衡点。如果单纯站在维护企业利益的角度考虑问题，可能会走向管理的极端。

员工和企业发生劳动争议时，企业管理者特别是人力资源管理者要善于从法律的专业化高度说服员工。对于员工的合理诉求，企业一时无法满足时，管理者要将心比心来说服员工。如果员工不依不饶的话，说明员工可能确实受到委屈乃至不公正的对待，作为管理者，要善于研究员工心理，平衡员工合理诉求与企业承受力之间的关系。

特别提出的一点是，员工无理取闹的诉求属于另类，管理者实在无法说服，如发生仲裁，可积极应诉。

□关键术语

员工抱怨　员工申诉　劳动争议调解　劳动争议仲裁　劳动争议诉讼

□复习思考题

1. 对员工抱怨进行管理有何意义？
2. 处理员工抱怨应该遵循哪些原则？
3. 简述员工申诉制度建立的意义及准则。
4. 简述我国劳动争议的处理程序。
5. 如何预防劳动争议？

□案例分析

员工工伤引发的劳动争议

董某为某保安公司的员工，9月在下班回家途中发生交通事故并死亡，对方司机负事故全部责任，保安公司未为董某缴纳工伤保险。董某家人与肇事司机达成了赔偿协议，获得50万元赔偿。在进行工伤认定后，董某家人又将保安公司诉至法院，要求保安公司承担工伤赔偿责任。保安公司辩称，肇事司机是董某死亡的责任方，董某虽系本公司员工，但其死亡是由于第三人侵权行为造成，且肇事司机已经赔偿了董某家人，公司不应当再承担工伤赔偿责任。

法院经审理认为，根据法律有关规定，中华人民共和国境内的企业、事业单位等组织应当依照《工伤保险条例》的规定参加工伤保险，为本单位职工缴纳工伤保险费。职工因工死亡，其近亲属按照规定从工伤保险基金领取丧葬补助金、供养亲属抚恤金和一次性工亡补助金。依照《工伤保险条例》规定应当参加工伤保险而未参加工伤保险的用人单位职工发生工伤的，由该用人单位按照工伤保险条例规定的工伤保险待遇项目和标准支付费用。因此，在董某因工伤死亡后，保安公司应当依照上述法律规定，对董某的近亲属承担法律规定的工伤保险待遇赔偿责任。根据《最高人民法院关于审理人身损害赔偿案件适用法律若干问题的解释》第十二条规定的精神，用人单位对工伤职工承担工伤保险责任，侵权人对该职工承担民事赔偿责任。也就是说，在我国现有法律制度下，因第三人侵权行为引发的工伤事故，受害职工（包括其近亲属）可以享受双重赔偿。

资料来源：劳动合同争议案例．（2022－10－03）．https：//www. hrrsj. com/zhichang/hetongxiey-ishu/220546. html.

讨论题：

本案例对于企业进行劳动争议防范工作具有哪些启示？

第 9 章

员工职业安全健康管理

| 学习目标 |

- 了解员工职业安全管理的内涵与作用。
- 认识员工职业安全管理对于现代企业的重要意义和作用。
- 明确员工职业安全必须进行法制化、制度化与体系化管理，需要构建科学有效的安全管理流程和推进方案。
- 了解职业病对员工健康造成的伤害、我国在职业病防治立法方面所做的工作，以及企业在职业病防治中负有的法律职责。
- 了解员工心理健康管理的内容及心理疾病的防治。

第 1 节　员工职业安全管理概述

一、员工职业安全管理的内涵与作用

（一）员工职业安全管理的内涵界定

员工职业安全管理包括两层含义：其一，避免安全事故，保障生产和经营活动的正常进行；其二，保障员工生命安全和身心健康，为员工创造一个安全有保障的工作环境。在现实中，这两项内容是有机联系在一起的，安全事故所引发的直接后果是生命与财产的双重毁坏：没有安全生产，就不可能有生产者的安全；生产者的安全不能得到保障，企业生产也无法正常进行。从人本管理的角度讲，员工安全应该是第一位的；与财产的安全相比，生命的安全更重要。因此，从实质上讲，员工职业安全管理应该是企业为保障员工安全而从事的各项管理活动。

（二）员工职业安全管理的作用与意义

员工职业安全管理对企业与员工的重要性不言而喻，用“安全第一”可以基本涵盖。但是，在现代企业人力资源管理中，员工职业安全管理又具有新的作用和意义。

1. 员工职业安全管理是人力资源管理的一个重要环节

随着企业科学管理的发展和人力资源管理的规范化，员工职业安全管理成为人力资源管理的一项主要任务。职业安全健康不仅是员工的基本权益，也与雇主的利益相关联，企业必须对各种安全事故和职业病进行防范。伴随着企业人力资源管理模式的转变，无论是从理论上还是在实践中，员工职业安全管理都进入了一个新的阶段。

2. 员工职业安全投资是企业一项重要的人力资本投资

按照“安全第一”的思想，确保企业员工的职业安全是一切企业管理和运营活动的基础：没有安全的工作环境，企业的一切财富生产和创造均无从谈起；没有健康的体魄和心理，员工的任何才干和潜能都不能最大限度地发挥出来。从这一意义上讲，员工职业安全投资是企业最重要的人力资本投资，对其重要性怎么强调都不过分。

（1）员工职业安全管理能够降低安全事故的直接和间接成本。企业为职业事故和伤病所付出的代价是高昂的，包括直接的医药费和保险费、员工补偿费、工资损失，还包括设备和原材料损失、生产延误造成的损失、其他工时损失、替代员工的选拔和培训成本、事故报告费，以及企业声誉等间接的物质与非物质性损失。[①] 员工出现生理和心理问题，会降低出勤率，提高人员的流动率、旷工率和医疗费用，严重影响员工和企业绩效；员工的优秀绩效来源于健康的身体和积极向上的心态。

（2）员工职业安全管理能够开发员工的工作潜能。传统的管理理念是，不出事故就是安全生产；没有患职业病，就保证了员工的健康。在这种观念指导下，企业把安全投资单纯看作负担，是一种额外的成本支出。实践证明，许多企业安全管理方案的实施，大幅降低了缺勤率和人员流失率，节省了医疗费用，提高了工作效率，同时也增强了凝聚力，促进了企业文化的发展。

（3）员工职业安全管理是留住和激励人才的重要保障。安全和健康的工作环境是一项重要的福利待遇，频繁和灾难性的事故是引进和留住人才的最大障碍，企业做出的安全健康工作环境的承诺，会增加对人才的吸引力。因此，企业的安全健康投资，可以通过市场和人力资源管理的其他环节，自然转换成一种人力资本的投资收益。

3. 员工职业安全管理是现代企业人本管理的体现

加强员工职业安全管理是对传统管理模式的挑战。传统的管理模式有两个明显的特征：一是将事故发生的原因更多地归于员工个人，归于员工的粗心大意、不按操作规程办事；二是在管理模式上，具有较强的被动应付、事后补偿的性质。一些企业进行的安全管理，不是出于自身的内在需求，而是为了应付法律和政策的约束。在日常管理中，对事故是否发生抱有侥幸心理，一旦事故发生，单纯采取经济补偿的方式。不是将工作做在事故发生之前，而是做在事故发生之后。这种管理方式从本质上讲，是没有把员工

---

① 克雷曼．人力资源管理：获取竞争优势的工具．北京：机械工业出版社，1999.

作为企业最重要的资源和财富，没有把员工职业安全管理提升到人本管理的高度。

人本管理理念的树立，使人们更加深刻地认识到安全健康与人的价值之间的血肉联系。它使人们认识到，生命的价值和人自身的价值是无限的，是任何物质所补偿不了的。而许多安全事故是灾难性的，它将给员工及其家属乃至社会带来不可弥补的损失。因此，人本管理的核心是爱惜生命，保护包括人力资源在内的一切资源。

二、员工职业安全管理的特点

与其他人力资源管理环节相比，员工职业安全管理有以下特点。

（一）安全问题的普遍性与易被忽视性

安全问题的产生具有普遍性，在现代社会，几乎每一个行业、每一项工作，都对从业人员存在各种各样、或多或少的职业病伤害。安全问题之所以具有普遍性，有这样几个原因。

1. 事故发生的不确定性与偶然性

任何生产和经营活动都有一定的风险，而要对事故进行防范，则需要经常、细致的管理和进行各项投入。在日常生产和经营过程中，不防范的企业和个人可能不会发生事故，而防范了的却可能依然不能避免发生事故。事故发生的这种偶然性，使许多人产生“听天由命”的宿命意识和侥幸心理。

2. 科学技术的先进性掩盖了其对人类的负面作用

科学技术对人类的影响是一把双刃剑，在促进社会进步的同时，也以各种形式影响人类的生存与健康。人们总是被新科学、新技术和新工艺所具有的经济价值迷惑：经营者希望它能为企业带来巨大的收益；操作人员认为它可以大大降低劳动强度，提高劳动效率；消费者认为它可以更好地满足物质和精神需求。而对它的负面影响，却很少有人关注。因此，人们往往对新技术过度追捧，而忽视对其危害性的防范。

3. 市场竞争助长了管理的短期行为

市场竞争的日趋激烈助长了经营者追逐利润、忽视管理的短期行为。长期以来，对员工职业安全管理的任何投入对投资者来说都是成本付出和利润损失的理念根深蒂固，员工职业安全管理无法真正进入决策者的议事日程，总是被忽视。在很多情况下，企业肯在技术、市场或者人才上投资，却在员工职业安全投资上犹豫不决，或者视其为一种应付性的例行公事。

（二）安全事故的严重性及损失的间接性

任何安全事故都可以造成直接和间接两种损失。例如，伤亡事故的直接损失包括工资、医疗费用、补偿保障费用等，间接损失包括设备和材料损失、工时损失以及间接的人员伤害等。虽然间接损失要大于直接损失，但管理者往往只计算事故的直接经济损失，看重的是实际支付的赔偿费与管理成本之比，对事故的间接损失和企业应承担的社会责任，则采取忽视和回避的态度，这是一种不负责任甚至是犯罪的行为。因此，应该从更宽泛的视角来理解员工职业安全管理的社会意义与超经济价值。

（三）安全事故的可避免性

尽管事故的发生具有很大的偶然性，但是任何安全事故和健康伤害都是可以最大限度地避免或降低的。事故的发生是有规律的，只要客观地分析、认识事故发生的可能性，制定严格的管理制度和技术操作规程，就可以有效地预防事故的发生。

根据员工职业安全管理理论，各种工伤事故发生的原因不外乎三种：一是员工失误；二是设备问题；三是程序不当。国外一些机构的调查表明，在事故发生的原因上，操作失误引起的占50%，设备问题引起的占28%，程序不当引起的仅占22%。① 一些严重影响员工健康的职业病，完全可以通过严格的防范措施杜绝。因此，预防事故和避免损失的最好办法是加强安全管理，严格遵守以预防为主的管理方针，除此之外，别无他路。

三、员工职业安全管理存在的问题

（一）员工专业技术水平不足

企业在招聘员工的过程中，没有有效地考核员工有关安全方面的专业技能，出现了员工整体专业技能参差不齐的情况。有些员工的专业技能不足，虽然在短时间内不会影响企业的安全生产，但是一旦出现操作失误，或因专业知识不扎实而胡乱操作，就会引发安全事故。

（二）生产设备未能及时检修

企业发生安全事故的另外一个重要原因是生产设备出现了问题。如果企业没有定期检查和保养生产设备，就可能会造成生产设备的运行故障。还有些企业在没有落实好设备维修工作的同时，为提高生产效率，而让设备超负荷运行。这不仅会导致产品质量下降，还可能使设备在生产过程中出现故障引发安全事故。

（三）管理人员的安全意识不强

很多企业管理者对安全管理的重视程度不够。一些企业只是为了应付国家有关安全生产的规定而进行安全管理，在实际生产中将企业经济效益放在了第一位，而忽视了安全管理。管理人员一味要求生产效率，员工为了完成任务，而进行一些危险性操作，从而引发安全事故。

四、员工职业安全的法制化管理

（一）员工职业安全的法制化管理的必要性及意义

1. 员工职业安全的法制化管理的必要性

劳动安全的法律保护形式是劳动安全（卫生）立法，简称劳动安全法。它是指在生

① 克雷曼．人力资源管理：获取竞争优势的工具．北京：机械工业出版社，1999.

产过程中产生的，同劳动者安全有关的各种法律规范的总和。劳动安全法是劳动法的重要内容，包括安全生产、职业健康、工作时间和休息休假制度、女职工和未成年工特殊保护等一系列法律、法规、决定、条例、规则及标准等。

职业安全不可能完全依靠企业行为实现：一方面，企业运行需要一定的外部环境，特别是政府和法律的保护；另一方面，企业作为生产经营单位，在市场竞争和利益驱使下，也不排除有某些危害职业安全的行为，或者忽视对员工安全的管理。因此，在市场失效和企业失效的情况下，需要有一种外在的强制力量，约束、监督和促进企业重视员工职业安全管理。国家立法和政府监督则是将企业的安全管理纳入法制化管理轨道的两支最强大力量。

2. 员工职业安全的法制化管理的意义

法制化管理对员工职业安全具有非常重要的意义。

（1）现代大生产的客观需要。在劳动过程中存在各种不安全、不健康的因素，国家有责任通过法律手段，防止或消除可能发生的工伤事故和职业病伤害，保护劳动者的生命和企业的财产安全。

（2）市场经济运行的必要保证。雇主有追求利益最大化的内在倾向，当他们不会为了员工的安全和健康自觉自愿地进行安全方面的人力、物力和财力投入时，就需要外在的强制力量制约雇主的行为。劳动安全法起到的就是这样一种作用，它是国家运用法律机制，对各种独立的生产和经营行为主体的制约，也是在劳动安全和健康关系问题上调节各利益群体的一种有效手段。

（3）劳动者基本权益的体现。国家宪法和劳动法中均将劳动者权益保护作为法律制定和执行的基本出发点，劳动者有进行安全和健康生产的权利，这些权利由法律法规和制度等各种具体形式表现出来。

（二）员工安全法律体系

员工安全法律一般称劳动保护法，是一个多层次、多项法律法规组成的法律体系。除了最高层次的宪法对劳动保护做出一般性、原则性规定，还有劳动法、劳动保护法和劳动安全与健康的专项法律规定。各层次的法律规定在监督企业安全生产过程中承担着不同的职能。下面以我国的安全立法为例加以说明。

1. 劳动法

广义的劳动法是指调整劳动关系法律规范的总称，包括劳动法律、劳动行政法规、劳动行政规章、地方性劳动行政法规和规章以及具有法律效力的其他规范性文件、劳动司法解释等。狭义的劳动法同民法、刑法、经济法等法律一样，是国家法律体系的重要组成部分，由国家制定或认可，并强制实施。劳动法通常设立专门的条款，对劳动保护提出基本的原则和要求。具体包括劳动就业和劳动力管理、劳动合同、工作时间、休息时间及休假制度、劳动报酬、劳动安全与卫生、女职工和未成年工特殊保护、员工社会保险和生活福利、员工技术培训、工会和民主管理制度、劳动争议、劳动法监督和检查制度等多项内容。

2. 安全生产法

2002年，我国在劳动保护方面通过了两项专门的立法，一个是《安全生产法》，另一个是《职业病防治法》。这两部法律都与员工的职业安全和健康息息相关，也是我国就劳动保护的专门立法，对加强安全生产法制建设、保障劳动者的生命和财产安全有着重要的现实意义。

3. 劳动保护和员工安全法规

劳动保护法规就劳动保护问题进行集中的、综合性的法律规定，是劳动保护体系的核心和基本法律准则。劳动保护法规包括两大项内容：一是通过制定和实施一些法律规定，调整生产过程中与安全有关的人与自然之间的关系；二是通过监督安全生产责任制、安全教育、安全健康监察以及伤亡事故的调查处理和职业病诊断治疗等项规定的实施，调整企业安全管理中人与人之间的关系。

员工安全法规为一些专项的法律规定，是对生产过程中与员工安全直接有关的行为的规范。

4. 劳动安全技术规程

劳动安全技术规程从技术角度为员工安全提供法律保障。一种是特殊性的规程，即针对行业、企业和设备的性质，制定的具体可操作的安全技术规程。另一种是一般性的规程，即所有企业和生产单位通用的安全技术规程，主要包括工厂安全卫生规程、建筑安装工程安全技术规程、冶金矿山安全规程等。

5. 劳动安全卫生标准

劳动安全卫生标准是指国家为消除、限制或预防劳动过程中的危险和有害因素，保护劳动者安全，保障生产正常运行而制定的统一标准和实施规则。与其他劳动安全卫生法律、法规和制度相比，它具有技术性强、标准统一以及规范化和操作性强等特点。

目前，我国劳动安全卫生标准主要分为劳动安全卫生管理标准，生产设备、生产工具安全卫生标准，生产工艺安全卫生标准，防护用品标准等几大类别。我国劳动安全卫生标准分为国家标准、行业标准（部颁标准）和地方标准三个级别。国家标准主要由国家人力资源和社会保障部门或卫生健康部门组织制定、归口管理，国家技术监督部门发布实施。强制性国家标准的代号为GB，推荐性国家标准的代号为GB/T。劳动安全卫生行业标准主要由国家人力资源和社会保障部门或卫生健康部门组织制定并发布实施，国家技术监督部门备案。强制性行业标准的代号为LD，推荐性行业标准的代号为LD/T。

6. 国家劳动安全卫生监察制度

劳动安全卫生监察制度有国家、企业部门和社会监察三个层次，其中国家劳动安全卫生监察制度是主导形式。国家劳动安全卫生监察制度是指国家法律、法规授权，在特定行政管理部门设立的监察机构，以国家的名义，并运用国家的权力，对企业、事业和有关机关履行劳动保护职责和执行劳动保护法规、政策情况实行监督的执法制度或机制；国家劳动安全卫生监察制度具有国家主导性、法律强制性、执法公正性、专业权威性等基本特性，并负有立法、监察、协调和信息处理等职责。

监察机构一般分为三个层次：第一层次是最高立法和执法机构；第二层次是具体负责监督的行政管理机构；第三层次是具体负责监督企业和有关单位劳动保护法规实施的机构。监察机构配有正规、专业和权力相对较大的监察员队伍。

第 2 节 员工职业安全的制度化与体系化管理

一、员工职业安全的制度化管理

国家法律和政府监管机制要求企业必须完善对安全生产的制度化管理，构建员工职业安全管理体系。

（一）安全生产责任制度

安全生产责任制度是指企业以正式制度的形式，规定各级领导、职能科室人员、工程技术人员和生产工人在劳动过程中所应承担的安全责任的一种管理制度。包括：

（1）雇主作为安全生产的第一责任者，对本企业的安全生产负全面责任；

（2）总工程师负有企业安全技术领导责任；

（3）各职能部门、生产组织负责人在各自分管的工作范围内对安全技术负有直接责任；

（4）劳动者负有严格遵守劳动安全卫生规程和安全操作规程的责任，有权拒绝执行管理者违章指挥、强令冒险作业，对有害生命安全和身体健康的行为有权提出批评、检举和控告。

（二）安全卫生技术管理制度

安全卫生技术管理制度是指企业为了改善劳动条件、防止和消除伤亡事故与职业病而规定的技术措施和管理方式。包括：

（1）企业编制生产、技术、财务计划时，必须包括安全技术措施计划；

（2）企业物资、技术供应计划中必须列入安全技术措施所需的设备、材料计划；

（3）每项安全卫生措施计划都应该确定实现的期限和负责人；

（4）劳动安全卫生措施必须符合国家标准。

（三）劳动安全卫生设施“三同时”制度

所谓“三同时”制度，是指企业新建、改建、扩建工程的劳动安全卫生设施必须与主体工程同时设计、施工、投入生产和使用。经济和行业管理部门、建设单位、设计单位、施工单位以及各级劳动行政管理部门也应同时履行各自的职责和义务。

（四）劳动安全卫生培训制度

劳动安全卫生培训制度是指对企业员工进行劳动安全卫生法律法规、基本知识、操作技术、管理规则的培训的制度。除了要对企业全体员工进行经常性的培训，还包括以下培训制度：

（1）对新招工人的培训制度，对特殊工种员工的培训和资格认证制度；

（2）对从事新岗位、新工种员工的培训制度；

（3）对各级行政和技术管理人员的培训制度等。

（五）劳动安全卫生检查制度

劳动安全卫生检查制度是指企业管理工作的检查和监督制度。除了经常性检查，还包括各种形式的定期检查、抽查和特殊情况下的监督检查。

（六）劳动防护用品管理制度

劳动防护用品管理制度是指对劳动防护用品的发放和使用的管理制度。企业必须为劳动者免费提供符合国家标准的劳动防护用品，并对从事有职业病危害作业的劳动者定期进行健康检查。

（七）伤亡事故和职业病统计报告处理制度

伤亡事故和职业病统计报告处理制度是指对劳动者在劳动过程中发生的伤亡事故和职业病进行报告、登记、调查、处理、统计和分析的制度。所谓伤亡事故，是指劳动者在劳动过程中发生的人身伤害和急性中毒事故等，一般分为轻伤、重伤、死亡、重大伤亡和特别重大伤亡事故。职业病是指劳动者在生产劳动及其他职业活动中，因接触职业性有害因素引起的疾病。按照国家有关规定，企业发生伤亡事故和职业病，必须按照有关规定进行报告、登记、调查、处理、统计和分析。

二、企业安全管理体系

企业安全管理体系主要分为两部分：一部分是组织体系，包括安全生产责任体系、安全生产保障体系和安全生产监督体系；另一部分是生产体系，主要包括风险管理体系、应急救援管理体系和事故管理体系。安全管理行为主要在企业内部进行。按照传统的管理角色分工，直接的管理主体是企业负责安全管理的职能部门及各级管理者，被管理者是从事各项生产与经营活动的员工。按照现代管理理念，安全管理是企业整体管理体系的一个组成部分，所有的企业管理者都应承担管理的职责；企业员工也不应是被动的被管理者，而应是主动的参与者。企业决策者、管理者和员工在安全管理中有不同的角色分工，承担不同的职责。

（一）企业安全管理的原则

1. “安全第一，预防为主”

“安全第一”是指在企业的一切生产经营活动中，员工的人身安全必须放在首位。当生产与安全发生矛盾时，要优先保护劳动者的人身安全。“预防为主”是指企业应该采取一切有效措施消除事故隐患。安全与预防的关系是，安全是目的，预防是手段。

2. 以管理为核心

促进职业安全、改善工作条件是企业最高管理政策的一个重要组成部分。国家依照法律约束企业管理者的安全管理行为，企业管理者也必须通过正式途径，制定和规范企业安全管理制度。

3. 以人为本

安全管理固然是为了企业生产和经营的正常进行，但也是员工劳动权益的基本体现。企业必须依法尊重和保护劳动者的安全，劳动者有权获得安全的劳动条件和劳动环境，也有权参与企业的安全管理。

4. 权责一致

权责一致是指安全管理者的权力与责任要相当，为了完成工作必须拥有必要的权力，并承担相应的责任。为创造安全卫生的劳动条件，做好安全管理工作，必须在权力和责任对等的前提下，实行各级各类人员的安全责任制，并将责任落到实处。

5. 软硬兼施

“软”指较为柔和的管理方法，如安全教育、安全宣传、安全奖励等。“硬”指一些强制性的安全管理方法，如罚款、处分等。企业的安全管理要做到有软有硬，软硬兼备，要一手拿“胡萝卜”一手拿“大棒”。

6. 全员全程

安全管理不是少数人和安全部门的事情，而是一切与生产有关的人共同的事情。缺乏全员的参与，安全管理不会有生气，不会出现好的管理效果。当然，这并非否定安全管理第一责任人和安全部门的作用。在安全管理中，生产组织者的作用固然重要，全员性参与管理也十分重要。

（二）企业安全管理的政策与目标

基于不同的外部环境和内部条件，企业可以选择不同的安全管理政策与目标，包括确定管理的方针、原则，协调安全管理与其他管理任务之间的关系，处理劳资纠纷，约束和激励员工的安全行为等。管理政策的具体化，就是对管理措施、管理手段和管理项目的制定与实施。任何一个企业，无论规模大小、性质如何，都有自己的政策与目标。

企业安全管理的目标一般通过两种方式确定：一种是针对企业现存的问题提出解决的策略和步骤，例如降低事故发生率、减轻员工的职业病伤害、降低职业病发病率等。另一种是为了提高安全水平而制定管理目标。这类目标一般比较宽泛，不仅包括量化目标，还包括定性目标。从企业人力资源管理的角度，企业安全管理一般包括以下目标：

（1）工作条件和工作环境管理目标，即按照国家法律法规对企业设备、生产工艺、工作场地的安全管理和技术改造制定相应的管理目标。

（2）专业培训目标，即分人员、分阶段、分步骤、分类别地实施培训项目，制定培训目标。

（3）企业安全管理投入目标。企业为了提高安全管理水平，必须有一定的人力、物力和财力支出。成本支出一般包括两个方面：一是主动支出，即企业为了改善员工的劳动条件和工作环境，或者为了进行必要的风险防范而主动支出的成本；二是被动支出，即职业病伤害给企业造成的损失，包括人身伤害、物资损坏和环境污染所造成的一切损失等。

现代企业管理应该由被动的事故防范转向主动的安全管理，并且将管理的基点建立在对有形和无形损失的控制上，即总成本控制。对此，也需要制定相应的管理目标和实施标准。

三、企业安全管理流程与推进方案

（一）安全管理流程

从系统管理的角度，可以将安全管理纳入两个流程：一个是企业生产和经营管理流程；另一个是企业人力资源管理流程。如何将员工安全管理纳入企业人力资源管理运作之中？一个基本的思路是，将安全要素融入人力资源管理的各个环节和各个阶段，使之成为有机的整体。

1. 工作分析阶段的安全管理

确定完成特定岗位和职务工作所需的环境条件，是工作分析的主要内容之一。通过工作分析可以确定某一特定工作的特征，同时也规定了该岗位对所需人员特征的要求。在工作分析中加入安全分析，有助于确定员工安全的影响因素，并采取有效的预防措施，降低事故风险。例如矿工、X射线技工及有毒有害作业人员，都是在有潜在危险的条件下工作，在工作分析时需要考虑职业病伤害。

安全分析包括不安全的行为和不安全的条件两项，分析结果要以书面形式展示。行为说明书的一个重要作用是为员工的安全培训提供基础。对条件说明书要依据日常的工作观察和对已发生伤亡事故的调查总结做出，内容一般包括类别、日期、地点、状况与后果、改进建议和纠正日期等。

2. 员工安全管理计划的制订

企业制订人力资源计划主要是为了预测未来组织发展和环境变化对人力资源需求的影响，以及预测为满足这些要求如何提供合格的员工。人力资源计划与企业总体计划是一致的，安全管理计划则是人力资源计划不可缺少的一部分。人力资源管理者将企业总体计划具体化为人力资源计划的同时，不可忽视安全管理计划。员工安全管理计划的制订大致分为三个阶段：

（1）分析问题、提出规划阶段。结合企业长期发展战略（15年以上），分析影响企业员工安全的内部和外部因素，制订与企业总体计划相一致的安全管理计划。

（2）预测需求阶段。按照企业发展所需要的各类资源和中长期规划（一般5～10年），进行安全管理的成本效益预测。例如，预测某一项目中安全投入产出比、员工安全资源配置状况等。

（3）方案制定阶段。配合企业的短期计划（如年度、月度计划）制定员工安全管理的具体实施方案，包括员工培训、安全考核以及招聘安全测评等。

3. 对新招和录用员工的安全分析

招聘、录用工作是人力资源管理的关键环节，与企业发展密切相关。如果招录到性格和行为不合格的员工，如生产中马虎大意、敷衍了事、不服从指挥等，就可能给企业带来灾难。许多厂毁人亡的事故正是由一两个不称职的员工引起的。因此，招录工作是决定安全保障的关键。在招录过程中，从寻找招录对象开始，到对应聘者进行筛选、录用，每一步都应按照安全计划，以寻找到符合企业安全生产标准的员工为宗旨。

4. 员工安全培训的实施

安全培训是保障员工安全的重要环节，很多事故都是由没有对员工进行严格的培训造成的。安全培训有不同的层次，可分为基础培训、进修培训、高级培训和补充培训等。培训对象包括高层领导、安全管理人员、一线经理以及全体员工。培训方式按照类别和层次进行制度化和体系化管理。

5. 绩效考核中的安全行为考核

绩效考核结果是企业进行人力资源管理，例如决定员工升迁、任免、加薪等的重要参考依据，是企业人事决策的基础，历来为人力资源管理者所重视。在绩效考核中需要引入安全行为考核的内容，即员工和管理者的安全绩效考核。对管理者，主要评价其是否完成了安全管理职责；对一般员工，则主要评价其是否有不安全的行为，或者是否因个人行为导致了伤亡事故和财产损失等。将安全绩效考核纳入总体绩效考核，有利于企业的安全管理。

案例9-1

新员工是企业的新鲜血液，可以为企业的发展增添活力。为进一步强化新员工安全防范意识，帮助新员工在短期内迅速融入工作，养成自觉遵守操作规程的良好习惯，某集团公司炼钢二厂安环科分批次组织新员工开展了安全专项培训。

培训从人的不安全行为、物的不安全状态讲起。培训人员首先对进入厂区如何正确穿戴和使用劳动保护用品进行了讲解和演示；对公司及分厂的相关制度和劳动纪律进行了系统讲述；对炼钢厂各岗位的危险源点一一做了重点介绍，详细讲解了怎样开展自救、他救、逃生等；还通过让新员工学习钢铁企业安全生产典型事故案例，教育和引导新员工，使其入脑入心地感受到安全操作的重要性。此次安全教育培训强化了新员工的安全责任意识，使新员工系统地接受了安全生产知识教育，掌握了在岗位工作中的安全事项，为在今后工作中规范地执行安全操作规程奠定了基础。

炼钢二厂还将以本次培训为契机，进一步明确工作中必须严格执行相关安全规章制度及作业指导书，狠抓现场安全管控，强化安全责任落实，全面提升安全管理整体水平。

资料来源：集团炼钢二厂新员工安全教育培训不放松．(2019-07-27)．https：//www.sohu.com/a/329681595_733075.

（二）安全管理推进方案

企业可以根据自身的特点，制定为实现安全管理目标而实施的安全管理推进方案。

1. 方案的设计与实施

(1) 方案主题的选择。企业安全管理工作涉及的范围广、内容多，必须有针对性地选择一个或几个关键问题作为一个特定方案的主题，例如安全生产管理方案、职业安全防范培训方案等。

(2) 组织形式的构建。为保证方案的有效实施，要确定主管部门和各级管理者。通常会组建一个由人力资源管理人员、专家、工会以及员工代表组成的专门管理机构，代替企业行使设计与实施方案的职责。

(3) 工作程序的设计。工作程序包括行动目标、行动计划和实施步骤。一个完整的工作程序应该按照管理目标分为几个实施阶段，对每个阶段的具体任务、手段、投入和预期收益等做出规划。

(4) 方案实施。方案实施过程中要进行责任分工，重视员工的积极参与，特别是注意发挥骨干员工的积极性。

(5) 效果评估。计划进行到最后阶段或一定阶段后，要对照预期目标进行总结和评估。目标界定要具体和明确，例如“使员工的旷工率降到3%以下”“使员工因职业病伤害导致的医疗费节省5%”等，这些都可视为具体目标，但用“提高职工健康水平”作为规划目标是不科学和难以实操的。评估后，将结果反馈到企业最高管理层，为领导决策提供参考。

2. 具体方案

从现代企业的管理实践看，比较有作用的企业安全管理方案如下。

(1) 企业安全管理氛围营造方案。这一方案设计的宗旨是唤起整个企业，特别是企业最高领导层对安全问题的重视。氛围的营造可以通过多种方式进行：

其一，开展各种形式的安全教育，例如宣讲政策、法规、安全标准，组织以安全为主题的讨论会、文艺演出、知识竞赛等，让企业管理者和员工树立安全意识。

其二，结合技能训练、质量监督、生产作业分析等进行专业技术和防范能力培训，让员工真正了解事故的类型、场所、原因，掌握伤害防范的方法和技能等。

其三，将企业安全管理纳入员工管理之中。例如，将员工的安全行为纳入绩效考核，与劳动报酬、福利待遇、提职晋升和工作奖励结合在一起；对严重违规的员工要重罚，对贡献突出的员工要重奖。

(2) 员工参与安全管理促进方案。员工参与企业安全管理是国际劳工组织提倡的基本原则和主要工作方针，已获得大多数成员的认可。从根本上讲，员工是企业生产和经营的主体，他们在生产第一线，对工作环境和工作条件最了解，对可能发生的危害和事故有切身体会，制定安全法律法规的宗旨也是为了保障员工的安全。因此，任何管理没有员工的积极参与都是行不通的。参与方式可以多种多样，例如让员工代表进入管理机构，参与各项调查、事故分析及防范措施的制定实施等。其中，在一些企业中推广的工作场所安全改进小组，是比较普遍的员工参与管理形式。

建立工作场所安全改进小组的目的是让员工参与生产条件的改善工作。工作小组由三部分人员组成：来自生产第一线的工人、基层管理者和管理部门的代表。工作小组的职责是对工作条件和生产环境进行深入、细致的调查，找出事故隐患，提出改进措施，及时将处理意见向上级管理部门汇报，并督促有关单位采取行动。安全管理促进方案的实施不仅体现了员工自我管理的原则，而且对促进员工提高安全意识、降低管理成本、提高管理水平都有积极的作用。

为了提高员工的劳动积极性、保证其身心健康，许多企业还实施了优化工作环境、提高员工满意度，以及改善员工心理健康状态等方案，其目的都是通过现代科学技术和先进的管理方式，改善劳动环境，使之有利于劳动者的生理和心理健康，确保劳动者可以健康、舒适、愉悦和高效率地工作。

案例 9-2

某房地产企业编制的安全生产技术措施制度如下：

除施工组织设计对安全生产有原则要求外，凡重大分项工程的施工分别由施工队、项目经理部编制安全生产技术措施，措施要有针对性。施工队、专业承包队编制的安全生产技术措施由项目总工程师审批，项目部编制的安全生产技术措施由企业总工程师审批。

（1）采取多种形式，对职工进行防暑降温知识的宣传教育，使职工知道中暑症状，学会对中暑病人采取应急措施。

（2）合理调整作息时间，避开中午高温时间工作，严格控制工人加班加点，高处作业工人的工作时间要适当缩短，保证工人有充足的休息和睡眠时间。

（3）对容器内各高温条件下的作业场所，要采取措施，搞好通风和降温。

（4）高温、高处作业的工人需经常进行健康检查，发现有作业禁忌症者应及时调离高温和高处作业岗位。

（5）对露天作业集中和固定场所，搭设凉棚防止中暑，并要经常洒水降温。

（6）要及时供应合乎卫生要求的茶水、清凉含盐饮料、绿豆汤等。

（7）要经常组织医护人员深入工地进行巡回医疗和预防工作，重视年老体弱、患过中暑症和血压高的工人身体情况的变化。

（8）及时给职工发放防暑降温的急救品和劳动保护用品。

安全教育培训制度如下：

（1）新工人必须经过三级安全教育（公司、项目部、班组），并必须经考试合格、登记入卡方可参加施工。

（2）工人变换工种，须进行新工种的安全技术教育并记录入卡方可参加施工。

（3）三级教育的时间一般不能少于50小时（公司级不少于15小时，项目部级不少于15小时，班组级不少于20小时）。

（4）特殊工种必须经过安全培训，考试合格后方可持证上岗作业。

（5）定期轮训各级领导干部和安全管理人员，每年一至两次，不断提高其安全意识、技术素质，以及政策业务水平。

（6）安全教育内容：安全生产思想教育，主要从加强思想路线、方针政策和劳动纪律等方面入手；安全知识教育，主要从企业的基本生产概况，施工工艺方法，危险区、危险部位及各类不安全因素，有关安全生产防护的基本知识入手；安全技能教育，结合各种专业特点，实施安全操作、规范操作的技能培训，使员工熟悉掌握本工种安全操作技术；事故教育，使员工从事故中吸取教训，预防类似事故的发生；法制教育，激发人们自觉地遵纪守法，杜绝各类违章指挥、违章作业行为。

在开展安全教育培训时，必须结合先进的典型事例进行正面教育，以利取长补短，保障安全生产。

安全教育要求体现“六性”，即全员性、全面性、针对性、成效性、发展性、经常性。

（7）要开展好公司及主管部门布置的各项安全生产活动，如“百日安全生产”“安全月”“安全周”等竞赛活动，使安全生产警钟长鸣，防患于未然。同时，可以根据施工生产的特点进行“五抓”安全教育，即在工程突击赶任务时、工程接近收尾时、施工条件不好时、季节气候变化时、节假日前后时这五个环节必须抓紧教育。

（8）在进行安全教育培训时，各部门可以根据自身的特点采取多种形式，如培训班、安全课、安全知识讲座、报告会、智力竞赛、图片展、书画剪贴、电视片、黑板报、墙报、简报、通报、广播等，使教育培训形象生动。

资料来源：根据网络资料整理。

第3节　职业病及其防治

职业病不仅是危害员工生命安全的致命伤害，还是引起劳资纠纷、影响社会和谐的公共健康问题。各国的实践充分证明，绝大多数的职业病是可以有效预防和杜绝的。对职业病的预防和治疗已引起国际社会的广泛关注，许多国家通过立法和行政手段对职业病进行防治，一些职业病通过积极的预防和治疗得到了有效控制。我国职业病的危害形势和防治工作已经引起社会各方面的关注。对职业病防治进行专门立法，加大政策干预力度，增强企业对职业病的严格管理和技术支持等，是非常关键和基础的环节。

一、职业病的内涵与特征

（一）职业病的内涵界定

由于发病原因复杂，很难对职业病做出明确的定义。简单地讲，职业病就是指劳动者在职业活动中因接触职业性危害因素而引起的疾病，或者说是由职业病伤害而引发的疾病。但该定义不是绝对的，许多疾病也可能在工作以外的同种情况下发生，而有些疾病也可能脱离工作环境很长时间才发病。

鉴于对职业病内涵界定的难度较大，各国一般通过法律形式界定职业病及其种类。因此，人们通常所指的职业病即法定职业病。法定职业病是指各个国家根据其社会制度、经济条件和诊断技术水准，以法规形式规定的职业病。不同国家有不同的法定职业病名单。凡被诊断为法定职业病的患者，根据劳动能力鉴定结果及有关规定，可以享受国家和企业规定的劳动保险待遇。我国现行的《职业病防治法》，对职业病的定义为“企业、事业单位和个体经济组织等用人单位的劳动者在职业活动中，因接触粉尘、放射性物质和其他有毒、有害因素而引起的疾病”。

（二）职业病的发病特征

职业病的发病有两个比较明显的特征：一是在较长时间内逐渐形成，属于缓发性伤残；二是多数表现为较长时间的体内器官生理功能的损伤（如硅肺、放射性疾病等），很少有痊愈的可能，属于不可逆性损伤。从管理和防治的角度看，职业病还具有其他一些特征。

1. 病因明确

职业病是在生产过程中接触到有毒、有害物质，或者处于带有职业病伤害的环境时，才有发病的可能。例如，职业性苯中毒是劳动者在生产活动中接触苯引起的；尘肺是劳动者在工作中吸入过量的粉尘引起的。接触不到有毒、有害物质的人，一般不存在发病机会。

2. 发病与劳动条件密切相关

职业病的发生与生产环境中有毒、有害因素的数量或强度、作业时间、劳动强度及个人防护等因素密切相关。例如，急性中毒的发生多由短期内大量吸入毒物引起；慢性中毒则多由长期吸收小量的毒物蓄积引起。

3. 群体发病

群体发病是职业病的另一特征。在同一生产条件下接触某一种有毒、有害因素，常有多人同时或先后患同一种疾病的情况。例如，煤矿井下工人，无论是同一矿还是不同矿，只要井下煤尘浓度超过国家规定标准，个人防护又不符合要求，皆可能出现煤工硅肺。

4. 临床表现有一定特征

临床表现的特征是指，许多生产性有毒、有害因素对机体的危害有一定特征。例如，急性一氧化硫中毒表现为血液碳氧血红蛋白形成，导致缺氧征象；急性有机磷农药中毒表现为胆碱酯酶抑制，出现神经兴奋的症状和体征；硅肺表现为以肺间质纤维化为特征的胸部 X 线改变等。

5. 可预防性

职业病的病因明确，采取有效的预防措施能防止疾病发生。预防措施包括改革工艺，生产过程自动化、密闭化，加强通风，以及采取个人防护措施等。

6. 病因大多可以检测

由于职业因素明确，所发生的健康损害一般与接触水平有关，因此通过对职业性有毒、有害因素的接触评估，可评价工人的接触水平，并且在一定范围内判定是否存在剂量反应关系。

（三）法定职业病分类和名录

根据《职业病防治法》，我国制定了职业病分类和名录，2002年发布的《职业病目录》中，职业病分为10大类115种。随着经济发展和技术进步，职业病危害因素越来越复杂多样，2013年新版的《职业病分类和目录》包括职业病10大类132种。具体包括职业性尘肺病及其他呼吸系统疾病、职业性皮肤病、职业性眼病、职业性耳鼻喉口腔疾病、职业性化学中毒、物理因素所致职业病、职业性放射性疾病、职业性传染病、职业性肿瘤、其他职业病。截至本书完稿时，2013年版《职业病分类和目录》调整工作正在按照程序加快向前有序推进。

（四）职业性损伤与白领职业病

1. 职业性损伤

国外目前对职业病范围的确认有扩展的趋势，一些病症虽然不是直接由有毒、有害物质引起的，但与劳动条件和职业性质有密切关系，多属于职业性损伤，也被列为法定职业病。例如，美国从20世纪70年代开始，将由工作引起的精神忧郁列入职业病，也可享受工伤事故补偿。因长期进行计算机键盘操作而引起手臂肌肉和组织损伤（称为重复性运动失调），发病率相当高，对从业人员造成的损伤较为严重，也被作为职业病处理。另有国家将腰部劳损列为职业病，它主要发生在从事护理、卡车驾驶、重机械操作制造、服装加工和保安、文字输入等工作的人群中。

2. 白领职业病

由于长期坐在办公室和使用计算机等现代化设备的时间增多，白领员工也相继被新的职业病伤害困扰，这些职业病虽然目前尚未被列入法定职业病名单，但应引起相关机构和用工企业的重视。

（1）电脑眼病及办公室综合征。主要是一些长期在电脑荧光屏前工作的人，容易发生视觉模糊、视力下降及眼睛干涩、发痒、灼热、疼痛和畏光等现象，有的人还伴有头痛和关节痛等症状。

（2）睡眠缺乏症。主要是有些员工采取白天工作、晚上加班的工作方式，长期睡眠不足，导致提早衰老，并出现糖尿病、高血压及神经衰弱等疾病。

（3）信息焦虑综合征。当前，在信息技术的广泛应用下，一些人出现了由过量吸收信息引起的焦虑症状。主要表现为在没有任何病理变化，也没有任何器质性改变的情况下，突发性地出现恶心、呕吐、焦躁、神经衰弱、精神疲惫等症状，女性还会并发停经、闭经和痛经等妇科疾病，发病间隔和时间不定。有专家认为这属于一种身心障碍，并将其非正式命名为信息焦虑综合征。

二、职业病的病因与危害

（一）职业病的病因

传统的职业病主要是由员工接触职业性有毒、有害因素而导致的疾病，现代职业病还与工作环境、操作动作和工作性质有关。

1. 化学因素

许多化学物质可以对劳动者造成职业伤害，引发职业病。化学因素主要分为毒物和粉尘两大类。毒物的种类很多，职业病风险最大，主要有职业性中毒、职业性肺部疾病、职业性皮肤病、职业性肿瘤、职业性眼病及职业性鼻病，以及由粉尘引起的各种尘肺等。

2. 物理因素

物理因素对劳动者的职业伤害主要分为四类：高温可引起中暑，低温可引起冻伤；高气压可引起减压病，低气压可引起高原病；噪声可引起噪声聋，震动可引起震动病；X 射线可引起放射病，非电离辐射如紫外线可引起电旋光性眼炎，红外线可引起白内障等。

3. 生物因素

许多生物因素也可导致职业病。例如，布鲁氏杆菌可引起布鲁氏杆菌病，森林脑炎病毒可引起森林脑炎，蘑菇孢子可引起外源性过敏性肺泡炎等。

4. 工作性质和工作习惯

很多工作环境和工作条件也是对人体有害的。例如，关节和肌肉劳损很大程度上是工作性质、工作环境和不科学的动作导致的。未经训练的操作者的不卫生工作习惯也是导致职业性损伤发生的主要原因。例如，腰部疾病的发病与员工长期进行同一种动作或经常性的身体震动有直接关系。

（二）职业病的危害

1. 职业病危害因素

职业病危害因素是指可能导致员工患职业病的各种直接因素，包括职业活动中存在的各种有毒、有害的化学、物理、生物因素以及作业过程中存在的其他职业有害因素。

2. 职业病危害与职业病

职业病危害是指员工在工作中接触到职业病危害因素可能导致职业病。表 9－1 所显示的是工作场所中一些传统的职业病危害因素及其来源与职业病之间的关系。

表 9－1　职业病危害因素及其来源与职业病

编号	职业病危害因素	职业病危害因素来源	职业病
1	粉尘	采石（矿）、铸造、焊接、喷塑、抛光、喷砂、烧炉、水泥制造、铝熔铸	尘肺
2	苯、甲苯、二甲苯	油漆制造、喷（涂、浸、刷）漆、涂料	苯（甲苯、二甲苯）急慢性中毒
3	刺激性酸	氢氟酸、硫酸、盐酸	化学性灼伤 急慢性中毒
4	紫外线	焊接	电光性炎症
5	氰化物	电镀	氰化物中毒
6	铅及其化合物	铅熔铸、蓄电池	铅及其化合物中毒

续表

编号	职业病危害因素	职业病危害因素来源	职业病
7	其他重金属（汞、锰、镉等）	电镀、金属冶炼	各类重金属中毒
8	噪声	金属锻压、金属切割、冲压	噪声聋
9	高温	烧炉、熔铸	中暑
10	放射性物质	X射线、同位素使用	各类职业性放射性疾病

此外，现代的职业病危害主要与工作压力和脑力劳动强度等软环境相关。

三、职业病防治立法与企业职责

（一）职业病防治法的性质与功能

职业病防治法是调整、规范、预防、控制和消除职业病危害，防治职业病的法律规范。《职业病防治法》是我国第一部有关职业病防治的单行法律。

（二）我国《职业病防治法》的主要内容

这部法律分总则、前期预防、劳动过程中的防护与管理、职业病诊断与职业病病人保障、监督检查、法律责任、附则，共七章八十八条。

1. 规定了职业病防治法立法的目的和适用范围

明确指出我国的职业病防治法是为了预防、控制和消除职业病危害，防治职业病，保证劳动者健康及其相关权益，促进经济社会发展而制定的。职业病的分类和目录由国务院卫生行政部门会同国务院安全生产监督管理部门、劳动保障行政部门制定、调整并公布。

2. 明确了防治工作的指导原则、权利和义务等

明确了职业病防治工作的指导原则，劳动者享有的职业卫生保护的权利，国家、用人单位、个人在职业病防治中的责任与义务等。我国职业病防治工作坚持预防为主、防治结合的方针，建立用人单位负责、行政机关监管、行业自律、职工参与和社会监督的机制，实行分类管理、综合治理；劳动者依法享有职业卫生保护的权利。用人单位应当建立健全职业病防治责任制，加强对职业病防治的管理，提高职业病防治水平，对本单位产生的职业病危害承担责任，并应依法参加工伤保险。国家鼓励和支持研制、开发、推广、应用有利于职业病防治和保护劳动者健康的新技术、新工艺、新设备、新材料，加强对职业病的机理和发生规律的基础研究，提高职业病防治科学技术水平；国家实行职业卫生监督管理工作。

3. 规定了相关的制度与管理规范

主要包括控制职业病危害前期预防的制度，劳动过程中职业防护与管理的制度，职业病诊断与职业病人保障制度，职业健康监督检查制度，职业病防治中的法律责任等。

（三）职业病防治中的企业责任

《职业病防治法》明确了用人单位负有职业病防治的责任和义务，确认其是依法维护劳动者职业健康的第一责任人。其主要义务如下。

1. 健康保障、职业卫生管理及保险义务

用人单位应该采取有效的职业病危害防护措施，为劳动者提供符合国家职业卫生标准和卫生要求的工作环境和条件；建立健全职业病防治责任制、职业卫生管理组织机构和职业卫生管理制度，要求依法参加工伤保险。

2. 报告义务

用人单位应当及时、如实向所在地安全生产监督管理部门申报危害项目，报告职业病危害事故和职业病危害检测、评价结果。

3. 卫生防护义务和减少职业病危害义务

用人单位必须采用有效的职业病防护设施，并为劳动者提供个人使用的职业病防护用品；应当优先采用有利于防治职业病和保护劳动者健康的新技术、新工艺、新设备、新材料，逐步替代职业病危害严重的技术、工艺、设备、材料。

4. 职业病危害检测和不转移职业病危害义务

用人单位应当定期对工作场所进行职业病危害因素检测、评价；不得将产生职业病危害的作业转移给不具备职业病防护条件的单位和个人。

5. 职业病危害告知义务

用人单位对采用的技术、工艺、设备、材料，应当知悉其产生的职业病危害，不得隐瞒其危害，还应通过合同，设置公告栏、警示标志和警示说明等方式告知劳动者。

6. 培训教育和健康监护义务

用人单位应当对劳动者进行上岗前的职业卫生培训和在岗期间的定期职业卫生培训；对从事接触职业病危害的作业的劳动者组织上岗前、在岗期间和离岗时的职业健康检查。

7. 落实职业病患者待遇和事故处理义务

对遭受或者可能遭受急性职业病危害的劳动者，用人单位应当及时组织救治、进行健康检查和医学观察；及时安排疑似职业病患者进行诊断；负责职业病患者的诊断、治疗、康复和安置，并依法赔偿；对从事接触职业病危害作业的劳动者，给予适当岗位津贴；妥善安置有职业禁忌或者有与职业相关的健康损害的劳动者；发生或者可能发生急性职业病危害事故时，用人单位应当立即采取应急救援和控制措施。

8. 特殊劳动者保护义务

用人单位不得安排未成年人从事接触职业病危害因素的作业；不得安排孕妇、哺乳期的女性员工从事对本人和胎儿、婴儿有危害的作业。

9. 举证义务

劳动者申请职业病诊断或鉴定时，用人单位应当如实提供职业病诊断、鉴定所需的有关职业卫生和健康监护等资料。

此外，企业还负有接受行政监督和民主管理的义务，以及法律、法规规定的其他保障劳动者权利的义务。

（四）职业病的预防与治疗

职业病的病因明确，只要措施得当可以得到有效预防。严格遵守和履行有关职业安全的规定，为员工提供健康的劳动环境，进行安全技术训练等都是必要的防范措施。此外，还包括一些特殊的保护措施。

1. 健康体检制度

对从事有职业性伤害风险工作的员工，要严格执行健康体检制度，发现职业病及时治疗。检查的目的是了解受检者的健康状况，明确有无从事有害作业的禁忌证；取得受检查者的基础健康数据，作为对从事有害作业者进行健康监护的原始依据，一旦患病还可作为职业病评定的参考数据。

2. 从事有害作业后的健康检查制度

通过检查及时发现职业病危害对作业人员健康的早期影响；检查出高危人群作为重点监护对象；发现新的职业禁忌证者及时调离，发现职业病患者及时治疗和处理。

3. 职业病治疗

对职业病的确定，必须到有诊断权的职业病防治机构进行检查诊断。凡确诊患职业病的员工，由职业病防治机构开具“职业病诊断证明”。企业应将患者调离有害作业岗位和环境，安排治疗或疗养，并进行劳动鉴定，使其享受国家规定的工伤保险待遇或职业病待遇。对于一些因工作性质和操作特征引起的职业性损伤，企业一般采取个人健身计划、改善工作条件、调整工作时间以及增加休息间隔等多种形式进行治疗和防范。

4. 职业病患者劳动能力鉴定

对职业病患者进行劳动能力鉴定的意义在于，根据患者的健康状况安排工作或疗养，或提供劳动保险待遇。对一些职业病，如电旋光性眼炎、中暑、轻度铅中毒等，员工经过治疗病愈后，可以继续从事原工作；对一些职业病，如轻度苯中毒、早期放射病、职业性白内障等，虽可治愈或治疗后有明显好转，但患者一般不宜从事原工作，企业须另行安排工作；对一些明显影响劳动能力或留有严重后遗症的职业病，如尘肺Ⅱ期以上、慢性中毒性脑炎等，企业有责任承担患者的治疗和疗养义务。

第4节　心理健康管理与心理疾病防治

一、员工心理健康及其管理的必要性

（一）心理健康的内涵界定

对于心理健康，可从不同的角度界定其内涵，一般而言，是指个体的心理活动处于正常状态下，即认知正常、情感协调、意志健全、个性完整和适应性良好，能够充分发挥自身的最大潜能，以应对生活、学习、工作和社会环境的发展与变化需要。

（二）员工心理健康管理的必要性

个体的健康包括生理健康和心理健康两部分。长期以来，企业比较注重员工的生理健康，而忽视其心理健康，对职业心理保健投入很少。但是，员工的心理问题影响着企业的绩效及个人的发展，有关资料显示，各种心理疾病对员工健康的危害也呈逐年上升的趋势。

近年来，随着全球化竞争时代的到来，经济、科技飞速发展，知识经济勃兴，高新技术企业迅猛发展，人们的工作、生活节奏越来越快。大数据时代海量信息的冲击、人口变化带来的严峻就业形势、生态环境的恶化、劳动力市场及未来社会发展不确定性的增加、个体对职业发展和企业前景的疑惑等，都使劳动者的心理问题突出，心理疾病患病率呈上升趋势。在企业中，压抑、抑郁、焦虑、烦躁、苦闷、不满、失眠、恐惧、无助、痛苦等不良的心理因素时时困扰着上至管理层下至普通员工，不仅影响员工潜能的正常发挥，降低员工的工作效率，而且阻碍了企业的生产和经营活动的正常进行。因此，重视员工的心理健康，有效实施员工心理健康管理，是各级管理者必须正视和积极面对的问题。

二、员工心理健康管理的内容

总体来说，心理健康管理的内容主要包括两部分：一是排除或缓解压力源，阻隔引起员工心理疾病的工作场所因素；二是防止员工心理疾病和精神障碍性疾病的发生。鉴于对压力管理后面还有论述，本章主要介绍员工心理疾病的预防与处理。

（一）心理疾病及其病因

1. 心理疾病的表现

员工的心理疾病有多种表现形式，例如抑郁症及一些心理障碍等。这些大多是因遇到一些突然的、重大的生活变故，或者过度的工作压力而出现的心理状态失衡现象。一些心理疾病给社会、企业及家庭带来极大的危害。例如，有关数据显示，抑郁症是全球主要的精神疾患之一。在年满 20 岁的成年人中，抑郁症患者每年以 10%以上的速度增长。与此同时，各类精神、心理障碍患者也日益增多。一些存在心理危机的人最终选择自残、自杀等极端行为。

2. 心理疾病的病因

紧张和压力是导致员工不良心理反应和不正常精神状态的主要原因。例如，一种最常见的心理状态失衡现象——精力衰竭，就是过度紧张导致的生理反应，它是一种疲劳或沮丧的心理状态，是过分致力于达到个人的某种预期目标，但目标落空后出现的心理失衡状态，若发展严重会导致精力衰竭等症状。抑郁症也是较为普遍的心理疾病，其原因和病症与精力衰竭有所不同，主要是一些突然性的打击或者心理长期受到压制而产生的一种情感、理智和行动上的错位现象，其特征是缺乏自信、情绪低落、悲观厌世，严重的会出现精神崩溃，甚至产生自杀倾向。

按照心理学的解释，心理疾病的产生与工作性质有关。从事压力大、气氛紧张、需要与他人密切合作类工作的人员，更容易出现精力衰竭和心理危机等。个人的性格、素质和修养也与心理疾病有直接的关系。文化水平较高或者比较注意心理调节的员工，不易发生精力衰竭现象。而缺乏修养、期望值过高或个性特征过强、心理承受力弱的员工，对心理疾病的防范能力相对较差。一些研究发现，精力衰竭多发生在企业的管理层或技术强度大的群体之中，尤其是当这些员工面对压力大、报酬福利降低、加班频繁、业绩考核严格或者进行裁员的情况时。精力衰竭与年龄也有关系。一般认为，中年员工或者到达职业生涯中期的员工，容易面临个人期望值升高但竞争能力又相对减弱的危机，当个人过分努力要达到某个目标时，就会产生一种无助感和悲观失望的心理，极易导致心理危机。在心理状态失衡严重的情况下，患者本身是缺乏应付和控制病态能力的，需要心理医生或他人的帮助。患抑郁症或精力衰竭的员工如果得到及时有效的治疗，可以克服心理危机，恢复正常的心理状态。如果没有外界的及时帮助，就可能病情恶化而产生严重后果。

（二）心理疾病的后果及防治

1. 心理疾病的后果

从事员工健康管理的人员应该注意心理疾病患者的一些特殊症状，例如易怒、健忘、沮丧、疲劳、拖延、紧张以及增加酒精和药物的使用等。此外，还可能发生一些复发性的症状，例如溃疡、背疼、频繁头疼等。一些严重的精力衰竭者经常无法保持感情平衡，在完全不适宜的场合表现出毫无根据的敌意，在工作中出现消极和不满的行为：推托工作，或者主动承担过多的工作；丢三落四，心情浮躁；变得愤世嫉俗、难以相处，严重的会发展成为偏执狂。另一个值得注意的现象是，心理疾病有传染性。一位情感极端、情绪悲观的精力衰竭者能迅速影响整个班组的情绪，一旦传播开来，很难阻止，会极大地影响企业的生产率和团队的凝聚力。

2. 心理疾病的防治

防治心理疾病最有效的办法是消除紧张情绪，增强员工的自信心和帮助他们进行“人格塑造”。设计企业发展和员工开发方案是有效的途径。管理者必须了解引起员工心理疾病的潜在来源，主要有家庭关系紧张、经济和生活条件问题、工作任务不明晰或角色冲突、超负荷工作、工作氛围或管理风格不适应等。有些因素通过努力可以得到控制，有些则不然。但实践证明，组织中实施的许多工作方案和工作技巧都可以有效地防止产生或缓解工作紧张，使员工释放心理压力。因此，对组织来说，应该精心地为员工设计科学和有针对性的管理方案。有些方案虽然不是专门用来克服员工紧张情绪的，但会对员工缓解压力、形成良好的心态起到很大的作用。具体内容包括：

（1）将员工行为管理与人力资源管理的各个环节有机结合，创造良好的企业文化和民主管理氛围，尽力将工作压力降低到员工可以接受的水平，防止员工经常处于一种焦虑和紧张的状态。管理者要注意随时与员工进行交流和沟通，明确个人的权责利，最大限度地调动他们的积极性，特别要注意不能打击那些愿意承担风险和负更大责任的人。

（2）重视员工职业生涯开发，帮助员工进行目前和未来工作所必需的培训与开发。企业的发展有赖于每个员工的发展，因此，一个好的管理者应该对员工的个人目标和组织目标给予同样重视，训练每个人成为团队中有效工作的一员，使其正确处理自己与他人的工作关系，为个人职业目标的实现创造条件。

（3）实施员工激励措施，通过公平的报酬制度和奖励机制，尽力满足员工的经济和非经济需求，使员工体会到公平、民主的企业环境和文化氛围。

（4）创造科学舒适的工作环境。依据人体工程学的基本原理，为员工创造科学舒适的工作环境，是减少员工紧张情绪的有效方式，为现代企业广泛采纳。此举可以为员工创造健康的工作环境，降低工作压力和紧张氛围给员工造成的负面影响。

对存在心理问题的员工，可以请专业医生进行治疗；对因为工作压力过大，处于精神紧张状态，影响了正常工作和生活的员工，可以采用医疗技术进行治疗，例如比较流行的催眠技术、生物反馈技术和超自然冥想技术等。

（三）精神障碍性疾病的防治

1. 精神障碍性疾病的特征与病因

从广义上看，精神障碍性疾病也是心理疾病的一种，但不同于精力衰竭或心理状态失衡等一般性的心理疾病，它的发病原因和病症表现得更为严重和复杂。遗传是导致精神障碍性疾病的主要原因，但不是唯一原因。工作环境和有毒物质也是诱发因素之一。例如，化工厂的工人由于经常接触多种化学物质，易产生精神障碍。此外，许多精神性和心理性疾病的发病也与非物质性因素有关，例如恶劣的人际关系、不科学的管理方式、不安全健康的劳动条件和劳动状态，以及员工心理素质差、性格孤僻等，都可能导致此类疾病的发生。

2. 精神障碍性疾病的防治措施

精神障碍性疾病的防治关键是要积极预防，及时发现患病原因，采取有效措施制止这些因素的发展和蔓延。企业除采取安全措施防范有害物质对人的精神伤害之外，还要注意调节员工的情绪，使员工的心理处于健康良好的状态。对有遗传史或家族病史的员工，更要加强防范，警惕由一般的心理疾病恶化成为精神障碍性疾病。

□关键术语

员工职业安全管理　职业病　员工心理健康管理

□复习思考题

1. 员工职业安全管理的特点是什么？
2. 员工职业安全的法制化管理的意义有哪些？
3. 企业安全管理如何与人力资源管理的其他环节有机结合在一起？
4. 如何预防职业病？
5. 如何防范员工的心理疾病？

□案例分析

“昆明春鹰”多措并举关心员工身心健康

近年来，昆明方大春鹰板簧有限公司（以下简称昆明春鹰）坚持以人为本，始终把员工职业病防治工作摆在突出位置，通过改善员工生产作业环境、搞好职业卫生工作等举措，预防、控制和消除职业病对员工的危害，把对员工的关心关爱落到实处，促进企业生产经营健康发展。

建章立制，压实防控责任

昆明春鹰是一家专业生产、销售钢板弹簧的企业，在日常生产过程中，需要对钢板弹簧制品进行金属热切削、热成型等处理，员工面临接触高温高压、粉尘等一系列职业危害因素的挑战。

“员工是企业经济效益的直接创造者，是企业真正的主人，员工的身心健康一直是我们努力的方向。”昆明春鹰董事长方华表示，作为一家有责任和担当的企业，一直以来，公司贯彻落实国家有关职业病危害防治的法律、法规、规章和标准，加强对职业病危害防治工作的管理，提高职业病危害防治水平，切实保障员工在生产过程中的健康与安全。

近年来，昆明春鹰结合生产实际，先后制定了《昆明春鹰职业病危害防治责任制度》《职业病危害检测管理制度》《职业病危害事故应急救援与管理制度》《昆明春鹰安全生产红线实施细则及考核办法》等14个职业卫生管理制度，从组织上、制度上落实“管生产必须管安全”的原则，使各级领导、各职能部门、各生产部门和员工明确职业病危害防治的责任，做到层层有责，各司其职，各负其责，做好职业病危害防治。

与此同时，昆明春鹰成立职业病防治领导小组，负责制订各年度职业病防治计划和实施方案，建立健全职业卫生管理制度和操作规程，定期、不定期组织对公司职业病防治工作开展情况的检查，对查出的问题及时处理等。

综合治理，提升管理水平

2022年8月10日，在昆明春鹰的邀请下，应急管理部昆明康复中心（中国煤矿工人昆明疗养院）专家组成的体检医疗队，来到公司为热成型、热处理、喷漆等接触职业危害因素岗位的100名员工进行了职业健康体检。

据昆明春鹰安全生产管理部负责人介绍，为做好本次体检工作，公司安全管理部与应急管理部昆明康复中心工作人员进行了多次沟通和交流，依据《职业健康监护技术规范》（GBZ 188—2014）和《2021年职业病危害现状评价报告书》，对体检项目进行了认真细致的甄别，按照岗位差异最终确定检查项目。通过本次体检，公司及时掌握了接触职业危害因素岗位人员的身体健康状况。

近年来，昆明春鹰把员工职业病防治作为一项系统工程来抓，积极为员工提供符合职业病防治要求的职业危害防护设施和个人防护用品，改善员工的工作环境和条件，通过年度体检建立健全公司职业卫生管理档案及健康监护档案，定期委托有资质的职业卫生技术服务机构对作业场所进行职业病危害检测与评价，及时把检测与评价结果向上级监管部门报告，并向员工公布。

此外，为有效预防和及时处置高温中暑、暴雨、洪水等职业健康应急突发事件，规范公司职业健康安全管理工作，昆明春鹰常态化根据节气开展各类影响职业健康的应急救援演练工作，并通过为员工免费提供绿豆粥、营养品等防范化解职业健康风险，确保公司每一位员工以饱满的精神投入生产工作，促进公司可持续健康发展。

资料来源：关心员工身心健康 昆明这家企业多举措加强职业病防治．(2022－09－14). https：//society. yunnan. cn/system/2022/09/14/032277615. shtml.

讨论题：

在职业病的预防与治疗方面，昆明春鹰做了哪些方面的努力？

第 10 章

工作压力与减压管理

| 学习目标 |

● 认识工作压力正在成为普遍关注的热点问题，也是员工关系管理的重要内容之一。过大的工作压力对员工、团队和组织有很多负面影响。

● 了解员工压力的来源及影响因素，明确通过压力管理可以尽可能地削弱或消除压力对员工的不良影响。

● 明确组织应该承担员工压力管理的职责，需针对不同员工群体的特点，实施差异化的员工压力管理对策。

第 1 节　工作压力的内涵、产生与影响

现代社会，人们的工作与生活节奏不断加快，来自工作与生活等方方面面的压力也不断增大，严重危害着个体的心理健康。根据 2016 年国家卫生计生委、中宣部、中央综治办、国家发展改革委等 22 个部门共同印发的《关于加强心理健康服务的指导意见》，心理健康是人在成长和发展过程中，认知合理、情绪稳定、行为适当、人际和谐、适应变化的一种完好状态。这意味着压力需要适度，没有压力，员工会失去努力奋斗的动力，但过大的压力会造成员工生理和心理疾病的产生，也会影响员工的工作情绪，导致员工与组织、领导、同事以及客户之间的关系恶化，对工作绩效和员工队伍稳定产生诸多不良影响。因此，员工的压力管理越来越成为企业改善员工关系、提升管理效能的重要组成部分。

一、压力的内涵与性质

压力是物理学的一个概念，后被引入医学、心理学及社会心理学的研究，而后应用

于员工管理之中。

（一）不同学科对压力的界定

1. 医学的界定

医学界认为，心理健康是健康的重要组成部分。压力是危害心理健康的重要因素。20 世纪 30 年代，加拿大蒙特利尔大学国际压力研究所主任汉斯·塞尔耶（Hans Selye）从医学的角度将压力现象称为“一般适应综合征”。他认为所有生物都有保持体内平衡状态的天性，任何压力源（无论是愉快的还是不愉快的），都会破坏生物体内部的平衡，从而调动起个体防御和自我保护的非特异性生理唤醒。沃尔夫（Wolf）和古德威尔（Goodwell）认为“压力是人的机体的一种状态”，“个体由于内在的动力机制而连续处于一种压力状态”。考克斯（Cox）认为压力是“环境对一个人身体系统或能量系统做出的要求”。奎克（Quick）把压力定义为“在面对压力源时机体对自身资源的普遍、有规律和无意识的调动”。

按照医学的界定，压力是生物体感受到外界刺激时，调动自身资源以适应环境变化的一种正常生理机制，但如果外部刺激超过机体可承受的限度，就会引起自主神经系统的过度兴奋，并导致个体的病态反应，甚至导致一些疾病的产生。

2. 社会科学的界定

以医学领域的研究为基础，社会学、心理学和管理学等领域对个体压力的形成机制及作用机理进行了解释。一种观点认为，压力来自人与环境间的不匹配状态，以及由此引发的人在生理和心理方面的反应。压力是人对外界环境（例如外部的威胁、令人不愉快的事件）的一种反应，既是一种生理过程，又是一种心理体验，本质上来自个体主观的感受。

另有观点认为，压力是由人与环境的互动引起的结果，即在个体认为所面临的工作与自己有重要关系的前提下，当外部或内部的要求超出了所拥有的资源时，心理压力便随之产生。压力一旦超出个体的承受范围，将会影响承受者对自我和具体环境的客观认知，进而造成不良的心理和生理反应，如生理功能紊乱、行为失控以及与外部环境的关系紧张等。

（二）压力的性质

汇集不同学科对压力的研究界定，可归纳出压力的一些基本特性。

1. 压力是一个中性的概念

所谓压力的中性，是指需要依照其对承受主体的影响程度而确定其性质。具体而言，如果客观环境给予相关主体一定的压力感知，将促使其积极地面对工作、学习和生活时，这些压力就对个体有积极的影响；反之则会对个体造成伤害。因此，适度的压力不会对人造成负面的影响或伤害；但压力过大，或持续的时间过长，则会给人带来一系列的生理和心理反应，例如紧张、焦虑、疲劳及倦怠等。

2. 压力体现为心理感知

压力主要是个体的一种心理感觉，或称压力感知。个体心理压力是意识的产物，建立在一定认知的基础之上。人在无意识或无认知能力状态下，没有心理压力可言；在有认知能力的情况下，如果个体对刺激情境失察或者未能认识到威胁存在，也不会产生心理压力；同理，在刺激情境不会对个体造成伤害的情况下，如果人们存在错误认知，也会产生心理压力。

3. 压力有较强的个体差异性

环境的快速变化、未知性、不确定性是造成个体压力的外部来源，而个体无法适应和掌控环境则是压力产生的内在原因。例如，在个体受到外部刺激的过程中，如果刺激是可以预期和掌控的，则压力感较小；反之，则压力感增大。同样的压力发生在不同个体身上或发生在同一个体的不同成长阶段，也会出现不同的压力反应，与受刺激个体的主观认知和感受密切相关。

二、压力的产生过程

通常，个体压力感知受到三个要素的影响，即压力源、个体素质和外部资源。基于这三个要素，不同学者提出了不同的压力产生过程。

（一）一般过程

汉斯·塞尔耶通过对白鼠的研究揭示出关于压力的一些基本原理，后用于解释人的行为，并得出如下结论：生物个体的适应能力与压力持续的时间有密切关系，其整个适应过程按照不同的生理反应特征可分为三个阶段。

（1）警觉反应阶段。这一阶段按照生理反应可以分为两个时期：震撼期，由刺激（压力源）的突然出现产生情绪上的震撼；反击期，全身生理功能增强，进入应激反应状态。

（2）抗拒阶段。该阶段个体的功能大致恢复正常，逐步适应其艰苦的生存环境。若压力持续下去，个体适应能力则下降。

（3）衰竭阶段。个体适应能力丧失，精力衰竭、陷入崩溃，直至死亡。

该实验结论后来用于解释人类在长期恶劣环境或压力下的行为反应，成为压力产生理论的基础，此后有其他学者从不同视角对压力的形成进行解读。

（二）个体-环境匹配视角的解释

弗伦奇和卡普兰（French and Caplan，1982）将个体-环境匹配理论引入压力研究，认为压力并不是由环境或个人等单独因素引起的，而是个人与环境相联系的结果，取决于个体的需求、能力、行为方式与环境所提供的客观条件（外部资源）是否匹配。如果个体所拥有的外部资源能够有效帮助该个体应对压力，则压力感知较小。当二者之间不匹配时，个体应对压力的资源不充足，压力感知则更为明显，且不匹配的程度越深，压力感知越大。该理论强调个体或环境都无法单独起作用，而是个体在与环境的匹配或不匹配之间产生满足感或压力感。因此，缓解压力的方式应在于调整个体与环境之间的匹配程度。

（三）个体-环境交互视角的解释

拉扎勒斯（Lazarus）提出个体-环境交互理论。他认为，人们在面对生活或工作时常持有不同价值观，以体现不同事件满足个体需求的意义或价值。洛克和泰勒（Locke and Taylor，1990）将其归纳为物质价值、成就价值、目的感、社会关系、提升自我或保持自我五个方面。压力的产生既与价值观相关，又与主体的能力相关，即个人素质对压力感知具有根本上的影响。具体来说，压力取决于个体的两次评价：在第一次评价中，个体考察当前事件对自己的重要程度；在第二次评价中，个体衡量自己所具有的能力或资源是否足以应对事件的需求（Lazarus，1995）。也就是说，当个体认为目标事件很重要，又没有足够的资源或能力去完成该事件时，压力便产生了。

在交互理论中，压力作为个体内在的一种心理过程，既不是个人特点的产物，也不是环境的产物，而是个体对环境要求与价值满足进行综合评价后产生的结果，会随着时间和任务的变化而动态发展。① 该理论主张通过调整个体的价值观、增强个体的能力或资源来降低压力感知水平。

（四）付出-回报不均衡视角的解释

付出-回报不均衡理论由德国学者西格里斯特（Siegrist，1996）提出。该理论以社会交换理论为基础，从付出、回报与心理投入等方面入手挖掘压力的形成过程。具体来说，人们所付出的时间、精力、努力需要以所获得的回报（例如薪酬、尊重、社会地位等）作为补偿，如果付出与回报不均衡，尤其是当付出大于回报（高付出、低回报）时，就会助长压力的产生。而后，他又在该模型中加入“过度承诺”这个心理变量，来考察人们的情感投入程度及其对压力产生过程的影响，认为可以通过调整个体的付出-回报的均衡水平及其感情投入的水平缓解压力。

三、压力的负面影响

从积极的角度看，适度的情绪激发有助于适应环境变化，以做好应对准备。但从消极的方面看，过度、长期的情绪压力会损害个体的生理和心理健康。

（一）个体层面的影响

尽管压力是一个较为中性的概念，但过度的压力会对个体产生诸多不良影响，主要体现在生理、心理和行为等方面。

1. 诱发生理性疾病

相关研究显示，人类 50%～80%的疾病与压力有关。压力过大会导致非确定性的生理紧张，导致个体出现头痛、失眠、恶心、反胃等不适症状。由压力过大而诱发的常见病症包括：因免疫系统功能下降而引发的疾病，如流感等传染性疾病；心血管疾病，如

---

① 石林．工作压力理论及其在研究中的重要性．心理科学进展，2002（4）．

高血压、心脏病等；肌肉疼痛或骨骼劳损，如腰椎间盘突出、关节炎、神经性头痛或背痛等；消化功能紊乱，如各种肠道疾病、慢性胃炎等。一些研究也表明，工作压力大是很多常见病和慢性病的诱因，包括癌症。此外，精神高度紧张、压力过大还是导致不孕不育的重要原因之一。

2. 对心理产生不良影响

与生理健康一样，适度和可控的压力对员工心理健康有积极的影响，一定程度的外界压力刺激能够使个体在心理上保持相应的紧张感和兴奋感。一旦压力超出了个体所能承受的阈限，则会使员工产生过高的压力感，导致个体出现一些认知和情绪信号。在认知方面，过大的心理压力会导致个体注意力难以集中、优柔寡断、记忆力下降、判断力下降，对最无关紧要的事情也无法决定，甚至错误地做出决定。从情绪角度看，过大的心理压力会导致个体情绪不稳定，容易烦躁，喜怒无常，产生无助感、疏远感、低成就感，多疑猜忌，对人冷漠，自我效能不断降低，变得丧失信心或自负自大，感觉精力枯竭且缺乏积极性，对自己及周围环境持消极态度，甚至产生绝望、悲观和厌世的情绪，患抑郁症、焦虑症、强迫症等心理疾病的风险急剧上升。

3. 导致不良的行为反应

过大的心理压力还会体现在个体行为上。例如，出现黑白颠倒、生活不规律等行为，反复出现坐立不安等强迫行为，出现嗜睡、暴饮暴食等逃避行为，甚至出现过度吸烟、饮酒、吸毒、药物滥用等严重危害健康的成瘾行为。

体现在工作中，过大的心理压力将导致员工对工作消极、懈怠、失去兴趣和动力，缺勤率和离职率上升，最终将影响个体的工作绩效。压力水平与工作绩效之间的关系如图10－1所示。在初始阶段，员工压力不断变大，工作表现随之改善，并逐渐达到绩效高峰。在达到峰值之后，随着压力的持续加大，员工会出现疲劳、精力枯竭甚至是情绪崩溃等各种不良反应，工作表现也会随之断崖式下滑，最终产生个体和组织双输的不良后果。

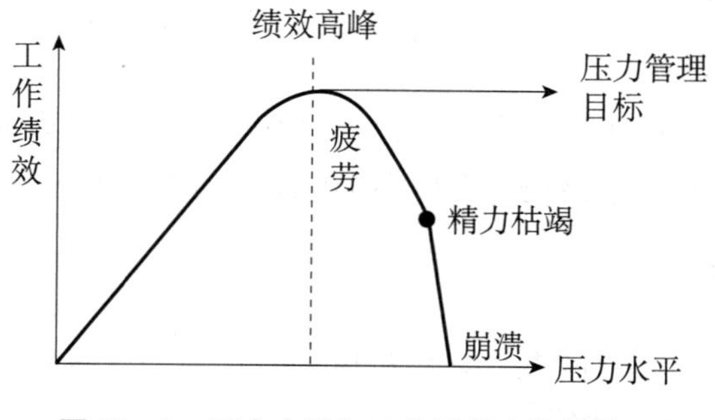

图10－1　压力水平与工作绩效之间的关系

（二）组织层面的影响

过度的压力不仅会对个体的生理和心理健康产生不良影响，而且可能进一步造成个体间、群体间和组织间的矛盾与冲突，对企业成长、团队合作、个体发展造成诸多负面影响。

1. 破坏组织中的人际和谐

如果员工工作压力大，会对直接上级产生抱怨和不信任；主管的工作压力大，会变得脾气暴躁，增加对员工的猜疑和产生报复性管理行为，使上下级之间的信任感遭到破坏；同事之间也会因为难以承受的工作负荷或对不公平更加敏感，产生更多的抱怨和不满情绪，影响正常的合作关系。

2. 导致员工和组织之间的矛盾

如果工作压力在组织中成为一种普遍的现象，会增加员工抱怨和不满的情绪，降低员工对组织的忠诚感、归属感和满意度，尤其是当工作回报与工作压力不匹配时，会降低员工的组织承诺水平，更有可能引发员工与企业之间的矛盾冲突。

3. 助长员工反生产性行为

压力过大可能导致员工不良工作行为或助长反生产性行为，例如工作倦怠、工作低效、怠工、缺勤、破坏团队合作、败坏组织声誉、离职及职场暴力等。学者们对工作倦怠和职业耗竭问题开展过大量研究，这是一种在人际接触频繁、人际交往密切的职业中，因持续的工作应激、消极的情绪体验，造成的身心疲惫和消耗状态，表现出情绪疲惫感升高、工作冷漠感升高、工作成就感降低等主要特征。学者们普遍认为，失去“意义感”、工作要求过高/过多、没有得到预期的回报等是造成工作倦怠的主要原因。

在企业内部和外部竞争日趋激烈的今天，压力问题不仅是个体或某些职业群体的问题，而且已成为普遍的社会问题，破坏社会的和谐与稳定。

第 2 节　员工压力的来源及影响因素

一、压力源的内涵与分类

员工的压力是员工对环境因素变动的反应或感知。压力源包括多方面的因素，例如职场、家庭以及社会等。根据压力的来源，可将员工的压力源分为来自工作的压力、来自家庭的压力、来自社会的压力等。

（一）来自工作的压力

1. 工作压力的内涵

工作和就业是员工经济收入的主要来源，决定着个人生活的其他方面，对员工具有关键性的影响，也是员工压力的重要来源。因此，来自工作的压力成为社会目前普遍关注的热点问题。

工作压力是指员工在工作过程和工作环境中感受到的职业压力或工作紧张感。根据性质不同，可将工作压力划分成内源工作压力和外源工作压力，前者是指来自工作本身由工作内容、工作标准、业绩要求等因素构成的压力，后者是指来自工作活动以外由工作环境、人际关系等因素构成的压力。① 两类压力来源中各种因素会共同作用于员工，使其在生理和心理方面产生不同程度的紧张或焦虑感，并影响员工的工作绩效水平以及工作中的各种关系。

职场中常见的压力源有收入、工作负荷、绩效考核、问责、人际关系等。

2. 工作压力的内在来源

工作本身及与工作相关的属性决定了员工在工作中的心理、身体及情绪上的反应方式与反应程度，它本身就是压力的重要来源。工作特征对员工压力的影响已得到广泛关注。

（1）工作要求与工作负荷。工作要求对员工工作压力的产生具有最重要、最直接的影响。其中工作负荷被认为是导致压力的关键因素，相关研究不仅证实了工作负荷与不满、抑郁等之间存在正相关关系（Ganster，Fusilier，and Mayes，1986），更有直接证据表明工作量的大小和工作要求的多少是导致员工工作压力的两个主要因素。穆尔（Moore，2000）研究发现，工作过载是预测情绪耗竭最有效的指标，当工作任务和任职要求与员工知识、技能、能力和其他因素（knowledge，skill，abilities，others，KSAO）进行匹配时，有可能产生以下三种情况：

工作要求＜员工 KSAO

工作要求＞员工 KSAO

工作要求＝员工 KSAO

员工在第一种情况下会感到压力不足，在第二种情况下会感到压力过大。压力不足会影响员工绩效和能力发挥，而压力过大则使员工能力达不到工作任职标准和要求。

（2）工作控制。卡拉塞克（Karasek，1979）认为，员工压力的产生不仅与工作要求相关，还与工作控制相关。工作要求和工作控制共同决定了工作压力，其中工作要求是指工作任务的数量和困难程度，工作控制是指员工能够对工作行为施加影响的程度，压力产生于高工作要求与低工作控制。也就是说，工作控制可适当缓解工作要求所产生的员工压力水平。但工作控制对压力的影响还与个体特征相关。例如，并非每个员工都偏好对工作进行控制，在高自我效能感与高工作控制、低自我效能感与低工作控制情况下，自我效能感与工作控制相匹配，工作要求对工作压力的加强作用会随之减弱；在高自我效能感与低工作控制、低自我效能感与高工作控制情况下，自我效能感与工作控制不匹配，工作要求增加工作压力的效果会增强。②

（3）工作支持。工作支持与工作控制对压力的作用类似，其可能对员工压力反应具有直接效应，也可能对员工工作压力反应具有缓冲或强化的效果。③ 也就是说，工作支持可以缓解高工作要求对健康的消极影响。因此，那些高要求—低控制—低支持的工作将使员工产生最大的压力感知，而高要求—高控制—高支持的工作不会使员工产生过大压力，反而可以增加学习与内在工作动机，还能促进员工的技能发展。

---

① 许小东．知识型员工工作压力与工作满意感状况及其关系研究．应用心理学，2004（3）．

② 赵西萍，赵欣，黄越．Karasek 工作压力模型的扩展：自我效能感与工作控制匹配性模型的实证研究．中国软科学，2008（10）．

③ 史茜，舒晓兵，罗玉越．工作需求控制支持压力模型及实证研究评析．心理科学进展，2010（4）．

(4) 工作资源。压力取决于工作要求与员工可支配资源二者的关系。工作资源是指员工在工作中所能获得的物质、心理、社会或组织等层面的资源，其作用是帮助员工实现工作目标，减轻工作要求对员工的身心消耗，激励员工成长、学习和发展（Demerouti and Bakker，2003）。而当工作要求大于员工可支配的工作资源时，压力随之产生。

(5) 任务分工。任务分工也可能影响员工的压力感知。在分工不明晰的情况下，工作要求不清晰造成的角色模糊，会导致员工工作压力的产生。在工作中分工不当，会导致工作重复或空闲交织，人与人、部门与部门之间相互扯皮、推诿，多重上级发出相互冲突的工作指令等。这些问题会使员工感到茫然，工作无计划和无目标性，压力大且没有成就感。同时，工作角色内部的冲突以及多种工作职责间的冲突，也是加重工作压力的主要原因。

此外，工作多样性、任务完整性、任务价值性、自主性、反馈性等，以及员工个性特征、自我定位与工作角色期望之间的匹配程度等，都会影响员工的工作压力感知。

3. 工作压力的外在来源

工作压力的外在来源是指产生压力的工作环境等。主要包括以下因素：

(1) 组织结构与组织过程。相比组织外部因素和个体特征，组织内部环境因素是导致工作压力产生更直接的原因（Hendrix，Summers，and Leap，1995）。例如，萨默斯等（Summers et al.，1995）的研究发现，绩效评价与决策方式等组织程序特点，以及正规化和集权化等组织结构特点，能够有效预测员工工作压力的产生，且前者的作用比后者的作用更显著。组织制度设计或决策不合理也是员工产生工作压力的重要原因，尤其是对那些责任感较强的员工来说，在明知制度缺陷或决策存在较大风险的情况下，员工对工作的认同程度会较低，需要违背自身意愿才能完成工作要求，则不可避免地产生压力。

(2) 组织氛围与人际关系。组织氛围与人际关系对员工工作压力的影响可分为两种情况：其一，缺乏群体凝聚力带来的压力，特别是管理方式不当、上下级关系紧张、同事关系不和谐，会给员工造成心理压力。工作场所的人际矛盾是焦虑、挫折感的重要来源（Spector，1987），并与企业沟通渠道不畅通、沟通氛围防御性过强、沟通开放性不足、组织政治氛围过度等原因直接相关。其二，缺乏社会支持带来的压力。社会支持理论认为，组织群体的支持感满足了个体的社会情感需求，从而对压力感知具有一定的影响。在企业中，如果员工在遇到问题和困难时，能够得到其他人的帮助，或者能够和他人分享快乐和痛苦，有助于减轻员工的工作压力，否则将加大压力。

(3) 组织变革。组织变革也是员工工作压力的重要来源之一。组织为了生存和发展需要不断进行变革以适应外部环境变化，包括兼并、重组、组织扁平化、人事调整等，这些变化不仅需要员工不断更新自己的知识、技术和能力，对工作任务和工作方式也会提出新的挑战，使员工经常处在动态、紧张和不安全的状态下，进而产生心理压力。尤其是如果企业面临经营危机，需要采取裁员等应对措施，更会加重员工的不安全感知，导致心理压力的产生。

（二）员工压力的其他来源

员工压力的来源不仅包括与工作相关的因素，还包括企业外部的一些与工作环境直接或间接相关的因素。

1. 来自企业外部和社会的压力

（1）宏观环境变化。宏观环境包括社会政治因素、宏观经济环境、劳动力供求关系、生活居住环境、物价指数以及相关的突发事件等，这些因素都会对员工的生活造成影响，进而影响员工的工作状态。例如，突如其来的新冠疫情，造成社会流动性显著降低，经济形势衰退，就业环境恶化，很多员工面临失业的风险，因此心理压力激增。

（2）劳动力市场变化。在劳动力供大于求的情况下，只具有一般性技能或不具备年龄、性别优势的员工会面临较大的就业压力，一些在职员工对职业发展和工资收入的前景也会产生忧虑和担心。在科技变革和产业变革的当下，新技术的应用会替代人力发挥作用，深刻改变着岗位设置和员工就业稳定性，大量从事传统行业、传统岗位的员工将面临失业，而很多新兴领域、新兴行业却面临人员紧缺的情况，这也是员工压力的潜在来源。

（3）跨文化冲突。社会文化环境的变化也会给员工带来压力。较为突出的是跨国企业的驻外人员，到新的地域环境、文化环境中工作，可能产生语言、文化和生活习惯等方面的不适应，给员工造成较大的心理压力。

2. 来自家庭的压力

家庭关系紧张或家庭生活不和谐是员工重要的压力源。其表现形式很多：

（1）婚姻状态不正常。离婚、丧偶、与配偶关系紧张以及家庭生活不和谐等因素，会使员工内心紧张、情绪低落、社会支持不足，导致心理压力的累积，若得不到及时缓解，可能直接或间接地影响员工的情绪和工作状态。

（2）家庭负担过重。家庭经济状况窘迫、家中有长期需要照顾又无暇照顾的子女和老人，会使员工感到工作与家庭失衡，从而产生生理和心理上的压力。这种状况在女性员工、子女年幼的年轻员工，以及一些“上有老、下有小”的中年员工中都会以不同形式不同程度地存在。

（3）家庭突发变故。家庭突发事件，例如亲友死亡、病重，一些意外事故的发生等，会给员工造成很大的心理冲击，以致危害身体健康。

二、员工压力感知的个体差异因素

压力还与个体的性格、承受能力、经验阅历直接有关，个体之间对相同的压力源可能产生不同的压力感知。

（一）性格因素

一般认为，性格与个体对压力的反应直接相关。例如，一些研究显示，A型人格的人主要表现出紧迫感强、竞争性强和戒备感强等特征，承受压力的能力较差。该类性格的人对工作投入多、对压力敏感但抗压能力相对较弱。在同等的压力环境下，生理和心理更容易出现问题。其他研究也显示，共存人格、无助-绝望人格比其他人格类型更容易感知到压力，而坚韧人格、幸存者人格、R型人格对压力的耐受性较高。

（二）承受能力

如前所述，压力与个体对环境的控制能力相关，如果员工认为能够控制工作和环境，则自信心和抗压能力较强，否则承受压力的能力变弱。控制环境的能力在一定程度上与心理承受能力相关。心理学研究表明，喜欢参与、乐于接受挑战和有控制感的员工抗压能力较强；反之，心理承受力差的员工则难以承受过大的工作压力。

（三）经验阅历

个人经历、价值观、信仰及目标冲突也是影响员工压力感知的重要因素。例如，遭受过重大挫折并受过伤害的员工，在遇到相同情境时，更可能会产生畏难情绪，从而有较大的压力感知。个人目标与组织目标发生冲突难以协调，也会使一些员工感到压力巨大、惧怕和退缩。而阅历丰富、有信仰、目标明确和有精神寄托的员工往往抗压能力更强，不易受到压力的伤害。

第 3 节　员工压力管理的意义与对策

尽管一定程度的压力对员工和企业有益无害，但当压力过大、超过可承受的阈限时，无论对员工、企业还是社会均有危害。企业作为人群组织的重要载体和社会发展的中坚力量，有必要结合不同员工群体的特点，诊断员工工作环境中的各种压力来源，采取有针对性的减压措施，促进员工的心理健康。

一、员工压力管理的作用与意义

员工压力管理的作用主要体现在两个方面：其一，通过工作和管理环境改善对员工进行有益的压力刺激，增加员工的工作热情和工作动力；其二，调整不适当的刺激对员工造成的生理和心理压力。狭义的压力管理主要就后者而言，其作用和意义如下。

（一）减少对组织的负面影响

虽然工作压力有程度和性质的区分，也有很强的个体适应性，但可以通过群体感知反映特定工作场所的压力程度。因此，一般需要干预的是由大多数员工认定的，对组织、团队，特别是对大部分员工可能造成一系列不良后果的压力问题。职场压力管理的重点聚焦于如何解决过大工作压力的负面影响，尤其是将知识型员工和脑力劳动者作为重点关注对象，调节工作环境与其的不匹配性，降低工作压力，改善员工关系。

（二）提高员工的工作与生活质量

帮助员工构建健康的工作与生活方式是企业为员工提供的另一种激励形式。特别是青年一代知识员工的工作价值观在不断变化，实现工作与生活之间的平衡也是他们选择组织和工作的标准之一。给员工过大的工作压力不仅会影响企业的经营收益，而且会破坏员工的家庭幸福感，导致其失去工作动力。

（三）应对竞争环境对员工管理的影响

互联网、大数据等信息技术的发展从两个方面改变了企业与员工的关系：一是改变了企业的生产方式和工作流程，降低了员工体力劳动的负荷，同时也加重了员工脑力劳动的压力；二是新技术促进了企业的多元化，员工队伍构成异质化越发明显，这种变化虽然给组织和员工队伍带来了生机，但也带来了由个人和群体间的文化和人口统计学特征差异而产生的冲突和矛盾，成为工作环境的又一大压力源。因此，企业管理者需要及时顺应新技术的变化，抑制其给员工压力管理造成的不利影响。

（四）满足对新生代员工管理和激励的需要

新生代员工具有与老一代员工不同的特点，这些特点集中体现在价值观、生活方式和人际交往方式等方面，群体间工作压力的差异也很明显。一些老一代员工不视为压力源的因素，可能会给年轻一代员工造成很大的压力。尽管他们中的多数更加偏好富有挑战性的工作，更看重组织和领导的期待，更善于通过内在自我激励的方式将压力转化为自我提升的动力，但也会有一些青年员工，对变化有紧张感和抵触情绪，压力感知较强。管理者对青年员工需要进行更多的关注，防范过大压力引发过激行为。

二、组织压力管理的几种思路

鉴于压力给个人及组织带来的负面影响，解决并预防压力过大的问题成为管理的核心任务。众多研究提出了若干压力干预的手段，为组织压力管理提供了思路。

（一）双元压力干预

压力管理技术可以分为环境管理干预和人员管理干预两类（Mimura and Griffiths，2003）。环境管理干预是指通过调整工作环境来降低压力，包括改善工作环境、改变工作方式、改进工作方法等，主要手段有工作再设计、增加员工自主决定权、提供有同事支持的团队等。人员管理干预是指为员工个人提供各种舒缓压力的手段，主要包括运动健身、音乐、娱乐休闲、教育培训等形式。理想的压力干预是将二者有机结合起来，进行双元干预。

（二）压力干预的三级分类方式

墨菲（Murphy，1988）把压力管理手段分为初级干预、二级干预和三级干预三个层次。初级干预试图通过改变工作场所的环境和压力来源的方式降低压力，主要方法有工作再设计、流程再造等，致力于创造压力较小的工作环境。二级干预是最常见的压力管理方式，主要意图是在没有引起严重的健康问题之前降低压力症状的严重性，帮助员工识别压力症状、提供压力应对措施、提高压力应对技能等，主要的干预措施有认知-行为技能培训、冥想、放松、深呼吸、体育锻炼、时间管理、目标设定等。三级干预旨在构建并实施员工援助计划，帮助员工从压力性事件中恢复健康状态。

从干预手段与结果的角度，可将压力管理分为三个层面：个体层面、个体-组织层面、组织层面（Hek and Plomp，1997）。个体层面的压力管理措施主要有进行压力原因与结果的培训、提高认知应对技能与时间管理技术、使用放松与冥想技术等。个体-组织层面的压力管理措施主要是指加强工作场所的社会支持，尤其是同事间的支持。同事间的交流与支持可以促进同事间相互帮助、解决问题、给予安慰与鼓励、分享成功的经验等。组织层面的压力管理措施与组织开发相关，奠定了支持组织变革的社会情绪基础，通过组织文化的手段满足个体的需求以消除压力产生的原因。

（三）压力干预的五元分类方式

理查德森和罗斯坦（Richardson and Rothstein，2008）通过元分析将压力干预手段进一步细化为五种类型：认知-行为型、放松型、组织型、复合型和其他。其中，认知-行为型干预是使员工认识到想法与情绪在管理压力事件中的重要作用，为员工调整思路和认识，提高员工的压力适应和应对能力。放松型干预是指通过音乐、体育运动、冥想等手段消除肌肉紧张，降低个体对压力的消极反应。上述两种干预手段均从个体层面进行，而组织型干预则是以组织为主体的压力干预，常见的方式有工作再设计、员工援助计划、构建支持型组织氛围等。通常会综合使用两种或多种压力干预措施，形成复合型压力干预方式。此外，理查德森和罗斯坦（Richardson and Rothstein，2008）还提出了一些独特的、不常见的其他压力干预方式。

三、组织的员工压力管理对策

解决员工压力问题的主动方是组织，减压管理是人力资源和员工关系管理的一项基本职责。组织和管理层采取的员工压力管理对策如下。

（一）为员工提供人性化的工作条件和人文环境

1. 人性化的工作条件

为员工提供舒适、安全的工作环境可以激发员工的热情，减轻工作压力，这是行为科学和人际关系学在早期实践中得出的结论，被理论和实践界普遍认同。其主要做法包括保持工作场所的空气流通，减低噪声，增加绿色植物，提供安全便捷的机器、工具、设备和工作条件等。

2. 构建和谐的人际关系和人文环境

员工不仅要与机器设备打交道，更要与人打交道。一个和谐、健康、友爱的人际环境是员工所渴求的，也是避免员工遭受职场压力困扰的必要条件。主要包括建立公平、公正和无歧视的管理制度和管理程序，加强管理者与员工之间的有效沟通，倡导积极、上进、平等、文明、合作与互助的企业文化氛围，避免组织政治对人际关系的不良影响，等等。

（二）通过压力管理提升人力资源管理的有效性

1. 将员工压力管理作为人力资源管理的一项主要工作

企业为员工创造一个公平、合理的组织和工作环境，使员工可以在一个没有过重压力和负面情绪的环境下工作，是员工的基本需求和权益，也是企业人力资源管理的主要职责和目标之一。

2. 改善绩效管理流程

在竞争激烈的环境下，绩效考核是造成员工压力的主要因素。如何将绩效压力转变为绩效激励是值得关注的问题。具体对策包括：

（1）在绩效指标的确定过程中，注意要在员工和上级充分沟通的基础上，根据组织目标的总体要求和员工的胜任能力，给员工提出具有适当挑战性的工作目标和具体的操作规范。

（2）在任务执行的过程中，直线经理从监督者转变为咨询者和辅导者，为员工顺利完成工作提供必要的支持。员工则应从提升个人业绩水平、获取组织物质激励和自我实现出发，主动地在工作中参照一定的目标进行自我管理。

（3）在绩效考核阶段，评价主体从单一的直线经理扩展到包含员工本人、同事、外部客户和供应商等在内的多元主体。同时，考核的标准从硬性、刻板的量化产出和财务绩效，延伸到员工的学习和成长、客户需求的满足以及工作流程的改进等方面。要从战略的角度考察员工对组织持续竞争优势的贡献情况，表明组织和员工共同发展、互利互惠的企业愿景。

（4）科学和人性化的绩效管理流程包含员工的广泛参与，可改变员工以往被动接受工作任务、定期接受上级考核的客体性地位，减少其因过高的自我期待和组织期待所产生的任务压力，消除绩效考核过程中上下级间的不信任和矛盾冲突，减轻彼此的压力感知。

3. 兼顾薪酬管理中的效率与公平

薪酬是一把“双刃剑”，可以激励员工，也可以给员工造成过大的心理压力。可以从薪酬结构和形式调整以及福利构成多元化等角度优化物质激励，提升员工的薪酬公平感和满意度，避免因收入差距过大、分配不均所造成的个人和群体冲突，以及由此产生的压力。

4. 给员工更多的福利保障

企业除了按时、足额缴纳国家规定的各项社会保险，还应当根据员工的自身需求和岗位特征设计有针对性的补充性福利计划。例如一揽子福利计划、自助式福利管理以及带有援助性质的福利项目，包括幼儿育托、家庭旅游等，以提升员工工作-生活的平衡感，缓解二者冲突带来的压力。

5. 注重员工培训和能力开发

纠正在员工培训中比较注重工作技能方面而忽视改善员工情商的认知。很多压力问题不是由员工的智商产生的，而是源于情商。对员工的能力开发应该包括人际交往、合作、沟通、抗压和风险防范等方面。

6. 降低员工流动和裁员的负面影响

各种形式的人员流动已成为企业的常态，但组织变革造成的裁员对员工个体造成的伤害较大，也是员工压力的主要来源之一。因此，裁员与日常的减压管理应该有机结合，尽力消除员工在人事变革中的紧张情绪，提高员工应对变革的技能与心理承受能力。

7. 改善工作设计和工作安排

工作设计和工作安排的合理变革可以减轻员工压力，提高效率。例如，通过工作丰富化和扩大化，定期让员工进行岗位轮换，接受不同的工作任务和培训项目，开发多方面的胜任能力，缩小员工自我职业预期与现实的差距感。也可通过柔性雇佣降低员工因工作调动和解雇所带来的巨大压力，为暂时性的富余人员提供工作岗位和相应的培训机会；促进劳动力在组织内各岗位和部门间的流动，也可缓解组织即时性的用工需求和员工的解约压力。

（三）强化员工的环境适应能力和压力应对能力

培训和项目开发能够有效地缓解员工因技能不足或期望过高所产生的压力感知，提升其与工作和生活环境的匹配度。

1. 提高员工 KSAO

岗位技能培训的主要目的是弥补员工基于现有工作岗位的技能的不足，提升员工在复杂工作环境中的绩效水平。面对客户需求的变化、新技术的引入、新产品的推出以及重新定位的组织战略，员工必须通过连续的学习，更新已有的信息和知识，从而降低其在岗位上的工作压力。另外，频繁的工作轮换要求员工能够胜任多个工作岗位，而及时、全面的岗位技能培训可以使员工正确地处理角色间的专业差异，提升其应变能力。

2. 关注员工的职业生涯发展

根据年龄，员工个人的职业生涯开发一般分为成长期、成熟期和衰退期三个阶段。在成长期所面对的压力主要表现为缺乏对自身潜能的客观认知，无法完成从学习到工作的角色转变，职业规划不够清晰。企业可以通过自我测评、组织社会化培训等项目，帮助员工认清职业发展方向，设计出符合个人实际情况与组织需求的胜任力开发时间表，提升其与岗位、群体和组织的契合度。

处于成熟期的员工，其最大的压力可能来自能否实现自我设定的职业发展目标，完成个人财富的积累，获得组织的认可。这类员工在某一岗位上积累了较为丰富的工作经验，与同事和上级的关系较为稳定，然而由于组织和自身的原因，难以获得晋升的机会，容易产生倦怠感，努力程度降低，仅维持基本的绩效水平。该阶段的开发重点在于，通过工作再设计为员工创造更多的内部流动机会，使其掌握多方面的知识和技能，承担更多的自我管理职能，进一步挖掘员工在组织中的可雇佣价值。

正在经历衰退期的员工，其脑力和体力已经难以满足较强的工作要求，可能面对来自工作、同事和自我的更大压力。这个阶段的职业生涯开发，应当将如何安排好员工在职业生涯末期的工作-生活关系作为重点。建立爱护和尊重老员工的企业文化，发挥身居高管职位或具有业务专长的老员工在管理者接替的过程中的咨询者和监督者的作用，降低职位更替产生的不确定感知及心理压力。

3. 提升管理者的领导能力

管理开发的目的是提升企业各级管理者在相关部门或群体中的领导能力和技巧，改善其与员工的沟通，增进彼此间的理解和认同，最终实现管理者自我效能的提高，也有利于减少其与被管理者之间的工作压力感知。

（四）关注组织变革中的员工压力管理

组织变革中的员工压力管理是一项重要工作，因为其属于员工工作环境的一项重大的、带有突发性质的转变。在变革过程中经常伴随着企业的兼并、收购和重组，相应地发生人员配置的调整，而这些变化会导致不同群体之间的利益重新分配和矛盾冲突。一些弱势员工对变革可能会产生不理解、抵制、冲突情绪，或者在难以抗拒变革的情况下产生巨大的心理压力。

1. 关注组织改制中的压力管理

这种情况尤其表现在企业的所有制改革中。例如，在国有企业的改制过程中，一些老员工会由于身份转换而产生失落心理和压力感。组织比较稳妥的策略是实施分类对待，即所谓“老人老办法”，对有贡献的老员工进行经济补偿或贡献认可，缓解他们的压力感，平稳渡过改制动荡期。

2. 关注工作变动中的压力管理

组织变革必然带来部门和岗位的变动，即重新进行岗位设计和人员配置。在这种情况下，一些员工可能要离开现有的工作岗位或团队，甚至被辞退，离开组织。在整个变革过程中，每一个阶段都会给员工很大的压力。例如，变革前员工会产生担心、怀疑或恐惧的情绪；变革中会有意外、突然和不理解的忧虑；变革后会产生失望、沮丧以至愤怒的情绪等。对此，应针对各阶段可能产生的员工反应制定措施，将压力和负面影响降到最小。

3. 关注组织转换中的压力管理

有些员工在组织变革中可能被并入其他组织，或者成为新分离组织的一员。特别是当员工只身进入一个新组织时，其会感到较强的组织文化差异的冲击。因此，应重视组织变革后员工的文化适应管理，从某种意义上讲，如同新员工一样，他们也需要经历一个新组织的社会化过程。

无论是对个人还是对企业而言，压力管理不可能永久性地消除压力产生的根源和影响，但可以通过企业和员工的多方努力，尽可能地降低压力的负面影响，使员工能够在一个和谐的环境下工作。

四、员工自我压力管理的方法与策略

每个人都是自己健康的第一责任人，也是压力管理的第一责任人。从个体层面讲，自我压力管理有很多方法可以尝试。

（一）有效的时间管理

有效的时间管理可以帮助个体避免焦虑、提高效率。有效的时间管理需要重点把握目标设定、计划制订、优先权决策、适当留白和及时激励几个环节。第一，合理设定目标，遵循的原则是“完整、具体、合理、可行”，避免因目标模糊或可行性低而带来的巨大压力。第二，制订计划，澄清自己的期待与需要，弄清主要目标，拟订长期计划与短期计划，确定适当的完成期限，避免操之过急和拖延拖沓而带来的压力。第三，设定任务的优先级，把重心摆在最重要的、需要优先处理的事情上，先解决自己最看重、最重要的事情，以避免产生根本性压力。第四，适当留白，预留一些弹性时间以应对突发状况，避免突然袭击产生的心理冲击和导致应接不暇。第五，及时激励，按时完成预定事项后及时“奖励”自己，形成正反馈循环，激发心理满足的积极情绪。

（二）适度锻炼

研究发现，无论年龄、种族、性别、家庭收入和教育水平如何，锻炼都可降低心理健康负担，而且任何类型的锻炼都有助于改善心理健康问题，其中团队运动、骑自行车、有氧运动和健身房（阻力）运动等对于改善心理压力的效果更好。① 运动在多大程度上改善压力情绪，取决于锻炼的频率和时间，每周锻炼 3～5 次，每次持续 30～60 分钟，心理健康获益最大。但每月锻炼超过 23 次，或者每次超过 3 小时者，心理健康状况比不锻炼的人还差。

（三）合理饮食

研究表明，一些食物可以帮助个体改善情绪，而另一些食物则可能加重不良情绪体验。食物中发现的某些酶可提高人体血清素水平，从而改善个体的情绪状态。饮食中的含糖量与抑郁、焦虑等不良情绪相关。主动补充特定的营养成分可以提供神经肌肉活动的动力。保持健康饮食有助于自我接纳和保持自信，相当于某种程度上的认知行为疗法（CBT）。此外，科学研究还表明，肠道菌群（及其神经免疫效应）在焦虑抑郁发病机制中具有一定作用。

（四）掌握情绪放松技巧

实践中发现，掌握情绪放松技巧，例如渐进式放松、生物反馈训练、腹式呼吸、冥想、正念、瑜伽等，可以增强个体的心理压力承受能力，帮助个体应对不良情绪。生物反馈是将肌电活动、脑电活动、心率、血压等生物学信息进行处理，然后通过视觉和听觉等人们可以认识的方式显示出来，使人们能够有意识地控制自己的心理活动，以达到调整机体功能、防病治病的目的。②

□关键术语

工作压力　压力源　压力管理　双元压力干预

---

① Chekroud S R，Gueorguieva R，Zheutlin A B，et al. Physical activity and mental health：Author's reply. Lancet Psychiatry，2018，5（11）.

② BIO 国际组织教材编写组．心理咨询与治疗基础．北京：人民日报出版社，2007.

□复习思考题

1. 员工压力管理的作用与意义是什么？
2. 有哪些来自工作的压力源？它们可能给员工造成哪些不良的影响？
3. 组织可以通过哪些压力管理对策帮助员工减轻压力？
4. 技术变革和组织变革会给不同群体员工带来哪些影响和压力？

□案例分析

华为：真正一流的团队都“耐打抗揍”

说到承受压力较大的企业，华为应该是其中的一个。在美国的打压下，华为业务依然稳健发展，承受和应对极端风险的能力非常强。华为在应对外部压力时，有很多经验可供其他企业参考。

管理层对压力要积极应对

作为管理者，要尽可能采取各种举措让压力在最小范围内化解，而不是简单地传递到员工层面去。管理者是团队应对压力的第一责任人。2019年5月16日，华为被美国列入“实体清单”。任正非接受了全球各国数十家媒体的多场专访，对于向来以低调作风示人的任正非来说，这是相当罕见的。在这些采访中，任正非的主要态度是美国的制裁并不会真正打死华为；现在不是华为最糟糕的时刻，相反，这将帮助华为消除内部的组织惰怠；华为未来必将走向下一个成功。这些采访不仅向外界传递了华为管理层积极乐观的态度，而且极大地降低了员工的压力，起到了鼓舞士气的作用。

团结一致对抗压力

在面对危机和压力的时候，企业内部是否团结是能否有效抵挡住压力的重要因素之一。要想让员工做到真正的团结，需要做好以下两个方面：

一是，只有员工高度认同企业的核心价值观和企业文化，才能从内心深处真正做到对企业的认同。这样，当危机来临的时候，员工才可以保持适当的定力。华为一直有非常明确的核心价值观和企业文化，“以客户为中心，以奋斗者为本，长期艰苦奋斗，坚持自我批判”“胜则举杯相庆，败则拼死相救”等理念被员工高度认可，这是员工持续保持高昂斗志的精神支柱。正是华为扎实的企业文化底蕴，支撑华为人在面对美国持续打压时还保持着良性的运作，没有乱了阵脚。

二是，当员工和公司的利益统一的时候，员工就会和公司共同努力奋斗。华为在公司内部长期坚持的是“不让雷锋吃亏”“给火车头加满油”的管理思想，通过合理的价值分配，包括员工持股计划、时间单位计划等形式，把企业经营的收益与员工分享，从利益层面把员工和公司绑定在一起。在企业面对巨大压力的时候，员工没有作鸟兽散，反而比以前更加团结了。

分析压力来源，找到解决办法

人类的恐惧来源于未知，企业经营中的压力往往来源于未来的不确定性。如果能够把压力产生的根源拆解并分析清楚，那么不确定性就会大大降低；如果在此基础上还能形成针对这些根源的解决措施，那么就可以在很大程度上减少企业和员工所能感受到的压力。在被列入“实体清单”以后，华为公司内部很快就做了详细而深入的分析，发现虽然存在各种困难，但因为公司很早就有所准备，所以还远远没有到生死存亡的时刻。实际上，华为在 2008 年前后就已经开始针对以后可能会出现的被美国限制的情况做出预案，囤积关键的核心零部件，确保在极端情况下的业务连续性，这也是被列入“实体清单”以后，华为能够确保持续为客户服务的底气。2019 年“实体清单”事件以后，华为就在积极做国产替代方案，帮助上下游供应链厂商提升能力，这客观上也是在提升华为应对危机的能力。华为把压力解析成解决问题的方法，很好地降低了企业和员工的压力。

用压力激发个体潜力

要感谢压力，是压力让人们意识到自己的不足。适当的外部压力也会激发组织和个体的潜力，帮助每个人更好地成长。在“实体清单”事件之后，华为内部的组织活力更强了，大家都在更努力地工作。如果长期处于没有压力的环境，意味着思想的懈怠，无法激发潜力。在压力中生存，在逆境中成长，是一种能力，也是每个人都需要培养的“逆商”。

资料来源：华为团队管理之道：真正一流的团队都“耐打抗揍”.（2022-07-21）. https://mp.weixin.qq.com/s?__biz=MjM5NTczMDM2MA==&mid=2650622617&idx=3&sn=32606720f6f0a898527e04271a946006&chksm=befdec4e898a655861ca11c006701287b170b8375a5124f9398ee354a3f720ffe7d6c2e6ee43&scene=27.

讨论题：

华为公司的压力管理经验为企业员工压力管理工作带来哪些启示？

第 11 章

员工援助计划

| 学习目标 |

● 认识员工援助计划是解决员工心理和压力问题的重要途径，是实现员工工作-家庭平衡的重要手段。

● 了解员工援助计划的产生背景和演进过程，认识到对员工个人问题的关注、对员工的心理和压力问题的专业干预已经成为一种较为普遍的组织行为。

● 明确员工援助计划应该以满足员工的需求为目标，同时兼顾企业和员工群体的特征，选择适当的设计和实施方案。

第 1 节　员工援助计划概述

为员工提供一个良好的工作环境和使其保持健康的心态，是企业吸引和留住人才的核心要务，具体可行的方案之一就是实施员工援助计划。员工援助计划是一项长期支持性的员工福利项目，不仅可以为员工解决工作和生活中的矛盾和问题，而且可以防范员工因为个人问题而妨碍工作任务的完成，有助于提升个人和组织绩效，帮助员工拥有更和谐的家庭和职场关系，对于企业自身发展也具有重要意义。

一、员工援助计划的内涵与性质

员工援助计划（employee assistance programs，EAP）是在企业界普遍推行的一种旨在帮助员工解决健康、心理、家庭等方面问题的福利实施方案。员工援助计划也称员工协助方案、员工帮助计划等。

（一）员工援助计划的内涵界定

员工援助计划的内涵至今没有统一的界定，学术界从不同的角度进行阐述。综合起来，可分为广义和狭义两种。

1. 广义的内涵界定

广义的员工援助计划的内涵可表述为：企业通过合理的干预方法，积极主动地了解、评估、诊断及解决员工工作表现及绩效方面问题的过程（Goodings，1987）。这些干预措施包括组织为员工“提供诊断、辅导、咨询等服务，解决员工在社会、心理、经济与健康等方面的问题，消除员工各方面的困扰，最终达到预防问题产生、提高员工工作生活质量的目的”（Bohlander and Sheman，1992）。员工援助计划包含的内容和形式随着不同阶段的发展日益丰富，一些企业已经结合实际需要将员工的直系亲属也纳入项目中。

2. 狭义的内涵界定

狭义的员工援助计划的内涵可表述为：企业通过为面临情绪、压力、酗酒、赌博、吸毒、滥用药物等方面问题的员工提供咨询服务、治疗措施等，帮助他们战胜困难的过程（Dessler，1994）；主要是针对存在心理问题的员工及其家属提供相应的心理评估，咨询辅导与治疗服务，家庭、法律、医疗与财务等方面援助的过程（Arthur，2000）。

3. 综合定义

从上述两种定义可以看出，广义的员工援助计划泛指企业为员工提供涉及工作和生活多方面问题的援助措施和行动，而狭义的员工援助计划仅指为员工提供心理帮助或某些个人不良行为嗜好的纠正帮助。就目前的趋势看，员工援助计划更多地向广义方面发展。

（二）员工援助计划的性质和特征

规范且系统的员工援助计划项目一般具有如下基本特征。

1. 员工福利性质

员工援助计划是由企业设计和推动的帮助员工解决问题和困难的福利项目，项目的实施是为了改善组织的氛围和工作环境，降低员工家庭或心理因素对工作绩效的干扰，最终达到提升员工工作与生活质量的目的。

2. 组织干预性质

员工援助计划是企业为员工及其家属提供的长期的、系统的专业服务项目，虽然服务项目一般会根据员工的具体需要而设计，但带有一定的组织干预性质。

3. 专业服务性质

员工援助计划项目的实施一般需要内部或外部专业人员的干预和介入，由专业人员提供专业咨询、培训、指导以及治疗等相关服务是未来的发展趋势。

二、员工援助计划的产生背景和演进过程

（一）产生背景

员工援助计划起始于 19 世纪中叶对工人过度饮酒行为的干预。当时，饮酒在西方工

作场所是一种极为普遍的现象，雇主和雇员都接受这种习惯，甚至部分管理者对此持鼓励的态度，认为工人在休息或工作时间喝酒是正常现象。由于对酗酒行为的纵容，一些员工彻夜酗酒，第二天带着醉意上班，给工作和生活造成严重影响。

为此，在1880—1920年间，雇主开始试图改善员工在工作场所酗酒的问题，希望通过帮助员工戒酒来提高劳动生产率，减少工作失误。雇主为此付出了许多努力，虽然效果不佳，但动摇了对在工作场所酗酒的普遍认同态度，为以职业戒酒为目标的员工援助计划奠定了基础。

（二）演进过程

1. 职业戒酒计划的推行

20世纪初期，职业戒酒计划（occupational alcoholism programs，OAP）在美国的一些企业展开，成为最早的员工援助计划。1917年，美国纽约梅西百货建立的员工咨询系统被认为是该计划的开端。到20世纪30年代末期，一些企业注意到酗酒、吸毒和药物滥用会影响员工和企业的绩效，开始聘请有关专家协助解决该问题，同时对酗酒问题的认识也有了转变，不再认为它单纯是因为饮酒者的道德与精神方面贫乏引起的，而将其视为一种疾病。这些因素促成了职业戒酒计划的发展。

第二次世界大战时期，企业加大了对工作场所酗酒行为的干预，管理者也采取了更多手段帮助员工戒酒和帮助酗酒工人恢复工作能力，这引起了企业管理者和医疗工作者的高度重视。20世纪40年代末期，职业戒酒计划更为正规与普遍，许多大中型企业都设置了专门的职业戒酒计划。该时期员工援助计划的主要特点是：早期普遍认为酗酒是引发员工问题的主要原因，也成为员工需要接受员工援助计划的主要特征，却忽略了酗酒背后的真正原因，而这些因素同时也造成员工其他心理和行为问题。该时期员工援助计划的帮助措施主要是组织引导有问题的员工到外部专业戒酒机构寻求帮助。

2. 员工援助计划的确立

20世纪60年代中期是员工援助计划的确立时期。其背景为，随着职业戒酒计划的推广，学术界和企业界探究了更多的员工精神与情感问题，寻找产生这些问题的根源。人们发现工作环境对员工精神健康会产生重大影响，工作环境的许多问题是员工精神或情感问题的重要根源。1962年坎波集团（Kemper Group）启动了酗酒员工再就业计划，并将该计划扩展到员工家属以及有其他生活问题的员工。该方案增加了服务内容，将婚姻与家庭问题、情绪问题、经济与法律问题以及其他与饮酒过量相关的问题也纳入该项服务之中，开现代员工援助计划之先河。此后越来越多的雇主采用员工援助计划，用于处理更广泛的员工个人问题，帮助员工提高独立处理问题的能力。

进入70年代之后，美国政府开始干预员工的不良职场行为，支持员工援助计划的实施。1970年，美国通过了《酒精滥用和酗酒者的预防、治疗和恢复法案》。根据此法案，联邦政府设立了美国国家酒精滥用和酒精中毒研究所（National Institute on Alcohol Abuse and Alcoholism，NIAAA），该机构主要负责对酒精成瘾的预防和治疗进行专业研究。在该法案的推动下，各州都以立法的形式承认酗酒是一种疾病，对戒酒行动给予更多的重视，并为此投入了大量的精力。一些社会组织也采取积极配合行动，成立了民间的劳工和管理者酗酒咨询协会（Association of Labor and Management Administrators and Consultants on Alcoholism，ALMACA），大力推动戒酒计划的实施，促进员工援助计划在企业中的推广。

该时期，除了酗酒，企业还面临其他员工管理问题，例如吸食毒品、职场暴力、情绪低落、家庭破裂等，这些严重影响了员工的业绩。其中，吸食毒品的员工工作效率低下，常有怠工、旷工和意外事故发生，医疗费用骤增，为此，行业性的员工援助项目开始推行。美国于 1987 年成立了员工援助专业协会，并开始对专业人员实施考试与资格认证制度。

3. 员工援助计划的完善和专业化

进入 20 世纪 80 年代，员工援助计划出现了新特点：一是政府在社会福利上的资金投入减少，大量公立研究机构及心理健康服务机构不得不另寻出路，逐渐把服务对象转向各大企业；二是公益性和民营的员工援助服务机构之间竞争激烈，推动其向更专业化服务的方向发展。为此，一些企业开始推行员工提升计划（employee enhancement programs，EEP）。员工提升计划的主要特点是，它不再局限于关注员工单一的身体健康问题，而是关注员工的整体健康状态，包括员工心理压力、吸食毒品、吸烟和暴饮暴食等问题，以帮助员工保持良好的工作生活状态。

在员工提升计划中，压力管理是核心，主要关注从组织和个人双重途径解决员工压力问题。其干预措施包括三个层面：第一层面是针对员工的压力源有针对性地进行干预，极力在企业内部创造一种舒适、健康和积极的工作环境。第二层面是针对员工的各种不良情绪，通过相应的讲座和训练提高员工的压力自我察觉能力，尽早发现情绪异常，并让员工掌握自我减压技巧。第三层面类似于员工援助计划，主要帮助压力过大导致出现严重心理或生理问题的员工，为其提供相应的心理咨询服务，帮助他们恢复正常的工作能力。

（三）员工援助计划在中国的实践

20 世纪 70 年代初，员工援助计划在中国开始陆续实行，最早引进员工援助计划的多是世界 500 强公司和一些跨国企业，比如 IBM、朗讯、可口可乐、西门子、三星、杜邦、宝洁等。后来，我国本土企业开始对员工援助计划给予更多重视，与企业传统的福利项目相融合。2001 年 10 月，我国第一个专业的员工援助计划服务机构成立。2003 年 10 月，中国第一届员工援助计划年会在上海召开，使得更多企业开始关注员工心理健康和员工援助计划项目。①

我国引入员工援助计划服务，除受到跨国公司的影响外，主要是由于改革开放以来组织自身变革发展的需要。员工援助计划在国内企业的成功实施，离不开与中国文化和社会特性的结合。随着社会主义市场经济体制的建立，中国经历了经济发展的探索期，同时也经历了社会秩序、民众心理、社会伦理失衡—调整—重构的重要阶段。因此，我国的员工援助计划也与国外的员工援助计划形成了明显的差异，体现为我国的员工援助

---

① 蒋璐艳．G 公司员工援助计划（EAP）的优化研究．上海：华东师范大学，2022.

计划更多地针对社会经济转型所带来的心理行为问题，服务内容包含个人家庭、婚姻、工作压力、职业心理健康、生涯发展困扰、职场人际关系、健康生活方式、法律纠纷、理财等诸多方面。

第2节　员工援助计划的内容与运作模式

一、员工援助计划的内容

根据不同发展阶段，不同国家在开展员工援助计划时，内容会有不同侧重。不同企业结合自身需求，其员工援助计划的内容也会有所差异。

（一）国际员工援助计划协会的内容指导

依据国际员工援助计划协会的指导手册（2003），员工援助计划包括以下核心内容①：

（1）为处于困境的员工提供咨询、培训和援助，以改善其工作环境，提高员工工作绩效，并使员工和家人了解提供员工援助计划服务的组织和专业工作者。

（2）识别与评估可能影响员工工作绩效的问题，对员工个人问题及其所提供服务保密。

（3）运用建设性的面谈、激励和短期干预等方法，帮助员工处理可能影响工作绩效的问题。

（4）为员工提供和推荐诊断、治疗方案，并提供持续的监控和跟踪服务。

（5）在工作组织与服务商之间建立和保持良好的关系，提供咨询和服务契约的管理。

（6）为企业组织提供员工心理和行为问题的咨询和适合的医疗服务（包括但不限于针对酗酒、吸食毒品、精神和情感紊乱的服务）等，使员工的健康保障具有实用性和可获得性。

（7）对员工援助计划的服务效果进行鉴定。

（二）欧美国家的员工援助计划内容体系

在欧美国家，一般认为一个完整的员工援助计划应该包括四部分内容：政策和程序、对员工的教育、对管理者的培训、咨询和临床治疗。可能影响员工绩效的个人问题都属于员工援助计划需要解决的问题范畴。员工援助计划大概涉及三个主要的方面，即员工个人、组织管理以及员工援助计划本身，主要以员工个人问题为主。从个人角度来看，包含员工生活和工作的各个方面，如职业的发展、人际关系的培养、个人情绪的控制、婚姻关系、家庭关系以及健康状况等；从组织的角度分析，包括工作压力、工作环境、工作绩效、同事关系、上下级的关系、职业生涯规划等方面；从员工援助计划本身来看，通过对组织的诊断和分析，向组织提出改进的建议和方案，比如员工福利计划、健康促

① 刘亚林．EAP（员工援助计划）研究综述．经济与管理研究，2006（6）．

进计划、裁员或灾难性事件后的心理恢复以及其他紧急服务。

（三）我国企业的员工援助计划内容体系

我国企业开展的员工援助计划，在内容上也进行了大量探索。王菁（2016）认为员工援助计划的内容体系包括个人工作、生活和健康三个层面。其中，工作层面主要包括工作关系、绩效考核、职业生涯、退休安置以及职位转换等方面；生活层面主要包括人际关系、家庭婚姻、子女教育、法律财务以及生活管理等方面；健康层面主要包括压力管理、运动保养、医疗卫生、心理保健以及忧郁酗酒等方面。[①] 吴亚飞（2019）结合我国员工援助计划的本土发展，将员工援助计划的内容体系总结如下[②]：

（1）调查分析：通过对员工的心理状况的关注，及时向员工提供帮助和心理辅导，保证组织各方面环境处于最佳的工作状况。同时关注员工的实际需求，并为他们提供建议。

（2）针对个人的咨询：主要针对员工的个人生活状态、工作状态以及部分家庭问题进行适当的关注，并及时提供帮助和咨询。

（3）面向集体的咨询：以组织中的团体为对象，不断引导和帮助他们解决所面对的共同困难或问题。

（4）对员工的教育：在对员工的教育过程中，提供与心理健康有关的教育训练，包括压力管理、情绪管理、心理咨询、心理认知等。

（5）宣传与推广：在企业内部对员工援助计划的作用和效果进行大力的宣传和推广，从而引起大家的不断关注。

（6）个人测评：为企业员工提供个人智力、能力、人格、价值观、职业兴趣等方面的测评服务，帮助员工全面了解自我，认识自我。

二、员工援助计划的运作模式

按照服务的来源，员工援助计划可分为以管理为基础的内部模式、以契约为基础的外部模式、专业化和灵活性相结合的混合模式、以资源共享为基础的联合模式、共同委托模式等五种模式。

（一）内部模式

1. 运作流程

内部模式是指在企业内部设置专门机构或在人力资源等相关部门内新设职能，由内部专职人员负责员工援助计划项目的策划和组织实施。在这种模式下，需要内部专职人员具有社会工作、心理咨询等专业资格，可以直接帮助员工解决问题，也可以为本企业建立外部资源系统，推荐外部的专业服务。该模式大多以短期咨询为主，一般聘请外部咨询机构或专业人员提供长期咨询服务。内部模式运作流程如图 11－1 所示。

---

① 王菁．大型国有企业基层员工 EAP 需求实证研究．兰州：兰州交通大学，2016.

② 吴亚飞．S 建筑公司员工援助计划（EAP）应用研究．西安：西安建筑科技大学，2019.

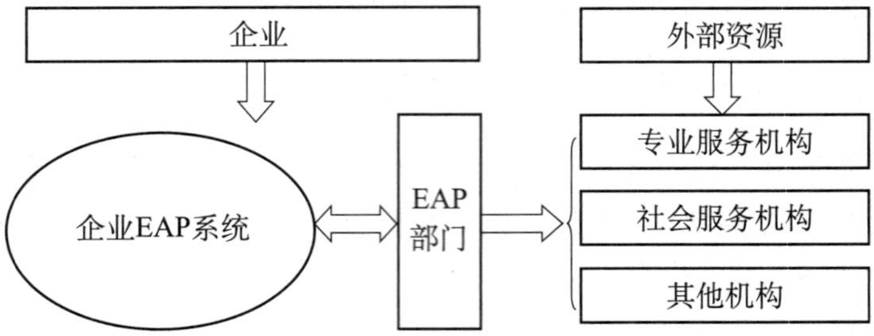

图 11－1　EAP 内部模式的运作流程

2. 主要特点

（1）优点：容易了解和掌握员工真实的需求问题，使服务更具有针对性；服务提供者主要是本企业的人员，可以为服务对象创造信任和熟悉的环境，有助于服务的顺利开展；成本较低；项目设计和实施的弹性大，有利于在企业内推广。

（2）缺点：专职人员因为身处同样的环境，在设计员工援助计划过程中难免带有主观性；员工的个人隐私问题可能影响服务质量；企业需要消耗较大的人力、时间和精力来设计和执行服务计划。

（二）外部模式

1. 运作流程

外部模式是指企业通过契约的方式将员工援助计划外包，由外部具有社会工作、心理咨询和心理问题治疗等知识和经验的专业人员或机构提供服务。

在这种模式下，企业所需的服务几乎都由外部提供，企业内部人员的工作职责主要是发现员工的问题并根据问题的特点选择合适的外部服务机构，并对外部服务效果进行监控。其运作流程如图 11－2 所示。

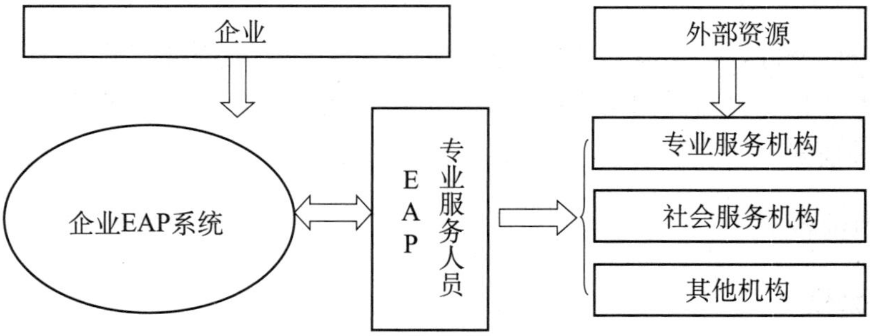

图 11－2　EAP 外部模式的运作流程

2. 主要特点

（1）优点：企业不必设置专职服务人员，只需要一定的费用就可以获得专业服务；执业人员可以提供更为专业化的服务，也可以借鉴和运用其他企业的经验；提供的服务可以保持相对的独立性，因为服务提供者是企业外部的第三方，员工在接受服务时无须顾虑隐私保护的问题。

（2）缺点：服务提供者对企业和员工的了解不深，可能缺乏服务针对性；服务费用相对较高；对服务供应商的选择也存在风险。此外，一些研究表明，外部服务模式不适合规模小的企业，规模较大的企业更具规模效益。

（三）混合模式

1. 运作流程

混合模式是指企业内部员工援助计划实施部门与外部的专业机构联合，共同为员工提供服务项目。其运作流程如图 11－3 所示。

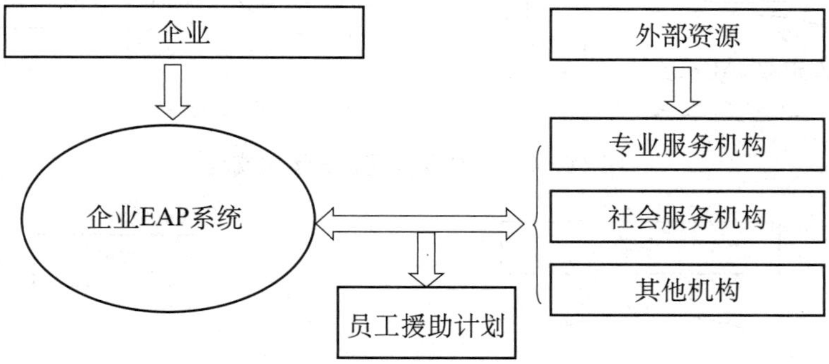

图 11－3　EAP 混合模式的运作流程

2. 主要特点

混合模式具有如下优点：第一，专业机构的参与保证了该模式中员工援助计划服务人员的专业性，也提升了员工对员工援助计划项目的信任度；第二，有企业内部人员参与，可以协助推进整体服务项目的实施，并对项目实施质量进行有效监督；第三，费用支出比外部模式低，适合一般的中小型企业。但是混合模式也容易存在内部和外部人员权限界定不清晰、人员调配不顺畅等问题，从而影响服务质量。

（四）联合模式

1. 运作流程

联合模式是指几个企业联合成立一个专门提供员工援助计划的服务机构，该机构设置专人管理，聘用具有社会工作、心理咨询等知识和经验的专业服务人员，为各企业的员工提供服务。其运作流程如图 11－4 所示。

2. 主要特点

联合模式具有如下优点：其一，通过联合若干企业，成立专门的员工援助计划服务机构，实现员工援助计划服务的共享，节省成本；其二，有利于促进企业间的沟通合作。但该模式运行也需要一定条件：一是有明确需求的企业要足够多，形成规模；二是在人员配置、职责权限、薪酬待遇等方面，企业之间要协调好。

（五）共同委托模式

1. 运作流程

共同委托模式是指几个企业共同委托具有专业能力的服务人员与机构，提供员工援助计划服务。其运作流程如图 11－5 所示。

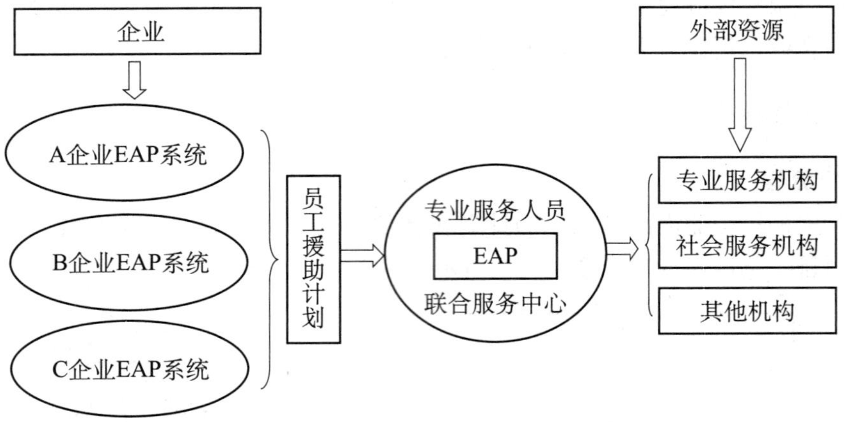

图 11-4　EAP 联合模式的运作流程

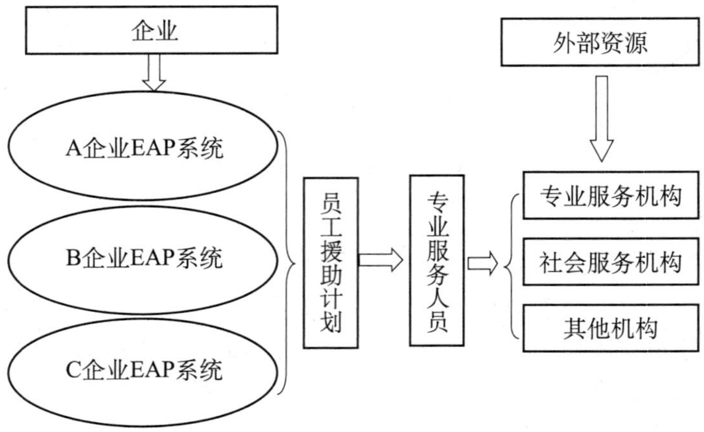

图 11-5　EAP 共同委托模式的运作流程

2. 主要特点

共同委托模式比较适合规模较小的企业，通过共享资源，为员工提供帮助。但在实施过程中，该模式需要共同委托的企业具备相似的产业背景和员工特色，以发挥最大效益。此外，要选择专业对口、规范完善和有规模的服务提供商。

第 3 节　员工援助计划的设计与实施

一个成功的员工援助计划，不仅需要优良的设计，还要有切实可行的实施保障。

一、员工援助计划的设计框架

早期的员工援助计划在实施时，一般先由企业请有关专家就如何解决行为异常员工的问题进行探讨，然后采取有针对性的措施缓解和疏导员工压力。随着员工援助计划的广泛应用，其实施过程逐步规范化。员工援助计划的设计框架如图 11-6 所示。

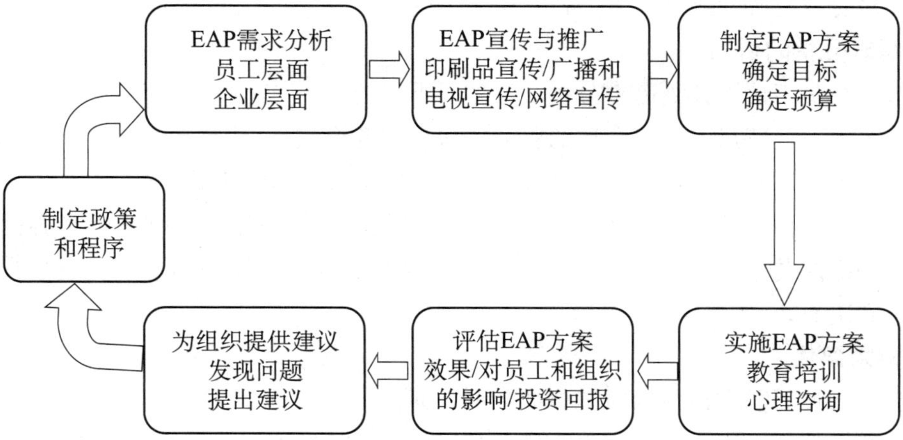

图 11－6　员工援助计划的设计框架

二、员工援助计划的实施流程

根据上述设计框架，员工援助计划的实施需要以下基本步骤。

（一）制定政策和程序

在中国首届员工援助计划年会上，国际员工援助计划协会主席唐纳德·乔根森（Donald Jorgensen）指出，企业在实施员工援助计划时，首先要确立员工援助计划的政策目标，实施什么内容的援助计划，然后基于这个前提提供一些特殊的服务。因此，企业首先要制定一套清晰的、书面化的政策和程序，用以规范员工援助计划在企业中的运作和执行。在政策和程序确定时，需要遵循以下原则。

1. 结合实际

需要结合本企业特色和员工的普遍现实需求，锁定实施员工援助计划的主要目标和重点内容，选择合适的员工援助计划及其运行机制。

2. 明确职责

需要明确员工援助计划的实施部门、主要参与者、受益范围以及相应的职能任务分工。

3. 获取外援

可根据需要选择适合的外部专家或外部服务机构，共同商讨确定外部服务商的服务范围和企业内部员工援助计划的服务范围，并与外部服务商共同制定内部的服务体系和流程。

4. 强化沟通

主要负责部门加强与员工的沟通，帮助员工认识自己的困难与问题，寻找问题的根源，以提供有针对性的服务。

（二）员工援助计划需求分析

在开展员工援助计划以前，必须有一个完整详细的方案，而计划的可行性和有效性是建立在对企业准确诊断和需求分析基础之上的。

1. 需求分析的目的

通过进行员工援助计划需求分析，达到以下目的：

（1）了解企业特点，制定合适的服务方法和服务模式。

（2）了解员工和企业需要，提高计划服务的针对性，减少浪费。

（3）通过评估、挖掘企业和员工的深层次问题，尤其是那些影响员工身心健康及企业绩效的关键问题，使企业管理层对本身出现的问题有全面深刻的了解，增强其开展计划的意愿和决心。

2. 需求评估

员工援助计划需求评估的内容包括三个方面：

（1）组织特征和工作环境。主要包括组织类型、工作类型、组织的主要任务和目标、员工的数量及其相关人口统计学变量、工作场所的数量和分布等信息。

（2）员工需求。根据员工自身的年龄阶段、心理特点、所处岗位、生活环境、工作性质等因素分析员工需求，主要包括员工的自身特点、基本心理健康状况及凸显的心理问题，员工在福利待遇、工作关系、工作-家庭平衡、职业生涯发展（如进修、培训、生涯规划等）、经济、法律等方面的主观需求。

（3）组织需求。对组织进行需求评估的主要目的有两点：一是配合员工的需要，开展员工援助计划，即如何利用企业现有资源实施员工援助计划；二是评估组织内部的需要，设定解决组织自身问题的目标。对组织需求的评估应将企业内部和外部信息结合起来。

在需求评估的基础上，完成引入员工援助计划的需求报告，内容包括：第一，通过企业现有的数据记录评估是否需要引入员工援助计划，包括出勤记录、人员变动、工伤事故、卫生保健津贴、工作满意度、组织承诺、组织公民行为等；第二，明确企业引入员工援助计划的目的、致力解决的问题，以及企业急需改进的方面等；第三，了解相关的企业规章制度和国家的法律法规，避免与计划冲突。

评估可使用多种方法，例如现场观察、问卷调查、结构化个人访谈、团体焦点访谈等。被广泛使用的是管理者观察法和员工调查法。此外，还需对一些外部可以利用的资源进行评估，例如，员工援助计划提供者的需求，社会服务机构（如医院、心理咨询中心等）的规模、声誉、水平、地理位置等。

（三）员工援助计划宣传与推广

在员工援助计划实施过程中，宣传与推广很少被认作一个独立的模块放入整体规划中，但鉴于一些企业对计划的认可度不高，应加大宣传和推广力度。

1. 主要内容

宣传和推广的主要内容包括：说明心理健康的重要性和心理问题的症状及危害；指出员工援助计划的作用、意义、主要内容、实施原则及保密原则，以及管理者与员工的角色定位等。通过宣传与推广，可以提高员工的信任感，消除员工的顾虑，使员工接受并乐于参与到计划中来。鉴于企业在所有制性质、所在行业、区域位置以及人员规模和结构等方面存在很大差异，员工援助计划在前期调查、教育推广以及服务形式等方面都应有所不同。

2. 宣传形式

员工援助计划宣传和推广的形式主要包括：

（1）印刷品宣传，即使用手册、海报和宣传栏等。这些形式的优点在于内容受篇幅限制较小，便于进行深入报道，保存性强，可以反复阅读，便于携带。缺点是传播速度较慢，信息只能以文字和图片形式展现，直观性、生动性和互动性较差。

（2）广播和电视宣传。这种传播方式形式多样，渗透力强，覆盖面广，信息传递生动活泼，如果能够依托组织内部的宣传设备，成本会大幅降低，利于反复传播。缺点是难以保存，很难反复接收相关信息，深刻程度也有限。

（3）网络宣传。网络宣传的传播速度快，信息呈现方式多样，互动性强，可以多形式地宣传大量信息，是非常有效的宣传工具。但若使用不当，可能降低可信度，因此需要合理和正确地使用。

（四）制定员工援助计划方案

在需求分析的基础上，进一步确定员工援助计划的预期目标以及项目预算，可围绕三个层面确定与实施。①

1. 结果层面

该层面的主要目标和实施关注点为：（1）注意协调好个人与组织的共同需求；（2）目标设置要具体、可行；（3）在解决问题时注意寻找期望目标和现状之间存在的差距，针对差距提出改进措施；（4）注意拓展效益，即不仅要注意项目的完成效果，而且要注意持续影响。

2. 执行层面

该层面的主要目标和实施关注点为：（1）具体，有清楚的执行内容、步骤等；（2）实际，能切实达到预期目标；（3）可行，即可以有效实施；（4）弹性，可随情境变化而适当改变。

3. 规划层面

该层面的主要目标和实施的关注点为：（1）知道为谁而做（who and whom）；（2）清楚为何而做（why）；（3）了解可做什么（what）；（4）明白如何去做（how）。

此外，在明确目标后，还需考虑计划的成本预算。应结合公司的财务状况和年度总预算，尽可能细化和量化本项目的预算。

（五）实施员工援助计划方案

员工援助计划方案在具体实施过程中需要注意以下问题。

1. 明确目的，提高认识

向员工清楚解释员工援助计划的重要意义和作用。

---

① 方隆彰．员工协助方案：如何在组织内推动与发展．劳工行政，1996（94）．

2. 打消顾虑

要向员工承诺对其隐私保密并处理好敏感问题，解除员工的顾虑。

3. 以预防为重点

做好三个层面的工作：初级预防，其目的在于减少或消除导致职业心理问题的因素，建立积极、健康的工作环境，主要通过改变人事管理制度来实现；二级预防，即教育和培训，旨在帮助员工了解心理健康知识并培养处理心理问题的技能，以增强企业处理员工心理问题的能力；三级预防，即心理咨询与辅导，由专业心理人员向员工提供个别或团体心理辅导服务，使他们能够保持良好的工作与生活状态。

（六）评估员工援助计划方案

对员工援助计划的实施结果进行评估的目的是考察企业的干预措施是否按计划进行并取得预期效果，也为后续的计划投资决策提供依据。效果评估主要在四个层面进行。

1. 实施情况和服务满意度

该层面考察的指标有员工援助计划服务的便捷性与及时性、使用率、员工和管理者对援助计划的满意度等。该层面的评估有助于发现和改善执行中的问题，提高效率。

2. 对员工个人的影响

该层面主要考察在实施了员工援助计划之后，员工在知识、技能、态度、行为、心理健康和心理成长等方面的变化。测量结果有助于了解计划实施对组织的影响，计算投资回报率。

3. 对组织运行的影响

该层面包括两类指标：硬性指标和软性指标。硬性指标有生产率、销售额、产品质量、总产值、缺勤率、管理时间、员工赔偿、招聘及培训费用等；软性指标有人际冲突、沟通关系、员工士气、工作满意度、员工忠诚度和组织气氛等。

4. 投资回报率分析

投资回报率分析以之前几项评估结果为基础，尤其需要依赖员工个人和组织层面的评估数据。综合个人和组织两个方面的数据，在分离出其他因素的影响之后，可以计算出员工援助计划的投资回报率。

（七）为组织提供建议

员工援助计划在实施中主要起到两方面的作用：一是解决员工的压力和心理问题；二是在解决员工问题的同时，发现组织存在的问题，为改进和完善管理机制提供帮助。在计划实施的过程中，计划的提供者必须通过员工接受服务时反映的情况发现组织存在的问题，为相关部门提供参考。

三、影响员工援助计划有效实施的因素

影响企业执行员工援助计划的因素有组织实力、组织规模和特性、行业差异、员工特性四项。

（一）组织实力

由于实施员工援助计划需要支出较高或持续的费用，因此只有实力较强或意愿较强的企业才有能力去实施。也有一些企业是想利用这一方式向外界传递一种信号，达到树立良好企业形象、提高知名度与美誉度的目的。大型或实力较强的企业更加注重企业的名誉和影响力，更倾向于实施员工援助计划（Stanwick and Stanwick，1998）。

（二）组织规模和特性

组织规模越大，人员数量越多，组织实施员工援助计划的可能性越大。例如，研究表明，在美国，规模超过 1 000 人的组织中，实施员工援助计划的比例达到了 76%（Hartwell and Potter，2003）。这是因为，一方面，随着员工增加，企业感受到的压力增大；另一方面，员工数量越多，需求越多元化，企业采取多样化的员工援助计划来满足需要的意愿越强烈。也有观点认为，从长远的角度看，实施员工援助计划可以节约成本，合理避税（Lazear，1998）。此外，若跨国公司实施了员工援助计划，也会带动东道国的企业及下属企业。

（三）行业差异

行业特征对企业实施员工援助计划也有重要影响。研究发现，在高科技行业中，实施员工援助计划的企业超过了 50%，而在传统行业中，实施的企业只有 20%左右，这与高科技行业的环境复杂多变、竞争激烈、产品更新速度快、员工工作压力大、出现身心健康问题的可能性大有关（Hartwell and Potter，2003）。另外，员工援助计划的实施有助于增强员工的组织承诺感与满意度，提高工作效率，留住核心员工。相对而言，高科技行业较之传统行业，留住核心员工的动力更强。

（四）员工特性

研究发现，员工的整体水平和基本特性也是影响企业实施员工援助计划的重要因素。一般来说，员工整体的受教育程度和学历水平越高，对于心理问题和工作-家庭平衡问题越关注，组织越倾向于实施计划。研究发现，员工援助计划的实施有助于降低员工的旷工率与流失率。

□ 关键术语

员工援助计划　员工提升计划　员工援助计划的运作模式

□ 复习思考题

1. 企业为什么实施员工援助计划？其意义和作用是什么？
2. 简述员工援助计划的产生背景和演进过程。
3. 我国员工援助计划与西方相比有哪些特点？
4. 简述员工援助计划的实施流程。

5. 影响企业员工援助计划有效实施的因素有哪些？

□案例分析

S公司的员工援助计划

背景介绍

S公司是建筑行业国有集团直属区域公司，拥有行业全覆盖房建施工总承包特级资质。公司现有职工近3 000人，年营业收入超120亿元。得益于规模效应与技术优势，S公司的经济效益较好，员工薪酬处于行业中上水平。建筑施工企业属于劳动密集型行业，从业者面临风吹日晒与严寒酷暑，住宿简陋、远离家乡、熬夜加班等已成为工作生活常态，长期处于艰苦枯燥的工作环境，员工离职率偏高。S公司曾对离职员工的离职原因进行统计，其中照顾家庭和考虑婚恋问题占35.8%，心理压力大占23.6%，人际关系差、沟通困难等占18.2%。为扭转这一局面，S公司决定推行员工援助计划，作为一种长期性的、系统性的工作支持项目，以达到减轻员工压力、创造良好工作氛围、提高企业绩效的目的。

内容框架

S公司设计的员工援助计划服务平台内容如下。

1. 心理健康大型讲座

调研中获悉，员工面临的首要问题是工作压力。优先把工作压力作为考虑的点，围绕工作中的压力与情绪问题开展大型的心理健康讲座，以宣传心理健康知识、提升员工心理应对技能。心理健康大型讲座预期每年开展3～4场（人际交流、工作压力、情绪管理、社会家庭等）。活动的组织与开展由人力资源部负责，EAP专业公司负责师资力量，工会、团委承担辅助宣传任务，带动员工积极参加。

2. 心理健康小型沙龙

心理健康小型沙龙以焦点问题为突破口，在某些具体心理问题方面，通过交流、研讨与经验分享，有针对性地帮助员工收获自我认知，使其深刻感受心理应对技能在生活与工作中的具体应用。小型沙龙培训预期每年举行2场次（人际交流、工作压力、情绪管理、社会家庭等）。

3. 员工个人心理咨询

个人心理咨询更注重员工的隐私保护。针对员工急于解决的心理问题，进行一对一、面对面、个性化的心理咨询，提供多种方式的心理健康服务：

（1）每月(2次)由资深的心理健康专家面对面服务，引入外部心理健康教授提供优质咨询。

（2）开启线上咨询服务，可通过电话或者通信软件进行咨询。

（3）开启员工常用的邮件咨询，提供间歇式互动咨询。

（4）开辟专职心理热线，上班期间进行专业问答咨询。专职心理热线设在公司内部的人力资源部，由公司内部的EAP团队提供专业EAP公司服务之外的服务项目。工会辅助承担宣传责任，调动员工参加的积极性。专业EAP公司进行线上服务和提供师资。

4. 群体辅导

群体辅导是专门为独立小群体（班组人员，情绪波动较大、工作不稳定以及有特殊情况的群体）设立的一系列心理健康教育活动。各负责部门要及时跟进了解实施状况，对于发现的问题交由专业 EAP 咨询师进行疏解沟通，为团队建立良好的氛围与环境。

5. 员工座谈会

员工座谈会是 EAP 较为普遍的应用形式，时效性强。各部门可根据 EAP 项目实施状况、员工工作状态灵活进行专题培训与交流，由内部 EAP 人员进行组织。但只针对心理健康问题进行探讨。

6. 在线素质测评及线上辅导

在线素质测评具有全局性，内容包含个体测评、心理知识检测、交流沟通能力测评、社会家庭关系测评等（26 项）。根据实时需求，员工选择相应的测评项目，及时分析自我原因，申请资深的心理健康专家进行辅导。

评估反馈

效果评估是 EAP 项目的重要组成部分，有助于明确项目的不足与改进的方向，为领导层提供直观的实施结果，使其了解到员工在项目中的收获以及给企业带来的客观效益。EAP 项目评估分为两部分：项目实施状况与项目满意度、项目对个人与组织客观指标的影响。

（1）项目实施状况与项目满意度。主观性考察员工对 EAP 的评价与使用情况。调查指标有员工总体的综合性评价、心理咨询的熟知推广程度及使用率、讲座培训的参与度与合意度。通过多方面的数据统计分析，得到 EAP 项目实时的开展情况、项目实施当中存在的问题、项目推进的效率，从而对 EAP 在公司的实施价值做出诊断。

（2）项目对个人与组织客观指标的影响。系统性对比分析 EAP 项目实施后，员工各个客观指标，如心理状态、思想状况、自我认知成长，以及员工对企业认识、项目满意度、去留意向等的改变情况。同时采集分析组织经济效益指标数据（考勤率、流失率、收入变化率等），得到 EAP 实施在个人与组织上的整体效果和作用。

EAP 的评估和反馈作为 EAP 项目实施的重要组成部分，对反馈项目实时作用效果、完善后续项目机制不可或缺。评估采用常用的调查问卷和交谈方式开展，从接受度、满意度等多个维度得到员工对 EAP 的评价。人力资源部负责评估与反馈的全部工作，包含设计调查问卷与交谈方式、处理分析数据、撰写说明报告等，按年度定期向公司领导层汇报评估反馈结果与项目进展情况。

资料来源：吴亚飞 . S 建筑公司员工援助计划（EAP）应用研究 . 西安：西安建筑科技大学，2019.

讨论题：

S 建筑公司的员工援助计划具体包括哪些内容？存在哪些值得改进之处？

第 12 章

员工工作-家庭平衡计划

| 学习目标 |

● 了解在现代企业中，协调员工工作职责和家庭角色之间的冲突，成为员工关系管理的一项重要工作。

● 认识到员工工作-家庭冲突是由员工无法平衡角色之间的矛盾而产生，它会引发许多不良后果。

● 明确在现代企业中，为了缓解员工工作-家庭冲突，有必要对员工的工作与家庭关系进行组织干预，即实施工作-家庭平衡计划。

第 1 节　员工工作-家庭平衡概述

在现代企业中，员工的工作职责与家庭角色之间的冲突日渐突出。工作与家庭是人生的两个基本支点，员工除了职业生活还需要兼顾家庭生活，但在现实中，二者又经常处于不平衡或冲突状态。许多企业为了平衡员工工作和家庭之间的关系，实施了组织干预策略和行动，即推行员工工作-家庭平衡计划，并作为员工关系管理的一项重要内容，这对企业和员工个人来说都有非常重要的意义。

一、工作-家庭平衡的相关概念

（一）工作与家庭的内涵界定

工作是个体为了维持生活所进行的工具性或功利性活动，劳动者通过为市场或某个特定的组织提供体力或脑力劳动来获得物质报酬。在工作中，员工也能够获得非物质性的内在激励，但更基本的目的是获得物质性报酬。

家庭的内涵有多种界定，但一般认为，家庭是以婚姻和血缘关系为基础的社会单位，包括夫妻、父母、子女和其他共同生活的亲属等。家庭成员需要维系家庭关系，增进家庭和谐。

从角色及其相互关系的视角看，组织成员要承担多重社会角色，其中在工作中的角色和在家庭生活中的角色是两个基本的角色。

（二）工作-家庭平衡的内涵

很多学者对工作-家庭平衡（work-family balance）进行过明确定义，一般将其界定为"工作和家庭生活功能良好、个体得到满意的一种状态"，即个体实现了角色冲突的最小化，能平等地参与工作和家庭角色活动，并能在工作和家庭中获得同样的满足。也可以将员工工作-家庭平衡状态定义为"个人来自工作和家庭的卷入需求处于一种等量的均衡状态，且来自工作和家庭的卷入需求所带来的压力在员工的承受范围之内，即没有引起生理或心理的不健康状态"。

（三）企业的工作-家庭平衡项目

工作-家庭平衡项目是企业为了缓解员工工作和家庭之间的角色冲突而设计和实施的组织干预行动。项目的形式多样，大体可分为两种性质：一种是事后的干预计划，即在企业发现员工出现了工作-家庭冲突，并影响了员工的工作情绪和行为时，采取的一些抑制和缓解不良影响的干预措施；另一种是事前的干预计划，强调提前对员工实施积极的干预措施，促进员工的工作-家庭平衡。

二、工作-家庭平衡管理的意义

实施工作-家庭平衡管理，促进员工工作与家庭之间的共同发展，具有非常重要的意义，对此可从组织、员工和社会三个角度理解。

（一）对组织的促进意义

1. 符合现代管理理念

现代管理实践多以员工为核心，将平衡员工家庭和工作关系的宗旨和理念纳入具体的管理活动。无论是男性员工还是女性员工，都很在意组织政策或者工作安排是否有助于他们协调好工作和家庭之间的关系，这种组织氛围直接影响员工的组织承诺和工作参与度，也是企业能否留住和招聘到优秀员工的关键。

2. 提升员工的综合绩效

在工作和家庭生活冲突的情况下，员工的工作积极性和工作绩效难以维持。如果在一个组织中，有相当数量的员工处于工作-家庭关系长期不平衡的状态，就会产生员工压力大、工作满意度低、职业倦怠、缺勤和工作效率低以及人际关系紧张等问题，反之，处理好二者的关系，会有效提升员工和组织的综合性和长期性绩效。

3. 提高组织的社会声誉

关心员工工作与生活的协调，实施人性化管理是企业的责任，也是影响企业声誉的重要因素。吸引、激励和留住对企业有价值的员工，不仅要依靠报酬、职业发展等传统的激励手段，还需要更多地体现组织对员工的人文关怀。这些是企业深层文化本质的体现，也是企业社会声誉提升的重要条件。

（二）对员工的促进意义

1. 重视家庭角色的承担

人具有社会属性，而家庭是社会关系的原点。员工除了要承担职业角色，还要承担在家庭生活中的角色。家庭关系对员工有着极为重大的意义。员工的家庭角色有多种：作为子女，要赡养老人；作为父母，要抚育子女；作为妻子或丈夫，要维系夫妻关系；同时还要承担在小家庭或核心家庭之外的，由血缘和姻缘联结起来的大家庭关系中的多种角色。

2. 缓和工作对家庭的冲突

有时，家庭是员工努力工作的动力来源和信念支撑。传统的工作价值观强调以职业为重，忽视对员工家庭生活的关注。在当代社会和文化背景下，更加提倡组织通过工作-家庭平衡管理，鼓励员工更好地承担家庭角色，帮助员工更好地解决家庭困难，使员工的生活更加完整和更有意义，以更好地激发员工的价值与动力。

3. 促进员工的身心健康

有时，员工为了同时承担好两种角色的责任，不得不做出一些痛苦的选择，或者损害个人健康，或者牺牲职业前途。例如，一些管理者和白领技术员工，主要依靠脑力工作，长期处于精神紧张、压力大的状态。通常情况下，很难有明确的工作和家庭区域边界，往往是家庭角色服从工作责任，工作时间侵蚀家庭生活时间，这会给员工造成不良影响。因此，企业给员工提供必要的支持，可以缓解员工的角色冲突，有利于员工的身心健康。

（三）对社会的促进意义

1. 减轻社会压力和不安定因素

家庭是社会的细胞，家庭生活的和谐是社会和谐的基础。员工既是家庭成员，又是组织成员，工作和生活是社会赋予其的两个基本角色。从组织角度为员工提供工作-家庭平衡的环境和条件，对于减轻员工压力、促进社会和谐有极大的作用。

2. 体现了社会的文明和进步

自工业革命以来，大机器生产为人类带来了物质文明，提高了生产能力和效率，但也打破了人类长期的传统生活方式和习惯，尤其是使许多劳动者成为大机器生产的附庸，颠覆了农业文明中形成的和谐与平静的家庭生活。劳动者为两种文明的转换付出了代价。

现代生产方式尽管逐渐摆脱了大机器生产的束缚，但还是难以摆脱社会化生产所要求的集中化和统一化管理的制约。这一现象在某些特殊群体中更为明显。例如，大量女性进入劳动力市场，职业女性在提高经济地位的同时，又很难摆脱社会赋予她们的传统家庭角色。在这种情况下，会发生“工作对家庭的干扰”或“家庭对工作的干扰”。从组织角度帮助女性员工处理好工作-家庭之间的角色冲突，是社会文明进步的表现。

第 2 节　员工工作-家庭冲突及其表现

一、工作-家庭冲突的内涵与表现

（一）工作-家庭冲突的内涵

工作-家庭冲突（work-family interference）是与工作-家庭平衡相对的概念，是指当员工在工作和家庭两个领域的需求不相容、时间和精力不足，以及同时应对两个角色的责任时所引发的角色之间的不一致性或不可协调性，及其对工作和家庭生活造成的不利影响。

本质上讲，工作-家庭冲突是一种角色间的冲突，是个人在无法平衡两种角色时所产生的压力，是角色冲突的一种特定形式。关于角色冲突的产生原因，存在两种观点：一种观点以稀缺性假设（scarcity hypothesis）为基础，认为员工的时间和精力是有限的，同时承担工作和家庭两种角色责任，很可能会导致员工的超负荷，从而引起角色超载的感知。另一种观点认为，角色规则体系的差异是导致角色间冲突的根本原因。尽管不同角色间存在时间或空间上的分界，但现实中人们不可避免地会将其中一个系统中的感情、行为规范和关系逻辑带入另一系统中，从而引发二者之间的角色混淆，引起角色紧张。

（二）工作-家庭冲突的表现

1. 两种表现形式

早期对员工工作-家庭冲突的研究，只关注工作对家庭的干扰，即对两个领域之间的关系研究是单向的。后来开始关注工作-家庭冲突的双向性，并将两个领域的冲突界定为工作干扰家庭和家庭干扰工作。两种冲突在引发原因、表现形式、作用过程及传导机制上有所不同。

所谓工作干扰家庭，主要是指员工因为工作要求高、工作时间长、工作压力大而影响所要承担的家庭责任产生的角色冲突。换言之，这类冲突是由员工过度承担工作角色的责任而忽视家庭角色的责任引发的。所谓家庭干扰工作，是指员工因为家庭负担重、要求高，用于家庭的时间多，或家庭压力大而影响所要承担的工作责任产生的角色冲突。

2. 冲突的结构与维度

不论是工作干扰家庭还是家庭干扰工作所引起的冲突，都可以表现在时间、压力和行为三个方面或维度。

（1）基于时间的冲突。任何一种角色都需要时间的投入，但如果将时间过多地投入在一种或一类角色上，自然会影响对其他角色的时间投入。换言之，员工如果过多地承担工作上的职责或角色，就会侵占其所承担的家庭职责和角色的时间；反之，也是如此。

(2) 基于压力的冲突。无论是哪种角色对员工形成较大的压力，都会影响另一种角色的发挥。例如，员工在工作中产生的压力，表现为紧张、疲惫、精神不悦等，也会传导到家庭生活之中，影响他们承担家庭角色时的状态与表现。

(3) 基于行为的冲突。对行为冲突可以有两种理解：一种是员工的工作行为与家庭行为之间存在性质上的差异。例如，管理者在工作中承担指挥和控制他人的角色行为，而与家人相处时，则不应该再充当这种角色。另一种是行为转化，员工如果在工作和家庭生活两个场所不能及时进行行为转化，则有可能发生冲突。例如，若在家庭生活中还在持续地加班、接打工作电话、处理工作事务，或在工作场所还难以摆脱家庭生活的影响，都会产生矛盾和冲突。

二、工作-家庭冲突的影响因素

在大多数情况下，工作与家庭之间的冲突是互为因果的。但是细化的研究可以将各自的影响因素区别开来。

（一）工作干扰家庭的影响因素

工作干扰家庭所导致的冲突有多种影响因素，可以分为工作领域因素、非工作领域因素和员工个体因素等。比如，工作需求、工作压力、工作中的社会支持等属于工作领域因素；而员工工作能力、心理要素、社会资源以及性别、年龄、教育水平等一些人口统计学变量可以作为员工个体因素。这些都可能影响在特定情境下工作干扰家庭的程度。

（二）家庭干扰工作的影响因素

家庭对工作的干扰，或者说由家庭干扰工作所导致的冲突，其影响因素可以分为家庭因素、非家庭因素和个体因素，例如家庭抚养子女和赡养老人的负担、家庭收入水平、来自配偶或家庭的支持等，以及上面提到的一些个体行为和特征等。

三、工作-家庭冲突引发的不良后果

众多研究已经证明，工作-家庭冲突会在个人、家庭、组织和社会等不同层面产生不利影响。

（一）对员工个人的不利影响

长期的工作-家庭冲突会给员工带来很多不利影响，主要包括以下方面：

(1) 对工作态度、工作热情和工作绩效的不良影响。例如，工作与家庭之间的冲突可能降低员工的工作动力、工作乐趣，使员工缺乏工作激情和创造性，或者导致缺勤率上升等。

（2）对工作满意度和组织承诺的不良影响。长期的工作-家庭冲突可能导致员工工作压力大，人际关系紧张，工作满意度和对组织的承诺下降，甚至一些员工有可能产生离职倾向。

（3）对员工身心健康的不良影响。无论是工作原因还是家庭原因导致的冲突，都会影响员工的生理和心理健康，甚至引发酗酒、吸烟等不良的生活习惯，导致疾病和心理问题。

（4）对社会交往的影响。处于工作-家庭冲突状态下的员工，无暇或无心进行社会交往，会降低社会生活的质量。

（二）对家庭生活的不利影响

工作-家庭冲突造成的"角色超载"严重的员工，通常也会出现一些家庭问题。

（1）对夫妻关系和婚姻关系的不良影响。若工作严重影响家庭，有可能影响夫妻和谐，甚至是婚姻破裂的诱因之一。

（2）对子女教育与赡养老人的不良影响。工作压力大，可能会导致员工疏于对子女的教育、对老人或家人的照料，但是这要取决于家庭成员之间的分工。

（3）对家庭满意度的影响。一些实证研究不支持工作干扰家庭会影响家庭满意度，这是因为员工对工作的投入大、收入高，对家庭的经济贡献也大，对家庭满意度有积极的影响。反之，对家庭投入大、收入低，可能会导致生活拮据，家庭满意度低。因此，很难绝对认定工作-家庭冲突一定会导致家庭满意度的降低。

诚然，与员工个体因素一样，家庭性质、结构、成员关系之间的差异很大，在同样的状况下，工作-家庭冲突对家庭所产生的影响程度不尽相同。

（三）对企业组织的不利影响

工作-家庭冲突对组织的影响可以分为四个方面：

（1）生产低效，包括各种工作失误、忽略问题或错失商机等。

（2）组织内部的冲突和低效率的合作，扰乱内部关系，不利于和谐工作环境的营造。

（3）导致员工离职率升高，破坏组织的公众形象和社会声誉，并使组织在吸引人才方面处于劣势。

（4）员工因病离岗给公司带来较高的成本，包括直接的病休成本和间接的替工成本等。

（四）对社会和谐的不利影响

在社会层面，员工的高工作-家庭冲突也会造成不良的影响，这种影响有时是间接的、带有群体特征的，比如：

（1）工作压力大的员工，可能对结婚和组建家庭有为难感，导致一些员工晚婚或独身，或者因为婚后不能很好地处理家庭关系而离婚。目前白领中不婚率、不孕率（非自愿）和离婚率呈上升趋势，与工作-家庭冲突不无关系。

（2）引发高青少年犯罪率。主要是因为一些父母忙于工作，无暇教育子女，缺少与子女的沟通与陪伴，或者在物质上过分满足子女要求，忽视对子女品德和思想的教育，导致问题青少年的出现。

（3）新职业疾病和心理疾病的产生，影响国民健康水平，造成国家医疗卫生费用的高支出等。

第3节　员工工作-家庭平衡策略与项目

员工工作-家庭冲突的解决，需要多方因素的协调与作用。就企业员工关系管理而言，企业作为管理方，应积极实施相应的干预手段和平衡策略。

一、工作-家庭平衡策略

工作-家庭平衡策略可界定为企业为了帮助员工处理非工作角色，而采取的高度相关的互补型政策，即企业对员工工作-家庭冲突进行干预的一揽子策略。其实施意义在于发挥各种政策的高度相关性，弥补单项措施的缺陷和不足，并达到以下目的。

（一）传递组织信息

企业对员工工作-家庭平衡的关注，体现了企业的价值观和人本文化。企业实施工作-家庭平衡策略可以提高员工的组织承诺，而高承诺的工作系统可以促进企业采取工作-家庭平衡计划。一些研究也表明，企业对家庭福利和服务水平的关注，与员工对组织承诺呈正相关关系。

（二）帮助员工减压

压力与员工-家庭角色不平衡密切相关，企业可以帮助员工减轻非工作领域的各种压力，使其在健康积极的心态下努力工作，提高个人和团队绩效，从而全面提升组织绩效。

（三）实施一揽子策略

一揽子策略是企业从战略、过程和个人层面的目标匹配角度出发，考虑如何协调员工工作-家庭冲突的平衡策略，根据企业和员工的双向需要量身打造。设计良好的工作-家庭平衡计划可以与员工关系管理的其他相关政策相联合，产生系统性影响和协同效应，并体现出企业独特的管理理念和企业文化，很难被竞争对手模仿，是企业获取、保留和激励员工的战略手段。

二、工作-家庭平衡项目

企业对员工工作-家庭冲突的干预措施比较常见的是实施工作-家庭平衡项目，即实施有目的和系统性的组织干预措施。

（一）实施工作-家庭平衡项目的意义与目的

从管理的角度而言，工作-家庭平衡项目是企业开展的帮助员工认识和正确处理家庭与工作间的关系，调和职业和家庭之间的矛盾，缓解由工作-家庭关系失衡而给员工造成的压力的专项计划和活动。目标在于帮助员工找到工作和家庭之间的平衡点，缓解二者之间的矛盾给员工、家庭和企业带来的不利影响。为此，企业必须站在员工的角度，了解不同员工群体在不同家庭阶段的需要、工作情境对家庭生活的影响后果，有针对性地实施差异化的帮助与支持。

对企业而言，需要制定有针对性的工作-家庭平衡措施，并且让员工参与项目的制定和实施过程。目前越来越多的企业采用员工福利和支持项目来满足有家庭的员工的特殊需求，尤其是有未成年子女的家庭和双职工家庭的需求，并把这些项目冠以“家庭友好项目”（family-friendly program）或“家庭责任项目”（family-responsive program）。应根据计划来支持和帮助员工有效处理家庭中的问题和矛盾，或者允许员工改变工作安排和工作内容来满足需求，协调个人、家庭生活与工作之间的关系。

（二）工作-家庭平衡项目的内容

目前，企业开展的工作-家庭平衡项目的主要内容如下。

1. 弹性工作安排

减少工作时间或实施弹性工作时间安排是很多企业正在实施的促进工作-家庭平衡的措施，特别适合白领和特殊工作岗位或工作群体。具体形式很多，例如：

（1）增加休假制度。为了更好地满足照顾家庭的需要，允许员工因为家人生病、生育和养育孩子、照顾老人或其他家庭生活中的问题适当地休假或调整工作时间，以利于员工承担好抚养儿女和照顾家庭的责任。例如，除了母亲的产假和哺乳假，父亲陪产假制度也得到了一定程度的落实。陪产假，又名陪护假，即依法登记结婚的夫妻，女方在享受产假期间，男方享受的有一定时间看护、照料对方的权利。我国各省份相继修订的计生条例，明确了陪产假（部分地区称为护理假）的期限。其中，最短的陪产假有 7 天，最长的则有 1 个月之久，多数地区的陪产假为 15 天。2021 年 6 月，《国务院未成年人保护工作领导小组关于加强未成年人保护工作的意见》印发，在强化家庭监护责任方面，提出完善家庭监护支持政策。要求全面落实产假等生育类假期制度和哺乳时间相关规定，鼓励有条件的地区探索开展育儿假试点。根据北京、上海的相关规定，子女满三周岁之前，夫妻双方每人每年可享受 5 个工作日的育儿假。广东、浙江、安徽、湖北、辽宁等地规定育儿假为每年 10 天，青海、山西等地的育儿假长达每年 15 天。对于这些制度性要求，各类企业、组织给予了支持和响应。

（2）缩短周工作时间，也称压缩工作周，指每周安排少于 5 天可以完成的工作量。最常用的是“9/80”，即第一周工作 5 天，前 4 天每天 9 小时，第 5 天 8 小时；第二周只工作 4 天，每天 9 小时。该方式在国外一些公用事业部门和服务业使用后受到肯定，认为它可以增加员工满意度，减少通勤费，减少设备启动和关闭的次数，降低旷工率等。对一些有特殊才能又要养育子女的女性员工，还可以采取半天工作制或是每周三天工作制。此外，按小时雇佣既可以满足企业对人员的弹性需求，又兼顾员工对家庭的照料，减轻员工的压力。

（3）自愿时间安排。员工在特定时段自愿减少工作时间及薪酬，其目的是给员工时间方面的灵活性，也可降低企业的人力成本。

2. 弹性工作地点或灵活工作场所安排

灵活工作场所是在20世纪70—80年代兴起的一种非正式工作方式，其主要特点是员工可以自主灵活地决定工作地点。这种工作方式顺应了现代网络和通信技术的发展，主要有远程办公和家庭办公两种基本类型，增强了企业和员工的灵活性和适应能力。员工常因有家庭生活需求（子女看护、身体残疾、年老或通勤时间过长等）、个人爱好或雇佣优势而选择该方式。

（1）远程办公。这是指设置在原有固定工作场所之外的工作地点，例如邻近的工作中心、卫星办公室或集中办公场所。员工只需在核心时间出现在某固定地点，其他时间则通过电脑接入企业网络而实现与企业的沟通。但这种方式可能会增加办公设备成本，限制员工之间的交流，影响企业对员工的控制。

（2）居家办公。也称家庭办公，多用于以下三种情形：替代性办公、自我雇佣者和补充性办公。替代性办公是指用家庭办公替代传统办公方式。自我雇佣者既有工商业自有产业者，也有非公司类工商业组织员工。补充性办公是指在家完成办公室剩下的工作，常见于管理层和专业员工。

近年来，居家办公逐渐成为一种时尚，甚至居家办公的人被称为SOHO（small office and home office）一族。在现代信息技术和软硬件设备的支持下，员工连上互联网就能处理公司事务，不需要起早赶通勤，去公司打卡签到，甚至是穿着睡衣在自己的起居室就把工作处理了。

如今，居家办公也成为应对传染性疾病等公共卫生事件的一种特定办公形式。中国最早的一次大规模成功试验，为2003年“非典”时期的阿里巴巴。新冠肺炎疫情期间，中国各类企事业单位以及世界各大公司也采取了大范围的居家办公，对降低感染率、避免工作中断、降低经济损失发挥了积极作用。美国微软公司甚至进一步优化了新政，推出员工可申请“终身居家办公”模式。

居家办公对员工而言，有利之处是可以使员工少分散注意力，更易尝试新想法，减少或消除通勤时间，提高残疾人、单亲家长及有子女家长的就业机会，减轻工作压力，增加个人自由时间。缺点是支付的工资和福利可能较低，工作时容易受家庭成员干扰，减少了员工在通勤路上转移工作压力的机会以及与重要成员接触的机会，也不利于建立人际关系网，影响职业生涯发展。对企业而言，居家办公可降低租金和设备等相关费用、缩小办公室规模、降低税款、减少运行成本、降低旷工率等，但也有可能放松对员工的管理控制和行为约束。

3. 灵活雇佣形式

灵活雇佣主要是改变一些典型的雇佣模式，采取灵活或非正式的雇佣形式，包括：

（1）兼职雇佣。该方式指采用少于全职工作时间的方式聘请员工。女性、年长者和学生劳动力的增加以及经济从生产向服务导向的转变增加了对该方式的需求。大部分兼职岗位适合于半熟练或非熟练工，常见于零售业、银行业、服务业及少量制造业。企业可提高工作安排灵活性和员工工作满意度，节约人力成本，促进招聘，更易保留核心员工。

（2）工作分享（job sharing）。该方式在 20 世纪 60 年代兴起，指两名员工共同承担一份全职工作，并按完成比例分配薪酬。它有配对工作（两人对全部工作承担责任）和独立工作（每人只负责自己的部分）两种形式。工作分享与兼职的区别在于它以合作方式完成工作职责，分享者可交换时间并互补，持续性更强。工作分享适用于年长员工和有小孩要照顾的母亲，尤其适合高层职位。但一岗两员有可能增加招聘难度，加大管理成本，也会带来薪酬分配问题等。

4. 家庭照料措施

家庭照料也称工作场所的社会支持，是指对需要照顾家人的员工提供一些社会服务。为员工提供托幼养老的福利方案有助于提高员工的留职率，增加员工对组织的归属感。一些研究也显示，员工对家庭友好福利政策的满意度与他们对组织的承诺正相关。家庭照料福利有多种形式：

（1）提供信息咨询。指提供并推荐看护中心相关信息。与实际托幼养老服务相比，有的员工对托幼养老的咨询服务更感兴趣，因为员工更喜欢自己安排和选择服务。该方式成本较低且为需要托幼养老的员工提供了方便，使用较为普遍。

（2）照顾老幼心得交流。指组织定期或不定期地提供形式多样的沟通交流机会，让员工探讨如何管教子女或者照顾老人。该方式成本不高，效果较好，部分公司已将其纳入员工援助计划。

（3）看护机构优惠。指由企业与看护机构联系，提供价格优惠，保障服务质量，也会以优惠券形式提供给低收入家庭。

（4）工作地/委托机构看护中心。指由企业或第三方机构在工作地或附近设立看护中心或委托专门的机构，为员工提供托幼养老服务。

（5）生病子女/老人看护。指由企业提供生病子女或老人看护中心或者是紧急看护中心，或派专业看护人员到员工家里，或将照顾生病子女/老人纳入员工正规的病假日。

（6）子女/老人看护支出账户。有些国家规定子女看护支出不用交税，很多企业将其作为可选福利，员工可以用税前收入购买受抚养者看护服务。该政策需要广泛推行的主要原因是：减少工资计划只对极少部分高收入员工有效；员工无法同时享有看护账户及看护课税扣除；行政管理手续复杂；员工需提前一年预测相关支出，且任何超出费用不可返还。

（7）工作-家庭经理。有些企业设立工作-家庭经理以集中管理工作-家庭政策，让员工及时了解相关服务和福利，或直接由人力资源管理人员组成委员会管理。

5. 员工辅导计划

该项目主要是通过对员工个体的辅导，提高员工处理工作-家庭冲突的能力，减少冲突对员工的影响。员工辅导的内容以提高员工个人应对工作-家庭冲突的能力为主，可通过对员工自我效能的提高来实现。同时，可将企业的一部分福利扩展到员工家庭范围，以减轻或分担员工的家庭压力；把员工的家庭因素考虑到晋升或工作转换的制约条件中，进行合理的职业安排。也可以创造家庭成员参观公司或聚会联谊等机会，让家庭成员增进对员工工作的了解并使其与同事相互认识，提高员工与其家庭成员彼此的责任感。

□关键术语

工作-家庭平衡　工作-家庭冲突　弹性工作时间　弹性工作地点　灵活雇佣

□复习思考题

1. 企业进行员工工作-家庭平衡管理有什么意义？
2. 什么是工作-家庭冲突？它有哪几种表现形式？
3. 工作-家庭冲突能够引发怎样的不良后果？
4. 企业可以采取哪些工作-家庭平衡策略？

□案例分析

隐性加班文化严重危害工作-家庭平衡

“996”是社会热议的话题。“996”工作制，意味着员工每天早上9点到岗，晚上9点下班，一周工作6天。也就是说，劳动者每周工作时间最低是72小时。“北京一互联网公司被曝工位旁支帐篷”“白板上还写着不畏加班、不念下班”也一举冲上了热搜。不仅如此，有公司在年会上公然表示未来执行996工作制，甚至举例称工作和家庭平衡不好可以离婚。有企业宣布全员开启“超级大小周”模式。大周上7天班，小周上6天班，一个月只休息2天。吃饭休息时间也从两个小时缩短到一个小时。

“996”其实早已是互联网公司的“标配”。2019年3月，有程序员在世界级的代码仓库GitHub上建立项目，名为“996. ICU”（工作“996”、生病ICU），以此表达对“996”工作制的不满。短短几天内，该项目获得大量程序员的关注和支持，整个中国互联网从业者为此舌战不休。互联网巨头纷纷对“996”工作制做出反应，一时间“996”被推上风口浪尖。

很多互联网从业者对“996”工作制表示不满，他们抱怨道：“现在强制9点以后走，家人怎么办？回到家老人孩子都睡了，一周工作日全无交流。”“互联网大厂们从来不会明说加班，但免费班车、免费餐券、免费打车的‘福利’一步步‘套路’着员工‘自主自愿’地加班，晚走两小时就能坐上免费班车，再多加班一小时还能拿张第二天的免费餐券，再忍个一小时就能报销打车费。于是，几乎没有人是不加班的，甚至看起来，我们很‘乐意’加班。按时走反而感觉像是翘班。”也有相当一部分人认为，“996”并不能真正提高效率，“自愿加班”也并非真正“自愿”，反而让员工丧失了归属感，牺牲了自身健康，失去了陪伴家庭的时间。

对“996”等机制的声讨并非个案，因畸形加班文化而引发争议的事件近年来频繁出现。“996”对工作-家庭平衡的危害是毋庸置疑的。2019年8月，作为“996”大户的互联网公司陆续开始“反内卷”，快手、字节跳动、美团优选、BOSS直聘等互联网企业相继宣布取消“大小周”。这样的改变看似是一个好的开始，却意外地遭到很多互联网企业员工的反对。字节跳动关于“取消大小周”的调研中，就有 1/3 的员工表示反对，有人坦言如果取消了大小周，自己每年会损失 10 万元收入，“我当初加入字节，这部分收入是算在薪酬总包里的。”更有大厂员工哭诉：“要是取消‘大小周’还不涨薪，真的揭不开锅了。”

对于飞速发展的互联网企业来说，员工长期处于高工作压力、高工作强度、低家庭生活的境况之中，工作-家庭冲突问题非常普遍，应该如何帮助员工更好地实现工作-家庭平衡是一个急需突破且值得深入探讨的议题。

资料来源：“996”真是福报吗？90 后职场大数据：超 76.71%的人经常加班．(2021 - 09 - 30). https://baijiahao.baidu.com/s?id=1712325302423342707&wfr=spider&for=pc；996 是一种福报？新华社调查互联网平台隐性畸形加班．(2021 - 01 - 04)．https://baijiahao.baidu.com/s?id=1688825783942298128&wfr=spider&for=pc；戴熙春．“996”的工作模式，究竟是剥削，还是福报？商界，2019 (8)．

讨论题：

1.“996”的工作模式究竟是剥削，还是福报？请阐述你的观点。

2. 请讨论如何打破隐形加班困境，实现工作-家庭平衡。

第 13 章

员工满意度调查与分析

| 学习目标 |

● 了解员工满意是指员工对组织管理可感知的效果与其期望值相比较之后形成的一种情感状态，可通过对员工满意度的指标测量表现出来。

● 明确员工满意度管理是员工关系管理的一项重要工作，企业应该根据需要进行员工满意度调查与指标监测，并进行动态的满意度管理。

● 掌握员工满意度调查的基本方法和问卷设计，并通过调查数据分析获得相应的信息，为管理决策提供参考。

第 1 节　员工满意度及其管理概述

一、员工满意与员工满意度

（一）内涵界定

1. 员工满意

一般而言，员工满意是指员工对组织管理可感知的效果与其期望值相比较之后形成的一种情感状态。影响员工满意的因素具体如下：

（1）薪酬水平。薪酬是决定员工工作满意度的重要因素，它不仅能满足员工生活和工作的基本需求，而且是公司对员工所做贡献的认可。

（2）工作内容。工作本身的内容在决定员工的满意度中也起着很重要的作用，其中影响员工满意度的两个最重要的方面是工作的多样化和职业培训。

（3）晋升机会。工作中的晋升机会对员工满意度有一定程度的影响，它会带来管理权利、工作内容和薪酬方面的变化。

（4）员工管理制度。员工满意度调查在管理方面一是考察企业是否做到了以员工为中心，管理者与员工的关系是否和谐；二是考察企业的民主管理机制，也就是说员工参与和影响决策的程度如何。

（5）工作环境。工作条件和工作环境，如温度、湿度、通风、光线、噪声、工作安排、清洁状况以及员工使用的工具和设施都极大地影响着员工满意度。

（6）人际关系。企业里同事之间、上级和下级之间的关系直接影响员工的工作情绪和工作效率。

2. 员工满意度

员工满意度是指反映员工感知效果与期望值相比较之后的程度指标，即

员工满意度＝实际感受/期望值

一般来说，员工满意度主要体现在以下三个方面：

（1）对工作环境的满意程度。工作空间质量，如工作场所的物理条件、企业所处地区环境；作息制度，如上下班时间、加班制度等；资源配备齐全度，如工作必需的条件、设备及其他资源是否配备齐全、是否满足需要；福利待遇满意度，如对福利、医疗和保险、假期的满意程度等。

（2）对工作群体的满意程度。合作和谐度，如上级是否信任、支持、指导，同事是否相互了解和理解，下属是否领会意图、完成任务；信息开放度，如信息渠道是否畅通，信息的传播是否准确、高效等。

（3）对企业的满意程度。企业了解度，如对企业的历史、文化、战略、政策的理解和认同程度；组织参与感，如意见和建议是否得到重视，是否参加决策等。

（二）测量与调查

员工满意度是企业管理的一项重要指标，在不同的管理方式和水平下会有不同的员工满意度。因此，对员工满意度的测量与管理是人力资源管理，特别是员工关系管理的有效工具。

一个特定组织在特定时期的员工满意度指标需要通过调查和分析获得。要想获得准确和客观的信息，必须运用专业方法，例如信息收集法、访谈调查法和观察记录法等，通过适当的途径获取来自员工的第一手资料，经过分析加工之后，获得各项指标。

（三）管理作用

员工满意度是一种管理手段，通过收集员工对组织经营、管理等各方面的意见，促进组织发展。作为一项规范的管理制度和信息收集程序，员工满意度调查可以有以下用途。

1. 观察员工态度和行为的手段

通过满意度调查，企业能够捕捉员工的思想动态和需求变化，及时了解组织管理政策及其变化对员工的影响，以利于采取有针对性的措施。

2. 改进员工管理的工具

员工满意度调查能够监控企业管理成效，掌握企业发展动态，为企业人力资源管理决策提供重要依据。

3. 民主管理和员工参与的方式

员工满意度调查能够收集员工对改善企业经营管理的意见和要求，激发员工参与组织变革和民主管理的积极性。

二、员工满意度的影响

员工工作满意度高，能够对企业的生产经营和管理产生重要影响。

（一）高满意度可以提高生产率

关于员工满意度与工作绩效之间关系的早期观点可以概括成一句话："快乐的工人是生产率高的工人。"但是如何使员工快乐，其方法和途径不尽相同。例如，20世纪30—50年代，西方一些企业的管理者崇尚家长式工作作风，为了使工人满意，用一些福利项目取悦员工，如成立保龄球队、建立信用合作社、公司集体外出野餐、为员工提供咨询服务、训练主管提高对下属所关心问题的敏感性等。但是，有关研究却表明员工满意与生产力之间的正相关性很低。这表明在员工满意和生产率提高之间，还存在很多影响变量，例如机器设备、市场环境、员工技能、管理监督系统与行为偏好，以及报酬激励水平等。

（二）高满意度可以降低缺勤率

从表面上看，满意度和缺勤率之间存在一种此消彼长的关系，这也得到了一些研究的验证。与满意度高的员工相比，不满意的员工更可能缺勤。当然，降低员工缺勤率可以使用其他管理方式，如加强监管、加大惩罚力度、提供更多假期、提高福利待遇等，但对于可以避免的缺勤而言，提高满意度是降低员工缺勤率的内在手段之一。

（三）高满意度可以降低员工流动率

满意度和流动率之间也是负相关的，而且这种相关程度比满意度与缺勤率之间的相关程度更高。但是其他因素，如劳动力市场的状况、改变工作机会的期望、任职时间的长短等，都对员工决定是否离开自己目前的工作岗位起着重要的限制作用。很多原因可以导致员工离职，但员工对现有组织和工作的满意度低是主要原因。如果组织有意挽留员工，必须寻找导致他们满意度降低的因素，并尽量消除这些因素的影响。

（四）高满意度可以提高组织承诺和增加组织公民行为

组织承诺是指组织成员对于特定组织及其目标的认同，并且希望维持组织成员身份的一种状态。研究表明，员工满意度会影响组织承诺，二者呈现很高的相关性。例如，可将组织承诺分成五种类型：感情承诺、规范承诺、理想承诺、经济承诺和机会承诺。可从六个方面测量工作满意度：同事、领导、晋升、组织、报酬和工作本身。结果发现，报酬满意度和组织满意度与机会承诺正相关；晋升满意度和工作本身满意度与理想承诺正相关。

组织公民行为是指组织成员所表现出来的，超过其职责范围且不会直接从正常报酬系统中得到奖赏的行为。这些行为主要表现为团队合作、助人利他行为等。同样，高满意度的员工一般也会以积极的心态对待工作和同事，即表现出更多的组织公民行为。

（五）高满意度可以提高劳动关系质量

在工作满意度调查过程中，企业能够深入了解员工对外部环境、组织公平性的看法，及时通过沟通的方式解决部分误会或矛盾。在整个工作满意度调查的计划、实施、反馈过程中，保证与员工的双向沟通，能够提高员工的参与感与价值感，提升员工的工作满意度，有助于构建新时代和谐劳动关系。

三、员工满意度的研究和管理实践

（一）员工满意度研究起源

员工满意度调查与管理起源于科学管理时代。泰勒提出的劳资两利和理想管理目标，是员工满意度管理的思想萌芽。他认为，劳方与资方彼此之间的相互依赖，为追求共同的目标和增进“兴旺发达”而对协同工作的需要，构成了反映管理好坏的最佳指标。理想的管理应该使劳资两利：雇主的目的是想使劳动成本降低；雇员的目的是想获得较高的工资，同时获得自身的发展，即能胜任更为高精的工作。

闵斯特贝格（Münsterberg）在《心理学与工业效率》一书中提出，要研究在什么心理状态下能够从工人处得到最大的、最令人满意的产量，要研究工人兴趣、工作报酬、工作情绪与工作效率之间的关系，考察如何使人们的情绪产生有利于工作的最大影响。

（二）员工满意度管理研究的创立

科学的员工满意度管理起始于梅奥（Mayo）的霍桑实验，该项研究证明工作效率并非主要取决于工作条件和工作方法，更重要的是员工的工作积极性、士气或工作情绪。士气又与员工的满意度相关，满意度越高，士气也就越高。霍桑实验以后，大批研究者和实践者继续从心理学、社会学以及管理学等角度对人际关系进行综合研究，逐渐完善发展为现代管理理论中的“行为科学学派”，为员工满意度研究奠定了理论基石。

员工满意度的概念由霍波克（Hoppock）于 1935 年在其《工作满意度》一书中提出。他认为员工满意度是指员工在心理与生理两方面对环境因素的满足感受，是员工对工作环境的一种主观反应。测量员工满意度的最普遍方法，就是征询员工对工作的满足程度，并运用李克特量表进行测量。霍波克对工作满意度研究的结果显示，不同职业阶层员工有不同的满意度，较高职业阶层的人满意度较高，因而他提出了工作外在因素影响工作满意度的观点。薛费（Scheffe）在 1953 年提出，人的内在因素，如认同感、情感等心理需求是影响工作满意度的根本原因。霍波克和薛费提出的两种迥异的观点，成为员工满意度管理研究的两个主要方向。

（三）员工满意度管理研究的发展

20世纪60年代之后，员工满意度管理研究得到迅速发展，产生了一系列比较有代表性的理论。

1. 赫茨伯格的双因素理论及其应用

美国心理学家赫茨伯格（Herzberg）20世纪50—60年代提出的双因素理论将影响工作积极性的因素分为两类：一类为激励因素，如成就、认可、工作自身、责任感和自我发展等，它们一般与工作内容有关，即存在于工作过程之中。激励因素的满足可促使员工的工作满意感上升。另一类为保健因素，如公司的政策和行政管理、监督、工资、人际关系和工作条件等，它们一般与工作环境有关。保健因素的满足能减少员工对工作的不满意感。双因素理论从方法论层面为提高员工满意度指明了方向，但被认为不能准确地测量员工满意度与相关变量之间的具体关系及影响路径。

2. 洛克的工作满意度影响因素

洛克（Locke）于1976年提出了与工作满意度有密切联系的9个因素，包括工作本身、报酬、晋升、认可、工作条件、福利、自我、管理者、同事和组织外部成员等。价值观、感知及重要性是影响工作满意度的三个重要方面。他认为只要人们感觉到工作能够满足自己的价值观需要，就会对工作感到满意。同时，他把不满意的来源划分为人格特征、任务角色、上级监督者与同事、工资与福利等几个方面。在此基础上阿莫德（Amold）和菲德曼（Feldman）提出，工作满意度的构成因素包括工作本身、上级、经济性报酬、晋升、工作环境和工作团体等。

3. 哈克曼的工作特征研究

以哈克曼为代表的研究者从工作再设计的视角出发，提出了工作特征与个体差异相互作用的概念框架和五个核心工作特征：工作整体性、工作自主性、反馈性、重要性和技能多样性。积极的工作结果是通过激发员工的三种关键心理状态，即工作的意义、责任感和对工作结果的了解程度产生的；而这三种关键心理状态又受到员工对五个核心工作特征知觉的影响，如图13-1所示。员工的个体差异，如个人的知识、技能、发展需要及其强度也同时影响以上三个变量。

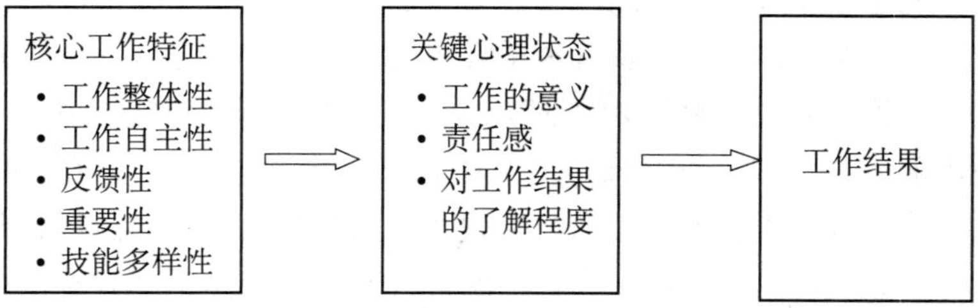

图13-1　核心工作特征、关键心理状态与工作结果之间的关系

资料来源：程志超，马天超，杨正国．影响员工满意感的工作特征研究．天津大学学报（社会科学版），2001（1）．

此外，马斯洛的需要层次理论、奥尔德弗的ERG理论、麦克利兰等的成就需求理论、亚当斯的公平理论、弗鲁姆的期望理论等都对员工工作满意度的研究提供了理论基础和理论解释。

第 2 节 员工满意度调查

一、员工满意度调查的目的和意义

员工满意度是指员工对在组织中所扮演的角色的感受或情感体验，是员工对其工作或工作经历评估的一种态度的反映，它与工作卷入程度、组织承诺和工作动机等有密切关系。员工满意度是企业经营管理的一项重要指标，是衡量员工关系管理的重要指标之一。

企业实施员工满意度调查，通常希望达到以下目的。①

（一）诊断员工管理状况

员工满意度是显示员工对企业各种管理问题和个人发展是否满意的晴雨表。通过员工满意度调查，企业能够有效地评价组织管理政策和管理行为的实施状况，了解管理决策变化对员工满意度的影响。

（二）发现员工管理中的问题

进行员工满意度调查可以对企业管理进行全面审核，及时发现企业潜在的管理危机和问题，保证企业工作效率和最佳经济效益，有效减少因员工管理问题而导致的低生产率、高人员损耗率和高人员流失率等问题。

（三）寻找员工管理问题的症结

员工管理中的问题可能是由多种原因造成的，员工满意度调查有助于解释这些问题产生的根源及症结所在。例如企业经常出现的高缺勤率、高离职率等与员工满意度低有直接关系。一般认为员工满意度低为因，缺勤率或离职率高为果，但是什么原因导致员工满意度低，则需要经过科学的调查分析。

（四）促进管理者与员工之间的沟通

员工满意度调查是一种有效的群体沟通方式，它营造了沟通氛围，是管理者与员工之间重要的信息沟通和反馈渠道。通过满意度调查，员工能够反映对企业管理的意见和建议，管理者也可以收集到员工的真实想法和需求。

（五）培养员工对企业的认同感和归属感

定期和规范的员工满意度调查可以培养员工参与管理的意识，使员工感受到企业的

① 程延园．员工关系管理．上海：复旦大学出版社，2004.

关怀和重视，有利于员工在民主管理的基础上树立以企业为中心的群体意识，从而增强员工的凝聚力和归属感。

通过员工满意度调查，企业可以适时了解员工工作状态以及企业在员工管理上的成绩和不足，捕捉员工思想动态和心理需求，从而采取有针对性的应对措施。如通过调查发现了人员流动的意向和原因，及时采取改进措施就能预防一些人才的流失；可以了解企业在哪些方面亟待改进、企业变革的成效以及改革对员工的影响，为企业人力资源管理决策提供重要依据；可以收集员工对改善企业经营管理的意见和要求，真实地了解员工在想什么、有什么意见与建议、有什么困难、对什么不满意，激发员工参与企业变革的意愿，提升员工对企业的认同感和忠诚度。

二、员工满意度调查的内容

根据调查目的，员工满意度调查大致可分为七个方面的内容，如表13－1所示。

表13－1　员工满意度调查的内容

调查内容	子项	含义
工作满意度	工作适合度	工作适合自己，符合自己的期望和爱好，能扬长避短，工作量适度，工作中的困难可以克服
	工作挑战性与成就感	工作有适度的挑战性，在工作中能够体现个人价值，有发展机会，能达到自我实现的目的等
	工作安全感	工作安全有保障，无职业病伤害，工作压力适当，不会影响生理和心理健康
	责权分配度	适度、明确的工作分工，工作中适度赋权，责权利匹配
	工作环境与条件	主要指工作的物理环境，包括工作场所干净整洁、光线充沛、温度适宜，工作所需设备和其他资源配备齐全、运行正常等
报酬满意度	薪酬水平	薪酬水平及其增长在相关劳动力市场有一定的竞争力
	薪酬公平	企业内部薪酬分配标准、结果及其薪酬管理具备公平性
	福利待遇	对各项保险、医疗制度以及年休假等企业福利感到满意
自我发展满意度	培训开发	培训的次数、广度和深度合适，有助于自身发展
	工作提高	能够从工作中不断获得提高的机会，扩展社交范围和社会网络
	上级指导	当工作中遇到困难时能够及时得到上级的帮助和指导
	晋升机会	有充分、公正的晋升机会，职业生涯发展路径通畅
对领导满意度	公司领导	领导关爱员工，关心员工的发展，注意与员工沟通交流
	主管领导	领导在分配工作、管理下属、与员工的沟通等方面能够有效实施激励；下属能领会意图，较好地完成任务
	工作认可	员工努力工作能得到上级的认可、重视和公平对待

续表

调查内容	子项	含义
人际关系满意度	同事关系	同事之间有适当的心理距离，相互了解和理解，开诚布公，有互帮互助的良性竞争氛围
	沟通方式	沟通渠道畅通，信息传播准确、高效
	尊重体面	工作群体中尊重个人人格，认可工作价值，无歧视
组织和管理认同感	组织认同	对企业的背景、历史和文化，企业在行业中的地位和影响力的认同
	参与管理	有参与管理的机会，合理化建议能得到重视
	管理满意度	对企业的各项规章制度的理解和认同，对制度以外的其他管理行为的认同

三、员工满意度调查的方法

常用的员工满意度调查方法如下。

（一）信息收集方法

满意度信息的收集通常有三种方法：调查问卷法、访谈法和观察法，其中问卷调查法最为常见。主要的调查问卷如下。

1. 工作描述指数量表

工作描述指数量表最初由史密斯（Smith）等人设计。该量表把工作划分为五个基本维度：薪酬、晋升、管理、工作本身和公司群体。答案分为差、较差、一般、较好、好五个等级。通过填表人的回答，可以统计出员工对工作环境、工作群体等方面的满意程度。工作描述指数量表通用性强，可用于各种形式的组织，也可用于对各种不同文化程度、收入和工作种类的员工的调查。比较典型的是盖洛普公司的测量问卷，共有 12 个问题，涵盖了员工满意度归因的诸多方面：

（1）我知道工作对我的要求吗？

（2）我有准备好工作所需要的材料和设备吗？

（3）在工作中，我每天都有机会做我最擅长做的事吗？

（4）在过去的 6 天中，我因工作出色而受到表扬吗？

（5）我觉得我的主管或同事关心我的个人情况吗？

（6）工作单位有人鼓励我的发展吗？

（7）公司的使命目标使我觉得我的工作重要吗？

（8）在工作中，我觉得我的意见受到重视吗？

（9）我的同事们致力于高质量的工作吗？

（10）我在工作单位有最要好的朋友吗？

（11）在过去的 6 个月内，工作单位有人和我谈及我的进步吗？

（12）在过去的一年里，我在工作中有机会学习和成长吗？

这12个问题是盖洛普公司在近30年的时间里，采访了数百种行业100多万名员工，筛选出的测量员工满意度最核心的问题。它虽然不能覆盖影响满意度的所有方面，却能捕捉绝大部分重要的信息。2002年盖洛普公司采用统计分析方法进行了实证研究，证明12个问题在数据上对一个企业的效率、安全、员工保留率和利润等关键经营业绩指标有直接的影响，适用于行业、规模和性质不同的企业。例如，员工的平均满意度为前50%的企业与后50%的企业相比，提高顾客服务质量上的成功率提高86%，减少员工流失上的成功率提高70%，提升生产效率上的成功率提高70%，提高利润上的成功率提高44%，保障安全上的成功率提高78%。

2. 明尼苏达工作满意度量表

明尼苏达工作满意度量表也是当前研究员工满意度比较权威的量表之一，目的是测量员工对整体的工作满意程度。该量表1957年由美国明尼苏达大学产业关系中心编制。量表分为长式量表（21个分量表）和短式量表（3个分量表），包括内在满意（intrinsic satisfaction）及外在满意（extrinsic satisfaction）两个层面。内在满意主要测量员工满意感的增强因素与工作本身之间的密切关系，例如，从工作中获得的成就感、自尊、自主等；外在满意主要指满意感的增强因素与工作本身无关，例如，主管的赞美、同事间的良好关系、良好的工作环境等。每题后的满意度评分分为5级，直接填写每项的满意等级，累加结果并与常模进行比较。长式量表有100项调查内容，可测量工作人员对20个工作方面的满意度及一般满意度。20个大项中每个又有5个小项。20个大项如表13-2所示。

表13-2　明尼苏达工作满意度量表测量指标

测量指标	测量指标
● 个人能力的发挥	● 道德标准
● 成就感	● 公司对员工的奖罚
● 能动性	● 本人责任
● 公司培训和自我发展	● 员工工作安全
● 权力	● 员工所享受的社会服务
● 公司政策及实施	● 员工社会地位
● 报酬	● 员工关系管理和沟通交流
● 部门和同事的团队精神	● 公司技术发展
● 创造力	● 公司的多样化发展
● 独立性	● 公司工作条件和环境

对影响员工满意因素的测量同样采用李克特5点量表计分。例如，你对工资收入是否感到满意？5个评分标准供选择：A——5分（非常满意）；B——4分（基本满意）；C——3分（不确定）；D——2分（不满意）；E——1分（非常不满意）。评分标准由强到弱排列，每一个评分标准代表了被调查者对该问题的态度和意见。最终将回答者的每个选项统一计算：

$$\text{单项得分} = \sum(\text{频数} \times \text{分值}) / \text{单项有效样本数}$$

式中，频数为选择该答案的人数，分值即为评分标准。通过这种方法可以对员工满意度进行量化，并可以对量化的数据进行分析。

3. 彼得需求满意度调查表

彼得需求满意度调查表是一种开放式的适用于管理人员的工作满意度调查量表。如果管理人员对工作不满意，不仅会影响自身的行为，还会波及所在部门甚至整个组织。彼得需求满意度调查表集中在与管理工作相关的问题，每个问题都有两项：一项是“应该是”什么样的；另一项是“现状是”什么样的。将两个问题的得分相比较，差别越大则满意度越低，差别越小则满意度越高。总体的员工满意度可用各项得分的加总值来衡量。

4. 波特式调查问卷

为了比较员工满意及不满意问题的主次和轻重，波特设计了一种调查问卷。问卷中每一个问题有三项：a. 对现状的满意程度；b. 理想的情况应该如何；c. 对该项目满意的重要程度。与彼得需求满意度调查表一样，对 a 的答案与 b 的答案进行比较，就可以确定满意程度，而 c 的答案则反映出被调查者对该项目重要程度的看法。图 13 - 2 是波特式调查问卷的一个题目。

工作安全保障

a. 现在的状况如何

（最小） 1 2 3 4 5 6 7 （最大）

b. 应该如何

（最小） 1 2 3 4 5 6 7 （最大）

c. 重要程度

（最小） 1 2 3 4 5 6 7 （最大）

图 13 - 2 波特式调查问卷举例

5. 洛克工作满意度量表

洛克工作满意度量表共有 9 个特定维度、36 个问题，每个维度对应 4 个问题，每个问题又分为 6 级。9 个特定维度及其描述如表 13 - 3 所示。

表 13 - 3 洛克工作满意度量表维度及内容描述

一般类别	特定维度	内容描述
事件或条件：		
1. 工作	工作本身	内在的兴趣、多样化、学习的机会、困难、工作量、成功的机遇、对工作流程的控制等
2. 奖励	报酬	数量、公平或公正的根据
	晋升	机会、公正
	认可	表扬、批评、对所做工作的称赞
3. 工作背景	工作条件	工作时数、休息时间、工作空间质量、温度、通风、工厂位置、福利、退休金、医疗和生活保险计划、假期、休假等

续表

一般类别	特定维度	内容描述
人物：		
1. 自己	自己	价值观、技能和能力
2. 公司内的其他人	同事	权限、友好、帮助、技术能力等
	监督管理者	管理风格和影响、技能的熟练程度、行政管理的技能等
3. 公司外的其他人	顾客	技术能力、友好等
	家庭成员（洛克未提到）	支持、对职务的了解、对时间的要求等，依职位而定，例如学生、父母、投票人等
	其他	

资料来源：陈国海，方华，刘春燕．组织行为学．北京：清华大学出版社，2003.

表13-4是洛克工作满意度量表。

表13-4　洛克工作满意度量表

编号	请仔细阅读以下每一个陈述句，并从右栏的备选答案中选择符合您心意的选项，然后圈出相应的数字	非常不同意	不同意	有点不同意	有点同意	同意	非常同意
1	我感到我做的工作得到了应得的报酬	1	2	3	4	5	6
2	在工作中我得到晋升的机会很少	1	2	3	4	5	6
3	我的上级完全胜任他的工作	1	2	3	4	5	6
4	我对我目前得到的福利待遇不满	1	2	3	4	5	6
5	当我出色地完成一项工作时，我得到了应有的赏识	1	2	3	4	5	6
6	我们单位大多数的规章制度使得干好一件工作很困难	1	2	3	4	5	6
7	我喜欢我的同事	1	2	3	4	5	6
8	我有时感到我的工作没有意义	1	2	3	4	5	6
9	在我们单位中存在良好的交流和沟通	1	2	3	4	5	6
10	涨工资的间隔时间很长	1	2	3	4	5	6
11	在我们单位中工作出色的人有足够的晋升机会	1	2	3	4	5	6
12	我的上级对我不够公平	1	2	3	4	5	6
13	我们得到的福利待遇和大多数其他单位提供给员工的一样	1	2	3	4	5	6
14	我感到我的工作没有得到承认	1	2	3	4	5	6
15	我干好一件工作的努力很少受到太多规章制度的约束	1	2	3	4	5	6

续表

编号	请仔细阅读以下每一个陈述句，并从右栏的备选答案中选择符合您心意的选项，然后圈出相应的数字	非常不同意	不同意	有点不同意	有点同意	同意	非常同意
16	由于同事能力有限，我不得不在工作中付出更多的努力	1	2	3	4	5	6
17	我喜欢我目前所做的工作	1	2	3	4	5	6
18	我不清楚本单位的发展目标	1	2	3	4	5	6
19	当我考虑我的工资时，我感到没有得到单位的认可	1	2	3	4	5	6
20	员工在本单位的晋升机会和其他单位的情况差不多	1	2	3	4	5	6
21	我的上级很少体谅下属	1	2	3	4	5	6
22	我们单位的福利待遇是公平的	1	2	3	4	5	6
23	在本单位工作的员工很少受到奖励	1	2	3	4	5	6
24	我的工作量总是很大	1	2	3	4	5	6
25	和同事在一起，我感到很愉快	1	2	3	4	5	6
26	我常常觉得自己不知道本单位发生的事	1	2	3	4	5	6
27	我对我的工作有一种成就感	1	2	3	4	5	6
28	我对我在本单位涨工资的机会感到满意	1	2	3	4	5	6
29	有些应该有的福利待遇我们单位没有	1	2	3	4	5	6
30	我喜欢我的上司	1	2	3	4	5	6
31	我有很多文案工作（写报告、总结等）需要做	1	2	3	4	5	6
32	我感到我对工作的付出没有得到应有的回报	1	2	3	4	5	6
33	我对我晋升的机会感到满意	1	2	3	4	5	6
34	工作中存在很多相互推诿、扯皮现象	1	2	3	4	5	6
35	我的工作有乐趣	1	2	3	4	5	6
36	分配给我的工作常常不能被解释清楚	1	2	3	4	5	6

资料来源：陈国海，方华，刘春燕．组织行为学．北京：清华大学出版社，2003.

得分说明如下：

- 正面陈述：非常不同意计 1 分，以此递加类推，即 1=1，2=2……
- 负面陈述：非常不同意计 6 分，以此递减类推，即 6=1，5=2……
- 问卷测量的不同工作要素包括的项目编号如下：

报酬：1，10，19，28

晋升：2，11，20，33

上级：3，12，21，30

福利：4，13，22，29

认同感：5，14，23，32

规章制度：6，15，24，31

同事：7，16，25，34

工作性质：8，17，27，35

沟通：9，18，26，36

其中未作答的项目可用均值来代替（要素均值或总均值），另一种不太准确的替代值是3或4。

（二）其他调查方法

1. 访谈调查法

访谈调查法是一种定性研究方法，主要通过设定开放式、不断深入的题目对员工进行访谈，由此获得企业中存在问题的类型和员工的深切感受。访谈法的优点在于具有直接性、灵活性、适应性和应变性，且回答率高和信息收集效度高等；缺点在于规模小、耗时多，事先需培训，标准化程度低等。

访谈调查法分为结构性访谈和非结构性访谈。结构性访谈需有事先精心策划的调查表；非结构性访谈无问题提纲，可自由发问。访谈调查法适用于部门较分散的公司、公共场所等。参加人员可以是公司全体员工或部分员工。访谈调查可以是一次性或跟踪性访谈。

2. 观察记录法

观察记录法是一种单向的有针对性获取信息的采集方法，优点是便捷、高效，缺点是信息的表象化含量高，受调查人员的主观意识影响大，调查时间较长，调查费用较高。观察记录法适于小范围的重点调查。

3. 大数据分析法

大数据分析的优势在于可以快速地对海量的数据进行处理和分析。传统的数据处理和分析方法往往需要花费大量的时间和人力资源，而利用大数据分析技术中的数据挖掘、机器学习、智能统计分析等手段，可以帮助企业快速地获取并分析与员工满意度相关的海量数据，提高员工满意度调查的效率。

第3节　员工满意度调查的实施与应用

一、员工满意度调查的实施原则

员工满意度调查方案的设计和实施，应遵循五个原则。[①]

① 吴慧青．如何进行员工关系管理．北京：北京大学出版社，2004.

（一）调查关键的内容

为了充分利用资源，提高调查的有效性，企业应当根据所处的发展阶段，结合企业的战略目标，有针对性地选取调查内容。

（二）尽量扩大调查的覆盖范围

如果可能，尽量将调查对象扩大到全体或者绝大多数员工，考虑到成本，也可以采用轮流调查的形式。这不仅是为了保证调查的准确性，调查本身也是争取员工参与管理的一个手段。如果参加调查的只是少数员工，将会影响员工参与的积极性；一些没有参加调查的员工，如果对管理有意见而没有机会表达，更容易对改进措施抱有消极或抵制的态度。

（三）注重调查结果的反馈和应用

进行工作满意度调查不仅是为了获得有关员工满意度的信息，更重要的是利用信息改善管理现状。如果企业仅停留在收集信息的环节上，最终会造成员工对调查的反感和敷衍。

（四）将工作满意度调查作为定期的制度和长期的工作

建立良好的工作环境不可能一蹴而就，因此工作满意度管理需要付出长期的努力。完成了调查工作以及后续的实施措施后，企业还要对各项措施进行跟踪监测，提高工作的有效性和针对性。

（五）取得企业各层面的支持

想要顺利地完成员工满意度调查，并且将调查结果应用好，没有企业上下各层面的共同支持是不行的。尤其要争取到高层管理者的支持和参与调查员工的认可。

二、员工满意度调查的时机选择与调查途径

（一）员工满意度调查的时机选择①

员工满意度调查需要定期进行，选择合适的时机也是提高调查质量的重要条件，一般可考虑选择这样几个时机。

1. 战略规划实施或调整的前夕

在这个时候进行员工满意度调查，可以摸清员工的思想动态，确定规划实施的思想基础，保证战略规划实施的顺利进行，避免因为员工情绪波动而导致计划无法实施。

2. 管理工作出现较大问题时

当企业管理出现了比较大的漏洞，或者员工中有不满情绪蔓延时，可以实施员工满

① 吴慧青. 如何进行员工关系管理. 北京：北京大学出版社，2004.

意度调查。一方面可以给员工提供一个发泄的渠道，稳定员工情绪；另一方面可以了解问题发生的真实原因，以便立即采取有针对性的补救措施。

3. 绩效评估之前

开展绩效评估的时间一般是公司财年过半或结束的时候，这时员工会对自身工作进行总结和回顾，对公司也会有自己的评价。此时开展调查，可以得到比较真实客观的信息。

4. 重新规划企业文化建设方案时

企业文化是企业精神的象征，一旦改变将对员工思想产生较大的冲击，因此当企业准备采取这方面的举措时，应当事先了解员工的状态，并允许员工提出建议和意见，以便改革措施能够顺利推进。

5. 生产淡季或业务不忙时

工作满意度调查如果安排在业务繁忙时期，员工往往会因为工作太忙而不愿意配合填写问卷，或者干脆敷衍了事，这样的调查不会有好的效果，因此一定要保证调查时间的充裕。

6. 高层管理者公开表示对调查的支持后

工作满意度调查必须征得高层管理者的支持，这样可以保证调查的顺利进行，也可以让员工给予足够的重视，保证调查信息的质量。

（二）员工满意度调查的途径

企业在进行员工满意度调查时通常有两种途径：一是自己设计调查问卷实施调查；二是委托专业的调查公司进行。二者之间的区别如表 13－5 所示。

表 13－5　企业自主调查与委托第三方调查的区别

指标	企业自主调查	委托第三方调查
问卷设计	较为主观，不够专业	客观、专业、完整
数据收集和分析	耗费人力、时间，不够专业	计划周密，操作流程规范，利用专业统计软件进行数据分析，结果科学、客观、精确
员工的配合程度	较难保证员工的保密要求，员工往往心存疑虑，配合较差	代表第三方立场，能确保员工的隐私权不受侵犯，员工积极性高，配合程度较高
访谈的深度	真实度低，挖掘深度往往不够，员工的顾虑可能造成信息失真	代表第三方立场，信息详尽，真实度高
调查结果的分析	可能带有主观和感情色彩，缺乏有效的跟踪和横向比较	客观、公正，能如实指出企业的不足之处；可将纵向数据和横向数据进行比较分析，并建立跟踪机制

资料来源：张凤梅．员工满意度的调查方法及实践研究．长春：吉林大学，2005.

目前企业更多的是采取自主调查的方式，该方式具有一些优点，如切合企业实际、有较强的针对性等。有一些企业没有调查经验，或者为了保持客观中立，委托第三方专业公司调查。

三、员工满意度调查的实施步骤

员工满意度调查一般要经过以下几个步骤。

（一）调查需求分析

员工满意度调查需求分析是指分析企业是否有进行员工满意度调查的需求，可以分为两种情况：一种是企业为了长期观察员工管理和员工关系状况，作为一种常规的管理制度，定期进行员工满意度调查，如每半年或是一年进行一次；另一种是在特殊情况下产生调查需求，例如，员工情绪波动比较明显的时候，或者员工离职率比较高、员工积极性和业绩下滑，以及员工关系出现了一些异常情况时。为了有效地进行员工管理和制定相应的管理对策，应基于不同的调查需求分析，确定调查目的、调查内容与调查方式等。

（二）调查方法的选择和问卷设计

1. 确定评估方法

首先需要明确员工满意度信息通过什么途径获得，即调查是采取问卷调查法还是访谈调查法。在问卷调查法中又有单一整体评估法和工作要素总和评分法两种。两种方法各有优点：前者可以直接了解员工的总体满意度状况；后者可以找出员工对哪些方面感到满意，对哪些方面存在不满。单一整体评估法只要求被调查者回答对工作的总体感受。工作要素总和评分法强调用多种要素评价员工的工作满意度，它比单一整体评估法操作复杂，但能获得更精确的结果。

2. 调查问卷的设计

无论是由企业自己还是聘请第三方咨询机构进行员工满意度的调查，调查表的设计都是十分重要的，其设计的质量直接影响调查的质量。调查问卷的设计通常分为以下几个步骤：

（1）选择满意度模型。满意度模型是设计调查问卷的依据，可参考成型的问卷样式进行问卷设计。

（2）确定问卷要素结构。结合企业具体情况，有的放矢地进行调查项目的设计。

（3）选择问题形式。问题分为开放性问题和封闭性问题。在设计时，可根据要素结构的选择，设计各个要素所对应的具体形式。可以开放式问题和封闭式问题搭配应用。一份完整的问卷包括卷首语、指导语、正文、结束语几个部分。题目可以设计成是非选择、多项选择、对比选择等形式。

3. 问卷设计要点

问卷设计要讲究技巧，需要充分考虑以下几个方面：

（1）在设计题目时，应覆盖员工满意度调查的所有维度，并考虑调查的系统性、完整性。

（2）在衡量员工对某个因素的满意度时，应从不同的角度设计题目，确保全面性。

（3）在获取有效信息的前提下，尽量缩小篇幅，使调查过程简便易行。问卷的问题应在25～70个之间，时间控制在15～30分钟之内，否则会引起填表人的厌烦感。

（4）应考虑为被调查人保密。采取无记名的方式将有助于管理层得到员工最真实的想法，因此问卷设计尽量不要提及具体的个人信息，但需要包括年龄、工龄、性别、职务等基本信息。

（5）在进行问卷设计时，最好事先与管理人员和员工进行充分沟通，确定每次调查的重点，如有必要，则对问卷进行预填写，之后再修改为正式问卷。

（三）调查问卷的发放

调查问卷设计完毕后，就要进行调查问卷的发放。在调查实施中要注意两个问题：一是调查样本的选择；二是调查方法的运用。如果公司规模不大，可以将所要调查的全体员工作为测量样本；如果员工很多，可以选取部分员工作为样本。选取时应注意样本的代表性。可以先将员工按照部门或层级分类，例如操作员工、管理人员、技术人员、市场人员等，然后按照比例随机抽取样本。

在发放问卷前，要对调查者和被调查者进行培训，以保证他们了解问题的内容与要求。

（四）调查问卷的核实、汇总与分析

问卷收集上来之后，还要经过核实、汇总和分析阶段。

1. 整理调查资料

检验资料的准确性和有效性，将无效问卷或无关信息剔除；将各种数据和信息按照模型或分析的要求归类，以便进一步分析；对每一类型的数据进行统计，找出答案的分布规律。

2. 选择分析方法，形成调查结果

根据描述性与推论性的统计资料，借助统计软件分析处理，将数字转化成直观的图表，如柱状图、饼状图、曲线图等，再配合数字解释，就能获得有用的工作满意度信息，以便根据数据的分布和趋势得出相应的结论，即结合直观图表，对调查结果做进一步分析，找出企业存在的问题，并归纳出矛盾比较集中的方面。接着，根据各方面的分析结果得出对企业员工满意度现状的总体评价。工作满意度调查结果分析的方法一般有以下几种：

（1）平均值分析。平均值分析简单明了、易于操作，是常用的分析方法。具体为：将问卷中相同维度的题目归为一组，然后把组中每一个问题回答的得分加总平均，计算出平均值。通常，在一组中可得到两个平均值，即满意人群所占比例的平均值和不满意人群所占比例的平均值。将结果用柱状图表示出来，可以清楚地得到员工对公司管理各方面的满意程度。同时，还可以用平均值分析方法进行市场数据的对比，找到同一区域、同一行业竞争对手相近指标的数据，并与上一次员工满意度调查的数据对比，最后制成柱状图进行比较分析。

（2）主因子分析。主因子分析是一种主要用于数据简化和降维的多元统计分析方法。

在面对诸多具有内在相关性的变量时，主因子分析试图使用少数几个随机变量来描述多个变量所体现的一种基本结构。这既便于对问题进行分析，易于抓住问题的本质，又为后续的统计分析奠定了基础。主因子作用代表了每一个问题对总体结果的作用大小。

通过主因子分析，能够鉴别出具体某个问题（变量）对最终结果的作用大小，它用相关性紧密程度来表示，相关性越密切，最终的作用越大。虽然平均值在一定程度上能反映出主因子作用，但不如相关系数分析显著。通过相关分析找到相关系数非常接近于1的某些问题，因为它们是最有效的影响最终结果的变量。可以运用相关系数方法来侦测变量（每一个问题）与变量（总体满意度）之间的线性关系。若发现几个问题得分的变动与总体满意度得分的变动有着密切的相关性（相关系数接近1），尤其是这几个问题又是属于同一组的，即可判定这几个问题在整个问卷中起重大的主因子作用，对这些问题的解决最有利于总体满意度的提高。

（3）矩阵分析。综合平均值与相关系数的矩阵分析方法能够对员工满意度进行最有效率的分析。对问卷中的每一个问题都要收集两个数据：第一个是平均值，即对所有答案进行加总平均得出的分数，它反映了对某一问题的评价；第二个是相关系数，它反映了某一问题得分与总体满意度得分的相关程度，也反映了此问题对总体满意度的重要性。用相关软件把这两组数据制成矩阵图，横坐标以每一题的平均值排列（反映对每一题的评价好坏），纵坐标以每一题的相关系数排列（反映每一题与总体满意度的密切程度），再以横纵坐标的中间值为界划分成四个象限。企业可以通过这种方法找到关键因素，利用有限的资源去解决公司和部门最需要解决的问题，这种方法又称“杠杆分析”。

3. 对调查数据进行分析

对员工满意度调查数据的分析是调查的关键环节。这一环节应注意以下问题：

（1）甄别调查数据是否真实有效。员工满意度调查的数据不一定都是真实的，有些信息可能有误，有些可能并非员工的真实想法。对调查获得的信息，一定要仔细核对，认真分析，不可直接依据统计数据做出判断和管理决策。

（2）辅助进行相关信息的收集。目前已有一些较为成熟的员工满意度调查问卷，但任何一种问卷都不可避免地存在某些局限性。因此，为了解更准确和真实的员工满意度信息，除了进行问卷调查，还应该辅助进行相关信息的收集。例如，设置一些开放性的问题，通过更多的沟通形式了解员工的想法和意见等。

（五）调查报告的撰写

员工满意度调查报告可分为以下几个部分。

1. 不同层次和类别的员工满意度分析

将员工分为不同层次和类别，对他们的满意度分别进行分析和比较，例如：

（1）公司总体满意度分析。以公司员工总体或所有调查者为对象进行满意度分析。

（2）分部门的员工满意度分析。按照部门进行分部门的员工满意度分析，或以特定有代表性部门员工为对象进行满意度分析，也可对部门间员工满意度进行比较。

（3）员工群体满意度分析。例如，可以按人口统计学特征进行员工满意度分析，例如按员工的年龄、性别、文化水平、工作年限进行满意度分析；也可以按职务或等级，例如按管理人员、技术人员、一线员工进行满意度分析。

2. 对相关问题进行交叉分析

（1）对不同部门与员工个人特征进行交叉分析等。

（2）对不同时期同一问题进行比较分析，以比较特征变化。

（3）开放式问题分类和汇总。开放式问题虽然不能做定量分析，但可以归纳出一些问题，分析问题成因，并可在调查报告中与定量分析结合使用。

3. 提出意见和建议

根据分析内容，提出员工满意度的提升对策和管理建议等。

四、员工满意度调查结果的应用

（一）制订行动计划，实施改进措施

针对调查结论，实施改进措施是十分必要的，否则员工会把满意度调查看成“形式主义”，对企业领导失去信任。而且矛盾不会随着时间的推移自动消失，积累的时间越长，影响越大。具体改进措施如下。

1. 建立严密的规章制度

针对员工满意度调查中暴露的问题，管理者应该改进和完善相应的制度。

2. 落实各项制度

有时企业有完善的制度，但没有很好地加以贯彻，也会招致员工不满。应加强基础管理工作，将制度落实到位。

3. 培育企业文化

促使员工价值观和企业价值理念保持一致，鼓励以员工为本，营造以激励为主导的平等竞争氛围等。

（二）改进评价和跟踪反馈

实施改进措施并不是员工满意度调查工作的终结，还要对改进措施进行两方面的效果评估：一是评价措施的经济性，即是否能够以较少的投入获得较大的产出；二是评价措施的实用性，即改进措施对员工满意度指标的改善。在对改进措施进行经济性评价时，可以采用成本-效益法。成本包括进行员工满意度调查所花费的成本以及实施改进措施所花费的成本。效益指企业在劳动生产率、出勤率、顾客投诉率、销售收入、利润率等指标上的改进提升情况。对改进措施的实用性评价则需要依赖下一轮的调查，因为整改措施的效果不可能一步到位、立竿见影。

通过实施调查，企业可以准确、全面地了解员工的满意度状况及潜在的需求，制定和实施有针对性的激励措施，激发员工对工作、对企业的献身精神，提高员工和管理者的各项技能，同时也能够达到减少劳动争议的目的。[①]

---

① 程延园．员工关系管理．上海：复旦大学出版社，2004.

（三）运用好员工满意度调查结果[①]

1. 进行调查结果对比

可以将调查结果进行横向和纵向的对比。横向的对比可以是与同行业内其他企业或参考模型的对比，也可以是企业内部门之间、事业部之间的对比，这种对比有利于各组织找出与别人的差距，调整自己的策略。纵向的对比可以是改革措施实施前后的对比，也可以是不同时间调查结果的对比，根据时间顺序描绘出满意度变化趋势，帮助管理者客观地衡量企业在某一段时间当中的管理情况。

2. 向管理层传达调查结果

将调查报告下发给有关的管理人员，管理人员能够从报告当中了解到自己负责的部门或业务领域是否存在问题，导致问题的原因是什么，而后结合调查报告当中提出的指导性建议，确定具体的改进措施。

3. 将有关信息反馈给员工

信息反馈的内容包括调查的结果、将要采取的相应措施、对员工意见的处理结果等。这样做可以向员工表达管理层的诚意和对他们的重视，为管理工作的顺利实施打下良好的基础。尤其要重视员工提出的意见，并应该给出明确的答复，如果不能采纳，也要做好解释工作。

4. 对措施的实施进行跟踪调查

公司可以成立专门的小组或委派专人负责这项工作。改进措施没有得到有效的贯彻，或是在实施过程中出现了新的问题，都会妨碍工作满意度信息的长期利用。

（四）全面提高员工的满意度[②]

1. 提供具有挑战性的工作

为员工提供有适度挑战性的工作，有助于员工在工作当中获得成就感，使员工不至于因为工作单调枯燥而产生厌倦情绪，同时也不会因为工作压力过大而产生挫折和失败感。

2. 建立公平合理的报酬体系

参考行业内薪酬调查的结果，制定有竞争力的工资水平，采用科学的评定方式确定员工的工资收入，建立公正的绩效考核制度，将员工收入与工作表现合理结合，公开评定标准和绩效考核情况。提供公平的晋升机会，完善福利制度，为员工提供所需要的帮助等。

3. 创造支持性的工作环境

设计有利于工作的办公和生产环境，为员工更好地工作提供更多的生活便利，如班车、宿舍、家庭服务等。

4. 建设融洽的同事关系

在企业内部倡导尊重人、爱护人的风气；给员工，尤其是管理人员，提供如何进行

---

①② 吴慧青．如何进行员工关系管理．北京：北京大学出版社，2004.

沟通和处理冲突的培训，提高处理人际关系的能力；建立内部沟通渠道，或者设立专门的员工关系管理职位，以便更好地协调员工之间的关系。

5. 注意人与工作的匹配

可以通过职业偏好测试发现员工的职业倾向，并尽量使工作安排与员工的能力、人格特征及个人的特长爱好相匹配。

□关键术语

员工满意　员工满意度　双因素理论　问卷调查法

□复习思考题

1. 影响员工满意和员工满意度的因素有哪些？
2. 简述员工满意度调查的主要方法及各自的特点。
3. 简述员工满意度调查的实施原则和实施步骤。
4. 如何撰写一个有应用价值的员工满意度调查报告？
5. 如何将员工满意度调查结果运用到实际中去？

□案例分析

不让人满意的满意度调查

人心涣散为何故

神宇集团经过十几年的发展，已经成为一家专业从事移动通信产品研发、生产、销售和售后服务的高新技术企业，在充斥各种品牌手机的市场中开拓出了一片自己的小天地。这些成绩的取得，总经理薛志功不可没，尽管有六家企业作其强大的股东后盾，但薛志仍然保持了敏锐的观察力和警惕心。

集团运作的自动化和规范化程度越来越高，也培养出了自己的职业化研发团队，可是规模的扩大却没有让薛志看到更加强大和团结的员工队伍。相反，这几年薛志发现，员工士气低落，流失率不断提高。薛志和公司人力资源部经理杜威聊过多次，不过转行做人力资源工作的杜威显然没有特别好的办法，虽然改革了薪酬方案，也重视了员工关系的维系，可集团人心涣散的局面却一直没有得到改观。

培训引入新理念

薛志于是鼓励杜威去培训学习，了解员工关系处理上的新理念和新方法，主管经理理念更新了，才能带来崭新的气象。

一个月的培训让杜威有醍醐灌顶的感觉，培训内容中让他最有启发的就是一个观念——把员工当成内部客户一样对待。一直以来，神宇集团对于客户的关注远远高于对员工需求的关注，但实际上只有员工满意了，客户才能满意，企业才能产生持续的利润增长。

杜威兴奋地将这一理念与薛志进行了交流，并提出了一个马上可以操作的项目，就是做全员的满意度调查。杜威解释道："集团工会成立20年了，却从没在真正意义上关注过员工的工作满意度，更谈不上实施专业的员工满意度测评和管理程序。这项工作不能再等了，应该马上开展！”

调查带来新意见

薛志同意了杜威的建议，他也希望通过满意度调查了解员工积极性不高的原因。于是，一场寄托了无限希望的满意度调查迅速开始了。杜威的同事们找了很多材料开始设计问卷，之后又马不停蹄地发放、回收、整理、分析、写报告、画图表，一个月下来，杜威和人力资源部的员工忙得四脚朝天。

可是，与这一个月工作结伴而行的，是员工没有停止的抱怨。员工的指责并非没有根据——“声势大、口号响、目标高，这是虎头；问题多、不公布、没反馈，这是蛇尾”。“我们投入了心力，也付出了感情，认为公司真的会有改变，结果就像是被欺骗的孩子，被问了需求却没有下文！”生产部经理老王还提出了一些细节问题，“调查问卷的针对性也不行，比如我们部门遇到的主要问题是各有关部门之间的协作意识差，员工觉得工作很难开展，这些管理上的细节问题调查的时候根本没有涉及，这怎么能反映实际情况呢?”

老板心中也不满

带着调查结果和收集到的几张纸的意见，杜威找到薛志，希望管理层能尽快给员工反馈，可是薛志也板起了面孔。

“杜威，一方面，调查中员工提到的很多问题短时间内没办法解决，因为公司的很多事情要上董事会讨论，你向我要迅速的反馈和解决方案，我给不了你，前期你应该想到这个问题；另一方面，问卷反映出的这么多问题应该是有解决的先后次序的，哪些问题是最严重的，哪些问题是核心员工最关注的，这些分析都没有，我也觉得无所适从。另外我还听说员工对问卷内容也有疑问，你们前期是怎么设计的问卷？现在这个缺陷你准备如何弥补?”

求助专家解疑惑

薛志的批评和疑问都是对的，杜威有点儿懵了，员工认为问卷没有调查到真正的问题，反映出的问题又没有反馈，因此觉得调查流于形式；薛志提出调查针对性不强，人力资源部没有承担及时反馈解释的职责，也对部门工作失望。

看着沉默的杜威，薛志叹了口气说道，“杜威，这项工作本身没有错，调查虽然花了钱，但我还是支持的，了解员工所想是我们改进管理的第一步。我希望你能总结经验教训，完善一下前期的准备工作和后续的反馈改进机制，明年继续做。”

杜威倒吸一口凉气，明年再做？这绝对是个巨大的挑战，他当然想从这次调查中吸取经验，完成好下一次的调查，于是决定向培训时的主讲老师求助……

资料来源：詹婧，孟续铎．员工关系管理精选案例分析．北京：机械工业出版社，2014.

讨论题：

案例中的工作满意度调查存在哪些问题，请给出改进措施。

第 14 章

非正式雇佣员工关系管理

| 学习目标 |

● 了解随着越来越多的企业采用非正式雇佣形式，非正式雇佣员工关系管理日益引起企业关注。

● 认识与正式雇佣员工相比，非正式雇佣员工有许多特点，而且随着雇佣形态的多样化，员工关系管理问题也更为复杂。

● 明确在非正式雇佣员工关系管理中，应该遵循法律框架、政府规制及劳动标准等，特别要贯彻"体面劳动"和无歧视的原则。

● 认识劳务派遣是比较流行的一种非正式雇佣方式，明确劳务派遣员工关系管理涉及三方，我国相关法律对此有较严格的规范。

第 1 节　非正式雇佣及其员工关系管理概述

一、非正式雇佣的内涵、方式与特征

（一）非正式雇佣的内涵及特征

所谓非正式雇佣，也称非典型雇佣（atypical employment）、非标准雇佣（non-standard employment）、非传统雇佣（non-traditional employment）、灵活雇佣（flexible employment）、可选择工作安排（alternative work arrangement）和即时制劳动力提供（just-in-time labour supply）等。非正式雇佣是与正式雇佣相对应的一种用工形式，并被作为传统企业内部正式雇佣形式的替代或补充。在非正式雇佣形式下，产生了非标准的雇佣关系以及相应的员工关系管理。这类雇佣方式发端于北美、欧洲及日本等发达国家

市场环境，而后发展到其他国家。我国企业近些年来也开始广泛使用。因非正式雇佣方式多样，对其特征表现的描述一般是与标准雇佣方式相比较而言的。

1. 标准雇佣的特征

典型或标准雇佣是自工业化以来一直通行和逐步完善的一种雇佣和工作方式，这种情况直至 20 世纪 70 年代才有所改变。标准雇佣下的用工方式是以发达国家为蓝本的，有两个基本特征：其一，时间的“标准”。就标准工作时间而言，一般为每周工作 40 小时，每天工作 8 小时，一年工作 52 个工作周（含 2～3 周带薪假期）。其二，地点和工作方式的“正式”。即雇员在雇主提供的工作场所内，按照雇主的指令工作，这种雇佣关系一般会延续较长时间，不会随意中断。组织内部的标准雇佣方式可定义如下：按照一定的通常为全日制的工作安排，工作地点在实际雇主组织所在地，员工接受雇主的管理，同时双方共同期待劳动关系的稳定和持续。因此，传统的标准雇佣方式有四个主要特征：

（1）员工从事的是全日制工作。

（2）雇佣关系只涉及两个主体——雇主和员工。

（3）雇佣双方的权利和义务关系是，雇主为员工提供工作所需的各种条件，如工作场地、设备、工具、材料等，员工则向雇主提供劳动。

（4）如果没有特殊原因，双方之间的雇佣关系将保持长期稳定。

2. 非标准雇佣的内涵及特征

非标准雇佣在工作时间、工作地点和劳资双方的从属或契约关系等方面与一般意义上的标准雇佣存在明显的差异。

对非标准雇佣方式的内涵和特征进行描述有一定难度，原因在于其在现实中有多种实践形式。顾名思义，所谓非标准雇佣即不是标准雇佣，是对传统雇佣形式的颠覆和背离。非标准雇佣的特征可归纳如下：

（1）缺乏明确的雇主，如自我雇佣或独立签约者。

（2）雇佣关系主体发生变化，如在主体中新加入了临时就业服务中介。

（3）工作稳定性较差，如临时性工作、随传工作和固定期限合同工作等。

按照这一解释，如果雇佣方式符合上述特征中的任何一个，均可认为是非标准雇佣。

（二）非正式雇佣人员及其分类

结合上述非正式雇佣的特点，可对非正式雇佣人员按照不同的标准进行分类。

1. 按照工作时间划分

按照工作时间，员工可分为全日制员工（full-time worker）和非全日制员工（part-time worker）两大类。所谓全日制员工，是指与公司签订正式雇佣契约，在工作日，或者按照公司规定的一般工作时间（例如每天可以灵活安排部分工作时间，但是工作时间总数达到公司要求）工作的员工。而非全日制员工则是指比全日制员工工作时间短的员工。

2. 按照合同期限划分

按照合同期限，员工可分为长期员工（permanent worker）和短期员工（contingent worker）两大类。长期员工指的是如果没有严重的工作失误等特殊情况发生，可以与企业保持长期的雇佣关系直至达到退休年龄的员工。短期员工则是一些与企业存在短期的雇佣关系或签订特定合同期限的员工。非正式员工多为短期雇佣，包括临时员工、随传员工、季节工和固定期限合同员工等。

3. 按照雇佣契约主体划分

按照雇佣契约主体，员工可分为两方雇佣关系员工和三方（多方）雇佣关系员工两大类。两方雇佣关系员工是由用人企业直接雇佣的员工，包括雇佣的长期、短期和临时员工；三方（多方）雇佣关系员工通常为劳务派遣员工。随着数字化时代的到来，出现了多元雇主的趋势，形成了共享员工的特殊雇佣形态。所谓共享员工，是指同一员工可被多个单位共享共用的劳动用工模式，在充分尊重员工意愿、多方协调一致等前提下，通过“同界、跨界、无界”共享的方式，将劳动力供给方的闲置员工“借调”至劳动力需求方，在满足其用工缺口、解决“用工荒”的同时，降低劳动力供给方的用工成本，提高员工的劳动报酬和收入来源。[①]

因此，非正式或非标准工作者是一个形式多样、数量和比例不断增长的就业群体。尽管目前还很难准确判断其在就业群体中所占的比重，但对其需求的上升趋势是显而易见的。

二、非正式雇佣的形成原因

（一）宏观因素的影响

1. 经济环境变化和竞争加剧

当前经济和社会环境发生了急剧变化，商品、服务、资本和技术在世界性生产、消费和投资领域中的扩散不断加剧。伴随着经济全球化，世界经济产生了与以往截然不同的商业运作和竞争模式，而且这一特征随着迈入知识经济和网络社会的步伐加快日益明显，并深刻影响了企业的雇佣模式。

2. 低成本战略驱动的企业经营

波特的低成本领先战略认为，只有在同行业的竞争中获得低成本优势，并远低于行业平均成本，企业才可能在激烈的市场竞争中获胜和赢得主动权。它们在市场前景好的时候可以获得高于其他对手的利润，在市场前景不佳的时候也可以比其他对手有更多的降价空间。这一理念驱动着企业不遗余力地从生产经营的各个环节出发，努力寻找可以改变的工艺流程、可以改善的工作程序、可以改进的工作方法和技术，来实现降低成本的目标，包括在劳动力市场上和企业内部不断地降低人工成本。非正式雇佣因其成本优势，被越来越多的市场主体所使用。

3. 市场多变需要快速应对

迅速多变和不确定性强是当今市场的突出特征。企业间的激烈竞争在为消费者带来价格低、性能高的产品的同时，也增强了企业对市场需求变化的反应能力。在新经济中，企业制胜的武器就是反应速度、应变能力以及员工队伍的快速配置和灵活使用能力。非

---

① 李海舰，李凌霄．中国“共享员工”劳动用工模式研究．中国工业经济，2022（11）．

正式雇佣在为企业带来更低成本的同时，也为其提供了更大的功能柔性，以便于其快速调整人力资源配置，更好地适应市场变化。

4. 劳动力市场和劳动者构成的变化

发展经济学认为，二元经济结构和二元劳动力市场的割裂与差距加大，是发展中国家的显著特征。所谓劳动力市场二元性质，是指其既含有高端相对稳定的劳动力市场也含有低端多变的劳动力市场，具有某种普遍性。而在一般情况下，非正式就业人员往往聚集在低端的劳动力市场。但即便是高端人才群体，由于其稀缺性特征，行业内往往供不应求，亦产生了人才共享模式。早在 20 世纪 80 年代，上海、广东等地已出现了“星期六工程师”现象。一些受雇于国有企业或科研院所的工程师，因技术娴熟常接到周边乡镇企业的邀请，在周末为其提供技术指导和支持，同时也可以赚取额外收入。据报道，在鼎盛时期，上海的“星期六工程师”有两万余人，其周边的苏、锡、常地区成为上海智力及技术技能资源的强辐射区。

近年来，劳动者构成发生了巨大变化，并影响了企业的工作形式、时间安排和雇佣关系的变化。例如，女性劳动者和单亲劳动者数量的急剧膨胀，以及他们对工作-家庭平衡要求的提高，使得他们在从事工作的同时，要求有足够的时间和精力照顾家庭成员，对工作时间的柔性要求明显区别于传统雇佣下的刚性工作时间安排。随着资本和劳动力的国际流动，更多的发展中国家劳动力进入发达国家的低端市场，他们只能从事低报酬、不稳定的工作。在城市化的进程中，大量农村人口进入城市加入非正式就业群体，这些劳动者不具备特殊技能，没有城市居民身份，只能从事简单、繁重、收入低和缺乏保障的工作。

此外，一些新生代就业者的生活方式和工作价值观正在发生变化，他们厌倦了朝九晚五的传统职业模式，追求更具柔性和个性化的工作安排。这些都促成企业雇佣方式的变化，并在驱动传统雇佣方式解体的同时形成了多样化的雇佣模式。

5. 人力资源服务中介组织及中介产业的兴起

人力资源服务中介组织是指那些在用人企业和劳动者之间建立桥梁，为愿意从事工作的劳动者提供工作，同时也为需要劳动力的企业提供劳动者，并负责承担由此产生的全部或部分人力资源管理活动的人力资源专业服务中介公司。它在性质和职能上区别于传统的职业介绍机构，顺应了当代劳动力市场环境中非传统雇佣下用工企业和劳动者双方的需求，为非正式雇佣方式的广泛应用起到了重要的桥梁和媒介作用，并日益发展成为一个新型的服务产业。

（二）企业因素的影响

1. 多样化的雇佣策略

员工队伍的多元化已经成为企业获取竞争优势的手段和工具。许多企业为建立并保持多元化的员工队伍采取了一系列措施，如为不同员工群体制定相应的管理手段，适应员工队伍多元化的灵活工作安排。其中采取多样化的雇佣政策更是众多企业的核心策略之一。多样化的雇佣可以为组织带来如下好处：

（1）建立多元化的人才储备队伍。这种人才储备不仅可以在企业内部建立，也可以在企业之间共享，或者通过与企业外部劳动力市场之间的链接获取。“人才不为我所有，但为我所用”被认为是企业获取人才的一种低风险、高收益的方式。

（2）适应多变的市场和外部环境。经济全球化促进了市场营销的快速发展，市场划分得日益细致的消费群体和愈演愈烈的追求个性化的消费趋势，都使企业不得不面对一个规模越来越大、需求越来越多元的顾客群体。为了快速准确地把握不同顾客的偏好特征，企业希望借助多元化的员工队伍，为自己带来更大的市场份额。

（3）促进管理变革和多元文化。由多元化的员工带进企业内部的不同思维方式与办事方法，在良性互动中对提高解决难题的能力也很有裨益，而这些都会促进企业的管理变革，提高组织的竞争力。选择多元雇佣方式，在一定程度上引入了对比参照机制，有助于激发员工队伍的活力，特别是对传统长期雇佣方式下的员工具有一定的促进、示范、警示和约束作用。

2. 降低人工成本，追求管理便利

在知识经济时代，人工成本的增长是企业主要的压力之一。以往比较偏重于降低直接人工成本，到今天，降低间接人工成本日益成为当前企业缓解市场压力的对策之一。所谓直接成本，是指企业在和劳动者的交换中，支付给劳动者的工资和福利等的货币部分；间接成本则可以理解为组织在使用劳动力时所支付的交易和管理成本，例如在人员招聘、筛选、配置、培训、开发，以及辞退、裁员等管理过程中发生的费用等。一般而言，非正式雇佣不仅在直接成本上低于正式雇佣，更主要的是降低了雇佣的间接成本。

劳动力市场的变化增加了企业的人力资源管理成本。例如，员工的讨价还价能力不断提高，法律对劳动者的保护增强，而对企业的用工规制力度加大，裁员成本提高，企业的社会责任感及对社会声誉的认知度等都在提高。这些因素对企业的影响是双重的：一方面会提高企业的人力资源管理水平，进而有助于提升员工的工作绩效；另一方面也会加大企业的员工管理成本，或者说非优质管理的风险。在这种情况下，多元雇佣风险小于刚性和单一的传统雇佣形式，而加大非正式用工的比例有助于降低企业的雇佣总成本。

此外，一些企业使用非正式员工的目的是追求管理上的便利，例如，通过招募非正式员工，可以减少招聘风险，配合企业的人力资源管理职能外包，便于从临时员工中选拔和培养可长期雇佣候选人等。此外，对于一些外资企业来说，其使用派遣员工或第三方用工，也有规避东道国雇佣法律约束、避免劳资纠纷等目的。

3. 追求人力资源管理的数量柔性

人力资源管理柔性主要包括功能柔性和数量柔性两种基本形式。所谓功能柔性，主要指员工或员工队伍（working force）在执行某一范围的工作或任务时技能的可迁移性、适应性和多样性及其开发能力。与功能柔性相对应的是数量柔性，即在面临市场变化和需求波动时，企业借助各种非正式雇佣形式和柔性的人员配置，以增强劳动力规模的灵活性程度。数量柔性的直接效能是企业在劳动力需求发生短暂变化时，可以迅速、顺利地根据需要对人力资源进行规模、类型和结构上的改变。

伴随着企业瘦身、组织扁平化和机构精简等结构性改革，越来越多的企业向着柔性化组织转变，在人员结构上也倾向于在保持最少永久核心员工数量的基础上，选择以灵活用工的方式进行人员柔性配置，即通过人员的数量柔性适应市场快速变化的需要。

4. 满足企业对多技能员工的需求

为促进组织技术变革和技术创新，企业需要培育具有技能多样性和组织技能专属性的员工队伍。非正式雇佣虽然不能满足企业的这一需要，但可以通过外部人员支持缓解人才的稀缺。当企业面对紧缺急需的特殊技能人才，又无法立即培养或培养成本太高时，从外部劳动力市场获取一些非正式用工，例如通过企业联盟、合作雇佣、短期聘用或者临时借用的方式等获得相应的人才资源，成为有效的途径。

此外，一些中小企业和新建企业受到自身规模和资金的局限，虽然对拥有特殊技能的劳动者有需求，但难以提供优越的工作条件或报酬，也可选择非正式雇佣的方式。

（三）个体因素的影响

1. 缺乏其他工作方式的选择

从员工个人角度讲，采取非正式就业方式有两种不同性质的选择，其一是主动选择，其二是被动选择。前者是指一些员工为了追求工作与家庭生活之间的平衡，或者为了满足个人能力开发而放弃长期就业形式，选择非正式就业形式；后者则是因个人原因或为就业形势所迫，而不得不接受非正式的工作形式。在低端劳动力市场，非正式就业更为普遍。

2. 追求工作-家庭平衡

经济全球化、技术飞速发展、商务成本居高不下给企业造成越来越大的压力，企业也将这些压力全部或部分地传导到内部创造价值的终端——劳动者的身上。劳动者要增加工作时间、牺牲个人休闲时间、将工作带回家中继续完成，导致过度的精神压力并加剧与家庭成员的摩擦，过高的工作强度还会影响工作效率等。在经历过一段无条件牺牲家庭生活以换取工作成功的时光之后，许多员工产生了改善工作-家庭平衡的强烈需求，甚至愿意通过工作的灵活性来换取家庭的稳定性。这一愿望在女性员工、中老年就业群体、尚未获得期望学历的群体以及有特殊职业技能的人群中表现得更为强烈。

3. 作为迈向永久雇佣的过渡

按照职业锚理论，就业者很难一进入职场就找到适合自己职业倾向的工作，寻找职业锚可能是一个长时间和艰苦的过程。因此，一些人通过非正式的工作过程，寻找与自己相匹配的职业。劳动者之所以选择灵活工作，是将此视为通往永久工作的一个跳板。在众多从事灵活工作的劳动者中，也存在从事灵活工作的同时寻找更理想的长久工作机会的人员，而且这类人群通常有更高的工作主动性和更好的工作绩效表现。

4. 个性和职业偏好

接受正式或不正式就业与个性特征也有一定的关系。一些具有风险偏好、热爱挑战和乐于接受由不确定性带来收益的人，会比较倾向于接受非正式雇佣工作。尤其是随着青年群体的职业价值观改变，对非正式雇佣的接纳程度大大提升。2021 年 9 月，智联招聘发布的《Z 世代职场现状与趋势调研报告》显示，中国的“95 后”年轻人中，有超过七成的调查者正在从事或愿意尝试电商主播、视频博主、菜品体验官、自律监督师、游戏代练员等与互联网相关的新兴职业，且有超过八成的调查者正在灵活就业或愿意尝试灵活就业，占比高于其他年代的职业人群。

此外，受日益加剧的交通拥堵、空气污染、能源枯竭等社会及环境问题的影响，越来越多的雇员倾向于选择在家办公，以避免每天在上下班途中耗费时间、精力，减少对自然环境的使用及破坏。而移动互联网技术的发展，也为这种工作形式提供了技术支持。

第 2 节　非正式雇佣员工关系问题及其成因

非正式就业群体主要包括三种类型：其一为从事非正式经济活动的群体；其二是在非正式部门中就业的群体；其三是在正式部门中就业的非正式群体。我们所关注的员工关系管理基本属于第三种类型。这些员工主要是在正式部门就业的非全日制工、劳务派遣工、临时工、季节性工和合同工等。在现实的企业管理过程中，由于其雇佣形态的多样性、雇佣关系的复杂性，在劳动关系和员工关系管理中，也出现了一些特殊的问题和表现形式，值得关注。

一、非正式雇佣员工关系问题

一般而言，企业给员工的待遇与劳动力市场的供求关系密切相关。相对于高端就业群体，低端非正式就业群体更容易遭遇员工关系问题。

（一）劳动关系具有脆弱性和短暂性等特点

尽管与非正式部门就业者不同，在正式部门就业的非正式工作者受到劳动法保护的范围和力度相对要大，但与正式员工相比，他们受到保护的范围和力度相对要小。非正式人员属于雇佣边缘化群体，很难得到法律的全面保护。特别是在一些与正规企业有合作关系的承包、分包企业，以及劳务派遣公司中的就业人员，更是如此。其主要表现在，非正式雇员的劳动合同签订率低，期限短。在没有正规劳动契约约束的情况下，劳动关系当事人的劳动权益和社会保障权益很难受到法律保护，集中体现在这种临时性和非正式劳动关系的脆弱性和短暂性上。

（二）劳动报酬低，超时劳动严重

非正式雇佣员工的劳动报酬低于正式员工是所有劳动力市场普遍存在的现象，从某种意义上讲，廉价是这些雇佣方式存在的基础和主要特征。这会直接引发同工不同酬的问题，而且因为不是企业的正式员工，他们也很难有正常的薪酬增长机制。

一些非正式雇佣员工的工作时间很难准确计算，超时劳动及其报酬兑现困难。一些企业将非正式雇佣员工的基本工资水平定得非常低，员工的收入增长主要靠加班费和超额劳动补偿，加班和超时工作是经常的事情。

（三）劳动条件差，职业安全难以保障

在一些企业中，苦脏累差的“坏”工作一般都由非正式雇佣员工承担，这些工作的劳动环境差、职业安全隐患多，易发生安全健康事故。在一些煤炭、化工等高风险行业，以及劳动密集型中小企业中，表现得更为典型。如果雇主无视职业安全，不注重安全投入和防护设施建设，很容易引起安全事故和引发职业病。而这些非正式雇佣员工因为缺乏相关的劳动保护知识和技能，防护意识差，加之人员流动性强，安全健康培训不规范，最易受到职业病伤害。

（四）不能平等享受各种福利待遇

非正式雇佣员工与正式员工不仅在基本工资水平上有差距，如果基于整体薪酬的概念，其在福利待遇上的差距更为明显，因为福利在薪酬中的比重越来越大。一般情况下，非正式雇佣员工难以享受企业提供的全部福利待遇，诸如带薪休假、医疗保险、脱产培训、退休福利等；一些带有激励性质的福利计划，企业也是为核心员工设计的，没有考虑边缘员工。一些没有签订正式劳动合同的人员，甚至连基本的法定福利都难以享受。

（五）非正式雇佣员工的忠诚度、组织承诺及工作满意度相对较低

一般认为，与正式员工相比，非正式雇佣员工与企业之间的心理契约更倾向于交易性的；与雇主之间的关系更为功利，忠诚度也相应较低。

由于非正式雇佣员工在工作安全感、晋升机会和报酬方面的满意度都相对较低，加之他们中的大多数从事的是一些简单、低技能和单调的工作，因此其整体的工作满意度相对也较低。但是在对这些非正式雇佣员工做组织行为学意义上的评价时，还应该考虑的一个重要变量是，这些从事非正式工作的员工是出于自愿的选择，还是迫于无奈的被动选择，应该说二者有性质上的区别。

二、非正式雇佣员工关系问题的成因

与正式员工相比，非正式雇佣员工由于自组织能力低、雇佣关系复杂、管理难度大、形式多样，极易产生员工关系管理问题。综合而言，主要原因如下。

（一）法律体系不健全，难以调整非正式雇佣下的劳动关系

很多国家的劳动法体系是以典型雇佣方式为基础的，非正式就业者与雇主之间的关系很难进入法律调整的主流框架。这是各国劳动法体系都面临的现实问题，我国也是如此。一些非正式雇佣员工的报酬支付、保险待遇、雇佣和辞退管理都存在不规范的问题。虽然《劳动合同法》等相关法律相继出台，对非正式用工领域进行了有效规制，但该领域的制度体系完善尚需时间。

（二）政府政策介入的两难选择

政府政策需要在促进就业和保护非正式就业者权益之间、在保持市场竞争力和维护社会公正之间做出选择。但这些政策目标在很多情况下很难达到平衡。例如，非正式就

业群体中多是缺乏技能或不具备就业竞争力者，企业雇佣他们的目的主要是降低成本和应对灵活的人力需求。在劳动力市场不规范或供大于求的情况下，劳动者缺乏讨价还价的能力，只能依靠法律和政策的保护。但是从企业一方看，中小企业缺乏与大企业竞争的实力，包括在劳动力使用方面的竞争力，所以它们只能靠雇佣廉价和非正式的人员来降低人力成本。因此，如果对中小企业约束过严，可能会使这些企业丧失吸纳就业的能力与积极性。这是一个两难的选择。

（三）成为社会保障体系的盲区

缺乏社会保障是非正式就业人员受到不公平待遇的主要原因之一。根据国际劳工组织的估计，在全世界的就业人员中，大约只有20%的人得到了充分的社会保障；一半以上的工人及其家属没有任何类型的正规社会保障。他们既没有被缴纳性的社会保险覆盖，也没有被税收性的社会救济保护。[①] 这一问题的妥善解决，也需要一个过程。

（四）社会公正伦理的缺位

在劳动经济学中，历来有企业外部劳动力市场与内部劳动力市场之分，两个市场存在分割和二元化特征。事实上，这种分割现象也存在于企业内部。英国学者汉迪（Handy）所描述的“三叶草”式的组织越来越普遍。在这种类型的组织中，人员被按照雇佣契约分类和分层，其中，核心人才被当作组织中的核心员工和精心培育的内部员工，而短期契约性和临时性员工则被当作外部员工。对他们，企业一般以短期交易为主，不会精心培育和激励。这种有差别的管理和对待从来都是企业有意图的人力资源配置战略的组成部分，并被认为是企业应对不确定和动荡的外部环境的柔性策略。

尽管从组织策略的角度讲，选择多样的雇佣模式是面对竞争环境的必然选择，但是从人本管理和社会公正的角度看，这种雇佣形态有人文价值观上的缺位。特别是在雇主力量明显大于劳动者的市场环境中，更是如此。

三、非正式雇佣员工关系改善对策

（一）将非正式雇佣关系纳入法律调整的主流框架

我国《劳动合同法》专门就两类非典型雇佣做了法律规范：一类是对非全日制用工的规定；另一类是对劳务派遣的规定。这使得我国的非典型雇佣方式正式得到了法律的认可，并且纳入了法律规范的框架之中。其中，对非全日制用工进行了如下法律规定。

1. 对非全日制用工概念的界定

所谓非全日制用工，是指以小时计酬为主，劳动者在同一用人单位一般平均每日工作时间不超过四小时，每周工作时间累计不超过二十四小时的用工形式。

2. 对劳动合同签订的界定

非全日制用工双方当事人可以订立口头协议和多个劳动合同；不得约定试用期；可以随时终止用工，用人单位不向劳动者支付经济补偿。

---

① 石美遐．非正规就业劳动关系研究：从国际视野探讨中国模式和政策选择．北京：中国劳动社会保障出版社，2007.

3. 对劳动报酬的界定

非全日制用工小时计酬标准不得低于用人单位所在地人民政府规定的最低小时工资标准；劳动报酬结算支付周期最长不得超过十五日。

（二）政府加大对劳动力市场的规制

除法律规范外，政府对非正式雇佣关系的政策协调和非正式就业人员的权益保护也非常重要，主要体现在对相关制度的完善和机制性保护上。在促进柔性就业和非正式就业者保护方面如何选择平衡点，除法律体系的建设外，还需要采取制度性的保护措施，包括雇佣和解雇保护、工会保护、社会保障制度等。

尤其在当下，面对数字时代的劳动形态变革，非正式用工发展势头迅猛，以互联网平台为依托的新就业形态在世界范围内迅速兴起。在相关法律无法快速覆盖的情况下，政府规制应作为指导实践良性发展的先手棋。以零工劳动为例，它是一种“平台＋个人”的新型用工形式，具有劳动高度灵活性和自主性、社会关系的弱化和人的原子化等特点，给我国已有的雇佣模式、劳动关系认定、社会保障体系带来了新的冲击和挑战。[①] 众多零工就业者面临工作和收入不稳定、缺乏社会保障、算法歧视等困境。然而，相关法律尚未覆盖到此领域，《劳动法》和《劳动合同法》无法规范平台非劳动关系的用工行为，新就业形态劳动者基本权益保障不足。这就需要政府结合新就业形态的劳动特点，调整已有劳动关系认定标准，完善社会保障和监督体系，引导平台企业承担主体责任，从而更好地保障平台零工的基本权益。

（三）积极推行劳动标准和劳动安全保护

所谓劳动标准，是指对劳动领域内的重复性事务、概念和行为进行规范，以定性形式（如文字描述）或者以定量形式（如数据、图表）所做的统一规定。它涉及对劳动者、劳动过程、劳动条件和劳动关系以及相关的管理活动等的规定。它以劳动领域的自然科学、社会科学和实践经验的综合成果为基础，经有关方面协商一致并决定，或由有关方面批准，以多种形式发布，作为共同遵守的准则或依据。[②]

劳动标准体系具有多种性质：首先，作为社会保障的一个重要组成部分，这些标准的制定和实施，对协调劳动关系、规范劳动力市场运行秩序、保护劳动者合法权益、加强劳动管理、提高劳动效率等起到了积极的促进作用。其次，劳动标准体系是劳动法律体系的重要补充，是劳动法律的细化。其中法规类劳动标准在劳动标准中占的比重较大，劳动法律中含有相当数量的劳动标准。涉及企业产业标准和劳动标准化的活动，还需要进行行业标准规范。最后，企业劳动规章制度也是以国家和行业的劳动标准为依据的，有利于企业的管理科学化和规范化，促进企业和员工的共同发展。

从我国的现状看，随着劳动法律体系和社会保障体系的不断完善，相关的劳动标准也在完善之中，但是目前还存在一些问题，主要表现在标准的种类不齐全，标准之间不

---

① 胡莹，卢斯媛．平台零工劳动对我国劳动关系的影响：基于众包型数据标注师的研究．中国劳动关系学院学报，2023（1）．

② 劳动和社会保障部劳动工资研究所．中国劳动标准体系研究．北京：中国劳动社会保障出版社，2003.

配套、不规范和可操作性比较差等方面，尤其在制定和执行过程中考虑非正式雇员的特殊性方面不足。例如，关于安全生产和职业健康的政策执行欠佳；劳动工时执行不严格，休息休假等权利得不到保障；最低工资标准等相关制度的落实存在问题。

2021年7月16日，人社部等八部门共同印发《关于维护新就业形态劳动者劳动保障权益的指导意见》，专门针对平台用工关系，督促企业制定修订平台计件单价、抽成比例、报酬构成及支付、工作时间等直接涉及劳动者权益的制度规则和平台算法，对非正式用工中的劳动标准和劳动安全保护提供了规范性指导。

（四）积极推行“体面劳动”和工作中的平等

“体面劳动”（decent work）是国际劳工组织提出的一个理念，旨在保护劳动者的权利，保障劳动者享有足够的收入和工作机会，使劳动者获得充分的社会保护。“体面劳动”的定义为：根据就业人员自身和其所属集体的条件，保障其自由、安全、尊严和公正地劳动。不言而喻，“体面劳动”是针对“非体面劳动”而言的。“非体面劳动”主要表现在劳动者从事的是缺乏安全保障的劳动、超过人体承受能力的过度劳动，受到各种经济的和非经济的歧视和不公平对待，没有对自己工作的决定权利等。

根据国际劳工组织的研究，“非体面劳动”形成的宏观原因主要有环境压力、对经济状况的不安全感、政府管理的缺失以及不平等的收入分配等。企业是实现“体面劳动”的直接推动者和责任承担者。企业文化、企业经营伦理、企业管理模式的选择等，决定着“体面劳动”能否在组织内实现，实现的程度如何。“非体面劳动”不仅有悖人性和劳动的本质，也不利于企业效益的提高和劳动关系的和谐。享受“体面劳动”是劳动者的基本精神需求，“‘体面劳动’使人精神振奋，而不体面的劳动使人萎靡不振”。

一些现象说明，“非体面劳动”在低端非正式就业群体和企业非正式雇佣员工中表现更为突出。为此，国际劳工组织已经呼吁对这一问题引起重视，我国政府也在积极行动，努力消除“非体面劳动”，推进“体面劳动”。实现“体面劳动”除了应该将就业的非正式性减少到最低程度，将非正式部门工人纳入社会保护框架和基本税制内，还应该积极提倡雇主的社会责任和人性化的管理理念。同时，应将一些具有劳动关系特征的新就业形态纳入非标准劳动法律保护框架，不断增强法律体系与新就业形态之间的匹配性。此外，可通过大数据等前沿技术的应用，对非正式就业群体的就业质量进行动态分析和预警监测，建立全方位的协同监管模式，以从根本上促进劳动者高质量充分就业。

第3节　劳务派遣员工关系管理

一、劳务派遣员工雇佣关系的特点

近年来，劳务派遣业务在我国得到迅速发展。作为一种灵活的用人机制和新型雇佣方式，劳务派遣得到众多企业的青睐，有其存在的客观必然性。然而，在劳务派遣方式下，在一个雇佣方占据绝对主导地位的劳动力市场环境中，作为被派遣的劳动者群体，其利益是否得到公平的保障、劳动关系是否和谐，是一个值得关注的问题。

（一）劳务派遣的内涵界定

劳务派遣亦称劳动派遣、人才租赁、员工租赁等，是一种与典型雇佣不同的企业获取和使用人力资源的方式，最早产生于美国，后传入日本、欧洲，至今已有百余年的历史。

虽然各国对劳务派遣的称谓不同，但对劳务派遣的内涵界定大多是一致的。欧盟对劳务派遣的定义为：派遣劳工受雇于派遣机构，然后通过商务契约的方式，被派往使用公司中从事派遣工作。美国的人口普查报告中对劳务派遣的定义为：工作于使用公司的派遣员工，其薪资受领于派遣机构，而非使用公司。日本劳务派遣法的定义为：派遣机构雇佣的派遣员工，在雇佣关系下，接受使用公司的管理和指挥，为使用公司从事劳动。

对劳务派遣的内涵界定不仅有学术价值，而且反映了各国在实践中的差异。例如，美国的派遣员工与任何雇主之间签订的契约一般不超过一年，我国《劳动合同法》规定派遣员工与派遣公司之间的契约需要在二年以上。

（二）劳务派遣的雇佣特征与基本属性

1. 雇佣特征

简单地说，劳务派遣就是派遣公司首先雇佣员工，与之建立雇佣契约关系，然后派送到有劳务需求的企业，这些被派遣的员工在劳务需求企业从事劳动，并接受该企业的指挥和管理的一种雇佣模式。派遣公司和使用公司之间一般签署商业承包合同，就被派遣员工提供劳动的利益与管理等事宜达成协议。而派遣员工与使用公司之间没有劳动合同关系。

我国于 20 世纪 70 年代引入这项业务，起初使用人才租赁说法的场合多于劳务派遣，后基于人文因素的考虑，使用人才派遣或劳务派遣的说法。《劳动合同法》将其规范为劳务派遣。

2. 基本属性

学术界对劳务派遣的性质做了讨论和界定。一般倾向于认为，劳务派遣是一种临时性的、非传统或非典型的雇佣关系，有其特殊性。劳务派遣的基本属性来源于它是由第三方介入的一种临时劳务、代理劳务或租赁劳务。

（1）临时劳务性质。劳务派遣是一种非全时或非长期受雇于一个雇主或一家企业，临时性和非典型的雇佣关系。

（2）代理劳务性质。劳务派遣是借助第三方代理公司与工作单位发生关系，其一般的形式即由代理公司与派遣员工签订雇佣契约，但劳动力要到使用公司提供劳务。

（3）租赁劳务性质。派遣公司在交易劳务中获利；使用公司通过第三方获取劳务，如根据需要向代理公司租赁劳动力，派遣方在交易过程中不放弃对劳动力的所有权（基于契约），而放弃使用权。

这三种性质决定了劳务派遣与一般的典型雇佣不同，而后两种性质又决定了它与一般的由企业直接雇佣的临时员工不同，是一种非典型雇佣中的特殊形式。

二、劳务派遣的主要形态

劳务派遣的形态依据不同标准可以有如下划分：

依据雇佣时间和形式上的差异分为两种：一种为长期雇佣型员工；另一种为登陆型员工。

（1）长期雇佣型。派遣员工与派遣机构签订较长时间的雇佣协议，派遣员工在完成派遣任务之后回到派遣公司，等待下一次派遣。在此期间虽然未被使用，派遣机构仍然要与之保持雇佣关系。一般而言，长期雇佣型派遣员工多为专业特征不很明显，经常面临工作中断或难以找到相对稳定工作的人员。

（2）登陆型。在接受派遣的状态下，派遣员工才与派遣机构形成雇佣关系，派遣任务完成后即中断雇佣关系。在现实中，登陆型派遣员工多为一些具备专业技能的人员，如特别看护、电脑程序员、翻译等。

依据派遣服务的形式可以分为员工租赁和临时性服务两种。员工租赁类似于劳务派遣形态中的长期雇佣型派遣，而临时性服务则属于劳务派遣形态中的登陆型派遣。

依据派遣员工从事派遣工作的意愿，还可以将派遣员工分为自愿派遣员工和非自愿派遣员工。自愿派遣员工是因为派遣工作具有正式工作所无法提供的柔性、选择自由度以及工作的多样性等特点而选择从事派遣工作；而有的派遣员工则是迫于压力不得不接受这样的工作模式，他们可能是因为找不到理想的工作，或者被原来雇主解雇而在原来的工作地点以派遣的方式重新被任用，或者在等待工作机会的过程中以派遣员工的身份在知名企业中工作，这部分员工被称为非自愿派遣员工。

根据派遣公司与使用公司的运作方式，劳务派遣还可以分为两种形态。第一，由派遣公司提供派遣人力，即派遣公司自行招聘、筛选员工，经使用公司选用后，派遣公司与派遣员工签订劳动合同，给付派遣员工薪酬，并向使用公司收取服务费。而派遣员工则向使用公司提供劳务，接受使用公司的管理和指挥。第二，薪酬代付，即由使用公司自行招聘、筛选员工，经员工同意后，将签订劳动合同及给付薪酬等事项转由派遣公司负责，派遣公司成为派遣员工的法定雇主。

三、劳务派遣业务的运作特征

典型的劳务派遣运作是以商业化运作的中介机构作为劳动力配置的主要杠杆，其运作机制有如金融业，人才中介也称人才银行。派遣公司为人才雇主，提供的劳务员工为中介公司的雇员；派遣公司与劳务员工签订雇佣合同；根据合同，派遣公司把雇员派遣到使用公司工作。服务完结后，合同终止，人员仍可回派遣公司等待新的派遣任务。使用公司向派遣公司提供服务费用，劳务人员从派遣公司处领取报酬。而使用公司所支付的服务费用与员工报酬之差，为派遣公司的经营利润或称劳务管理费用。

借助第三方的交易过程使雇佣与使用相分离是劳务派遣的主要特征之一。劳务派遣已经摆脱了传统的雇主与雇员之间的直线关系，在雇佣中介机构介入的情况下形成了一种三角互动关系。这种三角关系包括派遣公司、使用公司和派遣员工三方利益主体。

如图 14－1 所示，派遣公司和使用公司之间签订的是商务契约，彼此约定劳务的提供和交易；派遣公司与派遣员工之间为雇佣关系，契约内容一般为劳动合同所包括的劳动关系内容；派遣员工与使用公司之间则构成工作过程中的管理与被管理关系。

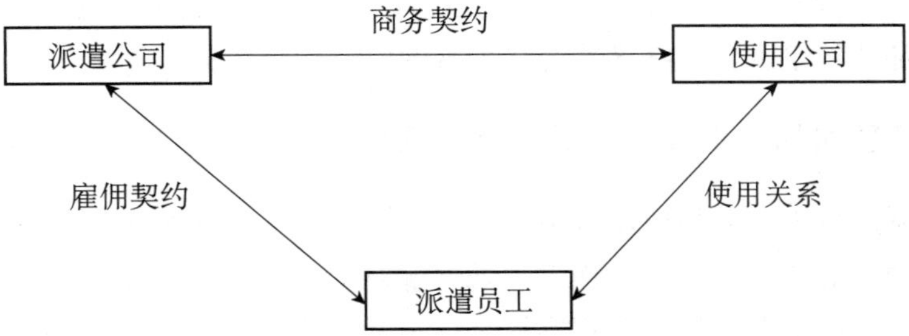

图 14－1　劳务派遣下的三方关系

四、劳务派遣形式下的员工关系问题

相对而言，劳务派遣的交易过程更接近人才租赁。企业对人才租赁的需求产生于逐步或间断地获取对其的使用权，其交易费用则是向市场中介提供的租金。鉴于这种特殊的交易形式，许多学者认为，劳务派遣是诸多非典型雇佣关系中比较特殊的一种，而且直接挑战了国际劳工组织对“劳动非商品性”的性质界定。

劳务派遣体现了在商务契约和雇佣契约下两种性质完全不同的交易关系。从企业人力资源配置的角度，它是按照最为经济、最低成本的原理运作的，即所谓的即时制（just-in-time）原则和零库存原则，视派遣公司为人才库和“蓄水池”，何时需要何时购进。然而，企业这种“不求所有，但求所用”“用人不养人”的策略，将劳动关系分化为一种三角关系，并外化于企业，形成一种新的劳动雇佣关系。依据国内外的实践，这种雇佣过程对企业外部和内部劳动力市场的运行环境要求更高，否则会引发新的雇佣关系问题。

（一）双重契约关系下的劳动者权益保障问题

在“两种契约，三方当事人”的运作框架下，劳动者往往成为弱者或信息不对称问题的受损者。这就不排除在劳动力市场明显供大于求的情况下，派遣公司和使用公司有可能采取“共谋行为”，联手对劳动者造成伤害，如出现就业歧视，同工不同酬，加班、工伤、保险费用没有保障，工作稳定性差等问题。这些问题与其他非典型关系管理相似，但其特征主要表现为涉事的当事主体由两方变为三方，雇佣关系的主体更为复杂。

（二）人力资源管理的责任承担问题

在派遣过程中，劳动者的使用权与经济占有权和处分权分离，使得使用公司和派遣公司有可能推脱人力资源开发的责任和义务，特别是对临时租赁人员在岗位配置、教育培训和职业生涯管理等方面，表现出不积极主动、疏于管理，甚至歧视的行为。

（三）被派遣者的义务履行与忠诚问题

被派遣者在没有法律约束的条件下，也有可能产生“恶性跳槽”和不履行劳动义务、不遵守职业规范、泄密等行为，给使用公司造成伤害。在使用公司内部，派遣员工和正式员工往往会在忠诚度、企业文化等方面存在较大分歧，形成相互对立的群体分割，影响群体凝聚力和合作氛围，最终导致劳动关系的复杂化或恶化。

（四）派遣公司的选择和合作关系维护问题

无论是被派遣员工，还是使用派遣员工的企业组织，都面临对派遣公司的选择与合作关系处理问题。对被派遣的员工而言，选择派遣公司就是选择雇主，尽管雇佣与使用之间出现分离，但如果专业派遣公司在资质、管理水平和社会声誉方面出现问题，会给员工带来很大的负面影响；对使用公司而言，与派遣公司之间是一种基于人力资源使用的合作伙伴关系，如果没有选择资质好、信誉高的专业派遣公司，不仅影响合作绩效，还可能因劳务关系引发事实上的劳动关系问题而面临劳资纠纷。

五、我国《劳动合同法》对劳务派遣关系的规定

我国《劳动合同法》及《劳务派遣暂行规定》专门就劳务派遣雇佣形式进行了相关规定，具体如下。

（一）劳务派遣用工范围和用工比例

规定用工单位只能在临时性、辅助性或者替代性的工作岗位上使用被派遣劳动者。规定了使用被派遣劳动者的辅助性岗位的认定程序，以及劳务派遣用工数量和比例（不得超过其用工总量的10%）。

（二）派遣劳动合同的订立和履行

劳务派遣单位应当依法与被派遣劳动者订立二年以上的固定期限劳动合同；应当依法与被派遣劳动者约定一次试用期。对劳务派遣协议应当载明的内容做了相关规定：派遣的工作岗位名称和岗位性质，工作地点，派遣人员数量和派遣期限，劳动报酬数额和支付方式，社会保险费的数额和支付方式，工作时间和休息休假事项，工伤、生育或者患病期间的相关待遇，劳动安全卫生以及培训事项，经济补偿等费用，劳务派遣协议期限，劳务派遣服务费的支付方式和标准，违约责任等。

（三）劳务派遣单位对被派遣劳动者的义务

如实告知被派遣劳动者《劳动合同法》第八条规定的事项、应遵守的规章制度以及劳务派遣协议的内容；建立培训制度，对被派遣劳动者进行上岗知识、安全教育培训；依法支付被派遣劳动者的劳动报酬和相关待遇；依法为被派遣劳动者缴纳社会保险费；督促用工单位依法为被派遣劳动者提供劳动保护和劳动安全卫生条件；依法出具解除或

者终止劳动合同的证明；协助处理被派遣劳动者与用工单位的纠纷；等等。

《劳动合同法》还规定，劳务派遣单位不得克扣被派遣劳动者的劳动报酬，不得向被派遣劳动者收取费用，要按照用工单位所在地的标准发放劳动报酬，在员工无工作期间按照不低于所在地人民政府规定的最低工资标准按月支付报酬。

（四）用工单位对被派遣劳动者的义务

用工单位应当按照《劳动合同法》规定，向被派遣劳动者提供与工作岗位相关的福利待遇，不得歧视被派遣劳动者。被派遣劳动者在用工单位因工作遭受事故伤害的，劳务派遣单位应当依法申请工伤认定，用工单位应当协助工伤认定的调查核实工作。劳务派遣单位承担工伤保险责任，但可以与用工单位约定补偿办法。被派遣劳动者在申请进行职业病诊断、鉴定时，用工单位应当负责处理职业病诊断、鉴定事宜，并如实提供职业病诊断、鉴定所需的劳动者职业史和职业危害接触史、工作场所职业病危害因素检测结果等资料，劳务派遣单位应当提供被派遣劳动者职业病诊断、鉴定所需的其他材料等。用工单位违反《劳动合同法》《劳动合同法实施条例》《劳务派遣暂行规定》，给被派遣劳动者造成损害的，劳务派遣单位与用工单位承担连带赔偿责任。

法律还规定了劳务派遣单位与被派遣劳动者解除劳动合同，以及用工单位将劳动者退回劳务派遣单位的条件等。劳务派遣单位行政许可有效期未延续或者《劳务派遣经营许可证》被撤销、吊销的，已经与被派遣劳动者依法订立的劳动合同应当履行至期限届满。双方经协商一致，可以解除劳动合同。

（五）劳动合同的解除和终止

被派遣劳动者提前 30 日以书面形式通知劳务派遣单位，可以解除劳动合同；被派遣劳动者在试用期内提前 3 日通知劳务派遣单位，可以解除劳动合同。劳务派遣单位应当将被派遣劳动者通知解除劳动合同的情况及时告知用工单位。

被派遣劳动者按照规定被用工单位退回，劳务派遣单位重新派遣时维持或者提高劳动合同约定条件，被派遣劳动者不同意的，劳务派遣单位可以解除劳动合同。被派遣劳动者按规定被用工单位退回，劳务派遣单位重新派遣时降低劳动合同约定条件，被派遣劳动者不同意的，劳务派遣单位不得解除劳动合同。但被派遣劳动者提出解除劳动合同的除外。劳务派遣单位因故不再继续经营的，劳动合同终止。用工单位应当与劳务派遣单位协商妥善安置被派遣劳动者。劳务派遣单位应当依法向被派遣劳动者支付经济补偿。

此外，《劳务派遣暂行规定》还对跨地区劳务派遣的社会保险，劳务派遣过程中用工单位和劳务派遣单位的权利与义务做了规定。其目的是通过法律机制，进一步规范非典型方式的劳动用工，保障被派遣劳动者的合法权益，促进劳动关系的和谐发展。

□关键术语

非正式雇佣　共享员工　人力资源管理柔性　劳务派遣

□复习思考题

1. 企业采用非正式雇佣方式的原因何在？

2. 非正式雇佣员工关系问题有哪些特点和表现?
3. 我国当前在非正式雇佣员工关系改善方面提出了哪些对策?
4. 我国对劳务派遣员工管理制定了哪些相关的法律和法规?

□ 案例分析

对派遣员工实行差异化福利待遇是否违法

2007年11月，某在华跨国公司决定对在中国雇佣的研发业务部主管以下的员工全部改为使用劳务派遣方式雇佣。这意味着，这批较低职位的员工将在此次劳动合同到期之后，不再与企业续签劳动合同。公司在支付了经济补偿后，劳动关系终止。对于部分公司准备续聘的员工，则通过劳务派遣的方式完成雇佣。这些员工与外服公司订立劳动合同，该公司与外服公司订立劳务派遣协议，员工以派遣的形式在公司继续工作。公司按年度给外服公司支付管理服务费，其中包括这些员工所谓的薪资福利待遇。

2008年6月，研发工程师赵某劳动合同到期终止，并与外服公司订立了劳动合同，继续在该公司工作。但是，在最近一次领取薪资的时候，他发现薪酬里没有以往每个季度末都有的季度特别奖金。赵某遂向外服公司咨询，被告知其以后的福利待遇统一按照外服公司的标准处理，不再执行其前任职公司的标准。赵某觉得无法接受这种说法，认为自己只是变更了续签劳动合同的方式，福利待遇不应发生变化。于是他找到该跨国公司的人力资源经理，但被告知其与公司的劳动关系已经解除。

人力资源经理进一步向赵某说明，目前他是以外服公司员工的身份进入公司工作，公司已经按照《劳动合同法》的规定执行了同工同酬的原则，在基本薪水、岗位补贴、加班费等薪资事项方面，派遣员工与同一职位的正式员工完全一致，只是奖金方面存在一些差异。而公司奖金发放是法律外公司自主决定的事务，且季度特别奖金与绩效及工作岗位并不直接相关，所以公司的这种行为是法律所容许的。

赵某遂向所在地的劳动监察部门反映情况，答复是，使用公司应当贯彻同工同酬的原则，但是否应给予同等的福利待遇则是使用公司的自主权利。该跨国公司有权对奖金福利制度进行必要的设计、管理和调配。对于赵某所反映的问题，劳动监察部门无权干涉。后赵某又通过仲裁渠道进行咨询和反映，也得到了相似的答复。

资料来源：王桦宇．劳动合同法实务操作与案例精解（增订8版）．北京：中国法制出版社，2020.

讨论题：

公司对正式员工与派遣员工实行差别化的福利待遇是否合理?

第 15 章

员工多元化及多元化员工关系管理

| 学习目标 |

● 掌握员工多元化的内涵：员工多元化是反映个体属性在团队或组织层面相对状况的指标，即具有相同属性的个体在团队成员中的相对比例。

● 了解员工多元化是一把“双刃剑”，企业可以通过合理的干预手段，将多元化的程度控制在适宜范围内，发挥多元化的积极影响，抑制或调解其消极影响。

● 认识工作场所性别歧视是员工多元化的普遍现象，其表现形式多样，需要管理者认真对待。

● 理解新生代员工与老一代员工的群体特征差异，应采取有针对性的基于代际差异的员工关系管理对策。

第 1 节　员工多元化的内涵、机制及其影响

随着经济全球化的深入，员工多元化已成为企业发展的必然趋势，对多元化员工队伍的管理将成为未来员工关系管理的重点与难点。了解多元化的内涵、形式及其为企业带来的变化与挑战，是员工多元化管理的必要前提。

一、员工多元化的内涵与分类

（一）员工多元化的内涵

员工多元化概念最早由西方学者提出，起初着眼于为不同性别（主要为女性）、种族（尤其是有色人种）的社会群体提供公平工作机会。随着员工多元化程度的升级，对其的

管理上升到企业战略人力资源管理的高度，内涵更为丰富，泛指员工在性别、年龄、种族、信仰、生活方式、文化、价值观和知识能力等方面的差异。① 因此，可以将员工多元化定义为“一种反映个体属性在团队或组织层面相对状况的指标，即具有相同属性的个体在团队成员中的相对比例”（Riordan and Shore，1997）。

（二）员工多元化的主要类型

根据多元化的不同属性，可以将其划分为多种类型，例如关系导向型多元化与任务相关型多元化，易观测多元化与潜在多元化，社会类别多元化、信息多元化与价值观多元化等。② 表层多元化和深层多元化是常用的类型划分，前者指性别、年龄、种族等显而易见的人口统计学特征上的差异，后者指态度、知识、价值观等深层次心理特征上的差异。也有观点认为，员工多元化由根本因素与次要因素两部分组成。前者形成员工在基本人生观和世界观上的差异，这些因素包括年龄、种族、民族、性别、智能或体能等；后者随个体的生活经历变化，形成了受教育程度、沟通方式、工作经验、宗教信仰、地理位置等方面的差异。③

多元化还存在一种特殊的类型——员工任用安排的多元化，这是指企业针对不同来源、不同身份的员工给予不同的待遇安排。④ 例如，我国因户籍政策出现的农民工问题，以及本地员工与外地员工的差异化待遇；因教育背景或工作地点的不同产生的海归员工、外派员工和本国员工的差异化待遇；因雇佣关系不同产生的正式员工与非正式员工的差异化待遇等。传统分类方式是以员工自身特征上的差异为基础的，是内生的多元化；员工任用安排的多元化是企业决策的结果，是外生多元化。

二、员工多元化形成的背景与原因

当前，员工队伍在性别、种族、民族、年龄、文化结构、能力结构和性格特征等方面更加多样，多元化已经成为现代企业员工队伍的一种必然趋势。纵观经济与社会文化背景，导致员工队伍多元化的原因可归纳为以下几方面。

（一）人口结构的变化

人口结构主要体现在性别、年龄和地区分布结构及变化。伴随着性别平等的推进和就业结构的变化，越来越多的女性进入劳动力市场，女性在整个社会经济发展中的作用越来越重要。“90后”“00后”新生代进入劳动力市场，成为企业员工队伍的主体，而人口预期寿命的延长也使得老年劳动力延迟退出劳动力市场。这些因素都促成了劳动力队伍的多元化。城市化进程加快，大量农村剩余劳动力进入城市，往日的农民工成为企业生产一线的主力；区域间户籍、房产政策的松动，也使跨区域甚至跨国度的劳动力流动

---

① 彭泗清，韩践，赵志裕．员工多元化管理与企业创新．管理世界，2008（8）．
② 贺伟，龙立荣．西方组织多元化理论研究进展探析．外国经济与管理，2009（7）．
③ 袁安府，任国良．员工多元化的逻辑框架及其理论进展．社会科学战线，2011（6）．
④ 彭泗清，韩践，赵志裕．员工多元化管理与企业创新．管理世界，2008（8）．

越来越频繁。不同地区、国家、民族、种族和宗教信仰的员工在同一组织内工作成为常态。此外，残疾员工、独居员工等也促进了组织的多元化。

（二）价值观的多元化

在经济发展和文化融合的环境下，员工特别是新生代知识员工的工作价值观越来越多元化。例如，有些员工更看重金钱或短期利益；有些员工更看重工作的内在价值和自身价值的长期实现。相关社会调查显示，相对于中老年就业群体，中国青年群体更喜欢创新创造，有 80%的“95 后”有过想要创业的想法。与前辈相比，当代中国青年更看重真实，不喜欢无意义的虚伪和绕弯子。因此，企业以传统和单一的认知模式，难以管理具有不同价值观的员工，也不利于员工与企业的共同发展。

（三）雇佣方式的多元化

随着市场不确定性的增强和人才竞争的加剧，更多的柔性和非典型的雇佣方式成为企业的选择。许多企业在人力资源的配置和使用上将员工分为核心员工和辅助员工两类：核心员工对企业而言，是具有战略价值的不可替代资源，企业一般会长期雇佣，并实施各项激励保留措施；辅助员工具有战略价值低、流动性强或可替代性强等特点，企业通常采取兼职员工、短期合同工或临时员工的雇佣形式。柔性雇佣方式的出现使工作场所形成了新的群体细分，导致了员工基于雇佣身份的特征差异，这也给员工关系管理提出了新的挑战。

（四）员工的国际化

全球化加剧了国际市场的竞争，也使企业的兼并重组日趋频繁，促进了企业员工基于国别或跨文化背景的多元化。随着跨国经营的迅猛发展，国际劳动分工出现了新的局面，不同国家、地区的劳动力有了更多跨区域、跨国流动的机会，使不同背景的员工供职于一家公司或者同处一间办公室成为可能。[①] 国际人才走俏，外籍人员来华就业、中国企业走向海外市场及海外留学人员积极回国就业等，都是员工多元化的重要组成部分。

三、员工多元化对企业发展的影响作用

关于员工多元化对企业发展的影响，大体存在消极和积极两类观点。

（一）对企业发展的消极影响

早期，多数管理者无视员工多元化的存在，尤其是欧美企业，在员工招聘、安置、职务晋升等方面，多以白人男性作为政策制定的标准，有色人种和女性员工必须按照这一标准同化自己才能在企业中求得生存。该观点从社会类化（social categorization）的视

① 王晶晶．全球化背景下的劳动力多样性管理．经济研究参考，2006（44）．

角出发，认为个体会根据某些特质将自己和他人进行分类，更愿意跟与自己相似的人进行互动，多元化员工会因类别、身份、地位等的差异而产生偏见、冲突，导致不满和不认同，从而影响人际关系。这类管理实践从消极视角探究了员工多元化可能带来的管理成本，认为多元化会导致异质性个体和群体的出现，对组织会产生诸多不利的影响。

实证研究也显示，人口统计学特征的多元化不仅对员工社会融合感、组织承诺、工作满意度、组织支持感等心理状态存在负面影响①，而且会降低员工对自我发展机会的感知，提高缺勤率和离职率。群体层面的研究也发现，团队种族的多元化会降低团队内聚力，换言之，团队成员的种族类型越多，成员对团队的归属感越低，团队整体的凝聚力越差（Riordan and Shore，1997）。然而，员工多元化对个体与组织的负面影响并不稳定，会受到多元化的类型、层次和强度等多种因素的干扰。②

（二）对企业发展的积极影响

实践证明，员工队伍多元化是客观发展的必然趋势，人们对其影响的认知也逐渐从传统的消极影响向积极影响转变，组织对多元化的接纳程度不断提高。一些研究开始从积极视角审视员工多元化的内在价值，认为多元化是组织变革与创新的来源，对组织竞争优势具有重要的促进作用，可通过以下途径改善团队或组织的绩效。

1. 丰富信息来源，有助于组织创新

成员异质性程度的提高能够带来丰富的信息来源，成员之间交换、加工、处理不同来源信息的能力可得到增强，有利于成员对任务信息进行更深入的交流与整合，有利于员工创新行为的产生。

2. 带来新观点，有助于群体决策

多元化的员工队伍提高了群体内部建设性的任务冲突程度，可为问题的解决提供多种思路、方法和观点，从而可以改善群体绩效（Pelled，Eisenhardt，and Xin，1999），并提高群体决策质量（Hambrick and Mason，1984）。

3. 促进团队反思，提高组织适应力

多元化可以促进团队反思，成员可以就组织目标、策略和程序等问题进行集体性的公开交流，进而使组织或团队更加适应当前或预期环境，促进团队效能和组织适应能力的提高（Schippers et al.，2003）。

也有观点认为，员工多元化的程度与组织产出之间呈U形关系：随着组织少数群体人数的增加，强势和弱势群体间的冲突不断升级，组织产出随之下降；而当不同属性员工在数量上接近均衡时，内部冲突趋于缓和，组织产出反而会上升（Peccei and Lee，2005）。可见，员工多元化是一把“双刃剑”，组织可以通过合理的干预手段，将员工多元化的程度控制在适宜的范围内，促进其积极影响，抑制其负面作用。

---

① 崔勋，瞿皎姣，张义明．人力资源多样化影响的研究回顾及路径分析．科学学与科学技术管理，2013（9）．

② 贺伟，龙立荣．西方组织多元化理论研究进展探析．外国经济与管理，2009（7）．

四、员工多元化管理范式

由于多元化对组织绩效的影响机理比较复杂，有效管理多元化就显得至关重要。实践中存在三类员工多元化的管理范式。

（一）歧视-公平范式

这种范式强调以平等和公平的方式，鼓励或期望女性或不同种族的人员融入公司，注重服从法律对平等就业机会的要求，强调待遇上的公平，反对工作场所的各类歧视，确保组织内的一部分人不会凌驾于另一部分人之上（Thomas and Ely，1996）。但机械的一体化和无差异的管理倾向，也被认为会导致管理者不加判断地消除任何差异、将员工按照相同的标准加以要求，或仅注重少数群体在员工队伍中的客观结构，无视工作中可能出现的深层次冲突与摩擦，从而限制员工多元化价值的发挥和企业绩效的提高。

（二）接触-合法范式

接触-合法范式接受人们之间存在的文化差异，并认为这种差异具有重要价值，强调根据员工的不同背景和特质，把他们分配到适宜的工作上，或将多元化的员工与特定的重要客户相匹配，使组织可以接近更多差异化的细分市场。因此，该范式认为，多元化对企业而言，不仅仅是公平的问题，更具有商业意义。为了更好地理解特殊顾客的需求，企业需要具有多元背景的员工。这种管理方式也为女性和不同种族的员工提供了更多的职业发展机会。

这种管理实践是基于这样一个假设：特定群体提供的主要价值在于拥有关于自己类别（如民族）的知识（Thomas and Ely，1996）。但这种假定也有局限性，即有可能导致一些企业接纳多元化员工仅仅是为了合法地接触到特殊细分市场和特殊客户，而不是去分析总结差异性背后有利于组织成长的因素，限制员工多元化价值的发挥。

（三）学习-效率范式

学习-效率范式将上述观点综合起来，吸纳了一体化和差异化的优点，强调将多元化与工作联系起来。组织可以将具有多元化背景的员工观点整合到工作之中，整体性思考和界定市场、产品、战略、使命、商业模式乃至组织文化之间的关系，从而得到员工多元化带来的真正价值。

五、多元化下的员工关系管理对策

（一）多元化的招聘筛选策略

通过招聘与甄选来调节组织的多元化程度，降低组织内部分化的显著性，从而降低或消除多元化对员工个体情感造成的负面影响。企业在招聘员工时要摒弃性别、种族和年龄方面的用工歧视，尽量避免工作团队中出现强弱势群体分化的现象，以维系组织多元化的均衡。此外，对于新入职的员工要积极进行企业文化宣传与培训，通过营造一种支持性的多元化氛围来抑制员工内心社会类别的显著性，避免多元化的负面影响。

（二）多元化的人员配置策略

在人员配备与员工晋升方面适当兼顾不同职级多元化的影响。企业在进行人员配备时要考虑不同性别、年龄、种族、民族及文化背景的员工的想法与感受，审视相关组织决策的影响后果。尤其在员工晋升方面，要避免歧视和偏见，以能力为根本和导向，尽量避免上级多元化偏见对下属的负面影响。

（三）多元化的绩效与薪酬管理策略

管理层可通过绩效考核、薪酬管理等组织干预手段对不同背景的员工进行激励管理，以营造积极的组织氛围，促进员工对不同工作观点的表达，实现员工多元化的正面影响。具体而言，对于多元化工作团队，可提高团队考核与奖励的比例，以激励员工进行交流与合作；同时给多元化团队设置复杂性和互赖性较高的任务，以增进成员之间的知识共享和团队建设。倡导变革型领导方式也有利于促进不同背景员工之间的交流与合作。

第2节　基于性别差异的多元化员工关系管理

随着性别平等意识的提高，越来越多的女性进入职场，成为企业人力资源不可或缺的组成部分，也引发了基于性别的多元化员工关系管理问题。

一、基于性别的员工关系管理发展历程

基于性别的员工关系管理经历了从无意识到有意识，从区别或歧视性对待到平等对待的重大转变，有这样几个阶段。

（一）无社会性别意识或男性主导阶段

早期的管理学者没有区分“男性”和“女性”，也没有把两性在心理、行为等方面的差异当作需要管理的问题来看待。直到孔茨（Koontz）《管理学（第9版）》的发行，才加入了关于“女性在管理中作用的重要性”内容，这标志着基于性别的多元化管理受到重视，并逐渐成为管理理论与实践关注的重要问题。

（二）关注性别差异管理阶段

当有意识地将员工中的男性和女性区分开后，管理者开始关注不同性别之间的差异，并把女性作为一个特殊职业群体来对待。职场中基于性别的多元化引发了对女性员工差

异化管理的讨论：涉及歧视管理问题，例如雇佣中的性别歧视、女性晋升中的“玻璃天花板”“玻璃悬崖”以及职场性骚扰等问题；也涉及基于不同性别的差异化福利管理，认为由于女性员工对家庭负有更大的责任，企业需要给予更多的福利照顾，例如提供有针对性的员工援助计划或工作-家庭平衡计划等。

（三）性别与管理多元化阶段

当性别多元化与公平视角相结合之后，因顾虑到女性被作为单一独立的群体来看待有割裂组织管理的嫌疑，于是女性被整合到组织人力资源管理的框架中。管理层对女性员工的加入逐渐有了新的认识：如果组织中女性太少，如同稀有资源，被用来“装门面”，则可能对组织绩效产生负面效应。为此，坎特（Kanter）提出了三种多元化策略：赋予权力策略、提供更多机会策略、组织中两性比例协调策略。坎特认为，达到两性的数量平衡、实现人力资源的合理配置是组织的最终目标。性别比例平衡较好的组织，具有更大的包容性，有利于降低多数人的优越感，更能充分利用少数人的竞争力，进而最大限度地发挥人力资源的作用。此时，女性才真正被看作人力资源中不可分割的组成要素，如何利用女性员工的能力优势，如何在工作和管理中融进性别视角，成为多元化员工关系管理的重点。

尽管员工性别多元化的价值逐渐受到认可，但工作场所中的性别差异仍然存在，女性员工的相对弱势地位包括基于性别的各种职场歧视行为仍无法完全避免。

二、我国女性就业及员工关系管理的发展历程

新中国成立以来，我国女性的劳动参与率和社会地位稳步提升，但职场性别歧视等员工关系管理问题也未能完全避免。我国政府历来重视男女平等问题，一系列政策举措对纠正职场性别歧视大有裨益。总结来说，经历了以下几个阶段。

（一）新中国成立之初的“女性能顶半边天”

新中国的成立，对我国女性的社会地位和就业发展具有本质上的促进作用。我国政府以降低抚养负担、将消费人口变为劳动力人口为目的，积极鼓励女性就业，切实提升女性社会地位，提出了“妇女能顶半边天”的口号。1954 年 9 月召开的第一届全国人大一次会议，将男女同工同酬写入宪法，从制度上保障和提升了女性的就业机会、就业权利和就业质量。计划经济体制为愿意工作的女性安排工作，对于女性就业起到了保护和促进作用，不仅为争取男女平等做出了重大贡献，也为后来中国女性就业发展奠定了坚实的基础，当时我国女性劳动参与程度已经排名世界前列。①

（二）初代计划生育政策与女性就业

20 世纪 80 年代初，我国开始实施一胎计划生育政策，女性生育和育儿任务的减

---

① 新中国成立后我国女性就业发展变化，及女性就业还存在哪些问题？．（2022－09－14）．https：//baijiahao. baidu. com/s? id=1743929872055264004.

轻，客观上促进了我国女性劳动参与率和参与意愿的进一步提高。根据世界银行的数据，1990 年我国 15 岁以上女性劳动参与率高达 73.24%。根据国际劳工组织的数据，我国女性的劳动参与率远超国际平均水平，位居世界第一位。同时，随着改革开放和社会主义市场经济的不断推进，我国女性劳动参与程度也出现了新的变化。尤其是市场竞争机制的引入，使职场性别歧视逐渐凸显，突出体现在两性工资差距不断扩大的问题上。

毋庸置疑，女性就业是女性获得独立经济地位和实现个人价值的重要途径，是获得政治、经济、文化、社会和家庭平等权利的根本之基。随着我国女性受教育程度不断提高，越来越多的女性希望兼顾工作与家庭，扮演好经济独立女性与母亲的双重角色。但是公共领域与私人领域性别规范的不同步，仍然使得女性无法拥有与男性一样平等的发展机会。由于生理特征，生育后的女性会有相当一段时间在工作上难以投入与男性员工同等的时间和精力，尤其是在产假、哺乳假期间。[①] 生育对女性职业发展造成的负面影响，以及由此引发的职场性别歧视，一直以来都是女性就业面临的客观问题。

（三）生育政策调整与女性职业生涯发展

在经历了从高生育率到低生育率的迅速转变之后，我国人口的主要矛盾已经不再是增长过快，而是人口红利消失、临近超低生育率水平、人口老龄化、出生性别比失调等问题。我国的生育政策随之调整。2002 年 9 月施行的《中华人民共和国人口与计划生育法》规定，夫妻双方均为独生子女的可以生育第二个孩子；夫妻双方均为农村居民，已生育一个女孩的，可生育第二个孩子。2013 年，《全国人大常委会关于调整完善生育政策的决议》启动实施一方是独生子女的夫妇可生育两个孩子的政策。2015 年，《中国共产党第十八届中央委员会第五次全体会议公报》宣布，2016 年 1 月 1 日开始全面实施一对夫妇可生育两个孩子政策。2021 年 7 月，《中共中央、国务院关于优化生育政策促进人口长期均衡发展的决定》发布，实施一对夫妻可以生育三个子女政策，该决定也同步提出了“保障女性就业合法权益”的具体措施。

然而，当前适龄职业女性生育意愿不高，折射出众多女性的职场焦虑。以上海为例，根据 2021 年公布的《上海市民生育意愿调研报告》，即使不考虑政策限制，49.3%的受访者仍希望只生育 1 个孩子，36.6%希望生育 2 个孩子，仅 2.7%希望生育 3 个及以上孩子，另有 11.4%的人“不想要孩子”。[②] 究其主要原因，女性生育的机会成本越来越大，未育女性在应聘过程中会担心因透露出生育意愿而被淘汰，已育女性会因照顾孩子分散工作精力而受到差别待遇，家庭与工作之间的冲突阻碍了女性的职场之路。[③] 即便在男女平等思潮深入人心的当下，多数家庭内部性别分工仍然沿袭以女性为主的传统模式。社

① 茅倬彦．保障女性权益是政策落地见效的关键．中国人口报（理论版），2021-12-10.

② 上海市民生育意愿调研报告来了！上海人想生几个娃？．（2021-08-31）．https：//page.om.qq.com/page/Omwu9b6Pj3VL38spdCVqOwyQ0.

③ 新中国成立后我国女性就业发展变化，及女性就业还存在哪些问题？．（2022-09-14）．https：//baijiahao.baidu.com/s？id=1743929872055264004.

会对无酬家庭劳动的认可度较低，对女性抚育后代、料理家务的期待值却很高。尽管国家推出了延长生育假、哺乳假等福利举措，企业的逐利天性却将之异化成职场性别歧视的借口，由生育导致的工作中断及其带来的福利成本加剧了企业对女性员工的逆向淘汰。确保女性拥有更多平等的发展机会及提高女性职业生涯发展质量是中国迎接未来人口挑战并推进高质量充分就业的关键路径。

三、工作场所性别歧视的表现形式

按照国际劳工组织的界定，所谓工作中的性别歧视，是指女性员工仅由于性别而被拒绝给予工作或给予较低报酬的职业，而不考虑她们的能力或有关工作的要求。具体包括：就业及岗位配置歧视，工资及待遇歧视，晋升及培训歧视，以及解雇、辞退和裁员歧视等。与人力资源管理相关的职场性别歧视按照内在性质，又可分为显性歧视和隐性歧视。一般而言，显性歧视多为职场外和制度性歧视；隐性歧视多为职场内和行为性歧视。虽然显性歧视会给女性造成直接的生理和心理伤害，但隐性歧视的影响更为隐蔽，也更为长期，对组织声誉和管理氛围、员工士气和劳动关系等都会造成不利的影响。其表现内容和形式如表 15 - 1 所示。

表 15 - 1 职场中的性别歧视及其主要表现形式

项目	显性歧视	隐性歧视
人员招募	拒绝雇佣，或只在收入少或非正式的岗位上雇佣	附带非经济因素或个人能力条件的雇佣
工作设计与岗位配置	安置在价值低的岗位上	按男性状况进行工作设计和工作时间安排 在工作中只能处于辅助地位
报酬分配	同工不同酬	对女性员工价值低估 内部的性别职业隔离与付薪差距
晋升与职业生涯发展	不提供技能培训和晋升 有性别选择的辞退和裁员	缺乏接受开发和职业发展的机会 职业发展的“玻璃天花板”和“玻璃悬崖”
员工关系	性骚扰 特殊职业伤害	隐性的尊严伤害 限制发言权和参与权

资料来源：李新建，刘翔宇，孙美佳．国外企业人力资源开发管理中的社会性别问题与研究//乔以钢，关信平．跨文化交流与性别．天津：南开大学出版社，2014.

（一）人员招募中的性别歧视

人员招募是员工进入企业的前端环节，也是性别歧视的重灾区，企业往往在人员筛选与招募过程中就开始存在对女性员工显性或隐性的歧视行为。其中显性歧视表现在直接拒绝雇佣女性，或只在收入少、非核心或非正式的岗位上雇佣女性。隐性歧视表现为附带非经济因素或提高雇佣条件等，例如女性要比男性竞争者在某些条件上优秀很多，才能获得相同的岗位或工作机会。一些企业甚至无视法律的规定，在招聘信息中公开表达关于性别的歧视性要求；还有一些企业虽然不在招聘信息中明确说明，但在简历筛选过程中会屏蔽女性候选人的信息。尤其在现代信息技术应用于简历筛选环节以后，性别歧视直接体现为算法歧视，严重影响了女性获得平等就业机会。这些都是人员招募中性别歧视的典型行为。

（二）工作设计与岗位配置上的性别歧视

在工作设计与岗位配置上，性别歧视也不同形式地存在。在传统社会分工下，两性之间基于生理的差异比较明显。因此在工作设计中，企业通常只考虑男性的特征，按照男性的能力特点、体力情况和脑力习惯，进行工作强度、顺序、位置、操作范围和时间的安排，没有考虑到女性的特点和她们完成工作的便利性。虽然在知识经济条件下，不同性别在完成工作上的生理差异逐渐缩小，但人们对传统两性心理和性格差别的认知仍难以改变。女性员工仍然更多地被安置在价值较低岗位、非核心岗位或辅助岗位上。相比之下，权力更多地向男性倾斜，使他们居于核心岗位和管理要职。

（三）报酬分配上的性别歧视

工作场所中的性别歧视还表现在两性收入的差异上。显性的表现是，从事相同的工作、在相同产出的前提下，男女同工不同酬，男性的收入要高于女性。其深层次的内涵是企业对女性员工价值的低估，本质上是性别偏见的一种表现形式。而这种现象又通过文化的作用使大家普遍接受：人们倾向于相信在相同产出的情况下，女性应该比男性得到更少的回报。甚至有些女性自身不仅没有感觉到剥削的存在，反而认为这是理所应当的。由此形成了男性对女性的“相对剥削”的合理性，并内化在普遍的意识形态中。

（四）晋升与职业生涯发展上的性别歧视

职场中普遍存在两性发展机会上的不平等现象，相同条件下男性比女性更容易获得晋升，且层级越高越是如此。一些女性在职位到达一定层次以后，便很难再获得实质上的提升，仿佛遇到了一个无形的“玻璃天花板”，限制了女性职业成功的实现。这是一种隐性的晋升歧视，其原因主要在于晋升标准偏向于男性特征，而不利于女性特长的发挥。职业生涯上的隐性歧视还包括女性很少获得有助于职业发展的培训机会。

员工在企业中的层次越高，晋升和加薪上的性别偏向越明显：随着等级阶梯的上升，性别差距不仅被拉大，拉大的速度也加快了。这种差异在高收入阶层中更为明显。一些研究中还发现了“玻璃悬崖”的现象，使女性管理者被置于更难的领导情境中。即由于核心层偏爱男性，女性进入高层的机会较少，因此只有在那些任务难度特别大的岗位，她们才有可能获得领导职位。此外，男性也理所应当地将难度较大的岗位交给了女性，认为她们能够做出更好的决策，而那些任务难度较小、既得利益多的岗位多数仍然被男性垄断。一些女性为了获得与男性相同的报酬或发展机会，不得不忽略自己的性别，按照男性的标准要求自己，付出比男性更多的努力。

（五）员工关系上的性别歧视

员工关系方面的性别歧视主要体现在两个方面：一是职场性骚扰；二是对女性员工

发言权和参与权的限制。性骚扰是较为典型的工作场所性别歧视，职场性骚扰可以分为交换型性骚扰和敌对型性骚扰。前者是指雇主或主管把雇佣决策与性相关的交换或性好感联系起来。当骚扰妨碍工作绩效、扰乱心理安宁或形成胁迫性或冒犯性的工作环境时，就出现了敌对型性骚扰。工作场所性骚扰的受害人经常是处于弱势地位的女性。防范工作场所性骚扰是维护女性权利、促进性别平等、有效发挥性别多元化价值的必要前提。

在发言权和参与权方面的性别差异化待遇也是工作场所性别歧视的一个重要表现形式。由于重要领导岗位大多被男性占据，即使由女性担任领导，也存在女领导按照男权意志进行管理的情况，很少做到根据女性特点，代表女性员工进行合理化建议和平等参与，造成女性员工在发言权与参与权方面受到限制。

（六）性别歧视的发展趋势

随着管理实践的发展，工作场所性别歧视发生了以下变化。

1. 由低层向中高层女性发展

近年来，对工作场所性别歧视的研究由低层职业女性转向中高层职业女性，以及所有女性从业者。近年来，发达国家中企业女性管理人员的数量有增长的趋势，女性员工在企业中的地位有所改善。企业界逐渐认识到女性人才的价值，开始任用更多的女性管理者。然而，这仍难以扭转女性高级管理者稀缺的局面。

2. 出现以性别为基础的多重歧视

工作中性别歧视的一个明显特征是性别歧视与其他因素相结合，例如与年龄、民族、种族、社会身份等结合在一起形成多重歧视现象。这种综合性歧视现象更容易发生在贫困、边远地区以及教育水平较低的女性就业群体中。

3. 由私营部门转向所有组织

虽然私营组织的运行和管理机制更加市场化，更强调高效和资源配置优化，更可能出现工作场所性别歧视行为，然而现实表明，对女性的就业和职业歧视现象在一些公共管理和非营利组织中也比较严重。特别是近些年来，这些组织纷纷仿效私营组织的人员管理模式，单纯追逐短期绩效，不同程度地出现对女性雇员的排斥和欠公平对待问题。

工作中的歧视的判断标准和表现行为也在变化，虽然一些露骨的歧视现象正在减少，但依旧存在，而且转化为更加隐蔽和微妙的形式。

四、工作场所性别歧视产生的根源

学术界对工作场所显性性别歧视的成因解释已经很多，例如劳动力市场分割与职业隔离、统计性歧视、雇主偏好与歧视、雇员歧视以及人力资本理论等。然而对工作中的隐性歧视，则需要运用更多的理论加以解释，例如社会学、女性学、心理学、组织行为学理论，以及文化和制度视角的分析。

（一）生理差异的基础作用

生理特征虽然并不代表劳动能力，但对不同性别在工作中的相对优劣势仍具有重要影响。例如，体力大小之所以能代表劳动能力高低，是因为在生产中需要耗费体力，此时男性就会形成相对于女性的工作优势。女性怀孕生育之所以会严重影响职业和工作，也是因为存在需要连续性同步化劳动的作业制度，女性生育期间带来的工作中断，使其相对男性处于劣势地位。男女自然生理上的差异在一定的环境中转化为劳动能力上的男强女弱，不同的人力环境也会造成男女劳动能力相对大小的变化，例如，男性相对于女性的优势在轻体力劳动的服务业就小于在重体力劳动的农林矿业。①

（二）组织设计和制度安排的定型化

自企业组织形成发展以来，绝大多数企业的人力资源管理系统都是从男性的视角进行设计和实施的，包括在人力资源的获取、开发、评价和激励等各个环节，企业管理者和决策层很少顾及两性之间的差异和女性的特征。这种设计逐渐被固化为一种制度惯性和文化惯性，一些歧视的制度安排被认为是理所当然，在实践中很难被彻底纠正。

（三）女性特征的去社会性别化

在人们习以为常的管理范式中，女性经常被作为中性人，恪守与男性一样的规则、标准和习惯。在某种意义上，一些被组织社会化的女性即为被男性同化了的女性，她们被分为符合男性标准的成功者和不符合男性标准的边缘者或被淘汰者。一旦将特定社会角色的认知定型化，就必然在获取、使用、开发和激励员工方面形成对女性的某些忽视、漠视和歧视行为。

（四）男性主导组织文化的根深蒂固

从严格意义上讲，企业文化是被社会性别化的，大多数的企业文化是男性主导的文化。一些组织行为学家和企业文化的研究者，将组织文化分为男性文化和女性文化，这并非从社会性别的视角进行的分类，而是将显示柔性、温和特征的文化称为女性文化，反之将比较强势的文化称为男性文化。虽然在强势文化的组织中，性别歧视可能更为突出，但这并不代表在具有女性文化特征的组织中不存在性别歧视，只不过二者的表现形式有别而已。企业高层决策者的观念和意识对企业文化的性质和类型起决定作用，如果高层管理者没有性别平等意识，则该组织的文化很可能就是一个性别不平等的文化，而在这样的文化氛围中，很难实现在管理上无性别歧视。

（五）教育投资上的性别差异

教育投入造成的人力资本价值的性别差异，不仅体现在正规教育的年限和教育层次上，还体现在专业选择、继续教育和在职教育的性别差异上。这些因素影响了女性的职业选择，加剧了职业和岗位隔离，降低了女性的教育投资回报率。潘锦棠（2003）认为，人力资本投资之所以向男性倾斜，是因为在目前人力环境中男性比女性更有投资价值，即男性自然劳动能力高出女性的“性别级差”，不仅能为自己赢得更多的个人收益，还能

① 潘锦棠．性别人力资本理论．中国人民大学学报，2003（3）．

创造出更多的社会收益。“性别级差”的经济价值类似于“级差地租”，可称为“性别租金”，是男性收入高于教育投资相同（学历相同）女性的主要原因。[①]

此外，非正式就业和间接雇佣形式的增加，被歧视者对所遭受歧视行为的默认或漠视态度，以及来自雇主或雇员的歧视，都加剧了女性的职业隔离和岗位歧视程度。

五、基于性别差异的员工关系管理对策

女性生理与心理不同于男性的诸多特征，使男权主义文化下女性的职业发展和工作-家庭平衡比男性面临更多的困难，而来自企业的支持对她们来说是最直接有效的。企业应当有的放矢，采取更多积极的性别多元化管理策略，使不同性别的员工有机融合，实现更高的人力资本整体价值。

（一）实施柔性工作安排

柔性工作制是指在完成规定的工作任务或在固定工作时间长度的前提下，员工可以灵活自主地选择工作的具体时间、地点、方式等，以代替统一、固定的上下班制度。很多国际化的大公司都不同程度地采用了柔性工作制度，信息技术也为这种安排提供了可能。这种工作方式对员工（尤其是女性员工）减缓压力、促进工作-家庭平衡具有重要价值。具体形式包括工作分担方案、临时性工作分担、灵活工作地点、柔性工作时间、核心时间与柔性时间结合、工作任务中心制与紧缩工作时间等。

核心时间与柔性时间结合具体是指一个工作日的工作时间由核心工作时间（通常为 5 个小时）和前后两头的柔性工作时间组成。核心工作时间是每天某几个小时所有员工必须上班的时间，柔性时间是员工可以自由选定上下班的时间。例如某公司规定每天工作时间为 8 小时，核心工作时间为上午 9 点到下午 3 点（午餐 1 小时除外），而办公室的实际开放时间为上午 6 点到下午 6 点。在核心工作时间内，所有员工都要来到工作岗位，但在核心区段前后的柔性时间内，员工可以任选其中的 3 小时工作。工作任务中心制与紧缩工作时间是指公司对员工的劳动只考核其是否完成了工作任务，不规定具体时间，只要在所要求的期限内按质量完成任务就照付薪酬。

（二）提供对女性员工家庭生活的支持

女性员工需要承担更多的家庭责任，企业提供有针对性的家庭生活支持，可以更好地解决她们的后顾之忧，有利于女性员工潜在价值的发挥。例如，提供儿童护理、暑期课程等；也可以为员工提供烹饪、瑜伽和运动课程，帮助她们提高生活技能，缓解心理压力。

（三）提供更多发展机会和职业辅导

1. 在员工招聘和晋升时规定女性的比例

企业可以在招聘和晋升时，关注性别比例问题，以客观标准促进性别多元化的实

① 潘锦棠．性别人力资本理论．中国人民大学学报，2003（3）．

现。很多国家以法律的形式将女性比例加以规定。例如，2003年，挪威通过立法，要求上市公司必须保持40%以上董事会成员为女性；2021年，法国国民议会通过法案，规定在管理类岗位和企业的管理部门成员中，女性比例到2027年应至少占到30%，到2030年占到40%。《中华人民共和国妇女权益保障法》也明确规定，国家采取措施，逐步提高全国人大和地方各级人大的妇女代表的比例；城乡基层群众性自治组织成员中，妇女必须有适当的名额，村民委员会成员中至少有一名女性；各级国家机关的领导成员中，应当有一定数量的女性领导成员；社会团体、企业事业单位应当重视选拔女性领导成员；女性较集中的部门、行业管理层中的女性比例应当与女职工比例相适应。

2. 为女性员工提供职业咨询

由于需要承担生育使命，女性的职业生涯发展路径通常有别于男性，职业规划决策的依据也有所不同。企业有必要针对女性员工的具体特点，为其提供有指导性的职业生涯咨询。例如，开展针对女性的网络讲座、建立“女性读书会”、组织女性职业生涯研讨会、召开女性员工大会等。

第3节　基于代际差异的新生代员工关系管理

随着“90后”“00后”员工踏入社会，新生代员工成为职场中的主力军，基于代际差异的员工矛盾也随之显现，给企业的人力资源管理及员工关系管理带来新的挑战。

一、代际差异的内涵与代际的划分

（一）代际差异的内涵

代际差异是指因出生年代与成长背景的不同而导致的各代群之间在价值观、偏好、态度与行为等方面呈现出的具有差异性的群体特征。“代”或“代群”是指在社会与历史过程中具有共同位置的一群人，这种共同位置使这些人具有相似的经历，并产生了趋同的思考、体验和行为模式，具有共同的出生年代、年龄阶段，并在关键的成长阶段经历了重大人生事件的可识别群体。

代际差异的产生具有深厚的社会根源，一般认为重大的社会历史性事件对处于不同年龄阶段群体的影响具有差异，这种差异是产生代际差异的基础。社会变迁时期发生的重大历史事件会在很大程度上影响和塑造处在人生关键成长时期（青春期和成年早期）群体的价值观，那些没有在社会化的关键时期经历过这些事件的群体受到的影响相对小。这种相同的社会历史事件对处于不同年龄的群体的影响差异造成了价值观的分化，也就是代际差异。因此，明显的代际价值观差异常常会出现在社会环境发生巨变的时期。对代际形成重要影响的历史事件可能包括战争和战争带来的结果、新技术引起的工作和生活的重大变化、重大政治事件、重要的社会经济转型等。此外，社会学家认为共通的文化要素也会对代际差异的形成产生影响，如音乐、电影明星和服饰等。[①]

（二）代际的划分

1. 代际的划分标准

目前，对代际的划分多以年龄为基础。每个代际的年龄差异可以以 5～7 年为间隔，一个代际还可再划出代前期、代核心期和代后期等，同一代际成员在代前期和代后期所受同一历史事件的影响程度不一样。如出生在某一重大事件之前 5～7 年的个体虽然属于前一世代范畴，但其主要成长阶段处于该事件发生之后，即下一世代，由此受到下一世代事件的影响较前一世代事件更大。[②]

2. 美国的代际划分

美国社会通常将代际划分为四代：年老一代，也称为沉默一代、成熟一代和传统一代，生于 1925—1945 年。“婴儿潮”一代，生于 1946—1964 年，第二次世界大战结束后，许多参军的美国青年回到故乡并组建家庭，随即掀起了一波生育高峰期，“Baby Boomers”便由此而来。X 一代，也称失去的一代、迷茫的一代，生于 1965—1980 年，他们在 20 世纪 80 年代的经济衰退中长大，又经历 21 世纪初的互联网泡沫破灭，就在他们成家立业之际，又要面对全球金融危机和经济下滑。Y 一代，也称为千禧年一代、下一代、生育回潮一代，生于 1981—1994 年，在跨入 21 世纪（即 2000 年）以后达到成年年龄的一代人，他们的成长时期几乎与互联网和计算机科学的形成与高速发展时期相吻合。Z 世代，出生于 1995—2010 年，他们是数字技术的原住民，互联网和数码产品是他们日常生活的一部分，在技术革命的推动下，Z 世代的生活方式发生了质的变化。

3. 我国的代际划分

以新中国成立后发生的重大历史事件为分界点，张永忠等人把中国人分为四代：第一代人为创建新中国的一代；第二代人为新中国成立初期的一代；第三代为上山下乡的一代；第四代为改革开放的一代。前三代为政治世代，基本以新中国成立后重大发展时期或重大社会政策作为划分世代的标准；第四代为经济世代，以改革开放为历史事件，突出的是价值观、行为方式等非政治因素。[③]

新生代与非新生代的划分方式也是目前国内受到广泛认同的代群划分方式。国内一般以 1980 年作为划分新生代与非新生代的时间隔点，在 1980 年之后出生的群体其成长期更多地受到了中国经济社会转型和外来文化的影响，在价值观和生活态度等很多方面与之前的群体存在较大的差异。[④] 新生代群体又可以以 5 年或 10 年为间隔，进一步划分为“80 后”“85 后”“90 后”“95 后”“00 后”等细分群体。社会学家普遍认为，中国的“95 后”，即美国所称的 Z 世代，赶上了中国经济腾飞的时期，物质生活富足，又同样是互联网的原住民，是第一个可与美国平行比较的世代。但与美国不同的是，受计划生育政策影响，中国的 Z 世代普遍是独生子女，受到家庭长辈关注程度更高。

---

① 刘凤香．工作场所代际差异研究述评及整体模型构建．外国经济与管理，2010（1）．
② 陈坚，连榕．代际工作价值观发展的研究述评．心理科学进展，2011（11）．
③ 张永忠，程远忠．第四代人．北京：东方出版社，1988.
④ 刘凤香．工作场所代际差异研究述评及整体模型构建．外国经济与管理，2010（1）．

二、新生代员工的心理特征变化趋势

改革开放与全球化给中国人的价值观带来了巨大的影响，尤其引发了青年职业群体心理特征的普遍改变。青年职业群体已经成为当今社会不可忽视的一股新生力量，他们个性鲜明、思维活跃，其心理特征既具有独特性，又具有时代性，其所形成的新生亚文化直接影响青年群体职业心理与行为的未来走向。

（一）人格特征的变化趋势

人格是个体内部身心系统的动力组织，决定了个体对环境的独特调节方式，是个体对他人的反应和交往方式的总和。与老一代员工相比，新生代员工在人格特征上出现了一些新变化，主要体现在以下两个方面。

1. 内归因和控制感更为强烈

他们更加自尊、自恋，焦虑和压抑程度也更高，但社会赞许需求度更低，更倾向于认为在生活中发生的事件其根源在自身，成功是个人努力的结果，而非其他外部的原因，他们并不认为一切都在他人或是命运的主宰下。也有学者认为，新生代员工群体存在一定程度的玩世不恭和消极情绪等问题，组织管理者需要根据他们的人格特征及早做好准备，以应对可能出现的管理困境。

2. 利己主义更为盛行

新中国成立以来，中国人的价值观经历了从整体价值观向整体价值观与个人价值观融合的转变。[①] 相比老一代员工，中国新生代员工的利他主义价值观可能有所减弱。受到计划经济时代“国家利益”和“集体利益”至上观的影响，老一代中国人对“奉献”“服务”等利他主义价值观十分推崇。[②] 20 世纪 80 年代开始，随着西方文化的冲击，个人主义价值观逐步凸显。同时，在新生代员工中，信奉实用主义、功利主义、精致利己主义的现象较为普遍，以独生子女家庭为主体的新生代群体更倾向于从自身利益出发，把自身利益是否得到满足放在重要位置，很少考虑集体的利益或他人的感受。但也有观点认为，新生代比老一代更愿意参加社会志愿活动。

这一特点在工作中也十分明显。一项调查发现，相较于前面几个世代，“95 后”新生代员工每天工作超过 9 小时的比例更低；有超过五成的“95 后”新生代员工感受不到工作的意义与价值；求职中“95 后”员工比其他世代更加关心工作强度大不大、加班多不多，也更加关注办公环境是否舒适。[③]

（二）社交观的变化趋势

社交观体现了与他人打交道时所隐含的交往模式、心理需求与社交原则。随着信息技术的不断冲击，新生代员工在社交模式上也出现了很多新变化，给职场人际关系带来

---

① 廖小平 . 分化与整合：转型期价值观代际变迁研究 . 北京：高等教育出版社，2007.
② 陈坚，连榕 . 代际工作价值观发展的研究述评 . 心理科学进展，2011（11）.
③ 智联招聘 . Z 世代职场现状与趋势调研报告 . 2021.

了一些新思考。

1. 线上交流代替面对面交往

有证据表明，与老一代群体相比，新生代群体的社交方式出现了很大转变。老一代员工受工作中心化倾向影响，认为工作是满足社交需要的重要平台。但随着社会流动加快，特别是移动互联网技术的发展，新生代群体可以在工作之外寻找更多的社交机会和社交网络形式。但同时，新生代群体独特的成长环境也可能导致他们面对面的人际交往能力下降，他们更倾向于在虚拟的网络世界中构建人际关系，而不是在工作中发展现实的人际关系。

2. "宅人"属性非常突出

"宅"似乎变成了新生代员工的自有属性。一项针对新生代群体的调查显示，"95后"青年中"宅人"的比例高达46%，他们要么是不太喜欢出门见人（占比34%），要么是因为喜欢做的事不需要出门（占比37%），"宅人"通常通过动漫、二次元、短视频、追剧等方式来填充自己的宅生活，找他人聊天倾诉的需求明显低于其他代际人群。[①] 网络世界中的虚拟人际关系成为满足新生代群体社交需求的主要途径，却阻隔了青年人在现实世界中的真实人际交往。

3. 社恐现象愈发普遍

网络虚拟世界成为新生代群体远离真实生活的隔离带，社交恐惧现象也愈发严重。一项调查显示，中国"95后"样本中，68%的被调查者更喜欢以发消息的形式沟通而不喜欢打电话，61%的被调查者会刻意逃避接电话，66%的被调查者更喜欢与朋友们在线上打游戏而不是在线下见面一起玩。[②] 新生代员工的社交范围也极其有限。无论在熟人社交场景，还是陌生人社交场景，抑或是泛社交场景，新生代群体都更倾向于与有相同兴趣爱好的人进行交流，在属于自己的圈层内分享动态，将没有共同兴趣爱好的人排除在社交活动之外。

4. 更加看重真诚与真实

社会关系层面，新生代群体更看重真实和真诚，喜欢有血有肉的真实人设和不绕弯子的耿直叙事。他们对真实的理解是承认不完美，认为人人都有缺点，过于完美的人设容易让人感到疏远。相比之下，他们更喜欢会犯错、有自己独特性格、具有真实感的瑕疵人设。新生代群体享受独立，但也渴望亲密关系，他们倾向于以相同兴趣和心态为基础建立与他人的交往，其交往模式也具有快速筛选、迅速匹配、快速迭代的显著特征。新生代群体喜欢耿直的表达方式，单刀直入，有话直说，不喜欢绕弯子。

（三）工作价值观的变化趋势

1. 职业理想多元

计划经济时代，工作对个体至关重要。工作单位是员工生存的依靠，一个人的生老病死都与工作及工作单位有着密切的联系。伴随着改革开放及经济全球化，很多人的思

---

① 极光数据．两个 Z 世代中就有一个宅人：Z 世代宅人的真相了解一下．2019.
② 麦肯中国．关于中国 Z 世代的真相：本土文化洞察白皮书．2021.

想也逐渐从保守到开放，从追求物质、成就、权威的“现代主义价值观”转变为追求个人价值、自我享受、自我表达的“后现代主义价值观”。尤其是改革开放后成长起来的新生代群体，家庭经济条件更好，生活中的现代化程度更高，因此他们更重视休闲，相信工作并不是生活的中心和全部。与老一代员工相比，新生代员工更加看重自由，更喜欢从事拥有较多休假时间且节奏较慢的工作，更加追求工作与生活的平衡。可以说，老一代员工“生活为了工作”，新生代员工“工作为了生活”。①

职业成长方面，新生代群体对改革发展面临的机遇和挑战具有深刻领悟，职业理想多元化与务实性相交错。新生代群体对全面深化改革带来的发展机遇感到振奋，特别是随着信息技术的快速发展，5G、人工智能、云计算、大数据等新兴领域蓬勃发展，为青年人干事创业开辟了新领域和新空间。青年人更喜欢以“三创”（创新、创业、创造）的方式来实现自身价值。一项调查显示，有80%的“95后”都有过想要创业的想法。② 有48%的“95后”想成为拥有多重职业和身份的人，有5%的“95后”已成为拥有多重职业的人。③

2. 就业形势灵活

与老一代员工相比，新生代员工与组织之间的关系和对组织的态度也发生了很大变化，主要表现在员工与雇主之间的心理契约、职业发展的重要性、对雇主的忠诚度等方面的巨大差异。老一代员工更倾向于信任型心理契约，认为对雇主忠诚和努力工作就会得到工作安全和报酬提升。而新生代员工更强调对工作自主性的追求，认为对雇主过度忠诚存在危机，更倾向于必须对自己的职业负责，他们会充分利用各种学习机会，为快速的职业转换做好准备。同时，新生代员工与老一代员工对组织的态度差异还表现在对领导方式的偏好上，新生代员工对上级管理者的严格监督与控制更易产生反感。

互联网原住民的标签也深深地刻在了新生代群体的就业倾向中。一项调查显示，中国“95后”青年更喜欢从事IT、通信、电子、互联网行业的工作，有超过七成的“95后”正在从事或愿意尝试电商主播、视频博主、菜品体验官、自律监督师、游戏代练员等与互联网相关的新兴职业，且有超过八成的Z世代正在灵活就业或愿意尝试灵活就业，占比高于其他世代人群。④

3. “躺平主义”频发

计划经济时代，人们将精神生活置于物质生活之上，崇尚精神生活。对于老一代员工而言，工作重要的是其内在价值，而不是其工具性功能。市场经济条件下，物质利益成为追逐对象。进入21世纪后，新生代员工面临住房、医疗等问题，生活压力加大，工作的外在价值得到更多的重视，工作的内在价值逐渐被忽视。

现实的压力使很多新生代产生了“躺平主义”的心态。一些青年人把“躺平”视作一种生活态度，秉持一种“低欲望、低需求、低消费”的生存主张，认为“躺平”是对某些领域过度竞争、严重内卷的一种抵制，“卷不过就躺”。⑤ 一方面，新生代群体初入职

---

① 陈坚，连榕．代际工作价值观发展的研究述评．心理科学进展，2011（11）．

② 腾讯营销洞察，人民网研究院．95后青年人注意力洞察报告．2021.

③ 羊城晚报智慧信息研究中心，华南理工大学数据新闻研究中心，中山大学心理学系．粉红Z世代：中国95后数据报告．2017.

④ 智联招聘．Z世代职场现状与趋势调研报告．2021.

⑤ 许纪霖．躺平：代际冲突下的“后浪”文化．探索与争鸣，2021（12）．

场，工作压力无法回避，经验不足、资源有限，无法抗衡业绩指标上的内卷，复杂的职场人际关系也需要小心应对，心高气傲的青年人常常痛恨为五斗米而折腰。另一方面，收入在短时期内不会有大幅增长，这与高企的房价等消费形成鲜明的对比。新生代群体虽然不再面临吃饱穿暖的生存考验，但面临的问题也更加复杂。例如独生子女面临的父母养老问题、子女养育问题。[①] 随着三孩政策的逐渐放开，新生代群体的家庭社会责任压力可能会远远超出他们的想象，成为制约他们发展的因素。青年人或将不堪重负。于是，很多新生代选择消极躺平，以低欲望的方式来回应暂时无法实现的高欲望压力，使内心焦虑得以缓和，但其实是“身躺意难平”。

三、基于代际差异的员工关系管理对策

党的二十大报告指出，青年强，则国家强。当代中国青年生逢其时，施展才干的舞台无比广阔，实现梦想的前景无比光明。面对工作场所中不同年龄层的代际差异，组织应采取积极的管理措施，引导不同代际相互理解、相互融合、相互学习、共同进步。

（一）代际互动模型及其管理启示

代际互动模型（见图 15－1）对基于代际差异的员工关系管理很有借鉴价值。依据该模型，代际互动过程中包括初次接触、冲突、合作、同化四个阶段，每个阶段都有多代员工之间的互动，以及人力资源部门应采用的干预措施。模型的中心层（第一层）是组织，多代员工共存其中，第二层是多代员工互动过程的四个阶段，第三层是员工对待变化的态度，第四层是人力资源部门的干预措施。

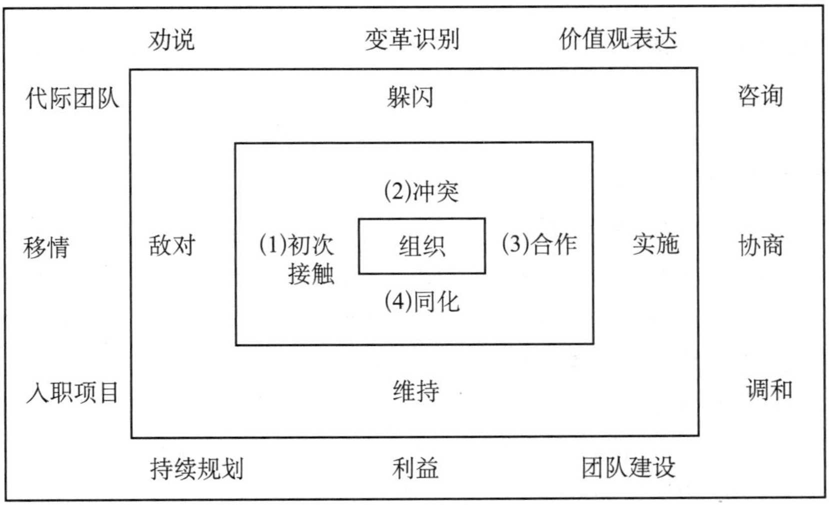

图 15－1　组织中的代际互动模型

资料来源：刘凤香．工作场所代际差异研究述评及整体模型构建．外国经济与管理，2010（1）．

---

① 穆光宗，林进龙．论生育友好型社会：内生性低生育阶段的风险与治理．探索与争鸣，2021（7）．

1. 初次接触阶段的特征与管理措施

在多代员工初次接触时，因为各代人在意识上的自我归类，所以相互之间心理上会有隔膜，这时员工对变化持敌对态度。在此阶段，干预措施包括给新员工设计组织社会化项目，开展促进各代员工融合的项目，以及进行代际的团队建设等。

2. 冲突阶段的特征与管理措施

各代员工之间经历和观念上的差异促使互动关系进入冲突阶段，此时员工会意识到变化即将发生，但是不理解变化的重要性，对变化持躲闪态度。干预措施应该是劝说员工，使其正确看待、识别变化，并由此塑造宽容多样化的组织价值观；为各代员工制定清晰的职业发展路径，并保证各代员工之间的公平，使其具有同等的机会。

3. 合作阶段的特征与管理措施

互动的加深促使代际差异减小，互动关系进入合作阶段，此时员工认识到变化的重要性，一部分人积极参与到变化中，另一部分人则努力寻找应对变化的措施。人力资源部门应该采用咨询、协商、调和等方法，促进员工合作关系的发展，防止代际差异消极作用的出现。

4. 同化阶段的特征与管理措施

在同化阶段，各代之间相互融合，员工接受融合与合作的工作方式，干预措施是鼓励团队精神和更高水平的合作，制定对各代员工都公平的奖励和绩效管理措施。企业应该发挥各个年龄段员工的才能，协调工作场所出现的代际差异；教育和帮助员工正确看待代际差异，并使之有利于个人的发展和组织的发展；塑造正确看待、管理代际差异的组织文化；基于员工的期望不同，分别设计不同的业绩激励措施等。

（二）新生代员工的管理策略

面对新生代员工出现的一些心理与行为特征变化，组织与领导者应采取积极的管理举措，引导青年人更好更快地融入职场，发挥青年人身上创新创造的显著优势，使组织与青年共同成长。

1. 跨前半步，主动沟通

新生代群体的人际交往模式具有一定的被动性，他们按照自己的兴趣偏好筛选，缺少主动沟通、积极破冰的意识。针对这一特点，建议管理者放低姿态、跨前半步，主动与新生代员工多接触、多沟通。可借助新生代员工的表达方式和语言风格，快速拉近与年轻人之间的距离。新生代群体的表达有几个鲜明特点：

第一，新生代群体更喜欢风趣、幽默的表达方式，喜欢吐槽和自黑。这也折射出心理学中的“犯错误效应”（pratfall effect），也叫“瑕不掩瑜效应”，指的是对于有实力的人，犯下某个小小的错误反而会提高他们的魅力。自黑也好，吐槽也罢，其实是一种积极应对压力的方式，新生代群体透过幽默的滤镜旁观自己的困境，压力确实存在，但并不代表生活的全部，幽默大笑之后，反而会感觉喘过来一口气，能够继续与之搏斗。

第二，新生代群体的表达方式，具有自恋、形象、生动的语言特征。例如，年轻人中非常流行的“凡尔赛文学”，欲扬先抑，明贬实褒，看似抱怨，实则炫耀；充满转折和意外的“土味情话”，前半句惊讶，后半句惊喜；以缩写形式产生的“网络流行语”等。

此外，年轻人还喜欢用表情包代替文字，在传递内容的同时，还搭配上恰当的情绪表达。

掌握了新生代群体的语言特点，并巧妙运用这些表达方式，有助于管理者塑造幽默亲民的形象，取得年轻人的好感和信任，拉近与他们之间的心理距离。这是对新生代群体施加影响并有效管理的先决条件。

2. 率先垂范，师徒带教

新生代群体具有情景化认知的特点。他们不喜欢别人告诉的，喜欢自己来下判断；他们不喜欢被强加的观点，而倾向于自我总结之下得到的结论；相较于“给出定义”的教育方式，他们更喜欢“给出选项”。一个优秀的领导者不再是“理想生活的定义者和生活方式的引领者”，而应当是“理想生活的参与者和生活方式的好伙伴”。针对新生代群体的这个特点，更适合采用情景化的管理策略，在组织决策的过程中让他们参与其中、感同身受，让他们自己得出结论，以提升青年员工对相关决策的信服度。

在工作场所中，言传身教、率先垂范的“师徒带教”也是对青年员工非常有效的一种影响方式。中国古代，大部分技能都是通过“师徒制”的方式传承，师傅带徒弟，需要近身接触，师傅的一言一行、一举一动都对徒弟具有很好的示范引领作用。很多单位都实行了“带教导师制”，给每一名新进的年轻员工安排一名带教老师，通过老师的指点和教导，帮助年轻人更快适应环境、掌握工作技能。其实师徒带教制度的优势远不止于此，它最大的作用是价值观的传承，通过情景化的语言，使青年员工自觉认可老师身上的优点，使优良传统在师徒互动过程中得以延续。这种方式效果最好，但也存在自身的局限性，就是不具备规模效应。师徒之间具有个性化指导、个性化关怀的关系属性，依赖于师徒之间长时间、高质量人际互动，一旦徒弟人数过多，效果便会大打折扣。

3. 平等授权，发挥优势

新生代群体的优势在于充满想象力和创造力，喜欢自己探索、尝试、想办法，不喜欢任人摆布和被监督控制，期望对自己的工作和生活具有更大的掌控力。平等授权不仅顺应了新生代群体对工作自主性的内在需求，而且满足了他们对平等、认可、尊重的强烈愿望。从前，下属与上级间的权力距离很远，保持了一种权威的神秘感。随着时代的发展，互联网打破了所有的神秘，将原来的单极权威社会变成现在的多级平等社会。在这种情况下，青年群体对平等、认可、尊重的需求更为强烈。如果继续沿用传统垂直命令式的管理模式，效果会很不理想。这要求管理者转变领导风格，更多地采用平等式、合作式、授权式的管理方式。

新生代群体在职场中表现出了新特点，更富有个性和表现欲望，不循规蹈矩，追求广泛的价值，渴望被尊重。针对这些特点，领导的重点不再是做事的方法，而是一种“让人做事”的艺术。真正有效的领导者不在于如何管理，而在于如何培养和释放。采用授权管理鼓励新生代员工以自己独特的方式发挥自己独特的价值，符合青年人的自我认知和实现自我价值的方式，能够激发他们的自信和积极性，以及他们对组织、对工作、对领导者发自内心的热爱和真情实感。当然，授权要真授权，要以信任为前提，给予新生代员工一定的自主权，不要随意压缩他们发挥作用的空间。

4. 文化建设，凝聚共识

虽然对新生代员工授权，要真授权，授到位，但这并不意味着可以任由他们天马行空，没有边界。因为在很多事情上，青年人由于社会历练不足，还缺少必要的经验和判断力，他们所做的决策和行为，有可能偏离组织的总体目标，这就需要发挥文化激励的作用。任正非曾说，所有的权力都可以放，唯有思想权和文化权不能放。思想权和文化权是企业最大的管理权。可见，思想文化建设在新生代员工关系管理中具有不可替代的价值。

组织文化是组织软实力的重要组成部分，既抽象又具体，但在管理方面非常实用。组织成员所共同认可的价值观、思维模式、行为方式、目标愿景和技术标准等都可以纳入组织文化范畴。组织文化具有人本性、传承性、适应性和差异性等特点，且体现了导向性、凝聚性、激励性、规范性、自我调控、扩散辐射等功能，是丰富、鲜活、有灵魂、直指内心、被组织成员共同认可的价值指引和精神导向。组织文化会以各种外显的或内隐的方式影响新生代群体的职业成长和发展，帮助他们将组织愿景、目标、传统、规范自觉地内化成自身理想、信念、价值观的重要组成部分，激发青年员工的内驱力与心理能量，是引导初入职场的青年员工更好地转换身份、融入组织、协同合作的有效媒介。

组织文化，由浅及深可分为物质文化、行为文化、制度文化和精神文化四个层次，其中精神文化是组织文化的核心，物质文化、行为文化和制度文化是精神文化的具体表现形式。文化建设强调内化于心、外化于行、固化于常，借助物质、行为、制度等形式，注入精神文化的内核。文化传导是一个习得的过程，对组织文化的接纳和认同是新生代员工习得组织文化的起点。优秀的组织文化应对青年群体具有足够的吸引力，符合他们的价值判断和认知逻辑，以获得他们的内心认可和情感认同。文化建设是一个同化的过程，可以通过故事、榜样、正反面典型、英雄人物、仪式、口号等形式，将组织文化的精神内核具象化，逐渐传导给新生代员工，帮助他们更好地实现文化融合。文化激励是一个顺应的过程，如果新生代员工真正地将组织文化同化内化为自己的信念和价值观，就会顺应文化的召唤，表现出与组织价值观相符合的决策思路与行为模式。

□关键术语

员工多元化　工作场所性别歧视　新生代员工　代际差异

□复习思考题

1. 什么是员工多元化？员工多元化有哪些主要类型？
2. 企业为什么要引入多元化员工？对企业有哪些积极影响和消极影响？
3. 工作场所中存在哪些性别歧视现象？如何有效促进基于性别差异的员工关系管理？
4. 新生代员工有哪些特点？如何有效促进基于代际差异的员工关系管理？

□案例分析

对“宁要武大郎，不要穆桂英”说不

“只限男生或男生优先。”

“你有没有男朋友？”

“计划什么时候结婚?”

“准备要二胎三胎吗?”

很多女性在求职时会遭遇性别歧视，这一现象屡禁不止，影响女性平等就业。如今，旨在禁止就业性别歧视的新规来了!

2019 年 2 月 21 日，人力资源社会保障部、教育部等九部门印发《关于进一步规范招聘行为促进妇女就业的通知》，要求依法禁止招聘环节中的就业性别歧视。

新规要求，各类用人单位、人力资源服务机构在拟定招聘计划、发布招聘信息、招用人员过程中：

- 不得限定性别（国家规定的女职工禁忌劳动范围等情况除外）或性别优先；
- 不得以性别为由限制妇女求职就业、拒绝录用妇女；
- 不得询问妇女婚育情况；
- 不得将妊娠测试作为入职体检项目；
- 不得将限制生育作为录用条件；
- 不得差别化地提高对妇女的录用标准。

“宁用武大郎，不选穆桂英”? 不行!

在现实中，一些用人单位在招聘过程中会明确提出“只限男生”或“男生优先”。

一些用人单位虽然不会如此明目张胆，但也会暗地里刻意提高女生录用标准，“宁用武大郎，不选穆桂英”成为很多单位招人用人的潜规则。

多名女性求职者对记者感叹：“男生比我们更好找工作。”以后，“宁用武大郎，不选穆桂英”，行不通了!

招聘询问妇女婚育情况? 不行!

新规发布后，“招聘不得询问妇女婚育情况”登上了微博热搜。

由于女性需要生育和哺乳等，用人单位出于预期利益和用人成本的考量，往往在招聘中更加倾向男性，而把女性劳动力当作职场“预备役”。记者曾采访过多位遭遇性别歧视的女大学生。法学研究生小刘毕业后在求职面试时，几乎每家企业或者律所都会问“你有没有男朋友”“计划什么时候结婚”等问题。而面对这类问题，小刘以“自己考虑得晚，一般三年后结婚”的回答来应对。某大学毕业生小张在求职过程中，曾有单位询问“是不是独生子女”“有没有结婚”“会不会要二胎三胎”等问题。这对于想生二胎三胎的女性来说，无疑又增加了一层就业障碍。

以后，询问妇女婚育情况、将妊娠测试作为入职体检项目、将限制生育作为录用条件，统统被禁止了。

招聘性别歧视最高罚 5 万元

有网友评论，各项禁止性别歧视的规定是好的，但如果没有有力的监管和保障措施让其落地，那女性就业只会更难。别急，新的监管措施是有的，而且力度比较大：对用人单位、人力资源服务机构发布含有性别歧视内容招聘信息的，依法责令改正；拒不改正的，处 1 万元以上 5 万元以下的罚款；情节严重的人力资源服务机构，吊销人力资源服务许可证。将用人单位、人力资源服务机构因发布含有性别歧视内容的招聘信息接受行政处罚等情况纳入人力资源市场诚信记录，依法实施失信惩戒。

性别歧视举报投诉更畅通

以后，在遭遇性别歧视后，可以随手举报投诉和维权了。新规要求，建立联合约谈机制。畅通窗口来访接待、12333、12338、12351热线等渠道，及时受理就业性别歧视相关举报投诉。根据举报投诉，对涉嫌就业性别歧视的用人单位开展联合约谈，采取谈话、对话、函询等方式，开展调查和调解，督促限期纠正就业性别歧视行为，及时化解劳动者和用人单位间矛盾纠纷。被约谈单位拒不接受约谈或约谈后拒不改正的，依法进行查处，并通过媒体向社会曝光。

打官司维权也会变容易

根据媒体报道，北京某高校2012年应届毕业生黄某因应聘的某教育机构设立“仅限男性”的条件而将其起诉，但像这样选择诉诸法律维权的人毕竟是少数。由于企业有着用工自主权，并且招聘阶段相对属于企业内部行为，因此女性求职者面对性别歧视更多的是无奈。不过，以后打官司维权更容易了。新规要求，健全司法救济机制。依法受理妇女就业性别歧视相关起诉，设置平等就业权纠纷案由。积极为遭受就业性别歧视的妇女提供法律咨询等法律帮助，为符合条件的妇女提供法律援助。积极为符合条件的遭受就业性别歧视的妇女提供司法救助。

帮助女性平衡工作与家庭

监管和维权机制的完善是必须的，而在三孩政策实施的当下，改善女性就业环境、拿出更多促就业措施才是根本。新规对于促进女性就业提出要求：促进3岁以下婴幼儿照护服务发展，加强中小学课后服务，缓解家庭育儿负担，帮助妇女平衡工作与家庭。加强监察执法，依法惩处侵害女职工孕期、产期、哺乳期特殊劳动保护权益行为。相信随着这些措施的落地，性别歧视现象有望得到一定程度的遏制。

资料来源：宁用武大郎不选穆桂英？禁就业性别歧视新规来了！.（2019-02-22）. https://www.chinanews.com.cn/gn/2019/02-22/8761768.shtml.

讨论题：

关于促进女性就业的“新规”会给职场中的女性劳动者带来哪些影响？

参考文献

1. BIO国际组织教材编写组. 心理咨询与治疗基础. 北京：人民日报出版社，2007.

2. 白玉，周宇航. 企业员工参与管理需要特征及管理对策探究. 现代商贸工业，2018 (7).

3. 柏培文，孟宪忠. 企业裁员八法. 企业管理，2005 (9).

4. 蔡乔. 经济性裁员适用程序的不足及完善. 唐山师范学院学报，2022 (1).

5. 曹艳春. 论职场性骚扰的雇主责任：以雇主禁止性骚扰义务为中心. 燕山大学学报（哲学社会科学版），2007 (1).

6. 常凯. 劳权论：当代中国劳动关系的法律调整研究. 北京：中国劳动社会保障出版社，2004.

7. 陈长清，鲁锡荣. 常见职业病防治200问. 北京：金盾出版社，1998.

8. 陈国海，方华，刘春燕. 组织行为学. 北京：清华大学出版社，2003.

9. 陈坚，连榕. 代际工作价值观发展的研究述评. 心理科学进展，2011 (11).

10. 陈全. 劳动安全卫生. 北京：法律出版社，1998.

11. 陈兴华，凌文辁，方俐洛. 工作-家庭冲突及其平衡策略. 外国经济与管理，2004 (4).

12. 陈玉明，崔勋. 代际差异理论与代际价值观差异的研究评述. 中国人力资源开发，2014 (13).

13. 程小兵，黄爱民，沈陆萍. 关于人才派遣的理论与实践. 中国人才，2003 (5).

14. 程延园. 员工关系管理. 上海：复旦大学出版社，2004.

15. 崔勋，瞿皎姣，张义明. 人力资源多样化影响的研究回顾及路径分析. 科学学与科学技术管理，2013 (9).

16. Duane P. Schultz，Sydney Ellen Schultz. 工业与组织心理学：心理学与现代社

会的工作：第8版．北京：中国轻工业出版社，2004.

17. 戴熙春．“996”的工作模式，究竟是剥削，还是福报？．商界，2019（8）.

18. 范占江．劳动法精要与依据指引．北京：人民出版社，2005.

19. 方隆彰．员工协助方案：如何在组织内推动与发展．劳工行政，1996（94）.

20. 丰宇昆．员工满意度测评与管理．西安：西北工业大学，2003.

21. 冯友宣，戴良铁．影响企业员工离职的原因分析及管理对策．商业研究，2005（5）.

22. 高金旺．谈离职风险及防范措施．企业活力，2007（1）.

23. 高桥洸，小松隆二，二神恭一．日本劳务管理史．北京：经济科学出版社，2005.

24. 格罗特．不用惩罚手段的纪律：变不良员工为优秀员工的有效策略．上海：上海人民出版社，2000.

25. 郭黎勇．丰田精益管理：员工关系管理（图解版）．北京：人民邮电出版社，2015.

26. 国际劳工组织．国际劳工大会第91届会议报告：工作中平等的时代．2003.

27. 哈特斯利，麦克詹妮特．管理沟通：原理与实践．北京：机械工业出版社，2000.

28. 海因斯．管理沟通：策略与应用：第3版．北京：北京大学出版社，2006.

29. 韩智力．员工关系管理：案例、诊断、解决方案．广州：广东经济出版社，2007.

30. 何慧卿．企业员工多元化管理研究及实证分析．衡阳：南华大学，2008.

31. 何勤．群体性劳资冲突事件的演化及应对．北京：社会科学文献出版社，2014.

32. 贺宝成．3M公司创新管理及启示．郑州航空工业管理学院学报（社会科学版），2004（6）.

33. 贺清君．名企员工关系最佳管理实践．北京：中国法制出版社，2017.

34. 贺伟，龙立荣．西方组织多元化理论研究进展探析．外国经济与管理，2009（7）.

35. 黑启明．劳动关系系统的环境因素与变迁．理论与现代化，2006（2）.

36. 胡蓓．H航空公司多元化员工管理研究．成都：西南财经大学，2010.

37. 胡博．处分中的信任与激励．科技创新导报，2007（31）.

38. 胡莹，卢斯媛．平台零工劳动对我国劳动关系的影响：基于众包型数据标注师的研究．中国劳动关系学院学报，2023（1）.

39. 黄爱兰．基于新生代员工满意度调查的人力资源激励策略．中国商论，2017（22）.

40. 黄志伟．华为人力资源管理．苏州：古吴轩出版社，2017.

41. 霍杰茨．现代工作中的人际关系．北京：中信出版社，2005.

42. 极光数据．两个Z世代中就有一个宅人：Z世代宅人的真相了解一下．2019.

43. 贾俊玲．劳动法学．北京：中国广播电视大学出版社，2003.

44. 贾云乔．公司劳动争议案例精选与解析．北京：清华大学出版社，2021.

45. 蒋璐艳．G公司员工援助计划（EAP）的优化研究．上海：华东师范大学，2022.

46. 克雷曼．人力资源管理：获取竞争优势的工具．北京：机械工业出版社，1999.

47. 肯尼迪，迪尔．公司文化．北京：生活·读书·新知三联书店，1989.

48. 劳动和社会保障部劳动工资研究所．中国劳动标准体系研究．北京：中国劳动社会保障出版社，2003.

49. 历菲．员工违纪，如何依法解除．人力资源，2019（11）.

50. 李海舰，李凌霄．中国“共享员工”劳动用工模式研究．中国工业经济，2022（11）.

51. 李景森，贾俊玲．劳动法学．北京：北京大学出版社，1995.

52. 李淑英．社会契约论视野中的企业社会责任．中国人民大学学报，2007（2）.

53. 李维斯，桑希尔，桑得斯．雇员关系：解析雇佣关系．大连：东北财经大学出版社，2005.

54. 李欣，曾宇．新编劳动保护实务全书．北京：企业管理出版社，1996.

55. 李新建，刘翔宇，孙美佳．国外企业人力资源开发管理中的社会性别问题与研究//乔以钢，关信平．跨文化交流与性别．天津：南开大学出版社，2014.

56. 梁书文，回沪明．劳动法及配套规定新释新解．北京：人民法院出版社，1997.

57. 廖小平．分化与整合：转型期价值观代际变迁研究．北京：高等教育出版社，2007.

58. 林梦佳．和谐关系下的企业员工关系管理策略．中国集体经济，2022（18）.

59. 刘畅，周春燕，杨杰．劳动纪律制定与违纪员工处理．中国劳动，2007（2）.

60. 刘凤香．工作场所代际差异研究述评及整体模型构建．外国经济与管理，2010（1）.

61. 刘红霞．离职员工关系管理“四步走”．人力资源，2005（3）.

62. 刘群．企业裁员的理论与实践研究．成都：西南交通大学，2005.

63. 刘文元．相容与相悖：当代中国的职工民主参与研究．北京：中国劳动社会保障出版社，2004.

64. 刘晓倩．雇主策略视角下的工作场所年龄歧视：基于年龄原因“被离职”判例的分析．中国人力资源开发，2022（3）.

65. 刘昕．现代企业员工关系管理体系的制度分析．北京：中国人民大学出版社，2004.

66. 刘亚林．EAP（员工援助计划）研究综述．经济与管理研究，2006（6）.

67. 刘玉新，张建卫．高层管理者的工作压力、社会支持及二者关系研究．南开管理评论，2005（6）.

68. 鲁克德．京东人力资源管理纲要．北京：华文出版社，2019.

69. 陆海依．不当解雇保护制度建构研究．山东工会论坛，2021（5）.

70. 罗宾斯．组织行为学：第7版．北京：中国人民大学出版社，1997.

71. 罗宾斯．组织行为学：第10版．北京：中国人民大学出版社，2005.

72. 马丽．离职面谈：员工关系管理的关键环节．中国劳动，2004（4）.

73. 马学文．员工满意度、员工敬业度与工作绩效的关系研究．内蒙古科技与经济，2023（13）.

74. 麦肯中国．关于中国Z世代的真相：本土文化洞察白皮书．2021.

75. 茅倬彦．保障女性权益是政策落地见效的关键．中国人口报（理论版），2021-12-10.

76. 蒙迪，诺埃．人力资源管理：第6版．北京：经济科学出版社，1998.

77. 穆光宗，林进龙．论生育友好型社会：内生性低生育阶段的风险与治理．探索与争鸣，2021（7）.

78. 倪同良．企业裁员，如何保障自身的合法权益？．中国大学生就业（理论版），2021（11）.

79. 潘锦棠．性别人力资本理论．中国人民大学学报，2003（3）.

80. 佩格尔斯．日本与西方管理比较．北京：机械工业出版社，1987.

81. 彭泗清，韩践，赵志裕．员工多元化管理与企业创新．管理世界，2008（8）.

82. 乔治·米尔科维奇．薪酬管理：第6版．北京：中国人民大学出版社，2002.

83. 秦晓军．工作满意度、组织承诺与离职倾向关系的研究综述．内蒙古科技与经济，2016（7）.

84. 任康磊．人力资源管理实操从入门到精通．北京：人民邮电出版社，2018.

85. 萨瑟兰，库珀．战略压力管理：组织的方法．北京：经济管理出版社，2003.

86. 石林．工作压力的研究现状与方向．心理科学，2003（3）.

87. 石林．工作压力理论及其在研究中的重要性．心理科学进展，2002（4）.

88. 石美遐．非正规就业劳动关系研究：从国际视野探讨中国模式和政策选择．北京：中国劳动社会保障出版社，2007.

89. 史茜，舒晓兵，罗玉越．工作需求控制支持压力模型及实证研究评析．心理科学进展，2010（4）.

90. 司红华．企业裁员行为及其活动管理研究．杭州：浙江大学，2005.

91. 孙树菡．职业安全与卫生．北京：红旗出版社，1993.

92. 谭亚梅，武超．情绪劳动对员工身心健康的影响．人才资源开发，2007（11）.

93. 汤超颖，辛蕾．IT企业员工工作压力与离职意向关系的实证研究．管理评论，2007（9）.

94. 唐棠．试析人力资源离职成本．财会月刊（理论版），2006（2）.

95. 腾讯营销洞察，人民网研究院．95后青年人注意力洞察报告．2021.

96. 汪斌．积极对待员工的抱怨．通信企业管理，2004（12）.

97. 王桦宇．劳动合同法实务操作与案例精解（增订8版）．北京：中国法制出版社，2020.

98. 王惠．柯达的建议制．企业改革与管理，2002（2）.

99. 王菁．大型国有企业基层员工EAP需求实证研究：以兰石集团为例．兰州：兰州交通大学，2016.

100. 王晶晶．全球化背景下的劳动力多样性管理．经济研究参考，2006（44）.

101. 王兰云．人力资源管理：理论与实务．北京：电子工业出版社，2017.

102. 王磊．管理沟通．北京：石油工业出版社，2001.

103. 王筱璐，王桢，时勘．工作场所中员工抑郁症状的发生机制及干预模式．管理评论，2009（1）.

104. 王艳芬，刘志民．我国“新型毒品”的滥用特征及其危害．中国药物滥用防治杂志，2007（2）.

105. 王雁飞．国外员工援助计划相关研究述评．心理科学进展，2005（2）.

106. 王一江，孔繁敏．现代企业中的人力资源管理．上海：上海人民出版社，1998.

107. 王益明．人力资源管理．济南：山东人民出版社，2006.

108. 王正绪．社会经济发展和现代与后现代价值观念的出现//潘维，廉思．中国社会价值观变迁30年（1978—2008）．北京：中国社会科学出版社，2008.

109. 魏艳春．国际人才派遣业的发展．中国人才，2003（5）.

110. 吴帆，谭琳．企业性别多元化：兼顾效率与公平的契合点．浙江学刊，2005（2）.

111. 吴慧青．如何进行员工关系管理．北京：北京大学出版社，2004.

112. 吴亚飞．S建筑公司员工援助计划（EAP）应用研究．西安：西安建筑科技大学，2019.

113. 夏晓琼．基于员工满意度调查的人力资源管理分析．经济研究导刊，2022（4）.

114. 谢炳城．劳动合同终止的六种情形解析．中国卫生人才，2019（9）.

115. 谢晋宇，李新建，翁涛．企业雇员的安全与健康管理．北京：经济管理出版社，2000.

116. 邢艳萍．中华人民共和国妇女权益保障法、女职工劳动保护特别规定（实用问题版·升级增订2版）．北京：法律出版社，2018.

117. 许昊．3M公司基业长青的秘诀．企业技术进步，2006（8）.

118. 许纪霖．躺平：代际冲突下的“后浪”文化．探索与争鸣，2021（12）.

119. 许小东．知识型员工工作压力与工作满意感状况及其关系研究．应用心理学，2004（3）.

120. 许永安．发生劳动争议怎么办．长春：吉林人民出版社，1999.

121. 许云华．探析基于组织承诺的员工关系管理．经济论坛，2005（19）.

122. 羊城晚报智慧信息研究中心，华南理工大学数据新闻研究中心，中山大学心理学系．粉红Z世代：中国95后数据报告．2017.

123. 杨春平．劳动争议调解仲裁法学．重庆：重庆大学出版社，2021.

124. 于学卿．论企业内部有效沟通．合作经济与科技，2006（2X）.

125. 俞文钊．人力资源管理心理学．上海：上海教育出版社，2005.

126. 袁安府，任国良．员工多元化的逻辑框架及其理论进展．社会科学战线，2011（6）.

127. 袁庆宏，陈文春．工作嵌入的概念、测量及相关变量．心理科学进展，2008（6）.

128. 袁帅．新生代员工的员工关系管理对策．人力资源，2021（2）.

129. 约翰·布里顿，杰弗里·高德．人力资源管理：理论与实践：第3版．北京：经济管理出版社，2005.

130. 曾湘泉．薪酬：宏观、微观与趋势．北京：中国人民大学出版社，2006.

131. 詹婧，孟续铎．员工关系管理精选案例分析．北京：机械工业出版社，2014.

132. 詹延尊，凌文辁．情绪劳动的影响效果及评估．商业时代，2006（33）.

133. 张迪．有效管理组织中员工违纪行为．江西金融职工大学学报，2006（S2）.

134. 张迪．员工违纪的有效管理．人力资源管理，2010（7）.

135. 张凤梅．员工满意度的调查方法及实践研究．长春：吉林大学，2005.

136. 张佳睿．基于压力管理的员工帮助计划（EAP）研究．兰州：兰州大学，2007.

137. 张伶．中国高校教师：工作-家庭冲突研究．北京：中国社会科学出版社，2007.

138. 张文喜．“15%规定”及其启示．中外企业文化，2004（7）.

139. 张西超．员工帮助计划：中国EAP的理论与实践．北京：中国社会科学出版社，2006.

140. 张晓彤．员工关系管理．北京：北京大学出版社，2003.

141. 张彦宁，陈兰通．2005中国企业劳动关系状况报告．北京：企业管理出版社，2005.

142. 张永忠，程远忠．第四代人．北京：东方出版社，1988.

143. 张再生．工作-家庭关系理论与工作家庭平衡计划．南开管理评论，2002（4）.

144. 赵洪利．员工抱怨蝴蝶效应．管理@人，2005（8）.

145. 赵西萍，赵欣，黄越．Karasek工作压力模型的扩展：自我效能感与工作控制匹配性模型的实证研究．中国软科学，2008（10）.

146. 赵欣，赵西萍．自我效能感与工作控制的匹配性模型：对Karasek工作压力模型的扩展．预测，2010（1）.

147. 赵玉玲，张恺，吕可欣．企业裁员管理：构建有温情的裁员机制．中国集体经济，2021（20）.

148. 郑海龙．EAP在中国企业的应用研究．哈尔滨：哈尔滨工程大学，2007.

149. 郑尚元．劳动争议处理程序法的现代化．北京：中国方正出版社，2004.

150. 郑志刚．员工持股计划，大股东别念歪了经．董事会，2023（7）.

151. 智联招聘，Z世代职场现状与趋势调研报告．2021.

152. 中国就业培训技术指导中心，北京奇正凌格企业管理顾问有限公司．员工关系管理．北京：中国劳动社会保障出版社，2007.

153. 中国劳动社会保障出版社法制图书编辑部．劳动争议调解仲裁法．北京：中国劳动社会保障出版社，2019.

154. 中国劳动和社会保障部劳动科学研究所课题组．中国灵活就业基本问题研究．

经济研究参考，2005（45）.

155. 中国驻德使馆经商处．德企的合理化建议管理制度．中外管理，2007（5）.

156. 周烨枫．群体离职研究述评与展望：整合模型的建构．科技和产业，2016（9）.

157. 朱秀红，刘善槐．乡村青年教师的流动意愿与稳定政策研究：基于个人-环境匹配理论的分析视角．教育发展研究，2019（20）.

158. 发现劳动者以虚假学历入职，单位能否解除劳动合同？.（2023-04-20）. https：//china. huanqiu. com/article/4CZJjfcgcOb.

159. 劳动合同争议案例.（2022-10-03）. https：//www. hrrsj. com/zhichang/hetongxieyishu/220546. html.

160. 连签二次劳动合同，就必签无固定期合同？.（2019-09-16）. http：//lawyers. 66law. cn/s2106d685d707a _ i485615. aspx.

161. 两位化学品中毒职业病患者.（2014-04-10）. http：//www. zybls. com/portal. php? mod=view&aid=253.

162. 陕西高院联合省人社厅发布第一批劳动人事争议典型案例.（2022-12-06）. http：//sxgy. sxfywcourt. gov. cn/article/detail/2022/12/id/7050853. shtml.

163. 上海市民生育意愿调研报告来了！上海人想生几个娃？.（2021-08-31）. https：//page. om. qq. com/page/Omwu9b6Pj3VL38spdCVqOwyQ0.

164. 新中国成立后我国女性就业发展变化，及女性就业还存在哪些问题？.（2022-09-14）. https：//baijiahao. baidu. com/s? id=1743929872055264004.

165. 员工入职虚报生育状况，单位可以因此解除劳动合同吗.（2022-01-24）. https://www. sohu. com/a/518641385 _ 121119267.

166. 47%年轻人认为工作压力大拒升职.（2019-09-16）. http：//www. chinahrd. net/news/career-mulriple/2012/1113/179482. html.

167. “996”真是福报吗？90后职场大数据：超76.71%的人经常加班.（2021-09-30）. https：//baijiahao. baidu. com/s? id=1712325302423342707&wfr=spider&for=pc.

168. 996是一种福报？新华社调查互联网平台隐性畸形加班.（2021-01-14）. https://baijiahao. baidu. com/s? id=1688825783942298128&wfr=spider&for=pc.

169. Arthur A R. Employee assistance programmes：the emperor's new clothes of stress management. British Journal of Guidance & Counseling，2000，28（4）.

170. Arthur J B. The link between business strategy and industrial relations systems in American steel minimills. Industrial and Labor Review，1992，45（3）.

171. Bohlander G W，Sheman A W. Managing human resources. Cincinnat，OH：South-Western Educational Publishing Company，1992.

172. Brousseau K R，Driver M J，Eneroth K，et al. Career pandemonium：realigning organizations and individuals. Academy of Management Executive，1996，10（4）.

173. Carlson D S，Kacmar K M，Williams L J. Construction and initial validation of a multidimensional measure of work-family conflict. Journal of Vocational Behavior，2000，56（2）.

174. Cartwright S，Cooper C L. Managing workplace stress. Thousand Oaks，CA：Sage，1997.

175. Chekroud S R，Gueorguieva R，Zheutlin A B，et al. Physical activity and mental health-Author's reply. The Lancet Psychiatry，2018，5 (11).

176. Demerouti E，Bakker A B. Dual process at working call centre：an application of the job-demands resources model. European Journal of Work and Organizational Psychology，2003，12 (4).

177. de Rijk A E，LeBlanc P M，Schaufeli，et al. Active coping and need for control as moderators of the job demand-control model effects on burnout. Journal of Occupational and Organizational Psychology，1998，71 (1).

178. Dessler G. Human resource management. Englewood，NJ：Prentice Hall，Inc.，1994.

179. Dichman，Challeng. Employee assistance programs：a basic text. Journal of Studies on Alcohol and Drugs，1988，50 (4).

180. French J R，Caplan R D，Van Harrison R. The mechanisms of job stress and strain. Chichester：Wiley，1982.

181. Ganster D C，Fusilier M R，Mayes B T. Role of social support in the experience of stress at work. Journal of Applied Psychology，1986，71 (1).

182. Goodings B. Occupational social work. Englewood，NJ：Prentice Hall，Inc.，1987.

183. Hambrick D C，Mason P A. Upper echelons：the organization as a reflection of its top managers. Academy of Management Review，1984，9 (2).

184. Hartwell T D，Potter F J. Aiding troubled employee：the prevalence，cost and characteristics of employee assistance programs in the United States. American Journal of Public Health，2003，86 (6).

185. Hendrix W H，Summers T P，Leap T L，et al. Antecedents and organizational effectiveness outcomes of employee stress and health//Crandall R，Perrewe P L (eds.). Occupational stress：a hand book. Englewood，NJ：Prentice Hall，1995.

186. Karasek R. Job demands，job decision latitude，and mental strain：implications for job redesign. Administrative Science Quarterly，1979，24 (2).

187. Kavianian H R，Wentz C A. Occupational and environmental safety engineering and management. New York：Van Nostr and Reinhold，1990.

188. Klein H J，Noe R A. Motivation to learn and course outcomes：the impact of delivery mode，learning goal orientation，and perceived barriers and enablers. Personnel Psychology，2006，59 (3).

189. Kudielkka B M，Kanel R V，Gande M L，et al. Effort-reward imbalance，over commitment and sleeping working population. Work and Stress，2004 (18).

190. Lawler. Choosing an involvement strategy. Academy of Management Executive，

1995, 2 (3).

191. Lazarus R S. Psychological stress in the work place//Crandall R, Perrewe P L (eds.) . Occupational stress: a hand book. New Jersey: Prentice Hall, 1995.

192. Lazear E P. Personnel economics for managers. New York: Wiley, 1998.

193. Locke E A, Taylor M S. Stress, coping, and the meaning of work. New York: Heath, 1990.

194. McGuire D, Todnem R, Hutchings K. Towards a model of human resource solutions for achieving intergenerational interaction in organizations. Journal of European Industrial Training, 2007, 31 (8).

195. Mimura C, Griffiths P. The effectiveness of current approaches to work place stress management in the nursing profession: an evidence based literature review. Occup Environ Med, 2003, 60 (1).

196. Moore J E. One road to turnover: an examination of work exhaustion in technology professionals. MIS Quarterly, 2000, 24 (1).

197. Morris J A, Feldman D C. Managing emotions in the workplace. Journal of Managerial Issues, 1997, 9 (3).

198. Murphy L R. Work place interventions for stress reduction and prevention: coping and consequences of stress at work. New York: John Wiley and Sons, 1988.

199. Nkomo S M, Fottler M D, Mcafee B R. Applications in human resource management: cases, exercises, and skill builders. Cincinnati, OH: South-Western College Publishing, 2000.

200. Peccei R, Lee H J. The impact of gender similarity on employee satisfaction at work: a review and re-evaluation. Journal of Management Studies, 2005, 42 (8).

201. Pelled L H, Eisenhardt K M, Xin K R. Exploring the black box: an analysis of work group diversity, conflict, and performance. Administrative Science Quarterly, 1999, 44 (1).

202. Richardson K M, Rothstein H R. Effects of occupational stress management intervention programs: a meta-analysis. Journal of Occupational Health Psychology, 2008, 13 (1).

203. Riordan C M, Shore L M. Demographic diversity and employee attitudes: an empirical examination of relational demography within work units. Journal of Applied Psychology, 1997, 82 (3).

204. Schippers M C, Hartog D N, Koopman P L, et al. Diversity and team outcomes: the moderating effects of outcome interdependence and group longevity and the mediating effect of reflexivity. Journal of Organizational Behavior, 2003, 24 (6).

205. Siegrist J. Adverse health effects of high-effort/low-reward conditions. Journal of Occupational Health Psychology, 1996, 1 (1).

206. Spector P E. Interactive effects of perceived control and job stresses on affective

reactions and health outcomes for clerical workers. Work and Stress，1987，1 (2).

207. Stanwick P A，Stanwick S D. The relationship between corporate social performance and organizational size，financial performance，and environmental performance：an empirical examination. Journal of Business Ethics，1998，17 (2).

208. Summers T P，DeCotiis T A，DeNisi A S. A field study of some antecedents and consequences of felt job stress//Crandall R，Perrewe P L (eds.) . Occupational stress：a hand book. Englewood，NJ：Prentice Hall，1995.

209. The cost of accidents at work. London：HMSO，1993.

210. Thomas D A，Ely R J. Making differences matter：a new paradigm for managing diversity. Harvard Business Review，1996，74 (5).

211. van der Doef M，Maes S. The job demand-control(-support) model and psychological well-being：a review of 20 years of empirical research. Work & Stress，1999，13 (2).

212. van der Hek H，Plomp H N. Occupational stress management programs：a practical overview of published effect studies. Occupation Medican，1997，47 (3) .

图书在版编目（CIP）数据

员工关系管理 / 苏磊等编著. -- 3 版. -- 北京：中国人民大学出版社，2024. 9. --（高等学校经济管理类主干课程教材）-- ISBN 978-7-300-33063-1

Ⅰ. F272. 921

中国国家版本馆 CIP 数据核字第 2024QY7425 号

高等学校经济管理类主干课程教材 · 人力资源管理系列

员工关系管理（第 3 版）

苏　磊　孙美佳　王春艳　李新建 等　编著

Yuangong Guanxi Guanli

出版发行	中国人民大学出版社		
社　址	北京中关村大街 31 号	**邮政编码**	100080
电　话	010－62511242（总编室）		010－62511770（质管部）
	010－82501766（邮购部）		010－62514148（门市部）
	010－62511173（发行公司）		010－62515275（盗版举报）
网　址	http://www.crup.com.cn		
经　销	新华书店		
印　刷	天津鑫丰华印务有限公司	**版　次**	2015 年 1 月第 1 版
开　本	787 mm×1092 mm　1/16		2024 年 9 月第 3 版
印　张	20 插页 1	**印　次**	2025 年 9 月第 3 次印刷
字　数	458 000	**定　价**	55.00 元

版权所有　侵权必究　　印装差错　负责调换

中国人民大学出版社　管理分社

教师教学服务说明

中国人民大学出版社管理分社以出版工商管理和公共管理类精品图书为宗旨。为更好地服务一线教师，我们着力建设了一批数字化、立体化的网络教学资源。教师可以通过以下方式获得免费下载教学资源的权限：

- 在中国人民大学出版社网站 www.crup.com.cn 进行注册，注册后进入“会员中心”，在左侧点击“我的教师认证”，填写相关信息，提交后等待审核。我们将在一个工作日内为您开通相关资源的下载权限。
- 如您急需教学资源或需要其他帮助，请加入教师 QQ 群或在工作时间与我们联络。

中国人民大学出版社　管理分社

教师 QQ 群： 648333426(工商管理)　114970332(财会)　648117133(公共管理)
教师群仅限教师加入，入群请备注（学校＋姓名）

联系电话： 010-62515782，82501868，82501048，62514760

电子邮箱： glcbfs@crup.com.cn

通讯地址： 北京市海淀区中关村大街甲 59 号文化大厦 1501 室（100872）

管理书社　　人大社财会　　公共管理与政治学悦读坊